대전환시대 교육의 본질을 탐하다

대한민국 교육르네상스
EDURENAISSANCE

OECD 교수·학습 나침반 | **교사정체성** | **비효율의 숙달**

성찰적 실천 | **공동주도성** | **IB교육** | **생성형AI** | **사회정서학습(SEL)**

교육 현장의 불편한 장면에서 시작해 비효율이 숙달된 현실을 넘어,
교사들은 OECD 교수·학습 나침반을 손에 들고 교육의 본질을 묻는 여정을 시작했습니다.
실천과 성찰, 그리고 동료와의 성장 속에서 현장의 변화를 이끄는 새로운 길을 찾아갑니다.

═ 대전환시대 교육의 본질을 탐하다 ═

대한민국 교육르네상스
EDURENAISSANCE

초판 발행 | 2026년 01월 15일

지은이 | 지미정, 김진관, 윤신영, 박미지, 윤여옥, 김희수, 박선정, 강원빈, 이대형, 서지나, 서동욱, 하 나, 남궁정, 임보라, 김하연
발행처 | 앤써북 **발행인 |** 김병성 **편집 진행 |** 앤써북

출판사 등록번호 | 제 382-2012-00007호
주소 | 경기도 파주시 탄현면 방촌로 548번지
대표전화 | 070-8877-4177 **팩스 |** 031-942-9852
도서문의 | answerbook.co.kr

도서 구입 문의 | 앤써북 **전화 |** 070-887-4177 **팩스 |** 031-624-2753

ISBN 979-11-93059-69-2 13370

※ 책값은 뒤표지에 있습니다.
※ 이 책은 저작권법에 따라 보호받는 저작물이므로 무단 전재와 무단 복제를 금하며, 이 책 내용의 전부 또는 일부를 사용하려면 반드시 저작권자와 앤써북 발행인의 서면동의를 받아야 합니다.
※ 잘못 만들어진 책은 서점에서 교환해드립니다.

여는 글

교사는 전문직인가?

신규 교사로 발령받은 초임 교사 시절에는 나는 이 질문에 주저 없이 "그렇다"라고 답할 수 있었다. 열정과 경험이 곧 경력이 되는 시기였기 때문이다.

그런데 10년이 지나면서 이 질문에 "그런가?" 하는 의문이 들며 확답하기 어려운 시기를 보냈다. 그리고 다시 스스로에게 물었다.

"교사는 전문직인가? 교사들의 경험은 온전히 경력으로 치환될 수 있는가?"

그렇게 20년이 지난 어느 시점에서, 나는 비로소 다시 "교사는 전문직이다"라고 말할 수 있는 단단한 정체성을 갖추게 되었다. 이 감각을 동료, 후배 교사들과 함께 나누고 싶었다. 그렇게 트라이팟 연구회 선생님들과의 출판 프로젝트가 시작되었다.

많은 교사들이 스스로에게 묻는다. "우리는 전문직인가? 사회는 우리를 전문가로 인정하는가?" 인식과 현실의 괴리 속에서 위축되는 교사들이 적지 않다.

긴 시간을 돌아 얻게 된 이 확신과 안도감이 과거의 경험 속 어떤 지점과 닮아있을까 하는 생각을 하다가 피식하고 웃으며 떠올린 장면이 있었다. 지금은 찾아보기 힘든 목욕탕, 그 후끈한 열기 속에서 숨쉬기조차 버거웠던 어린 아이가 뜨거운 탕을 나와 마시던 달콤하고 시원한 바나나 우유. 나는 확신없이 답답했던 시기를 끝내며 느꼈던 이 바나나 우유 같은 통찰을 동료 교사들과 함께 만들어 전국의 선생님들께 선물하고 싶었다.

그런 '바나나 우유' 같은 책을 만들기 위한 우리만의 작은 공장이 문을 열었다. 마침 발표된 'OECD 교육 나침반'이 제시하는 교사의 핵심 역량을 길잡이 삼아, 우리는 4개의 탐구 주제에 따른 소그룹으로 나뉘어 2주마다 공장의 불을 밝혔다. 밤 9시에 켜진 불이 자정을 넘기기 일쑤였다.

이 과정을 경험하기 전까지 대부분의 교사들은 10쪽 내외의 글을 쓰는 건 그렇게 어렵지 않을 거라고 생각했었다. 그러나 주제를 명확히 붙잡기까지 프로젝트의 절반을 허비했고, 우리는 답답한 탕을 오가는 듯한 끝없는 무진 여행을 반복했다.

급변하는 시대에 교육과정은 학생들에게 비판적 사고와 문제 해결 역량을 강조한다. 그런데 정작 이 시대의 교사들은 그런 역량을 발휘할 기회를 얼마나 가졌을까? 돌이켜보면 학생에서 교사가 되고, 교사로 살아온 긴 시간 동안 우리는 어떤 것에 의문을 품고 주체적으로 방향을 정하기보다, 주어진 지침과 규정을 성실히 수행하는 삶에 길들여져 있었다.

바로 그 현실에 대한 회의감이 4~5년 전, '사춘기 지쌤'이라는 나의 부캐(副캐릭터)를 깨웠다. "삐뚤어질테다!"를 외치며 내가 하는 수업과 학교 문화를 의심하기 시작한 것이다. 그 의심의 물꼬를 튼 것이 바로

'꼬리를 무는 질문들'이었다. "과연 10년 뒤에도 이 지식과 이런 수업이 학생들에게 유의미할까?", "내가 하는 교육 방향이 아이들의 미래와 반대 방향이면 어쩌지?", "반대 방향이면 오히려 가지 않는 게 더 나은 거 아닌가?", 그렇게 질문이 꼬리를 물고 이어졌다.

급변하는 시대일수록 맹목적인 성실함보다 더 중요한 것은 '방향'이라는 생각이 시간이 흐를수록 확신으로 다가온다. 정해진 길을 묵묵히 가는 것은 어쩌면 교사 집단이 가장 잘하는 일일지 모른다. 하지만 지금처럼 유례없는 변화 속에서는, 우리가 어디로 가고 있는지 질문을 던지는 것이야말로 가장 중요한 전문성이 아닐까.

질문 없는 탐구가 어디 있겠는가. 연구회 선생님들은 자신의 심장을 뛰게 하는 탐구 질문을 치열하게 마주했고, 프로젝트는 방향을 고민하는 교사들의 건강한 흔들림으로 가득 찼다.

"흔들리지 않고 피는 꽃이 어디 있으랴."[1]

그렇게 흔들리며 누군가는 애써 묻어두었던 교직 생활의 상처를 마주했고, 또 누군가는 그 상처를 담담히 글로 풀어내며 스스로를 치유했다. 그리고 네 번이나 완성한 원고를 뒤엎으며 '4모작'의 위엄을 보여준 선생님의 지난한 과정 역시, 결국은 하나의 눈부신 개화(開花)였다. 저마다의 흔들림의 이유도 고민도 달랐지만, 그들은 결국 그 흔들림 속에서 피어나고 있었다.

글 꽃이 핀다. 그 어느 때보다도 격렬하게 흔들리며 이 시대를 살고 있는 교사들의 글 꽃이다.

"교사는 전문직인가? 교사의 경험은 온전히 경력으로 치환될 수 있는가?"

그렇다. 흔들렸던 시간만큼, 헤매었던 시간만큼 우리의 경력이다. 이 책이 더 많은 대한민국 교사들이 자신의 흔들림을 두려워하지 않고, 세상에 단 하나뿐인 자신만의 교육의 꽃을 피워낼 작은 용기가 되기를 바란다. 그렇게 **대한민국의 교육 르네상스** 시기가 피어나길 기원해 본다.

2025.9.17.
TRIPOD 바나나 공장장 지미정

[1] 도종환 시, 흔들리며 피는 꽃 中

책 소스 다운로드 / 정오표 / Q&A / 긴급 공지

이 책의 실습에 필요한 책 소스 파일 다운로드, 정오표, Q&A 방법, 긴급 공지 사항 같은 안내 사항은 앤써북 공식 카페의 [종합 자료실]에서 [도서별 전용 게시판]을 이용하시면 됩니다. 앤써북 네이버 카페에서 [종합 자료실] 아이콘()을 클릭한 후 종합자료실 게시글에 설명된 표에서 209번 목록 우측 도서별 전용 게시판 링크 주소()를 클릭하거나 아래 QR 코드로 바로가기 합니다. 도서 전용 게시판에서 설명하는 절차로 책소스 파일 다운로드, 정오표, Q&A 방법 등을 안내 받을 수 있습니다.

▶ 앤써북 공식 네이버 카페 종합자료실
https://cafe.naver.com/answerbook/5858

▶ 도서 전용게시판 바로가기
https://cafe.naver.com/answerbook/6497

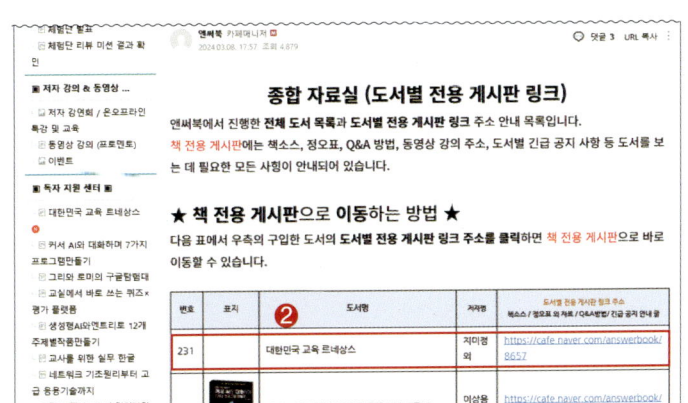

" 한눈에 살펴보는 이 책의 3가지 탐구 주제 살펴보기

탐구주제 학교 현장의 문제 발견과 극복

첫째. 교사의 주도성과 역량
- **핵심 키워드:** 비효율의 숙달 · OECD 교수 나침반 · 전문적 학습 공동체 · 실천로드맵

내면의 닻을 내린 교사가 교육 변화의 주체로서 자신의 주도성을 발휘하고, 전문적 학습 공동체를 통해 역량과 웰빙을 키워나가는 실천 로드맵을 다룬다.

둘째. 교사의 내면과 회복
- **핵심 키워드:** 교사 정체성 · 회복탄력성 · 내면의 닻 · 교육철학

학부모의 민원으로 교사의 정체성이 흔들리는 과정을 자세히 보여주고, 교사가 내면의 닻을 더 단단하게 내리기 위한 구체적인 메뉴얼을 제시한다.

셋째. 학생의 마음과 관계
- **핵심 키워드:** 사회 정서 학습 · 너그러움 교육 · 마음 수업 · 관계 맺기

학생들의 마음에 주목하며, '사회 정서 학습'과 '너그러움 교육'을 통해 학생들의 건강한 성장과 관계 형성을 돕는 방안을 모색한다.

넷째. 융합 교육과 협력
- **핵심 키워드:** 융합 프로젝트 · 구조화된 자율성 · 집단 주도성 · 성찰적 실천

무너진 교실 현장에서 교과 융합 프로젝트를 통해 학생들이 주도적으로 배우고, 교사들이 협력하여 함께 성장하는 실천적 경험을 제시한다.

탐구주제 AI 교육의 미래

첫째, 디지털 기반 교육혁신과 역할
- **핵심 키워드:** OECD 교수 나침반 · 교육혁신 · 교사 주도성 · 정보교육

끊임없이 변하는 교육 환경 속에서 디지털 기반 수업이 교사 주도성을 강화하고 웰빙을 증진하며, 예측 불가능한 프로그래밍 오류 상황에서도 교사 역량을 확장시키는 과정을 소개한다. 디지털을 단순히 기술이 아닌 학생의 학습 경험을 능동적으로 확장하는 매개체로 바라본다.

둘째. 포용적 맞춤형 학습
- **핵심 키워드:** 맞춤형 학습 · UDL · 개별화 학습 · 생성형 AI

학생 개개인의 고유한 특성과 잠재력을 존중하는 '포용적 맞춤형 학습'의 필요성을 역설하고, AI 기술을 활용하여 맞춤형 교육의 현실적 장벽을 넘어서는 전략을 탐구한다.

셋째. AI 시대 학생 주도성과 사고력
- **핵심 키워드:** 생성형 AI · 사고의 외주화 · PBL · 학생 주도성 · 비판적 사고

생성형 AI가 학생들의 '사고의 외주화'를 심화시킬 수 있는 위험성을 경고하며, AI를 '사고의 동료'로 활용하여 학생들이 '의미 있는 고군분투'를 통해 주도성과 비판적 사고력을 함양하는 생성형 AI를 활용한 프로젝트 수업을 탐구한다.

넷째. 질문 문해력과 수업 설계
- **핵심 키워드:** 질문 문해력 · AI 활용 교육 · 프롬프트 설계 · 질문 중심 수업 설계

'질문 없는 교실'의 현실 속에서 인공지능 시대에 필요한 '질문 문해력'의 중요성을 강조하고, AI 챗봇을 활용하여 학생들이 질문을 통해 사고를 확장하는 'P.R.O.M.P.T. 수업 모형'을 설계하는 과정을 탐구한다.

다섯째, AI 시대 음악교육의 본질과 변화의 균형점 모색
- **핵심 키워드:** 음악교육 동향 · 창작 교육 · AI 활용 음악교육 · 음악교육의 본질

AI와 디지털 기술의 발전, 2022 개정 교육과정의 '창작' 강조, 사회 정서 학습의 부상 등 변화의 파동 속에서 음악교육이 지켜야 할 본질적인 가치를 탐색한다.

여섯째. AI 윤리와 인간 주체성
- **핵심 키워드:** AI 윤리 · 인간 주체성 · 윤리 렌즈 · 윤리적 성찰

AI 시대에 인간의 주체성을 지키기 위한 'AI 윤리교육'의 필요성을 역설하고, 초등학생들이 AI를 '윤리적 성찰의 대상'으로 인식하며 책임 있는 사용자로 성장하도록 돕는 'AI 윤리 렌즈 프로젝트'를 탐구한다.

탐구주제 | 교육 본질의 탐색

첫째. IB 교육 속 교육 본질

- **핵심 키워드:** IB 교육 · OECD 교수 나침반 · 질문 수업 · 개념기반탐구수업

학교 교육이 학생들의 삶을 얼마나 준비시키는지에 대한 근본적인 질문을 던지며, 지식 전달을 넘어선 '존재의 과정'으로서 교육의 본질과 그 안에서 교사의 정체성 및 성찰의 중요성을 탐구한다.

둘째. 예술 교육의 본질 회복

- **핵심 키워드:** 예술다움 · 예술적 상상력 · 자기표현 · 의미 · 삶의로의 연결

'예술다움'이 결여된 학교 예술 교육의 현실을 비판하고, '예술적 상상력', '자기표현', '의미'라는 세 가지 관점에서 예술 교육의 본질을 회복하고 학생들의 삶과 연결하는 방안을 탐구한다.

셋째. 살아있는 영어교육과 교사 전문성

- **핵심 키워드:** 영어교육·의사소통 역량·에듀테크 및 AI 활용 ·학생주도성 ·개별 맞춤형 학습

'살아있는 영어'를 가르치기 위한 교사의 역할과 수업 방식의 변화를 모색하며, 학생의 주도성과 개별성을 극대화하고 에듀테크 및 AI를 활용하여 실제적인 의사소통 역량을 강화하는 방안을 탐구한다.

넷째. 정책 패러독스와 교사 정체성

- **핵심 키워드:** 정책 패러독스 · 동상이몽 · 협력하는 주체적 전문가 · 교육 공동체

디지털 기반 교육 혁신 과정에서 나타난 '정책 패러독스'를 통해 정책이 지향하는 이상과 교실 현장 속 실제 양상 간의 괴리를 분석한다. 교사를 '희생하는 개인'이 아닌 '협력하는 주체적 전문가'로 재정의하고 지속 가능한 교육 공동체 구축의 필요성을 탐구한다.

다섯째. 공개수업의 재구성

- **핵심 키워드:** 공동주도성 · 공개수업 · 역량 개발 사이클 · 변혁적 역량

공개수업을 '보여주기'에서 벗어나 학부모를 '관객'이 아닌 '배움의 주체'로 초대하는 관점의 전환을 제안하며, 학생, 교사, 학부모가 '공동주도성'을 발휘하여 함께 배우고 성장하는 공간으로서 교실을 재정의하는 방안을 탐구한다.

목차

여는 글

1 한증막이 된 교실, 한 모금의 '바나나 우유'

교사의 성장 여정, 흔들림 속에서 나침반 찾기 _ 김진관   16
  1. 비효율의 숙달을 반복하는 학교   16
  2. 내면의 닻, 깊고 견고하게 내리기   21
  3. 교사 주도성으로 교육 변화의 의미있는 주체 되기   27
  4. 성장 마인드셋과 전문적 학습공동체로 교사의 역량 키워나가기   32
  5. 교사 웰빙으로 실천에 지속 가능성 더하기   39
  6. 문제의식으로부터 실천, 성찰에 이르기까지   41
  7. 각자의 손에 쥐어진 나침반, 지금부터 시작되는 이야기   46
    동행노트   50

소유에서 존재로, 흔들림에서 단단함으로 _ 윤여옥   52
  1. 너는 나의 사랑스러운 아이를 미워한다   52
  2. 교사의 내면의 닻이 흔들리다   54
  3. 교사의 자아 개념, 첫 번째 닻줄을 찾다   57
  4. 첫 번째 닻줄, 전문가로서 학부모와의 소통에 관해 고민하다   61
  5. 두 번째 닻줄, 나만의 교수 나침반을 그려보다   63
  6. 세 번째 닻줄, 가르침으로 배우다   66
  7. 마지막 닻줄, 자유의지를 갖고 항해를 지속하다   68
    동행노트   71

정답보다는 마음교육이 필요한 교실 _ 김희수　　72
1. 교실 속 아이들의 모습　　74
2. 어떤 교육을 해야 할까?　　78
3. 마음수업의 제안　　83
　동행노트　　89

교과의 경계를 넘어, 함께라서 이룬 변화 _ 박선정　　90
1. 방향을 잃고 지쳐 가다: 해결하기 힘든 문제 직면　　90
2. 함께 나아갈 목표가 생기다: 융합 프로젝트의 시작　　92
3. 학생들이 수업에 직접 참여하다: 구조화된 자율성이라는 비계　　95
4. 모두에게 도움을 얻다: 전문적 학습 공동체의 지원　　98
5. 더 도전해 볼 용기를 품다: 성찰적 실천가로서의 교사　　102
6. 학교를 넘어, 지역에 수업을 알리다: 지속가능한 융합을 위한 고민　　103
　동행노트　　105

변화의 흐름, 교실에서 발견한 미래 교육의 씨앗

OECD 교수 나침반으로 본 디지털 기반 교육혁신 _ 강원빈　　108
1. 0과 1로 교육을 혁신한다고?　　108
2. 디지털 기반 교육혁신은 교사 주도성을 향하고 있는가?　　113
3. 디지털 기반 교육혁신은 교사 웰빙을 가능하게 하는가?　　117
4. 디지털 기반 교육혁신은 교사 역량을 확장하고 있는가?　　120
5. 수평선 너머의 교육혁신　　123
　동행노트　　124

AI-POWERED 포용적 맞춤형 학습 _ 윤신영   125
1. 왜 포용적 맞춤형 학습을 추구해야 하는가?   125
2. 포용적 맞춤형 학습을 가로막는 벽과 열쇠   133
3. AI-POWERED 포용적 맞춤형 학습의 다양한 전략들   137
4. 모든 아이들의 가능성을 꽃피우는 교실로   145
    동행노트   146

생성형 AI는 과연 학생 주도성의 적인가, 동료인가? _ 이대형   148
1. 미래의 SW 개발자들에게 왜 '쓰기'가 필요한가   148
2. AI 시대, 길을 잃은 아이들   149
3. '의미 있는 고군분투'를 위한 판 설계하기   151
4. 아이들은 부딪히고, 깨지고, 마침내 성장한다   155
5. 우리는 정답이 아닌, 성장 가능성에 답한다   166
    동행노트   168

프롬프트 앞에서 멈춘 아이들: 인공지능 시대, 질문 없는 교실을 넘어서기 _ 서지나   170
1. 낯선 도구를 들고 교실에 들어가다   170
2. 질문 중심 수업은 '질문 중심 설계'에서 시작된다   175
3. 수업의 전환, 사고의 시작   182
4. 질문이 중심이 될 때, 교실은 달라진다   184
5. 교사의 나침반을 다시 조정하며   187
    동행노트   190

AI 시대 음악교육의 나침반, 본질과 변화의 경계에서 _ 박미지   192
1. 음악교육은 지금, 변화의 파동 속에 있다   192
2. AI·디지털 도구는 음악교육의 균형을 흔드는가, 확장하는가   200
3. 음악교육의 나침반은 어디를 가리키는가   206
    동행노트   210

초등교실에서 시작하는 AI 윤리교육 _ 서동욱　　212
　1. AI 시대 인간 주체성은 무엇으로 지켜지는가?　　212
　2. AI 윤리교육의 국제적 흐름과 국내 교육의 방향　　216
　3.「AI 윤리 렌즈 프로젝트」로 AI 윤리교육 실천 해보기　　219
　4. 프로젝트로 얻은 작은 변화, 미래의 가치 나침반　　231
　　동행노트　　232

교실에서 꽃피울, 우리의 교육 르네상스

학교는 어느 정도로 우리의 인생을 준비해 주고 있나?_ 하 나　　236
　1. 질문에서 시작하다　　236
　2. IB, 무엇을 묻는가　　240
　3. 교실 속 작은 전환　　244
　4. OECD 교수 나침반, 구조를 넘어 문화로　　247
　5. 교육의 출발점으로 돌아가다　　250
　　동행노트　　252

예술교육, 예술답게 _ 남궁정　　254
　1. 들어가며: 예술교육, 잃어버린 본질을 묻다　　254
　2. 예술다움이 결여된 예술수업들　　256
　3. 예술교육, 예술답게 만들기　　261
　4. 나가며: 예술다운 예술교육을 향한 여정　　273
　　동행노트　　274

미래 영어교육 방향 탐색 스토리: 주도성과 개별성을 중심으로 _ 임보라   276
1. 교실 속 영어를 '살아있는 언어'로 만들려면   276
2. 교사와 학생이 모두가 주도적으로 참여하는 영어 수업   278
3. 교사의 전문성으로 변화되는 영어교육   291
　동행노트   293

교사 정체성, '헌신하는 개인'을 넘어 '협력하는 주체적 전문가'를 향해 _ 김하연   294
1. 충전함 없는 디지털 기기와 함께 시작된 디지털 기반 교육 혁신   294
2. 정책 패러독스: 정책과 현실의 동상이몽   297
3. 숨죽인 우주의 발견: 정책의 이상이 교실 현장 속으로   302
4. 또 다시 만난 동상이몽: 2022 개정 교육과정   304
5. 새로운 교사 정체성, '개인적 헌신'을 넘어 '협력하는 주체적 전문가'로   312
　동행노트   315

공개수업, 다시 쓰는 이야기: 학부모를 배움의 주체로 초대하다 _ 지미정   316
1. 관점의 변화가 기회를 만든다   317
2. 부모님을 위한 코딩 체험 교실   321
3. 에듀테크 박람회   322
4. 작가와의 만남   327
　동행노트   334

맺는 글
참고 문헌

1

한증막이 된 교실, 한 모금의 '바나나 우유'

대한민국 **교육 현장**이 직면한 다층적인 문제와 그 해법을 모색하는 작가들의 깊이 있는 성찰과 실천적 제안을 담고 있다. 교사들이 겪는 비효율, 무력감, 정체성 위기, 학부모 민원, 학생들의 정서적 어려움과 관계 맺기 문제, 그리고 중학교 교실 붕괴 현상 등 현실의 아픔을 직시한다. 이러한 위기의 근본 원인을 OECD 교수 나침반의 '내면의 닻'이 흔들리는 현상, 외부 평가에 의존하는 '소유 양식'의 정체성, 그리고 교육 시스템의 구조적 문제에서 찾는다.

그리고 이 문제들을 해결하기 위한 핵심 동력으로 교사 개인의 '내면의 닻'을 단단히 하고, '교사 주도성'을 발휘하며, '교사 역량'을 함양하고, '교사 웰빙'을 증진해야 한다고 주장한다. 특히 '전문적 학습 공동체(PLC)'를 통해 동료 교사들과의 '연대감'과 '전문성'을 키우고, '공유된 의미'를 만들어나가는 과정의 중요성을 강조한다. 또한, '**성장 마인드셋**'을 바탕으로 실패를 두려워하지 않고 '예상-실행-성찰(AAR)'의 순환을 통해 끊임없이 배우고 성장하는 **교사**의 모습을 제시한다.

이를 통해 학부모와의 소통에서 '전문가'로서의 관점을 유지하는 방법, 그리고 사회정서학습(SEL)을 통해 학생들의 마음과 역량을 키우는 교육, 개별적인 실천 사례를 통해 학생 중심의 '구조화된 자율성'을 제공하는 교과 융합 프로젝트의 필요성을 역설한다. 궁극적으로 이 책은 교사 개인의 노력을 넘어, 학교와 교육 시스템 전체의 '구조와 문화'를 아래로부터 동시에 변화시켜 지속 가능한 교육 혁신을 이루고자 하는 변혁적 희망을 담고 있다.

#교육현실 #교사정체성 #OECD교수 나침반 #전문적학습공동체 #교사주도성 #교사웰빙 #성장마인드셋 #사회정서학습 #융합교육 #교육혁신

교사의 성장 여정,
흔들림 속에서 나침반 찾기

#비효율의숙달 #OECD교수나침반 #전문적학습공동체 #실천로드맵

김진관

1. 비효율의 숙달을 반복하는 학교

교단에 서 있는 교사라면 누구나 한 번쯤은, 어쩌면 매일같이, 교육 현장의 **불편한 장면들**과 마주하게 된다. 수업 연구에 온전히 쏟아야 할 귀한 시간은 끝없이 밀려드는 행정 업무에 잠식된다. 이 과정에서 교사들은 주어진 양식을 그대로 따르거나 전년도 문서를 거의 그대로 베껴 쓰는 방식으로 빠르게 일을 처리하는 법을 터득한다. 실적을 위한 보여주기식 행사 준비가 겹치면, 내실보다는 사진과 보고서에 남을 그럴듯한 결과물을 만드는 데 익숙해진다. 새로운 교육 정책과 지침이 내려올 때면, 기존의 활동에 이름만 바꿔 붙이거나 최소한의 형식만 갖춰 서류를 꾸며내는 식으로 현장의 변화 없이 지침을 이행하는 요령이 생긴다. 이러한 경험들은 교사로 하여금 때로는 무력감을, 때로는 냉소적인 자기 방어를 학습하게 만든다. 그러면서 우리도 모르는 사이에 몸에 배어버린 **비효율의 숙달**이라는 안타까운 모습을 반복하는 데 익숙해져 버린 것은 아닌지 돌아보게 된다.

이러한 현장의 어려움은 단순히 개인적인 업무 과중의 문제를 넘어선다. 이는 교사로서의 정체성과 목적의식, 즉 OECD **교수 나침반**(Teaching Compass)에서 이야기하는 '내면의 닻'이 흔들리는 심각한 위기의 징후일 수 있다. 교육의 본질이어야 할 수업이 중심에서 밀려나고, 교사의 자율성과 전문성이 충분히 존중받지 못하는 환경 속에서, 많은 교사가 소진되고 심지어 교직을 떠나기도 한다. 교육을 바꾸는 사람들 이찬승 대표의 지적처럼, '한국 교육이 더 이상 작동하지 않는다는 목소리는 이제 낯설지 않다. 교사들은 탈진했고, 학생들은 수업의 의미를 잃었으며, 학부모는 교육을 불신하고 있다'는 진단은 더 이상 외면할 수 없는 우리 교육의 현주소이다. 비효율의 숙달은 어쩌면 이러한 구조적 위기 속에서 교사들이 생존을 위해 터득한 슬픈 자기보호 기제일지도 모른다.

결국 이 무력감과 비효율의 악순환을 끊어내기 위해서는 지금까지 문제를 야기해 온 방식에서 벗어나 새로운 해법을 모색해야 한다. 과거의 하향식 연수나 일방적인 정책 전달 방식만으로는 찰나처럼 변화하는 기술의 속도와 교실 현장의 다채로운 요구, 그리고 교사 개개인의 고유한 고민과 성장의 열망을 온전히 담아내기 어렵다는 것을 우리는 아프게 경험해왔다. 진정한 교육 혁신은 위로부터의 지시나 통제가 아닌, 교사의 내면에서부터 샘솟는 자발적인 열정과 동료 교사들과의 진솔한 교감 속에서 비로소 움튼다.

가. 근본적인 질문, 왜 학교의 중심에 수업이 서지 못하는가?

그렇다면 왜 학교 활동의 본질이어야 할 수업이 정작 학교의 중심에 서지 못하고 주변부로 밀려나는 현상이 지속되는 것일까? 이 질문에 답하기 위해서는 학교 시스템 자체의 구조적 문제와 그 안에서 작동하는 문화적 관성을 함께 들여다보아야 한다. 하버드대학교의 교육학자 리처드 엘모어는 오늘날 학교 시스템이 더 이상 학생의 학습을 중심에 두지 않고, 오히려 학습을 방해하는 방향으로 기능하고 있다고 강하게 비판한다. 그에 따르면 학교는 본래의 교육적 목적에서 벗어나, 학생을 통제하는 보호 시설, 졸업장이나 학위를 부여하는 자격증 기관, 그리고 끊임없이 평가만 반복하는 시험 중심 체제로 고착되었다.

이러한 구조 아래에서 수업은 학생의 진정한 배움과 성장을 위한 과정이기보다는, 상급 학교 진학이나 시험 통과라는 외적 목표를 달성하기 위한 수단으로 전락하기 쉽다. '시험 점수가 제일 중요하다'는 믿음, '교사는 혼자 수업을 준비하고 책임져야 한다'는 고립된 인식, '학교는 시키는 대로만 하면 된다'는 수동적인 태도, '변화를 시도하면 불이익을 받을 수 있다'는 불신과 같은 문화적 요소들은 이러한 구조적 문제를 더욱 공고히 한다. 결국 학생들은 배움 자체에 대한 흥미와 의미를 잃게 되고, 교사들은 가르침의 보람을 느끼기 어려워지며 전문성과 자율성을 발휘할 공간을 찾지 못하게 된다. 이처럼 수업이 중심이 되지 못하는 현상은 개별 교사의 역량 부족 문제가 아니라, 학교의 목표 설정, 평가 방식, 행정 시스템 등 **구조적 문제와 뿌리 깊은 문화적 관성이 복합적으로 얽혀 발생**하며, 이는 개인의 노력만으로는 해결하기 어려운 시스템적 과제이다.

나. 교사 내면의 힘을 깨우고, 함께 성장하는 여정을 위한 '교수 나침반'

우리가 바라는 것은 단순히 교육 현장의 문제를 지적하거나 비판하는 데 머무르는 일이 아니다. 중요한 것은 그 어려움 속에서도 교사 스스로 다시 힘을 회복하고, 함께 나아갈 길을 찾아가는 것이다. 그렇다면 무엇을 발판으로 삼아야 할까?

OECD가 제안하는 교수 나침반은 교사가 학생들과 함께 더 나은 미래를 만들어가는 데 필요한 역량과 정체성을 제시하는 프레임워크이다. 이를 통해 우리는 미래 교육의 방향을 설정하고 준비하는 데 있어 몇 가지 중요한 기준과 지침을 얻을 수 있다.

교수 나침반은 교사들이 매일 마주하는 현실의 모순 속에서도 중심을 잃지 않도록 붙들어 줄 4가지 키워드를 제안한다. 그것은 바로 **내면의 닻, 교사 주도성, 교사 역량, 교사 웰빙**이다. 이 4가지는 단순한 구호가 아니라, 교사가 흔들릴 때 방향을 다시 가리켜 주는 나침반의 역할을 한다.

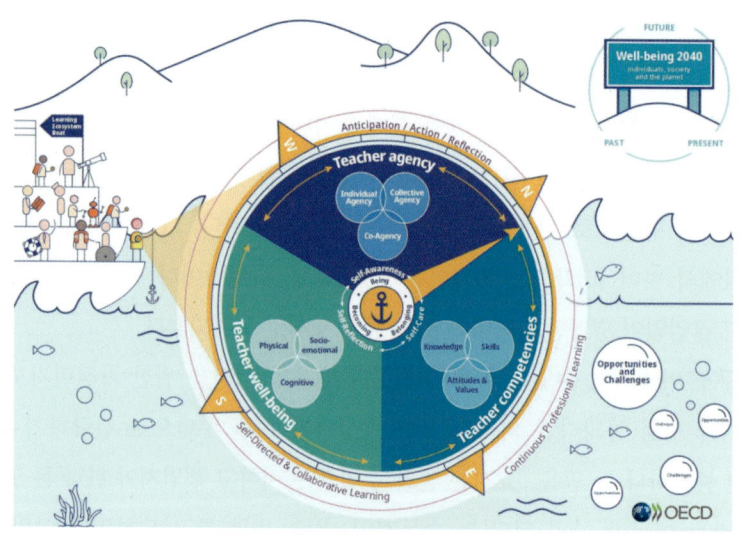

▲ 교수 나침반 (Teaching Compass)

즉, 교수 나침반은 교사가 개인의 성장만 도모하는 데 그치지 않고, 동료와의 협력 속에서 학교 현장의 긍정적인 변화를 촉진하며, 더 나아가 교육 생태계 전체를 건강하게 이끄는 개념적 렌즈(Conceptual Lens)를 제공한다. OECD 교수 나침반의 핵심 개요는 다음의 [표]와 같다.

OECD 교수 나침반 핵심 개요

대분류	중분류	핵심 설명 (영문 키워드)
내면의 닻 (Inner Anchor)	존재 (Being)	진정한 자기 인식, 전문적 정체성, 존엄성, 진실성, 명확한 소명 의식 (Authentic self-awareness, Professional identity, Dignity, Integrity, Clear sense of purpose)
	소속감 (Belonging)	상호 지지적 관계, 활기찬 학습 공동체, 심리적 안정감, 신뢰 (Mutually supportive relationships, Vibrant learning community, Psychological safety, Trust)
	성장 (Becoming)	전문적 정체성의 끊임없는 진화, 성찰적 실천, 지속적인 전문 학습(CPL), 자기 주도 학습(SDL), 협력 학습, AAR 주기 (Continuous evolution of professional identity, Reflective practice, CPL, SDL, Collaborative learning, AAR cycle)
교사 주도성 (Teacher Agency)	개인 주도성 (Individual Agency)	자기 효능감, 목표 지향성, 의사결정 (Self-efficacy, Goal-orientation, Decision-making)
	공동 주도성 (Co-agency)	교사-학생, 교사-동료, 교사-AI 등 상호적 관계 (Reciprocal relationships with students, colleagues, AI, etc.)
	집단 주도성 (Collective Agency)	공유된 신념, 가치, 역량, 집단 효능감, 신뢰, 공유된 풍토 (Shared beliefs, values, capabilities, Collective efficacy, Trust, Shared ethos)
교사 역량 (Teacher Competencies)	지식 (Knowledge)	교과, 교육학, 교육과정, 학습자, 자기 자신, 세상, AI, 신경과학 등 (Subject matter, Pedagogy, Curriculum, Learner, Self, World, AI, Neuroscience, etc.)
	인지 및 초인지 기술 (Cognitive & Metacognitive Skills)	비판적 사고, 문제 해결, 창의성, 성찰 능력, 학습/탈학습/재학습 (Critical thinking, Problem-solving, Creativity, Reflection, Learn/Unlearn/Relearn)
	사회 정서 기술 (Socio-emotional Skills)	공감, 정서 인식, 자기 조절, 협력 (Empathy, Emotional awareness, Self-regulation, Collaboration)

교사 역량 (Teacher Competencies)	신체 및 실용 기술 (Physical & Practical Skills)	ICT/디지털 기술, 특정 교과 기술 (ICT/Digital skills, Subject-specific practical skills)
	태도 및 가치 (Attitudes and Values)	성장 마인드셋, 회복탄력성, 형평성, 신뢰, 협력, 시민적 책임 (Growth mindset, Resilience, Equity, Trust, Collaboration, Civic responsibility)
교사 웰빙 (Teacher Well-being)	신체적 웰빙 (Physical Well-being)	근무 조건, 일과 삶의 균형, 신체적 건강 및 안전 (Working conditions, Work-life balance, Physical health and safety)
	인지적 웰빙 (Cognitive Well-being)	지적 참여, 소유 의식, 전문적 성장 (Intellectual engagement, Sense of ownership, Professional growth)
	사회정서적 웰빙 (Socio-emotional Well-being)	자존감 및 인정, 회복탄력성 및 자기 연민, 공감, 신뢰, 협력 (Self-worth and recognition, Resilience and self-compassion, Empathy, trust, and Collaboration)

2. 내면의 닻, 깊고 견고하게 내리기

가. 나는 누구일까, 그리고 왜 가르치는 것일까?

교직의 여정은 끊임없는 물음의 연속이다. 그중에서도 가장 근본적인 질문은 '나는 누구인가?' 그리고 '나는 왜 가르치는가?'일 것이다. 이 질문에 대한 답을 찾아가는 과정이야말로 교사로서의 삶을 살아가는 데 필요한 **내면의 닻**을 내리는 일이다. 교수 나침반은 **이 내면의 닻을 교사의 주도성, 역량, 그리고 웰빙을 굳건히 발전시키는 중심축으로 본다.** 이 닻은 AI 디지털 교육 전환과 같은 역동적인 변화의 물결 속에서도 교사가 길을 잃지 않고 자신의 교육적 신념을 지켜나갈 수 있도록 하는 안정적인 기반이 된다.

나. 교수 나침반의 내면의 닻이란 무엇일까?

교사가 내린 내면의 닻은 뜬구름 잡는 추상적인 개념이 아니다. 교사가 수업과 교육 활동에서 실천하는 행동의 근간이 되며, 이러한 실천을 통해 학생들에게 의미 있는 학습 경험을 제공하고, 더 나아가 학교와 교육 환경에 긍정적인 변화를 이끄는 구체적인 원동력인 것이다. 교수 나침반은 이 내면의 닻을 세 가지 상호 연결된 차원, 즉 '**존재(Being)**', '**소속감(Belonging)**', 그리고 '**성장(Becoming)**'으로 설명한다. 이 3가지 차원은 고정된 것이 아니라, 교직 생활 전반에 걸쳐 서로 영향을 주고받으며, 지속적으로 변화하고 발전하는 속성을 지닌다.

▲ 내면의 닻(Inner Anchor)

첫째, 존재(Being)란 교사가 시간의 흐름 속에서 깊이 있는 자기 인식을 발전시키는 과정을 의미한다. 이는 교사가 자신의 교육 실천을 진정성에 기반하여 이끌 수 있도록 하는 핵심 요소이다. 교사의 전문적 정체성은 개인적 경험, 동료 및 학생들과의 사회적 상호작용, 그리고 지속적인 자기 성찰을 통해 점진적으로 형성된다. 이러한 정체성은 자신의 전문성과 가치를 인정받는 존엄성(Dignity)과 윤리적 원칙을 지키려는 진실성(Integrity)에 의해 더욱 강화된다. 이로 인해 교사는 변화가 빠른 사회의 불확실성과 외부의 압력 속에서도 교육자로서의 높은 기준을 유지하며 자신감을 갖게 된다. 진정성 있는 존재감은 교사가 분명한 목적 의식(Sense of Purpose)을 가지고 학생을 대하게 하며, 신뢰와 존중이 바탕이 되는 교실 문화를 만드는 토대가 된다.

둘째, 소속감(Belonging)은 교사가 학교 공동체의 소중하고 필수적인 구성원으로 인정받고 존중받으며, 공동체에 의미 있는 기여를 할 수 있도록 권한을 부여받고 있다고 느끼는 감정이다. 이는 단순히 같은 공간을 공유하는 것을 넘어, 활기차고 살아 있는 학습 공동체를 유지하는 데 핵심적인 역할을 한다. 교사들이 서로를 신뢰하고 지지하는 분위기가 조성되면, 새로운 교육 방식을 시도하거나 자신의 고민을 솔직하게 털어놓는 데 주저함이 없게 된다. 이러한 심리적 안전감 속에서 교사들은 실패를 두려워하지 않고 창의적인 의견을 자유롭게 제시하며, 진정한 협력의 경험을 할 수 있게 된다.

셋째, 성장(Becoming)은 교사의 전문성이 한 번에 완성되는 것이 아니라, 계속해서 변화하고 발전한다는 인식을 바탕으로 한다. 교사의 가르침은 평생 이어지는 여정으로, 스스로 성찰하고 계속해서 배우며, 새로운 변화와 기회에 적극적으로 대응하는 과정이다. 이런 성장은 꾸준한 전문성 개발, 자기 주도적인 학습, 그리고 동료 교사들과 함께 배우는 협력 학습을 통해 더 잘 이루어질 수 있다. 교수 나침반에서 강조하는 '예상-실행-성찰(Anticipation-Action-Reflection, AAR)'의 순환 과정은, 교사가 자신의 경험을 바탕으로 계속 배우고 성장할 수 있도록 돕는다.

다. 내면의 닻을 내릴 때, '주관적 의미'와 '공유된 의미'는 왜 중요할까?

교사가 자신의 내면의 닻을 찾는 과정은 '나는 왜 이 일을 하는가?'라는 질문에 대해 스스로 답을 구하며, 각자의 **주관적 의미**를 탐색하는 데서 출발한다. 교육학자 마이클 풀란은 교육 개혁이 성공하지 못하는 주요 원인 중 하나로, 정책 입안자의 의도와는 별개로 교사, 학생, 학부모 등 현장 참여자들이 그 변화에서 개인적인 의미를 느끼지 못하거나 그 의미가 피상적일 때를 지적한다. 아무리 우수한 교육 정책이나 프로그램이 마련되어도, 이를 실천하는 교사 자신이 '왜 이것을 해야 하는가?'라는 질문에 진정한 답을 찾지 못한다면, 그 실천은 형식적인 구호에 머물거나 또 다른 행정적 부담으로 전락할 수밖에 없다.

이와 같이 주관적 의미의 탐구는 교사가 자신의 존재를 깊이 성찰하고, 자신의 가치관과 교육적 신념을 돌아보는 과정과 연결되어 있다. 이러한 주관적 의미는 결코 고립적으로 머무르지 않는다. 전문적 학습 공동체(Professional Learning Community, PLC)와 같은 지지적인 환경에서 동료 교사들과 고민과 성찰을 나누고, 공동의 목표를 향해 협력하는 과정을 통해 개인의 주관적 의미는 더욱 풍성해지고 확장되어, 결국 **'공유된 의미(Shared meaning)'**로 발전하게 된다.

예를 들어, 필자들이 소속된 전국 단위 수업-평가 혁신 연구회인 'T.R.I.P.O.D.(트라이팟)'은 Teaching(수업), Research(연구), Innovation(혁신), Practice(실천), Outreach(확장), Data-driven(데이터 기반)이라는 핵심 가치를 나침반으로 삼아 활동하고 있다. 이러한 공유된 가치와 비전은 외적인 보상이 없어도 교사들이 자발적으로 모이게 하며, 서로를 든든하게 연결하고, 공동체의 정체성과 응집력을 강화하는 원동력이 된다. 이와 같이 주관적 의미의 탐색과 공유된 의미의 형성은 교사의 내면의 닻을 더욱 단단하게 하고, 교직 생활의 어려움 속에서도 방향을 잃지 않도록 지지해주는 공동체의 힘을 느끼게 한다.

라. 내면의 닻을 단단히 내리게 된 K교사의 사례

중학교에서 국어를 가르치는 K교사는 몇 해 전 극심한 무력감에 빠진 적이 있다. 학생들은 수업에 집중하지 못했고, 그는 매일 반복되는 진도 나가기와 문제 풀이에 지쳐 있었다. '내가 정말 아이들에게 의미 있는 배움을 주고 있는가?'라는 의문이 그를 괴롭혔다. 그러던 중 우연히 교내 독서 토론 전문적 학습 공동체에 참여하게 되었고, 처음에는 반신반의했으나 동료 교사들과 교육 관련 서적을 읽고 토론하며 자신의 고민을 솔직하게 털어놓는 과정에서 큰 위로와 용기를 얻게 되었다. 특히 한 동료 교사가 "K선생님 수업을 통해 아이들이 문학 작품을 매개로 자신의 삶을 이야기하기 시작했다는 말을 들었어요. 그것이 얼마나 큰 변화인지 아세요?"라고 건넨 격려는 그에게 깊은 감동을 주었다. 그는 전문적 학습 공동체 동료들과 '학생의 삶과 연결되는 문학 수업'이라는 공동 목표를 세우고, 다양한 수업 아이디어를 실험하기 시작했다. 때로는 실패도 있었으나, 동료들은 비난 대신 따뜻한 지지와 건설적인 피드백을 보내주었다. 이 과정을 통해 K교사는 '학생들의 삶의 의미를 함께 탐색하는 안내자'라는 새로운 정체성을 발견하게 되었다. 그는 더 이상 혼자가 아니라는 소속감을 느끼며, 끊임없이 배우고 시도하며 성장하는 교사로서의 기쁨을 누리고 있다.

K교사의 이야기는 교사의 정체성이 동료와의 관계 속에서 재구성되고, 공유된 목적의식을 통해 더욱 단단해질 수 있음을 보여주는 생생한 사례이다. 이처럼 동료와의 진솔한 나눔과 공동의 목표를 향한 협력적 실천 속에서 교사는 반복되는 업무를 넘어, 자신의 일에 담긴 더 깊은 의미와 사회적 가치를 발견하게 된다.

이렇게 교사가 자신의 일을 단순한 생계 수단이 아니라, 다음 세대를 키우고 포용적 사회를 만들며 학생의 학습 여정에 동반자로 참여하는 의미 있는 활동으로 인식할 때, 어떤 어려움 속에서도 흔들리지 않는 교육적 신념을 지켜나갈 수 있다.

마. 교수 나침반이 경고하는 '회전하는 나침반 바늘'의 위험이란?

교사가 자신의 '내면의 닻', 즉 확고한 정체성과 목적의식을 갖는 것이 중요함에도 불구하고, 현실의 교육 현장은 종종 이 닻을 흔들고 심지어 뽑아버리려는 듯한 힘겨운 도전들로 가득 차 있다. 교수 나침반은 이러한 상황을 '**회전하는 나침반 바늘**(Spinning Needle)'이라는 비유를 통해 경고한다. 이는 교사의 내면의 닻이 약해지거나 외부의 강력한 자력(磁力)에 의해 교란될 때, 방향 감각을 상실하고 **마치 고장 난 나침반 바늘처럼 격렬하게 회전하며 혼란에 빠지는 상태**를 의미한다.

'회전하는 나침반 바늘' 상태에 놓인 교사는 주의가 분산되고, 교육 활동의 핵심 목표에 몰입하기 어려우며, 자신의 진로와 방향성에 대해 혼란을 느끼게 된다. 특히 AI와 같은 새로운 기술이 교육 현장에 빠르게 확산되는 오늘날에는 이러한 위험이 더욱 커지고 있다. 명확한 교육 철학이나 현장 적용에 대한 충분한 숙고 없이 유행처럼 도입되는 신기술은 오히려 교사의 업무 부담을 증가시키고, 인지적 과부하를 초래하여 교사의 웰빙을 심각하게 저해할 수 있다.

최근 교육 현장에서는 다양한 AI 디지털 도구와 플랫폼이 경쟁적으로 등장하고 있다. 이러한 도구들은 학생 개개인에게 맞춤형 학습을 지원하고 교사의 업무 부담을 줄여줄 수 있는 긍정적인 가능성을 보여주지만, 동시에 교사들에게는 새로운 기술을 익혀야 한다는 부담, 사용자 연령 제한, 알고리즘의 편향성과 할루시네이션(Hallucination)❶에 대한 우려 등 복합적인 고민거리를 안겨주고 있다. 만약 교사가 이러한 기술 변화의 의미를 충분히 성찰하고 자신의 교육적 가치와 연결해볼 시간적·심리적 여유 없이 외부의 요구에 떠밀려 기술을 도입하게 된다면, 기술은 교육의 본질을 탐구하는 도구가 아니라 교사에게 불안과 피로를 안기는 또 하나의 부담 요인으로 전락하게 된다. 이는 기술 그 자체의 문제가 아니라, 기술을 둘러싼 교육 시스템과 정책, 정치적 환경에서 비롯된 조급함, 교사의 준비 부족, 그리고 학교 문화의 부재 등이 복합적으로 작용한 결과라 할 수 있다.

바. 교사의 내면의 닻을 흔드는 요인에는 무엇이 있을까?

'회전하는 나침반 바늘' 현상은 단순히 개인의 심리적 문제를 넘어, 교사가 처한 구조적·문화적 환경과 밀접하게 연결되어 있는 현상이다. 특히 우리나라처럼 중앙 정부가 주도하는 하향식 교육 개혁이 일반적인 체제에서는, 현장 교사의 자율성과 전문성이 충분히 존중받기 어렵다. 마이클 풀란은 "구조 없는 문화는 무기력하고, 문화 없는 구조는 황폐하다"고 하며, 교육 개혁의 성공을 위해서는 구조와 문화를 동시에 변화시켜야 한다고 강조한다. 그러나 실제로는 현장의 복잡한 맥락이나 교사들의 실제 필요, 그리고 변화가 지속적으로 확산될 수 있는 문화적 기반을 충분히 고려하지 않은 채, **구조와 외형적 정책만을 일방적으로 전달**하는 경우가 많다. 이런 상황에서 교사들은 자신의 교육적 신념과 정책 방향 사이의 괴리로 인해 혼란을 겪게 되고, 변화의 주체가 아니라 수동적인 실행자로 머물며 내면의 기준이 흔들리게 된다.

학교 현장에 만연한 **비효율의 숙달**은 교사 내면의 닻을 흔드는 주요 요인 중 하나이다. 과도한 행정 업무, 빈번한 공문 처리, 보여주기식 행사 준비 등은 교사들이 본연의 수업 연구와 학생 지도에 집중할 시간을 앗아가고 있다. 또한, **성과 중심의 평가 압박과 학교 간 경쟁 문화**는 교사로 하여금 교육의 본질적 가치보다 단기적인 성과에 집착하게 만드는 원인이 된다. 이러한 환경에서 교사들은 연차가 쌓일수록 일에는 익숙해지지만, 의미를 찾지 못한 채 점점 소진되고, 가르침의 기쁨보다는 업무 스트레스와 부담에 시달리게 된다. 중앙에서 하달되는 정책 수행을 독려하기 위한 재정적 지원과 같은 외적 보상은 때때로 교사의 자발성과 내적 동기가 자리 잡을 여지를 좁히는 결과를 낳기도 한다. 이처럼 구조적 문제로 인한

---

❶ 인간의 환각을 뜻하기도 하지만, AI 분야에서는 AI가 그럴듯하지만 사실이 아닌 정보를 만들어내는 현상을 의미한다.

교사의 소진은 '회전하는 나침반 바늘' 현상을 더욱 심화시키며, 이는 다시 교육의 질 저하와 학생 학습 경험의 악화로 이어지는 악순환을 만든다.

사. 내면의 닻이 흔들리지 않기 위해서는 어떻게 해야 할까?

거센 변화의 물결 속에서 교사가 자신의 나침반을 바로 세우고 길을 찾아가기 위해서는 '내면의 닻'을 단단히 하는 것이 핵심이다. 교사는 자신의 교육적 정체성, 가치관, 그리고 목적의식을 끊임없이 성찰하고 확고히 하려는 노력을 지속해야 한다. 이를 위해 **자기 인식**, **성찰적 실천** 그리고 **자기 돌봄**이라는 세 가지 핵심 실천이 요구된다.

교사는 **자기 인식**을 통해 자신의 감정, 신념, 강점과 약점을 객관적으로 파악하고, 이것이 교육 활동에 미치는 영향을 이해할 수 있다.

성찰적 실천은 교사가 자신의 수업과 학생들과의 상호작용을 되돌아보며 개선점을 발견하고, 새로운 아이디어를 시도하며 지속적으로 배우고 성장하는 과정이다.

자기 돌봄은 교사가 신체적·정신적 건강을 유지하고 스트레스를 관리하며, 교직 생활의 어려움 속에서도 회복탄력성을 잃지 않게 해준다.

그러나 이러한 개인적 노력만으로는 충분하지 않다. 동료 교사들과의 협력적 관계는 이 세 가지 실천을 심화시키는 데 결정적인 역할을 한다.

예를 들어, **자기 인식**은 신뢰하는 동료와의 대화나 코칭, 멘토링을 통해 혼자서는 깨닫기 어려운 자신의 교육적 신념과 감정을 발견하는 거울을 만날 때 깊어진다. **성찰적 실천** 역시 동료와 함께하는 수업 연구나 수업 나눔을 통해 자신의 실천을 객관적으로 돌아보고 함께 성장할 때 더욱 풍부해진다. 또한, 힘든 감정을 솔직하게 나눌 수 있는 비공식적 지지 모임이나 학교 차원의 상담 지원과 같은 **자기 돌봄**을 위한 안전망은 교사의 회복탄력성을 높여준다.

전문적 학습 공동체(PLC)는 바로 이러한 다양한 협력적 활동을 아우르는 대표적인 형태로, 교사들이 함께 성장하는 지지적 공간을 제공한다. 결국 내면의 닻을 견고히 하는 일은 개인의 노력을 넘어, 동료와의 신뢰에 기반한 다양한 협력 속에서 효과적으로 이루어질 수 있다.

3. 교사 주도성으로 교육 변화의 의미있는 주체 되기

내면의 닻이 단단히 내려졌을 때, 교사는 교육이라는 바다에서 스스로 항로를 개척하는 변화의 주체가 될 수 있다. OECD 교수 나침반은 교사의 주도성을 교육 혁신의 핵심 동력으로 제시한다. 여기서는 교사의 다층적인 주도성이 어떻게 실제 변화로 증폭되는지를 현장 교사들의 실천 사례를 통해 살펴본다.

가. 교사 주도성이란 무엇일까?

교사 주도성이란 교사가 분명한 목적의식을 바탕으로 자신의 교육 활동을 스스로 계획하고 실행하며, 전문적 판단을 통해 교육 현장과 환경에 의미 있는 변화를 만들어내는 능력을 의미한다. 이는 단순히 외부의 간섭에서 벗어난 자율성이나 자신의 의견을 드러내는 목소리, 또는 주어진 선택지 중 하나를 고르는 선택의 개념을 넘어서는 것이다. 교사 주도성은 자기 효능감, 윤리적 책임감, 변화에 대한 헌신에서 비롯되는 적극적이고 능동적인 태도이며, 교사를 교육 전문가이자 사회 변혁의 주체로 인식하는 데 핵심적인 역할을 한다. OECD 교수 나침반은 교사 주도성을 **개인 주도성, 공동 주도성, 집단 주도성**의 세 가지 차원으로 구분하여 설명한다.

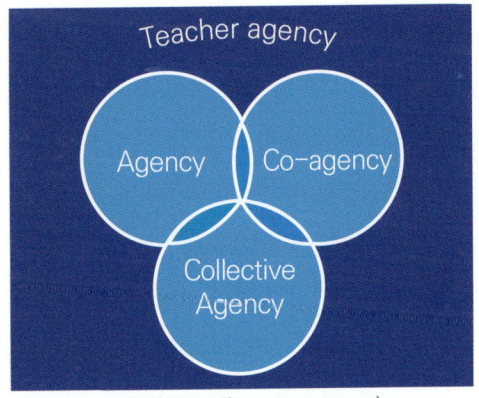

▲ 교사 주도성(Teacher agency)

첫째, 개인 주도성(Individual Agency)은 교사가 자신의 신념, 목표, 그리고 의사결정 과정을 통해 구체적으로 드러나는 특성이다. 교사는 자신의 교육적 신념과 가치를 바탕으로 수업 방식을 개선하거나, 학생들의 요구에 맞춘 새로운 교육 자료를 개발하는 등 다양한 방식으로 주도성을 실천한다. 특히 교사가 자신의 역량을 통해 학생들의 학습과 성장에 긍정적인 영향을 줄 수 있다고 믿는 자기 효능감(Self-Efficacy)은 개인 주도성을 발휘하는 데 핵심적인 심리적 토대가 된다.

진정한 교육 혁신은 거창한 구호나 상위 기관의 일방적 정책에서 비롯되기보다, 교사 개인의 자발적이고 사소한 문제의식으로부터 시작되는 경우가 많다. 교사는 교실에서 매일 마주하는 문제, 학생들의 어려움, 교육과정 운영의 한계를 누구보다 먼저 체감한다. 이러한 내적 문제의식은 교사로 하여금 수동적인 역할에 머무르지 않고, 능동적으로 해결 방안을 탐색하고 실천하도록 이끈다. 비록 작은 시도일지라도, 한 교사의 자발적인 실천은 교실의 분위기를 변화시키고, 학생들의 학습 경험을 더욱 풍요롭게 하며, 나아가 동료 교사들에게도 긍정적인 영감을 주어 학교 전체에 파급 효과를 가져올 수 있다.

한국 교육 시스템은 오랜 기간 경직성과 하향식 구조, 그리고 교사의 자율성 부족이라는 문제를 안고 있었다. 이러한 상황에서 교사가 수업의 본질을 성찰하고, 자신의 문제의식을 바탕으로 새로운 교육 방식을 실천하는 행위는 규모가 크지 않더라도 기존의 관행과 시스템에 맞서는 '일상적 저항'으로 볼 수 있다. 예를 들어, 정책적으로 강조되어온 과정 중심 평가를 형식적으로 도입하는 수준을 넘어, 획일적인 평가 관행에 맞서 학생 한 명 한 명의 성장 과정을 온전히 담아내려는 시도나, 정해진 진도에서 벗어나 학생의 학습 속도와 필요에 맞춘 개별화 수업을 설계하려는 시도는 시스템이 요구하는 획일성에 도전하는 교사의 주도적 실천이다. 이러한 개인적 주도성의 발현은 비록 당장 시스템 전체를 변화시키지는 못하더라도, 교실 차원의 의미 있는 변화를 만들어 내고, 동료 교사들에게 새로운 가능성을 제시하며 점진적으로 시스템에 긍정적 변화를 일으키는 출발점이 될 수 있다.

둘째, 공동 주도성(Co-agency)은 교사가 학생, 동료 교사, 학교 관리자, 학부모, 그리고 최근에는 AI 에이전트 등 다양한 주체들과 상호작용하고 상호 영향을 주고받는 관계 속에서 형성되는 것이다. 교사의 주도성은 개인적 차원을 넘어, 타인과의 연결을 통해 더욱 확대되고 강화될 수 있다. 즉, 교육은 교사 혼자만의 고립된 활동이 아니라, 여러 주체들과의 적극적인 상호작용과 협력을 통해 시너지를 창출하고, 공동의 교육 목표를 실현해 나가는 과정인 것이다.

전통적으로 학생은 교육에서 수동적인 수혜자로 인식되어 왔으나, 최근에는 학생을 능동적인 학습의 주체이자 교육 과정의 '공동 설계자(Co-creator)'로 보는 관점이 중요해지고 있다. 미국 캘리포니아주 에너하임 연합 교육청(AUHSD)은 지난 10여 년간 교직을 학생과 함께 변화시키는 것을 핵심 전략으로 삼아, 학생을 교육의 '공동 조종사(Co-pilot)'로 대우하는 혁신적 접근을 실천하고 있다. 이곳에서는 학생들이 환경 문제를 주제로 한 프로젝트 수업을 직접 제안하고 설계하며, 교육청의 혁신위원회나 학교 경영회의에 정식 구성원으로 참여해 의사결정 과정에 의견을 제시한다. 이러한 방식은 학생의 학습 동기와 책임감을 높이는 동시에, 교사의 역할을 지식 전달자에서 학생과 함께 배움의 과정을 설계하고 실행하는 파트너로 변화시키고 있다.

이처럼 교실은 교사와 학생의 관계 재구성을 넘어서, AI와 상호작용하는 복합적인 시스템으로 확장되고 있다. OECD 교수 나침반은 이러한 변화를 반영하여, AI를 단순한 교육 도구가 아니라 교실 생태계의 새로운 '공동 행위자(Co-agent)'로 명확히 포함하고 있다. AI 튜터, AI 코파일럿, AI 조교 등은 교사의 업무를 지원하고 학생에게 개인화된 학습 경험을 제공할 수 있으나, 동시에 교사는 이러한 기술을 교육적으로 통합하고 윤리적으로 활용해야 하는 새로운 과제에 직면하게 된다. AI는 자기 개념, 성찰 능력, 사회적 소속감, 도덕적 판단 능력이 부족하기 때문에, AI와의 공동 주도성에서는 교사의 '내면의 닻', 즉 확고한 교육 철학과 윤리적 판단력이 더욱 중요해진다. 교사는 AI의 잠재적 위험(편향, 과도한 의존 등)을 최소화하고, 그 가능성(업무 경감, 개인화된 지원 등)을 극대화하는 최적의 의사결정을 내려야 한다. 이는 AI가 교사의 역할을 축소시키는 것이 아니라, 오히려 인간 교사만이 지닐 수 있는 정체성, 공감, 윤리적 판단과 같은 고유한 가치가 더욱 부각되는 계기가 될 수 있음을 보여준다.

공동 주도성의 또 다른 핵심 축은 동료 교사와의 관계이다. 동료성은 단순히 업무상 도움이나 협조를 넘어서 정서적 지지와 소속감을 제공하며, 교사들이 새로운 시도에 대한 두려움을 극복하고 실패를 통해 배우며 성장할 수 있는 심리적 안전지대를 형성한다. 교사들이 자발적으로 모여 공동의 교육 목표를 설정하고, 각자의 실천 경험과 고민을 나누며 집단 지성을 통해 문제를 해결해 나가는 과정이 바로 공동 주도성의 실현이다. 이러한 협력적 실천을 통해 교사들은 개인의 성장에 그치지 않고 공동체 전체의 전문성을 높이며, 고립된 교실을 넘어 서로 연결되고 함께 성장하는 교육 생태계를 만들어 간다.

셋째, 집단적 주도성(Collective Agency)이란 교사들이 공동의 목표를 달성하기 위해 협력적으로 행동하고, 공유된 신념, 가치, 역량을 바탕으로 교육 현장과 시스템에 긍정적인 영향을 미치는 것을 의미한다. 집단적 주도성은 '집단 효능감' 즉, 함께 노력하면 의미 있는 교육적 성과를 거둘 수 있다는 믿음과 동료 간의 깊은 신뢰, 그리고 공동체가 공유하는 가치와 비전, 헌신을 기반으로 형성된다. 교사 주도성은 고립된 개인의 역량에만 의존하는 것이 아니라, 서로 연결된 전문가로서 관계와 협력을 통해 더욱강화 되는 특성을 지닌다. 교사들이 개별적 실천을 넘어 학교, 지역사회, 나아가 국가적 차원의 교육 변화를 이끌어내기 위해서는 이러한 집단적 주도성이 반드시 필요하다. 전문적 학습공동체(PLC)는 이러한 집단적 주도성을 발현하고 강화하는 중요한 매개체로 그 가치와 중요성이 날로 커지고 있다.

나. 교사 리더십이란 무엇일까?

교사 주도성이 실현되는 중요한 방식 중 하나는 바로 '**교사 리더십**'이다. 이는 교사가 자신의 교실에만 머무르지 않고, 동료와 협력하며 우수한 실천을 공유하고, 학교 안팎의 정책 운영에 적극적으로 참여함으로써 교육계 전반에 긍정적인 변화를 이끌어내는 과정이다. 공식 직위와 무관하게 현장 교사들이 발휘하는 이러한 실천적 영향력은, 반복적으로 실패해 온 하향식 개혁의 대안으로서 현장의 필요에서부터 출발하는 의미 있는 변화를 만들어내는 핵심 동력이 될 수 있다.

이러한 교사 리더십이 어떻게 현장의 변화를 만들어내는지 전국 단위 수업-평가 연구회인 T.R.I.P.O.D.(트라이팟)의 사례를 통해 구체적으로 살펴보자. 초등학교 A교사는 2022 개정 교육과정에서 강조하는 개념 기반 탐구 수업의 중요성에는 공감했지만, 막상 이를 교실에서 어떻게 구현해야 할지 막막하여 큰 부담을 느끼고 있었다. 학교와 교육청에서는 연수를 통해 개념 기반 탐구 수업의 당위성을 강조했으나, 정작 교사들에게 주어진 것은 추상적인 이론과 원론적인 안내뿐, 현장에서 바로 적용할 수 있는 구체적인 자료나 방법론은 턱없이 부족한 상황이었다. A교사는 혼자 끙끙 앓는 대신, 용기를 내어 T.R.I.P.O.D.(트라이팟) 연구회의 온라인 커뮤니티에 자신의 솔직한 어려움을 공유했다. 놀랍게도 그의 글에는 순식간에 수많은 공감과 격려의 댓글이 달렸고, 비슷한 고민을 가진 다른 학교 교사들이 자발적으로 모여 온라인 스터디 분과로 함께 하기에 이르렀다. 이는 한 교사의 작은 목소리가 동료 교사들의 연대를 이끌어내며 집단적 학습의 장을 여는 순간이었다.

분과 활동을 통해 A교사는 동료들이 각자의 교실에서 실험하며 개발한 생생한 수업 프로젝트와 실용적인 루틴에서 풍부한 아이디어를 얻어 자신의 학급에 적용하기 시작했다. 처음에는 학생들의 예상치 못한 질문에 당황하거나 계획대로 수업이 진행되지 않는 시행착오를 겪기도 했으나, 스터디 분과 동료들은 실패를 탓하기보다 따뜻한 공감과 지지를 보내주었다. '그런 상황에서는 이런 발문을 추가해보면 어떨까요?'와 같은 구체적이고 건설적인 피드백이 꾸준히 오가면서 수업은 점차 안정되고 깊이를 더해갔다. 마침내 학생들은 단편적인 지식을 암기하는 것을 넘어, 개념을 활용해 세상을 비판적으로 바라보는 힘을 기르기 시작했고, 이러한 학생들의 의미 있는 성장을 목격하며 A교사는 교사로서의 자신감과 흥미를 되찾게 되었다. 여기서 그치지 않고 A교사와 동료 교사들은 자신들의 값진 경험과 축적된 자료를 모아 이를 출판하여 비슷한 어려움을 겪는 전국의 교사들과 공유하는 집단 주도성을 발휘했다. 한 교사의 작은 문제의식에서 출발한 자발적 행동이 동료와의 신뢰와 협력을 통해 집단적 힘으로 발전하고, 결국 현장의 긍정적인 변화를 확산시키는 강력한 동력이 된 것이다.

A교사의 사례는 교사 리더십이 어떻게 한 개인의 전문적 성장을 넘어 교육계 전반에 선한 영향력을 미칠 수 있는지 생생하게 보여준다. 그러나 위계적인 학교 문화나 경직된 행정 시스템은 이러한 자발적인 리더십이 발휘되는 데 여전히 현실적인 장애물이 될 수 있다. 새로운 시도를 '튀는 행동'으로 여기거나 행정 편의를 우선시하는 분위기 속에서는 교사의 열정과 에너지가 쉽게 소진될 수 있기 때문이다. 따라서 교사 리더십을 효과적으로 키우기 위해서는 학교 내에서 교사의 교육적 자율성을 실질적으로 보장하고, 실패를 용인하며 수평적으로 협력하는 문화를 조성하는 것이 무엇보다 중요하다. 나아가 교사들의 현장 기반 아이디어가 학교 운영과 정책 결정 과정에 실질적으로 반영될 수 있는 제도적 통로를 마련하고, 그들의 자발적 노력을 격려하고 지원하는 포용적인 시스템을 구축할 필요가 있다.

4. 성장 마인드셋과 전문적 학습공동체로 교사의 역량 키워나가기

교사가 내면의 닻을 내리고, 주도성을 펼쳐나가는 모습만으로는 충분하지 않다. 왜냐하면 교사 스스로 **축적 없는 발산**의 늪에 빠져 자칫하면 소진에까지 이를 위험이 있기 때문이다. 이를 방지하고 지속가능성을 더하기 위해서는 발산의 순간 만큼이나 교사의 역량을 뒷받침할 수 있는 축적의 시간들이 담보되어야 한다. 그렇다면 교사의 역량은 어떻게 키워나갈 수 있을까? 스스로 헤쳐나가야 하는 것일까? 과연 우리에게는 기댈만 한 교사 전문성 신장 체계와 시스템이 구축되어 있을까? 현재의 연수 체계는 생애주기적 차원에서 효과적으로 교사의 역량과 전문성을 관리하고, 그에 맞춰 피드백해 줄 수 있는가? 학교는 교사의 전문성 신장을 위해 어떠한 노력을 기울이고 있는가?

미시적으로 단순히 연수나 자격 취득의 이수·미이수 여부를 확인하고 관리하는 방식만으로는 교사 개개인의 전문성을 세심하게 이끌어 주기 어렵다. 무엇보다 먼저 해결되어야 할 과제는 미래 교육에서 요구되는 교사의 역량을 명확하게 정의하는 일이다. 그렇다면 OECD 교수 나침반에서는 교사에게 필요한 핵심 역량을 어떻게 제안하고 있는지 살펴보도록 하자.

가. OECD 교수 나침반이 말하는 교사의 역량

OECD 교수 나침반은 교사의 역량을 단순히 개별적인 지식이나 기술의 집합으로 한정하지 않는다. 오히려 **지식, 기술, 태도, 가치가 통합되어, 성찰과 예상, 실행의 과정을 거쳐 복잡한 교육적 요구에 효과적으로 대응하고 세상과 의미 있게 소통하는 총체적 능력**으로 본다. 효과적인 교육과정 실행이란 단순히 내용을 전달하거나 수업을 운영하는 차원을 넘어, 이러한 인간적 역량을 통합하여 학생들의 학습과 웰빙을 증진하는 데 있다고 할 수 있다.

교수 나침반이 제시하는 교사의 핵심 역량 요소들은 다음과 같다.

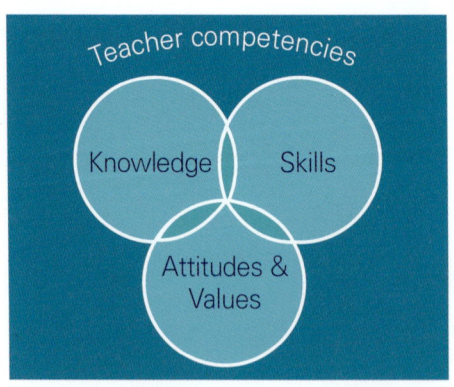

▲ 교사 역량(Teacher Competencies)

- **지식(Knowledge)**: 교과 내용, 교육학, 교육과정, 학습자 이해뿐만 아니라 자기 자신에 대한 통찰, 사회 변화에 대한 이해, 그리고 AI, 신경과학, 데이터 리터러시 등 새롭게 부상하는 분야까지 아우르는 다차원적 기반이 되어야 한다.
- **인지 및 초인지 기술(Cognitive & Metacognitive Skills)**: 비판적 사고, 문제 해결 능력, 창의성, 인지적 유연성, 호기심, 과학적 사고, 독립적 사고뿐만 아니라, 자기 인식을 바탕으로 한 성찰 능력, 그리고 새로운 것을 배우고(learn), 기존의 것을 버리며(unlearn), 다시 배우는(relearn) 능력은 교사가 복잡성을 탐색하고 학생들의 학습을 효과적으로 안내하는 데 필수적이다.
- **사회 정서 기술(Socio-emotional Skills)**: 공감력, 감정 인식 및 조절, 필요 시 도움을 요청하는 태도, 동료 교사·학부모·학생과의 효과적 협력 능력이 안전하고 동기 부여가 되는 포용적 학습 환경을 조성하는 데 핵심적이다.
- **신체 및 실용 기술(Physical & Practical Skills)**: ICT와 디지털 도구 활용 능력은 물론, 예술이나 체육 등 특정 교과에서의 실기 역량이 교육적 이상을 교실에서 실현하고 비전을 행동으로 옮기는 데 필요한 도구가 된다.
- **태도 및 가치(Attitudes and Values)**: 교사의 모든 교육적 판단에 깊게 영향을 미친다. 개인적 차원에서는 성장 마인드셋, 회복탄력성, 형평성이, 지역 공동체에서는 신뢰와 협력, 탐구적 태도가 중요하다. 사회적 차원에서는 사회 인식, 시민적 책임, 진실성이 요구되며 인간 보편적 차원에서는 존엄, 정의, 존중, 연민, 글로벌 연대, 환경 인식과 같은 가치가 교실과 학교 문화, 더 나아가 사회와의 관계를 형성하고 학생들에게 모델링되어 전달된다.

즉, 교수 나침반이 제시하는 교사의 핵심 역량은 단순히 지식만으로, 또는 기술만 갖춘다고 훌륭한 교사가 되는 것이 아니라 태도와 가치까지 모두 어우러질 때 진정한 전문성이 완성되며, 3가지 요소는 서로 영향을 주고받으며 통합적으로 작동한다는 메시지를 담고 있다. 실제교육현장에서도 좋은 수업 설계는 교육적 신념과 가치관에 기반하고, 이들 뒷받침할 수 있는 충분한 지식이 함께 수반되어야 의미가 있으며, 이 세 요소가 뚜렷이 구분되기 보다는 복합적으로 작용한다. 교사의 역량은 단순히 습득해야 할 목록이 아니라, 교사가 '성장(Becoming)'이라는 평생의 여정을 통해 끊임없이 발전시켜나가야 할 과제이다.

나. 성장 마인드셋과 역량 인큐베이터, 전문적 학습 공동체

교사가 혼자서 교육의 모든 부담을 감당하며 변화의 흐름을 헤쳐 나가는 것은 매우 고된 일이다. 그러나 동료 교사들과 함께 배우고, 고민을 나누며, 서로에게 지지와 격려를 보내면 그 여정은 훨씬 더 의미 있고 지속 가능해질 수 있다. 전문적 학습 공동체는 교육 개선과 학생 학습 경험의 향상을 목표로, 교사들이 자발적으로 모여 지속적으로 배우고 자신의 교육 실천을 성찰하며, 동료들과 깊이 있는 협력을 이루는 전문가 집단이다. 전문적 학습 공동체는 교사들의 자발적인 연대와 협력을 바탕으로 개인의 성장뿐 아니라 학교 안팎의 긍정적인 변화를 이끌어내는 강력한 동력으로서, 다음과 같이 다양한 방식으로 교사를 지원한다.

첫째, 전문적 학습 공동체는 교사들이 새로운 시도에 대한 두려움을 극복하고 실패로부터 배우며 성장할 수 있는 **심리적 안전지대**를 제공한다. 이로써 교사들은 자신의 취약성을 드러내고 진정한 협력을 경험하며, 교육자로서의 정체성을 탐색하고 확립할 수 있다.

둘째, 전문적 학습 공동체는 교사들이 자신의 교육 실천을 비판적으로 **성찰**하고, 동료와의 진솔한 대화를 통해 **개선점을 모색하는 탐구의 장**이다. 이러한 성찰 과정은 교사들이 교육 경험에 의미를 부여하고, 교육자로서의 가치와 목적의식을 재확인하는 데 필수적이다.

셋째, AI 디지털 시대에 교사의 역할 변화와 함께, 전문적 학습 공동체는 교사들이 느끼는 불안감을 해소하고 새로운 역할과 정체성을 함께 탐색하는 **정서적 지지 기반이자 학습의 장**이다.

넷째, 전문적 학습 공동체는 공동의 목표와 가치를 설정함으로써 교사들에게 활동의 **방향성**을 제시하고, 공동체의 **정체성을 형성**하는 **나침반 역할**을 한다. 이는 교사 개개인이 교육자로서 추구하는 가치와 목적을 더욱 확고히 하는 데 기여한다.

다섯째, 전문적 학습 공동체의 협력적이고 성찰적인 특성은 교사의 **비판적 문제 해결 능력 개발**에 직접적으로 기여한다. 교사들은 공동체 내에서 함께 배우고 실패를 성장의 기회로 삼으며, 동료와 함께 문제를 분석하고 해결책을 모색하는 과정을 통해 지속적인 학습과 발전을 추구하는 **'성장 마인드셋'**❷을 내재화하게 된다.

전문적 학습 공동체(PLC) 활동은 교사의 성장 마인드셋 함양에 매우 효과적이다. 예를 들어, 전문적 학습 공동체에서 교사들은 자신의 모름을 솔직하게 인정하고 동료들과 함께

---

❷ 자신의 능력이나 지능이 고정되어 있다고 믿기보다는, 노력과 경험을 통해 발전할 수 있다고 믿는 태도를 의미한다. 교사의 끊임없는 '성장(Becoming)'을 가능하게 하는 핵심적인 내적 동력 중 하나가 바로 성장 마인드셋이며, 이러한 성장 마인드셋을 가진 교사는 도전을 두려워하지 않고 새로운 것을 배우려는 의지가 강하며, 실패를 좌절이 아닌 성장의 기회로 받아들인다.

배우는 과정을 통해 완벽함에 대한 부담에서 벗어나 지속적인 학습과 발전을 추구하게 된다. 또한, 새로운 교수법이나 AI 도구를 수업에 적용하는 과정에서 마주하는 시행착오들은 성찰을 통해 소중한 학습 경험으로 전환된다. 이와 같이 실패를 통해 배우고, 동료들의 지지 속에서 지속적으로 새로운 도전에 나서는 경험은 교사의 회복탄력성을 높이며, 교육에 대한 열정과 헌신을 이어가는 원동력이 된다.

다. 함께 만들어가는 '공유된 의미'

전문적 학습 공동체가 성공적으로 운영되기 위해 가장 핵심적인 토대는 바로 구성원 사이의 깊은 **신뢰**와 따뜻한 **동료애**이다. 이러한 신뢰와 동료애는 저절로 생겨나는 것이 아니라, 의식적이고 지속적인 노력을 통해 가꾸어야 할 소중한 자산이다. 공동체 안에서 교사들은 세미나와 워크숍을 통해 서로의 전문 지식과 경험을 아낌없이 나누고, 교육 자료를 함께 개발하며, 때로는 자신의 교실을 공개하거나 동료의 성장을 돕는 코칭 활동에 참여한다.

이러한 협력적 문화 속에서 교사들은 단순한 업무적 지원을 넘어 정서적 지지와 깊은 소속감을 경험하게 된다. 특히 모름을 부끄럽게 여기지 않고, 함께 모름의 자리에서 의미를 만들어가는 문화, 그리고 서로를 수단이 아닌 목적으로 대하는 가치관과 태도는 **심리적 안전지대**의 핵심 조건이 된다. 이는 교사들이 자신의 취약함을 기꺼이 드러내고 진정한 협력을 실천할 수 있도록 만든다. 이러한 관계 속에서 교사들은 때로는 자신이 아닌 타인의 성장을 위해 자발적으로 발판이 되어주는 헌신을 보여주기도 하며, 이는 공동체의 성장과 더불어 개인의 성장으로 이어지는 선순환을 이룬다.

이처럼 전문적 학습 공동체 내에서 이루어지는 활발한 상호작용과 공동 문제 해결은 단순한 정보 교환을 넘어, 교사 각자의 주관적 의미가 서로 연결되고 확장되어 마이클 풀란이 말한 '공유된 의미' - 즉, 같은 방향을 같은 이유로 함께 고민하고 실천하는 힘 - 를 창조하는 역동적인 과정이다. 이러한 공유된 의미는 공동체의 정체성을 확립하고, 외적 보상이나 압력에도 흔들리지 않는 내적 동력을 제공하며, 교사들이 함께 더 나은 교육을 만들어갈 수 있다는 집단적 효능감을 심어준다.

라. 함께 배우고 성장하는 교사들의 이야기

B 고등학교의 전문적 학습공동체에서는 최근 각광받는 생성형 AI를 활용한 평가 문항 개발에 대한 논의가 활발하게 이루어지고 있다. 역사 교과를 맡은 C교사는 기존의 단답형이나 선택형 평가 방식에 한계를 느끼고, 학생들이 역사적 사건을 깊이 있게 사고하며 다양한 관점을 탐색할 수 있도록 돕는 평가 방식을 고민하고 있었다. 그는 분과 모임에서 학생들이 생성형 AI를 활용해 특정 역사 인물의 입장에서 가상의 일기를 쓰거나, 다른 시대의 인물과 대화하는 시나리오를 만들어보는 활동을 제안하였다.

처음에는 AI가 생성한 결과물의 신뢰성 문제나 표절 우려 등 걱정의 목소리가 나왔으나, 동료 교사들은 C교사의 문제의식에 공감하며 함께 해결책을 모색하기 시작하였다. 한 영어 교사는 AI 프롬프트 엔지니어링 기법을 활용해 학생들의 창의성을 자극하면서도 명확한 평가 기준을 제시할 수 있는 프롬프트를 개발하자고 제안했고, 기술 교사는 학생들의 AI 활용 과정을 기록하고 성찰 노트를 작성하게 하여 과정 중심 평가를 강화하자는 의견을 제시했다.

이들은 몇 주에 걸쳐 자료를 공유하고, 각자 소규모로 AI 활용 평가를 시범 적용한 뒤 그 결과를 공유하며 서로 피드백을 주고받았다. C교사는 동료들의 지원을 받아 AI를 활용한 역사 논술 평가 프로토타입을 개발하였고, 이를 자신의 수업에 적용해 학생들의 큰 호응을 얻었다. 그는 이 경험을 학교 내 워크숍과 외부 전문적 학습공동체에서 발표하며, 혼자서는 시도하지 못했을 도전이었으나 동료 교사들의 집단 지성과 따뜻한 격려 덕분에 가능했다고 소회를 밝혔다.

이처럼 전문적 학습공동체는 교사들이 고민을 나누고, 서로의 아이디어에 발전을 더하며, 실패를 두려워하지 않고 새로운 교육적 시도를 함께 만들어가는 용광로 역할을 한다.

마. 구조와 문화의 동시 변화를 이끄는 아래로부터의 힘

교육 개혁이 성공하려면 제도나 정책과 같은 '구조'의 변화뿐 아니라, 학교 구성원들의 인식과 행동 양식인 '문화'의 변화도 함께 이루어져야 한다. 마이클 풀란은 "문화는 투표나 명령으로 쉽게 바꿀 수 없는 영역"이라고 강조하며, 하향식 명령만으로는 진정한 변화를 이끌어낼 수 없다고 지적한다. 오히려 전문적 학습공동체처럼 교사들이 자발적으로 모여 협력하고 함께 학습하는 집단이 학교 안팎의 문화를 긍정적으로 변화시킬 수 있으며, 이러한 문화적 기반이 마련되어야 구조적 변화도 실질적인 효과를 발휘할 수 있는 아래로부터의 힘이 생긴다.

전문적 학습공동체는 교사들의 자발적인 참여와 수평적 협력을 통해 학교 안팎에서 신뢰와 개방성, 학습 지향적 문화를 조성한다. 이러한 긍정적 문화는 교사들이 새로운 교수법을 시도하거나 학생 평가 방식을 개선하고, 학교 운영이나 교육 정책에 적극적으로 참여하는 등 구조적 변화를 자발적으로 모색하고 실천하는 동기가 된다. 예를 들어, 전문적 학습공동체에서 AI 디지털 도구 활용에 대한 논의와 성공 사례가 활발히 공유되면, 학교나 교육청 차원에서 관련 인프라 확충이나 교사 연수 지원 등 구조적 변화로 이어질 수 있다.

또한, 전문적 학습공동체는 현장의 목소리를 모아 교육 정책 결정 과정에 영향을 미침으로써, 하향식 정책이 현장의 필요와 괴리되는 것을 막고 정책의 실효성을 높이는 교량 역할을 할 수 있다. 교사 커뮤니티는 정책의 의도를 현장의 언어로 번역하여 교사들의 이해를 돕고, 반대로 현장의 생생한 목소리와 필요를 정책 결정 과정에 전달하는 창구가 될 수 있다는 점에서 구조와 문화의 동시 변화를 모색하는 살아있는 연결고리(living linkage) 역할을 수행할 수 있다.

전문적 학습공동체의 영향

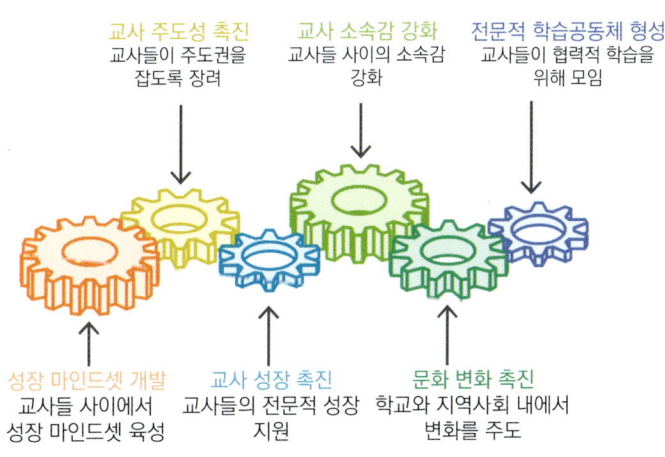

▲ 선순환의 구조를 만들어내는 전문적 학습 공동체

이처럼 전문적 학습공동체는 학교 안과 밖의 문화를 변화시키는 구심점이자, 아래로부터 시스템 전체의 변화를 추동하는 핵심 동력으로 작용하며, 이는 교사의 내면의 닻 중 특히 '소속감'과 '성장'을 강화하는 핵심적인 환경으로서 교사의 '주도성'과 '성장 마인드셋'을 촉진하는 선순환 구조를 만들어낸다.

전문적 학습공동체 내에서 자발적으로 이루어지는 혁신적인 수업 사례나 교육 자료 개발은 그 자체로 상향식 교육 개혁의 모델이 되며, 이를 공유하고 확산함으로써 다른 학교와 교사들에게 영향을 미칠 수 있다. 교사들의 자발적인 움직임(상향식)과 교육청이나 교육부의 제도적 지원(하향식)이 상호 보완적으로 작용할 때, 교육 혁신은 더욱 강력하고 지속 가능해질 수 있다.

5. 교사 웰빙으로 실천에 지속 가능성 더하기

교사의 웰빙은 단순히 개인적인 차원의 문제를 넘어, 교육의 질과 학생의 성장에 직접적인 영향을 미치는 핵심 요소이다. OECD 교수 나침반은 교사 웰빙을 **신체적, 인지적, 사회정서적 차원을 통합하는 역동적인 충족 상태**로 말하며, 특히 전문적 소명 의식에 기반할 때 강화됨을 강조한다. 각각의 의미는 다음과 같다.

- **신체적 웰빙:** 공정한 급여, 관리 가능한 업무량, 안전하고 쾌적한 근무 환경, 그리고 일과 삶의 균형을 포함한다.
- **인지적 웰빙:** 교사가 지적으로 자극받고, 자신의 전문성이 학교 결정에 반영되며, 학습 경로 설계에 참여함으로써 소유 의식을 느끼고 전문적으로 성장하는 것을 의미한다.
- **사회정서적 웰빙:** 동료, 리더, 학부모, 학생들과의 관계 속에서 자존감을 느끼고 인정받으며, 회복탄력성과 자기 연민을 기르고, 공감, 신뢰, 협력을 경험하는 것을 포함한다.

교사 주도성과 웰빙은 밀접하게 연결되어 있다. 교사가 자신의 교육 활동에 대해 자율성을 갖고 주도적으로 참여할 수 있을 때 웰빙 수준이 높아지지만, 지나치게 규범적인 교육과정이나 자율성 부족, 비협조적인 환경 등은 교사의 행위주체성을 억압하여 소진, 직무 만족도 저하, 이직률 증가로 이어질 수 있다. 따라서 교사 웰빙을 증진하는 것은 교직을 보다 지속 가능하고 매력적으로 만드는 핵심 전략이 된다.

하지만 교사의 웰빙은 개인의 노력만으로 충분히 이루어지기 어렵다. 학교와 교직 전반이 협력적 학습, 열린 소통, 건설적인 피드백, 실패를 허용하는 문화를 조성할 때, 교사들은 심리적으로 더 안정감을 느끼고 회복력과 적응력을 키울 수 있다. 동료 간 신뢰, 협업을 위한 시간과 공간, 학교 관리자의 지지와 격려, 그리고 실패를 받아들이는 분위기 등은 외부의 지원만으로는 해결될 수 없는 교직 내부의 중요한 요소들이다.

미국 AUHSD의 **공감적 시스템 리더십**(Compassionate Systems Leadership) 사례는 교사 웰빙을 위해 시스템 차원의 접근이 얼마나 중요한지를 보여준다. 이 리더십은 교사의 어려움을 개인의 책임으로 돌리기보다, '이 시스템은 어떻게 스트레스를 만들어내고 지속시키는가?'라는 질문을 던지며, 과중한 업무, 지원 인력 부족, 협업 문화의 부재 등 구조적 요인을 파악하고 이를 개선하는 데 주목한다. 이러한 방식은 교직원들의 웰빙과 사회정서적 성장을 촉진하는 데 효과적이다. 전문적 학습 공동체(PLC) 역시 동료 교사 간의 정서적 지지망을 형성하고, 공동의 문제 해결을 통해 스트레스를 줄이며, 집단적 효능감을 높여 교사 웰빙에 긍정적으로 작용한다.

현장의 교사들이 경험하는 탈진과 과중한 업무, 그리고 '흔들리는 나침반 바늘' 현상은 단순히 개인의 심리적 취약성이나 회복탄력성 부족 문제가 아니라, 교육 시스템 전반이 교사들의 소진을 유발하는 '시스템적 소진(Systemic Burnout)' 현상으로 해석할 수 있다. OECD 교수 나침반은 교사 웰빙을 자기 돌봄 같은 개인적 차원에만 머무르지 않고, 소속감(지지적 관계, 학교 문화), 주도성(통제감, 효능감), 그리고 정책과 리더십 등 시스템적 지원까지 포괄적으로 다루고 있다. 이는 교사 웰빙 문제 해결을 위해 개인, 관계, 조직, 시스템 등 다양한 수준을 아우르는 생태학적 접근이 필요함을 시사한다. 따라서 교사 웰빙을 논의할 때는 단순한 스트레스 관리법을 넘어, 학교 문화 개선, 합리적 업무 분장, 교사의 자율성 확대, 전문적 학습공동체를 통한 정서적 지지망 구축 등 구조적이고 시스템적인 해결 방안을 적극적으로 고민하고 제안해야 할 필요가 있다.

6. 문제의식으로부터 실천, 성찰에 이르기까지

가. 현장의 불편함에서 시작하는 문제 해결의 여정

위대한 변화는 종종 아주 작은 불편함을 자각하는 데서 시작된다. 교실에서 반복적으로 마주하는 학생들의 무기력한 표정, 의미 없이 흘러가는 형식적인 회의, 새로운 기술 도입에 대한 막연한 불안감 등 교사들이 현장에서 느끼는 다양한 불편과 이에 대한 문제의식은 교육 혁신의 씨앗이 된다. 이러한 문제의식은 교사로 하여금 '**왜 이런 문제가 생기는가?**', '**어떻게 하면 이 상황을 개선할 수 있을까?**'라는 질문을 던지게 하고, 이는 곧 교육적 가설 설정과 실천의 출발점이 된다.

일반적인 현장 중심의 문제 해결 단계는 '**문제의식(목적) → 가설 설정 → 실천 → 시행착오의 기록 및 성찰**'로 이어진다. 예를 들어, 한 교사가 '학생들이 수학 수업 시간에 쉽게 흥미를 잃는다'는 문제의식을 갖게 되었다고 하자. 그는 '게이미피케이션과 외적 보상을 도입하면 학생들의 참여도가 높아질 것이다'라는 가설을 세울 수 있다. 이 가설에 따라 실제 수업에서 게이미피케이션을 적용해보고, 그 과정과 결과를 기록하며 학생들의 반응과 학습 효과를 분석한다. 이러한 과정을 통해 교사는 자신의 가설의 타당성을 점검하고, 개선해야 할 점을 발견하여 다음 실천 계획을 세울 수 있다.

나. OECD 교수 나침반의 AAR(예상-실행-성찰)과 성장 마인드셋의 연결

이러한 일반적인 현장 중심의 문제 해결 주기는 OECD 교수 나침반에서 강조하는 교사의 지속적인 성장을 위한 AAR(Anticipation-Action-Reflection: 예상-실행-성찰)과 깊이 연결된다. AAR 주기는 교사가 교육 실천 과정에서 끊임없이 배우고 발전하도록 돕는 구조화된 틀을 제공하며, 특히 교사의 성장 마인드셋을 강화하고 비판적 문제 해결 능력을 개발하는 데 효과적이다. AAR 주기에서 각 단계의 의미는 다음과 같다.

- **예상(Anticipation)**: 이 단계에서 교사는 단순히 문제를 인식하는 것을 넘어, 관련 데이터, 연구 결과, 그리고 자신의 전문적 지혜를 총동원하여 문제의 근본 원인을 파악하고, 잠재적인 도전 과제를 예측하며, 이를 해결하기 위한 다양한 전략과 가설을 설계한다.

이는 현장 중심 문제 해결 단계의 '문제의식'과 '가설설정' 단계에 해당하며, 비판적 사고를 통해 정보를 분석하고 종합하는 능력을 요구한다.

- **실행(Action):** 교사는 예상 단계에서 수립한 계획과 전략을 실제 교육 현장에 적용한다. 새로운 교수법을 시도하거나, AI와 같은 새로운 도구를 활용하며, 학생들의 활동을 면밀히 관찰하고 실시간 피드백을 모니터링한다. 이 과정에서 교사는 이론적 지식을 실제 문제 상황에 적용하고, 예상치 못한 상황에 유연하게 대처하며 실용적인 문제 해결 능력을 기른다.

- **성찰(Reflection):** 실행 결과를 바탕으로 교사는 무엇이 효과적이었고 무엇이 그렇지 않았는지, 성공과 실패의 요인은 무엇이었는지 등을 비판적으로 분석한다. 자신의 가정과 행동을 되돌아보고, 학생들의 반응과 학습 결과에 대한 데이터를 검토하며, 더 나은 해결책을 찾기 위해 깊이 있는 질문을 던진다. 이 성찰의 결과는 다음 AAR 주기의 '예상' 단계에 중요한 정보로 활용되어 지속적인 개선과 성장을 이끌어낸다.

AAR 주기는 교사들이 시행착오를 단순히 실패로 여기는 것이 아니라, 성찰을 통한 귀중한 학습으로 전환하여 성장 마인드셋을 내재화하도록 돕는다. 실패를 두려워하지 않고 새로운 시도를 격려하며, 그 과정에서 배우고 발전하는 경험을 통해 교사는 자신의 전문성에 대한 자신감을 키우고, 더욱 복잡한 교육 문제에 도전할 용기를 얻게 된다.

'문제의식-가설-실천-성찰' 단계와 OECD AAR 단계의 비교 및 연결

현장 해결 단계중심 문제	OECD AAR 단계	핵심 활동 및 교사의 역할 예시
문제의식 (목적)	Anticipation (예상)	- 현장의 '불편한 장면', '비효율' 인식 및 구체화 - 교육 목표 및 학생 성장과의 연관성 분석 - 관련 문헌, 연구, 우수 사례 탐색 - 동료 교사와의 대화를 통한 문제 공감대 형성
가설설정		- 문제 해결을 위한 잠정적인 아이디어 또는 전략 구상 - 구체적인 실행 계획 및 예상 결과 설정 - 필요한 자원(자료, 도구, 시간 등) 파악 및 확보 방안 모색 - 잠재적 어려움 및 위험 요소 예측 및 대비책 고려

실천	Action (실행)	- 계획된 수업 전략, 교수법, 교육 프로그램 적용 - 새로운 교육 도구(AI 등) 및 자료 활용 - 학생 활동 촉진 및 과정 관찰 - 학생 및 동료 교사로부터의 실시간 피드백 수집
시행착오의 기록 및 성찰	Reflection (성찰)	- 실행 결과(학생 반응, 학습 효과, 어려움 등) 기록 및 데이터 수집 - 성공 및 실패 요인 분석 (개인적, 환경적 요인) - 가설 검증 및 초기 문제의식과의 관련성 평가 - 동료 교사와의 성찰적 대화 (수업 분석, 경험 공유) - 개선 방안 도출 및 다음 실천 계획 수립

다. 성공 사례, 어떻게 내 교실의 레시피로 만들까?

아무리 좋은 아이디어나 문제 해결 사례라 할지라도, 그것이 실제 학교와 교실 상황에 적용되기 어렵다면 그 의미는 퇴색될 수밖에 없다. 문제 해결 사례의 현장 적용 가능성을 담보하기 위해서는 단순히 성공 사례를 모방하는 것을 넘어, 그 사례가 나오게 된 맥락을 이해하고, 자신의 학교와 교실 상황에 맞게 창의적으로 변형하며, 그 적용 결과를 동료들과 함께 성찰하고 공유하는 과정이 필수적이다. 이 과정에서 교수 나침반은 교사들이 자신의 실천을 분석하고 개선점을 찾는 데 유용한 성찰의 틀을 제공할 수 있다. 예를 들어, 새로운 교수법을 시도한 후 '이 실천이 나의 전문적 정체성과 부합하는가?', '학생들의 주도성을 충분히 이끌어 냈는가?', '나의 어떤 역량이 발휘되었고, 어떤 점이 부족했는가?', '이 과정에서 나의 웰빙은 어떠했는가?'와 같은 질문을 던지며 성찰하는 것이다. 이러한 성찰과 공유의 문화는 개별 교사의 성장을 넘어 학교 안과 밖의 학습 문화로 확산될 수 있다.

교수 나침반을 렌즈로 활용하여 현장의 모순을 해결하는 과정은 교사에게 두 가지 중요한 역량, 즉 **진단적 역량**과 **설계적 역량**을 동시에 요구한다. 진단적 역량은 교수 나침반의 각 축을 분석틀로 삼아 문제 상황의 구조와 원인을 깊이 있게 파악하는 능력이다. 예를 들어, 어떤 교사가 수업 혁신에 어려움을 겪고 있다면, 그것이 교사의 주도성 부족 때문인지, 필요한 교사 역량의 결핍 때문인지, 아니면 과도한 업무로 인한 웰빙 저하 때문인지 등을 교수 나침반을 통해 진단해볼 수 있다. 그리고 이러한 진단을 바탕으로 현재 상황을 개선하기 위한 새로운 전략, 수업 방식, 또는 지원 시스템을 구상하고 실행하는 것이 바로 설계적 역량이다.

OECD가 제시하는 '학습 환경 설계자로서의 교사'라는 관점은 교사가 단순히 주어진 교육과정을 전달하는 것을 넘어, 학생 중심의 풍부한 학습 경험을 창조하는 역할을 강조하며, 이는 설계적 역량과 맞닿아 있다. 따라서 교수 나침반을 활용한 문제 해결 과정은 교사의 진단적 역량과 설계적 역량을 동시에 함양하는 과정이며, 이는 교사 전문성의 핵심적인 두 축을 강화하는 것이다.

OECD 교수 나침반, 현장 교사를 위한 길라잡이

대분류 (핵심 축)	핵심 의미	현장의 고민과 쟁점
1. 내면의 닻 (Inner Anchor) 변화의 파도 속에서 나를 지켜주는 중심	교사로서 나의 정체성, 가치관, 교육적 신념을 단단히 하여 어떤 상황에서도 흔들리지 않는 내면의 힘을 기르는 것	"나는 누구이고, 왜 가르치는가?" 끊임없이 흔들리는 정체성, 잦은 정책 변화 속 방향성 상실의 경험
1-1. 존재 (Being) 나의 교육 철학 세우기	"나는 어떤 교사인가?"라는 질문에 답하며 나만의 교육 철학과 소명, 교사로서의 자존감을 찾아가는 과정	정해진 틀을 넘어 나만의 교육 철학을 찾고 싶지만, 어디서부터 시작해야 할지 막막함
1-2. 소속감 (Belonging) '함께'의 가치 찾기	동료 교사들과 서로 믿고 지지하며 심리적 안정감을 느끼는 안전한 공동체를 만드는 것	'교실 섬'에 갇힌 듯한 고립감, 동료와 깊이 있는 관계를 맺고 싶지만 어려운 현실
1-3. 성장 (Becoming) 어제보다 나은 나를 향한 여정	현실에 안주하지 않고, 어제보다 더 나은 교사가 되기 위해 끊임없이 배우고 성찰하며 나아가는 태도	실패가 두려워 새로운 도전을 망설이는 마음, 나의 부족함을 솔직히 나누고 함께 배울 수 있는 문화에 대한 갈증
2. 교사 주도성 (Teacher Agency) 내가 교육의 주인공!	수동적으로 주어진 일을 따르는 것을 넘어, 스스로 판단하고 행동하여 긍정적인 변화를 만들어내는 힘	"시키는 대로만 해야 하나?" 교사의 자율성이 부족한 현실 속에서 내 목소리를 내고 싶은 마음
2-1. 개인적 주도성 내 교실은 내가 바꾼다!	'내 교실만큼은 내가 책임지고 변화시키겠다'는 믿음과 책임감을 바탕으로 한 용기 있는 실천	획일적인 시스템에 안주하기보다, 작지만 의미 있는 나만의 수업을 시도하는 '일상 속 작은 저항'
2-2. 공동 주도성 혼자가 아닌 '우리'로!	학생, 동료 교사, 나아가 AI와 같은 기술과도 동등한 파트너로서 협력하며 시너지를 만들어내는 힘	학생, 동료, AI와 어떻게 수평적으로 협력하고 함께 성장할 수 있을지에 대한 고민
2-3. 집단적 주도성 같은 꿈을 꾸는 교사들의 힘	같은 비전과 목표를 가진 교사들이 모여 '함께라면 할 수 있다'는 믿음으로 학교와 교육 현장을 바꾸어 나가는 것	"우리의 목소리가 모여 학교를 바꿀 수 있을까?" 자발적 노력이 인정받고 존중받는 문화에 대한 바람

3. 교사 역량 (Teacher Competencies) 미래 교실의 전문가로 거듭나기	복잡하고 예측 불가능한 미래 교육 환경에서 문제를 해결하기 위해 필요한 지식, 기술, 가치의 통합적 능력	"단순 지식 전달만으로 부족하다!" AI 시대, 교사에게는 어떤 새로운 능력이 필요할까?
3-1. 지식 교과 지식을 넘어 세상으로	교과 전문성은 기본, 교육과정, 학생, AI, 세상의 변화까지 아우르는 폭넓고 깊이 있는 이해	새 교육과정, AI 교과서 등 끊임없이 배워야 할 새로운 지식의 홍수 속에서 느끼는 부담감
3-2. 기술 (생각/마음/실천) 가르침을 구현하는 능력	비판적 사고력, 공감과 소통 능력, 디지털 도구 활용 능력 등 지식을 교실에서 생생하게 구현하는 실천적 기술	정답 찾기 교육을 넘어 아이들의 생각하는 힘을 키우고, 마음을 보듬으며, 새로운 기술을 수업에 적용하는 것의 어려움
3-3. 태도와 가치 교육의 방향을 정하는 신념	성장 마인드셋, 회복탄력성, 모두를 존중하는 마음 등 어떤 상황에서도 교육의 본질을 잃지 않게 하는 내면의 자세	성적 지상주의 현실 속에서 학생의 전인적 성장이라는 가치를 지켜나가기 위한 고군분투
4. 교사 웰빙 (Teacher Well-being) 교사가 행복해야 학생도 행복하다!	교사가 신체적, 정신적, 사회적으로 건강하고 만족스러운 상태를 유지하며 교육 활동에 온전히 몰입할 수 있는 기반	"다 타버린 촛불처럼…" 심화되는 교사 소진(번아웃), 개인의 노력만으로는 버티기 힘든 현실
4-1. 신체적 웰빙 안전한 학교, 저녁이 있는 삶	과도한 업무에서 벗어나 일과 삶의 균형을 찾고, 신체적으로 건강하고 안전한 환경에서 근무하는 것	끝없는 행정 업무와 민원 스트레스로 무너지는 워라밸, 몸으로 나타나는 소진의 신호들
4-2. 인지적 웰빙 가르치는 보람과 배우는 즐거움	교육 활동에 대한 자율성과 주인 의식을 갖고, 전문가로서 배우고 성장하며 지적인 만족감을 느끼는 상태	시키는 일만 반복하며 교육 전문가로서의 정체성과 자부심을 잃어가는 무력감
4-3. 사회정서적 웰빙 함께 기대고 성장하는 관계	동료 교사, 학생, 학부모와 신뢰에 기반한 긍정적 관계를 맺고, 정서적 지지와 인정을 받는 경험	모든 책임을 혼자 짊어져야 하는 고립감, 상처받은 마음을 기댈 곳 없는 외로움

7. 각자의 손에 쥐어진 나침반, 지금부터 시작되는 이야기

이제껏 우리는 교사들이 교육 현장에서 마주하는 수많은 도전과 어려움 속에서도 자신의 길을 잃지 않고, 오히려 교육 혁신의 주체로 설 수 있도록 돕는 OECD 교수 나침반의 가능성을 살펴보았다. 이 나침반은 현장의 교사들에게 단순한 이론적 프레임워크를 넘어, 자신의 가치를 재확인하고 교육 혁신의 주역으로 다시 설 수 있다는 메시지를 전달한다.

교사의 '**내면의 닻**'을 굳건히 하고, '**주도성**'을 발휘하며, 필요한 '**역량**'을 키우고, 궁극적으로 '**웰빙**'을 누리며 가르칠 수 있도록 지원하는 교수 나침반의 비전은 교사에게 투자하는 것이 우리가 바라는 미래를 만들어가는 길이라는 신념에 기반한다. 필자 또한 AI 디지털 시대의교육 혁신은 교사의 실천에서 출발하며, 전문적 학습공동체의 연결과 학습하는 문화를 통해 비로소 그 의미가 완성된다는 믿음을 굳게 갖고 있다.

교사는 더 이상 혼자 고립된, 고독한 존재가 아니다. 서로 연결되어 함께 배우고 실천하며, 자신의 목소리를 내고 주체적으로 행동할 때 교육 현장에 비로소 긍정적인 변화가 실현될 수 있다. 마이클 풀란이 강조했듯이, 변화는 시스템 자체가 아니라 바로 각자의 의미에서 출발한다. 이 의미를 함께 나누고 실천할 때 진정한 변화가 이루어진다. 교육 주체들의 목소리에 귀 기울이고 이들의 실천을 정서적, 정책적으로 지지하는 것이 미래 교육을 밝히는 데 반드시 필요하다. 변화는 위에서 내려오는 명령이 아니라, 아래에서, 현장에서, 실천을 통해 시작되어야 한다. 이것이 바로 **시스템성(Systemness)**을 실현하는 길이다.

가. 교사, 학교 및 중간 관리자, 정책 입안자를 위한 실천 로드맵

이 장에서 논의된 교수 나침반의 의미와 뒤 이어 제시될 현장 교사들의 구체적인 실천 사례들이 실제 교육 현장의 변화로 이어지기 위해서는 각 주체 별로 다음과 같은 노력들이 필요하다.

교사

- **자신의 내면의 닻을 성찰하고 교육 철학 정립하기**

  '나는 왜 가르치는가?'라는 질문을 끊임없이 던지며 자신의 소명 의식을 찾고, 이를 교육 실천의 기준으로 삼기

- **적극적으로 주도성을 발휘하고 자신을 동료와 연결하기**

  현장의 문제의식을 외면하지 말고, 작은 실천부터 시작하며 동료 교사들과 함께 배우고 성장하는 전문적 학습 공동체(PLC)에 적극적으로 참여하기. 실패를 두려워하지 말고, 그 경험을 공유하며 함께 해결책을 모색하기

- **필요한 역량을 끊임없이 개발하기**

  AI 리터러시, 디지털 교수법, 사회정서적 역량 등 미래 사회가 요구하는 역량을 갖추기 위해 지속적으로 학습하고, 이를 수업에 적용하기

- **자신의 웰빙을 돌보고 동료의 웰빙에도 관심 갖기**

  건강한 몸과 마음을 유지하고, 동료들과 서로 지지하며 '함께 돌봄'의 문화를 만들어가기

학교 및 중간(교육청) 관리자

- **교사의 자율성과 주도성을 존중하고 지원하는 학교 문화 조성하기**

  교사들이 자유롭게 의견을 개진하고 새로운 시도를 할 수 있는 심리적 안전지대를 마련하고, 협력적 연구와 실천을 위한 시간과 자원 제공하기

- **전문적 학습 공동체(PLC) 활동을 실질적으로 지원하기**

  전문적 학습 공동체가 형식적인 모임이 아니라 교사들의 자발적인 학습과 성장의 플랫폼이 될 수 있도록 행정적 지원을 아끼지 않고, 그 성과를 인정하며 격려하기

- **공감적 시스템 리더십을 발휘하여 교사의 웰빙 증진하기**

  교사들의 어려움을 개인의 문제로 치부하지 않고, 시스템적 차원에서 업무 부담을 경감하고 지원 체계를 마련하여 교사들이 교육 본연의 활동에 집중할 수 있도록 돕기

정책 입안자

- **교사 커뮤니티의 자율성을 보장하고 실질적인 지원을 강화하기**

  획일적인 기준이나 과도한 행정 부담을 지양하고, 재정 지원의 유연성을 높이며, 현장 교사들의 의견을 정책 수립 및 플랫폼 운영에 적극적으로 반영하기. 지원하되 간섭하지 않는 원칙 기억하기

- **실질적이고 지속적인 교사 역량 강화 프로그램을 제공하기**

  단순한 도구 사용법 연수를 넘어, 교육 목표와 연계한 AI 디지털 도구 활용 전략, 수업 설계 및 평가 방법, 윤리적 딜레마 대처 방안 등 심층적인 내용을 다루는 질 높은 연수 기회 확대하기

- **데이터 거버넌스 및 AI 윤리 기준을 명확히 하고 현장 안착을 지원하기**

  데이터의 안전하고 윤리적인 활용을 위한 법적·제도적 기반을 점검하고, 현장에서 쉽게 이해하고 적용할 수 있는 구체적인 가이드라인과 연수 제공하기

- **AI 디지털 교육 생태계의 포용성을 제고하기 위해 노력하기**

모든 학생과 교사가 AI 디지털 도구 및 관련 교육 기회에 동등하게 접근할 수 있도록 인프라 지원을 강화하고, 소외될 수 있는 집단에 대한 맞춤형 지원 프로그램 운영하기

현장의 교사들이 직면하는 주요 모순적 상황과 교수 나침반 기반 해결 전략

현장 교사들이 겪는 모순적 상황	관련 교수 나침반 축/원리	교수 나침반 기반 문제 해결 방향/실천 전략	전문적 학습공동체의 순기능(역할)
수업에 집중하고 싶지만, 과도한 행정 업무와 잡무에 시달린다.	교사 웰빙 (신체적-업무량) 교사 주도성 (자율성 부족)	**교사**: 자신의 업무 범위 명확화 요구, 동료와 업무 분담 및 효율화 방안 모색 (집단적 주도성) **학교/정책**: 행정 업무 경감 시스템 구축, 교무행정팀 강화, 교사 본연의 업무 집중 환경 조성	전문적 학습공동체 내에서 업무 효율화 팁 공유, 교육청에 비공식적인 루트로 공동 건의
학생 중심 교육, 과정 중심 평가를 하고 싶지만, 입시 위주 교육과 객관식 중심의 평가 압박에서 자유롭지 못하다.	교사 역량 (평가 전문성) 교사 주도성 (개인적/집단적) 교사의 존재 (교육 철학)	**교사**: 자신의 교육 철학에 기반한 수업 내 대안적 평가 방식(형성평가, 포트폴리오 등) 적극 시도, PLC 통해 평가 혁신 사례 공유 및 공동개발 **학교/정책**: 교사의 평가 자율권 확대, 과정 중심 평가 지원 시스템 마련, 입시 제도 개선 노력	전문적 학습공동체의 수업-평가 혁신 사례 공동 개발 및 일반화
AI 등 새로운 기술을 교육에 활용하고 싶지만, 기술적 부담감, 윤리적 문제, 교육과정 연계의 어려움이 크다.	교사 역량 (AI 리터러시, 교육적 통합 능력, 윤리적 성찰 능력) 교사 주도성 (AI와의 공동 주도성) 교사 웰빙(인지적-학습 부담)	**교사**: PLC 통해 AI 활용 사례 및 정보 공유, 공동으로 수업 자료 개발, AI 윤리 스터디 진행, 작은 실험부터 시작하여 점진적 확대 **학교/정책**: 실질적인 AI 활용 연수 및 기술 지원 강화, AI 윤리 가이드라인 제공, 교사 연구 및 자료 개발 지원	전문적 학습공동체의 자료 개발 및 공유, 현장의 필요와 요구를 반영한 자체 워크숍 및 세미나 개최
자율적으로 교육 활동을 계획하고 실행하고 싶지만, 하향식 정책 지시와 획일적인 기준으로 인해 어려움을 겪는다.	교사 주도성 (개인적/집단적) 교사의 존재 (전문적 정체성) 교사의 소속감 (PLC의 역할)	**교사**: PLC 통해 현장의 목소리를 모아 정책에 대한 건설적 피드백 전달, 학교 상황에 맞는 정책 재해석 및 적용 방안 모색, '일상적 저항'으로서의 창의적 실천 **학교/정책**: 교사의 전문성 신뢰 및 자율성 확대, 정책 결정 과정에 현장 교사 참여 보장, 유연한 정책 적용 허용	전문적 학습공동체의 정책 연계 활동 및 현장 의견 전달 노력

동료들과 협력하고 싶지만, 경쟁적인 학교 문화, 개인주의적 교직 문화, 협업 시간 부족 등으로 어렵다.	교사의 소속감 (신뢰, 심리적 안전지대) 교사 주도성 (집단적) 교사 웰빙 (사회정서적)	**교사**: 소규모 스터디나 비공식적 모임부터 시작하여 신뢰 관계 형성, PLC 활동 적극 참여 및 수평적 소통 노력 **학교/정책**: 협력적 학교 문화 조성 위한 리더십 발휘, 교사 공동 연구 및 협업 시간 제도적 보장, PLC 활동 지원강화	전문적 학습공동체의 다양한 프로젝트 오픈 채팅방 운영, 온·오프라인 밋업 및 분과 활동을 통한 연결 기회 확대

나. 앞으로 이 책에서 펼쳐질 이야기들

이 책은 필자들이 OECD의 교수 나침반을 손에 들고, 교육 현장의 불편한 장면에 대한 문제의식에서 여정을 시작하는 하나의 기록이다. 필자들은 가설을 설정하고 이를 극복하기위해 용기 있게 실천하며, 그 과정에서의 시행착오와 성찰을 담담하게 펼쳐낸다. 자신의 이야기를 진솔하게 나누며 어떤 문제의식으로 실천의 과정을 거쳤는지, 그리고 그 안에서 어떻게 구조와 문화의 동시 변화를 모색했는지 가감 없이 보여주는 것이다. 이를 통해 **현장교사들이 겪는 모순적 현실에 대한 비판적 사고와 문제 해결 역량을 함께 키우고, 독자 각자의 교실에서 동료들과 함께 적용 가능한 변화를 만들어가도록 영감을 주는 것**이 이 책의 궁극적인 목표이다.

이러한 목표는 OECD 교수 나침반이 단순한 이론적 구호가 아니라, 교사들이 매일 마주하는복잡한 문제를 해결하고 전문성을 심화시키며 동료와 함께 성장하도록 돕는 실질적인 도구이기에 가능하다. 이 책을 통해 독자들은 교수 나침반으로 자신의 교육 실천을 성찰하고 새로운 의미를 발견하며, 실천적 지혜를 얻은 교사들의 구체적인 이야기를 확인하게 될 것이다.

물론, 우리 교육이 처한 현실은 녹록지 않다. 하향식 개혁의 반복된 실패와 깊이 뿌리내린 시스템의 문제들은 교사들을 쉽게 무력하게 만들 수 있다. 그러나 이 책에 담긴 교사들의 자발적인 노력과 전문적 학습 공동체의 역할은 '그럼에도 불구하고 변화는 가능하다'는 분명한 메시지를 전달한다. 이는 현실의 난관을 외면하지 않으면서도 더 나은 미래를 향해 나아가는, 구체적인 실천 의지와 가능성에 근거한 **변혁적 희망(Transformative Hope)**이다.

이제 우리 교육과 현장 교사들 또한 각자의 손에 새로운 나침반을 쥐고, 희망의 돛을 펼쳐 새로운 여정을 시작할 때이다. 그 길은 때론 험난하고 예측하기 어렵겠지만, 우리가 서로 연결되어 있음을 잊지 않고 함께 나아가기를 포기하지 않는다면 우리가 만들어갈 미래 교육은 반드시 희망적일 것이다. 그렇다. 결국 가르친다는 것은 앞으로도 변함없이 희망을 노래하는 일이다.

　　　❝　　　
동행 노트

　　교사는 어떠한 사명감이 있을까요? 있다면, 그 사명감은 어떻게 지켜나갈 수 있을까요? 이는 교사로서의 정체성에 대해 묻는 중요한 질문들입니다. 교사는 가르치는 일에 즐거움을 느끼고 전문성을 함양하는 것에 끊임없이 노력을 가합니다. "어떻게 아이들이 의미 있는 경험을 하게 할 것인가"에 대한 현장의 고민은 오래전부터 우리가 교육혁신을 실천해 왔음을 방증한다고 생각합니다.

　　"진정한 교육혁신은 위로부터의 지시나 통제가 아닌, 교사의 내면에서부터 샘솟는 자발적인 열정과 동료 교사들과의 진솔한 교감 속에서 비로소 움튼다."라는 문구는 무릎을 탁 치는 부분이었습니다. 교사 자신이 '왜 이것을 해야 하는가?'라는 질문에 진정한 답을 찾아야 하며, 함께의 가치를 모색해야 하기 때문입니다. 그 과정에서 '주도성'은 매우 중요한 미래 핵심 교육 용어입니다. 따라서 '주도성'에 대해 UNESCO의 프레임워크 기반으로 다차원적으로 탐색할 수 있어 좋았습니다. 대한민국 선생님들의 내면의 닻이 흔들리지 않고 원활하게 성장할 수 있도록 기회 주셔서 감사합니다.

동행자 **임보라**

　　학교라는 공간이 어느 순간부터 우리 모두에게 불편하게 다가오기 시작했습니다. 협력보다 갈등이, 이해보다 오해가 먼저 떠오르는 현실 속에서 관계는 왜 이토록 무거워졌을까요. 학교가 왜 이렇게 흔들리고 있는 걸까요.

　　"왜 학교의 중심에 수업이 서지 못하는가?"라는 질문은 곧바로 "왜 학교의 중심에 교사가 서지 못하는가?"라는 물음으로 이어졌습니다. 이런 문제의식과 맞닿아 OECD는 '교수 나침반'을 내놓았습니다. 그것이 정답일 수는 없지만, 우리가 시도해 볼 만한 하나의 방향임은 분명합니다.

　　이미 저는 'OECD 학습 나침반'을 구현하려 도전하면서 크고 작은 변화를 경험했습니다. 돌이켜보면 저 역시 3년 가까이 이리저리 헤매며 "이게 맞나, 저게 맞나"를 반복하다가 어느 순간 "OECD 학습 나침반을 만든 사람, 정말 천재다"라는 말이 절로 나왔던 기억이 있습니다. 그 경험이 이번에도 함께 걸어가 볼 만하다는 믿음을 더해주었습니다.

　　"정말 그렇게 하면 웰빙이 찾아올까?"라는 의문을 품고 망설이기보다는, 손해 볼 것 없으니 먼저 한 걸음 내디며 보는 것이 어떨까요. 이번에는 더 많은 이들과 함께 흔들리며, 저마다의 길을 찾아나갔으면 합니다.

동행자 **지미정**

행정 업무 과중과 경직된 시스템 속에서 소진되어 가는 교사들의 현실에 깊이 공감하며, 그들이 교육의 본질을 되찾고 주체로 바로 설 수 있는 길을 제시해 주는 큰 줄기를 잡아주셔서 감사했습니다. OECD의 '교수 나침반'이라는 틀을 통해 '내면의 닻'을 내리고, 동료와 함께 '전문적 학습 공동체' 속에서 성장하며, '교사 주도성'을 발휘해야 한다는 말씀을 되새기며 우리의 수업과 학교 현장을 다시 되돌아볼 수 있었습니다. 구체적인 이론적 근거가 있으니, 현상을 돋보기처럼 들여다보는 것이 가능해졌습니다. 단순히 개인의 노력을 넘어, 동료와의 연대를 통해 '공유된 의미'를 만들고 아래로부터 시스템을 변화시키는 구체적인 대안으로 연구회의 역할과 방향을 제시해 주셔서 막막한 현실에 희망을 느낄 수 있었습니다. 늘 연구하시고, 실천하시는 모습이 글에서도 보였습니다. 정신적 지주로서 앞으로도 우리들의 더 나은 교육 여정에 등불이 되어 주시기를 바랍니다.

동행자 **박선정**

소유에서 존재로, 흔들림에서 단단함으로

#교사정체성 #회복탄력성 #내면의 닻 #교육 철학

윤여옥

1. 너는 나의 사랑스러운 아이를 미워한다

모든 것이 완벽했던 금요일 밤이었다. 한 달간의 교생실습 지도를 성공적으로 마친 저녁. 라면 물을 끓이며 정들었던 교생 선생님의 빼곡한 손편지를 읽고 있었다. 학생들을 사랑하는 나의 마음을 닮고 싶다는 교생의 글에 교사로서의 보람을 느꼈다. 완벽한 실습 마무리에 대한 자축. 나를 위한 소박하지만 완벽한 보상은 라면 한 그릇이었다. 냄비 뚜껑을 열자 피어오르는 맛있는 냄새와 함께 피로가 녹아내리는 듯했다. 바로 그 순간, 핸드폰이 날카롭게 울렸다. 저장되지 않은 번호였다.

"윤 선생님이시죠? 저 ○○엄마예요."

순간 심장이 덜컥 내려앉았다. 금요일 저녁 7시. 이 시간에 학부모의 전화는 결코 좋은 신호가 아니었다.

"선생님, 우리 아이 아무래도 전학 가야 할 것 같아요. 선생님이 우리 아이를 미워하시잖아요."

망치로 머리를 맞은 듯한 충격이었다. '미워한다'라는 말은 교사가 학생을 사랑한다는 말의 반대말이 아니다. '사랑'은 모름지기 바람직한 교사의 기본 값이다(심지어 우리 학교는 교내 인사말이 '사랑합니다'임). 따라서 '미워한다'라는 말은 감히 입 밖에 꺼내기 엄두도 안나는 금기어 수준이다. 그러나 그 말은 너무 쉽고 단정적으로 날아왔다. 이제 확정. '너는 나의 사랑스러운 아이를 미워한다.'

　나의 어떤 말, 어떤 행동이 그런 오해를 낳았는지 머릿속이 하얘졌다. 그 뒤로 이어진 한 시간 반. 그것은 대화가 아니었다. 학부모의 일방적인 폭언과 은근한 협박, 끝없는 신세 한탄이 수화기 너머에서 쏟아졌다. 사건의 발단은 어이없게도 모둠별 과제에 대한 나의 피드백 한마디였다. 나는 지난 시간에 모둠 과제 진행 사항을 전체적으로 점검하며 모든 조에 피드백을 줬다. '○○이랑 △△이가 조금 미흡하게 참여한 부분이 있네. 다음엔 더 적극적으로 해보자.'

　모든 아이 앞에서 자신을 지목해 말한 것이 그 아이는 싫었다. 그래서 '선생님이 우리 아이를 미워해서 공개적으로 망신을 줬다'라는 결론으로 비약되어 있었다. (한참 뒤에 알았지만, 사이가 좋지 않은 아이들 무리와 묘한 기 싸움을 하던 중에 내가 했던 발언이 그 아이의 자존심을 건드린 상황이었다) 그 학부모가 쏟아내는 말들 속에서 나는 점점 괴물이 되어가고 있었다. 아이를 차별하고, 편애하며, 감정적으로 대하는 아주 이상한 교사.

　"선생님, 우리 아이 칭찬해 주지도, 뭐 잘해줄 필요도 없어요. 그냥 다른 애들이랑 똑같이만 대해 주세요."

　전화를 끊었을 때, 라면은 형체를 알아볼 수 없을 만큼 불어터져 있었다. 마치 그날 밤 얼굴도 모르는 학부모에게 사정없이 얻어터진 나의 교사로서의 정체성처럼 말이다.

2. 교사의 내면의 닻이 흔들리다

가. 평가의 감옥에 갇힌 소유하는 교사

'가장 깊은 차원에서, 정체성은 우리가 누구인지에 관한 질문에 대한 답이다. 하지만 그 질문은 '무엇을 가지고 있는가?'가 아니라 '어떻게 존재하는가?'이다.'

- 파커 J. 파머, '가르칠 수 있는 용기' -

그날 이후, 나의 교실은 미묘한 긴장감으로 가득 찼다. 그 아이와 눈을 마주치는 것이 어색했다. 칭찬하려다가도 '편애한다 생각하면 어떡하지?'라는 생각에 입이 떨어지지 않았고, 잘못을 지적하려다가도 '또 나를 미워한다고 하겠지?'라는 두려움에 망설였다. 나는 교사로서의 자연스러움을 잊어버렸다. 아이를 '있는 그대로' 대하는 것이 아니라, 학부모의 평가를 의식하며 행동을 '검열'하는 나 자신을 발견했다.

일상생활을 하면서도 문득 맥락 없는 질문들이 머릿속에 떠올라 나를 괴롭혔다.

'나는 정말 좋은 교사인가?'
'내가 이렇게 열심히 할 필요가 있을까?'

그러다 나는 이런 생각에 이르렀다.

'저 학부모가 나를 그렇게 평가하면, 그저 나는 정말 그런 교사가 되어버리는구나.'

사실 교사로서의 정체성이 흔들리는 것은 이번이 처음은 아니었다. 교대를 다니면서 '내가 교사를 꼭 해야 할까'라는 질문을 스스로 던졌을 때부터 항상 읽던 책이 있었다. 바로 에리히 프롬의 대표 저서 '소유냐 존재냐'이다. 존재로서의 내가 흔들릴 때마다 읽었던 책을 오랜만에 다시 꺼내 들었다.

책을 읽으며 나는 그동안 에리히 프롬이 통렬하게 비판한 소유 양식에 깊이 빠져 있었음을 깨달았다. 프롬에 따르면, 소유 양식의 인간은 자신의 가치를 자신이 소유한 것들 이를테면 지위, 명성, 지식, 타인의 인정에서 찾는다. 나의 교사로서의 정체성은 다음과 같은 위태로운 '소유물'에 기반하고 있었다.

나는 '좋은 교사'라는 평판을 소유했다.

나는 학부모들의 '인정과 신뢰'를 소유했다.

나는 '문제없는 평화로운 학급'을 소유했다.

학부모의 불만 전화는 내가 애지중지하던 이 '소유물'들을 빼앗아가는 폭력적인 강탈 행위로 느껴졌던 것이었다. 나의 가치가 외부에 있었기에, 외부의 공격은 나의 존재 자체를 부정하는 것으로 느껴졌다. '소유(Having)'에 기반한 정체성은 이토록 취약하다. 언제든 빼앗길 수 있고, 타인의 평가에 따라 그 가치가 달라지기 때문이다. 나는 나의 '교사 됨(Being)'을 스스로 증명하는 것이 아니라, 타인의 인정을 통해 '소유'하려 했다.

나. 소유와 존재, 교사의 두 가지 삶의 양식 비교

몇 년 전 '서이초 사건'에 교사로서 공감하며 집회에도 참여했으나 항상 학부모님과 학생들과 좋은 관계를 유지하던 나에게 마음 깊이 교만함이 있었다. 내가 열심히, 진심으로 학생을 가르치면 그런 일은 나에게 일어나지 않을 것이라 막연한 희망 회로를 돌렸다. 하지만 그런 일은 마치 갑자기 내리는 소나기와 같이 그냥 일어났다. 그리고 '존재'하는 교사라고 스스로를 자부했으나 결국 '학부모 민원'이라는 시험대에서는 그저 속절없이 무너졌다.

오랜만에 에리히 프롬의 철학을 바탕으로 소유와 존재 양식의 교사를 정리해보기로 했다. '학부모 민원'이라는 위기 상황에서 '소유 양식'의 교사와 '존재 양식'의 교사가 어떻게 다르게 반응하는지 살펴보았다. 그리고 이 표를 정리하며 나는 내 상태를 더욱 명확하게 이해할 수 있었다.

소유와 존재 양식의 교사 정체성

구분	'소유(Having)' 양식의 교사	'존재(Being)' 양식의 교사
정체성 기반	외부의 평가, 평판, 타인의 인정, 구체적인 성과 '나는 인정받는 교사라는 평판을 뒀다.'	내면의 교육 철학, 직업적 신념, 성장 과정 자체 '나는 학생의 성장을 돕는 사람이다.'
위기 상황인식	나의 '소유물(평판, 인정)'에 대한 공격, 나의 가치에 대한 부정과 공격으로 받아들임 '학부모가 나를 감정적으로 비난한다.'	해결해야 할 '문제 상황', 나의 성장을 위한 '데이터', '사건'으로 받아들임 '학부모, 학생 소통 관련 문제가 발생했다.'
주요 감정	불안, 분노, 자기 비하, 모욕감 '나는 나쁜 교사로 낙인찍혔다.'	공감, 성찰, 책임감, 연민 '학부모님이 많이 불안하시구나 나의 어떤 점을 돌아봐야 할까?'
사고의 중심	평판 유지 '나는 어떻게 이 상황에서 나의 평판을 지킬 것인가?'	성장 과정 '나는 이 경험을 통해 어떻게 더 나은 교사로 성장할 것인가?'
행동 반응	방어, 회피, 변명, 혹은 외부 평가를 그대로 내면화하여 무기력해짐 '민원을 넣는 학부모를 생각하면 열심히 하고 싶은 의욕이 사라진다.'	경청, 공감적 소통 시도, 자신의 행동을 교육 철학에 비추어 성찰, 전문가로서 대안 모색 '교육 전문가로서 학부모의 민원도 현명하게 대처하는 것도 중요한 영역이야.'
결과	쉽게 소진되고, 방어적으로 되거나, 교직에 대한 회의감에 빠짐	고통스럽지만, 경험을 통해 더 단단해지고 전문성이 심화되며, 회복 탄력성이 높아짐

위의 표를 완성하고 내가 괴로웠던 이유가 좀 더 명확해졌다. 학부모의 비난 그 자체보다, 나의 정체성이 '소유'에 기반하고 있었기 때문이라는 것을 말이다. '존재'론적인 교사가 되고 싶다는 생각은 했지만, 마음은 여전히 이리저리 흔들렸다. 머리로는 이해가 되었지만, 마음은 그렇지 못한 상태랄까. 나에게는 교사로서 일을 진심으로 지속할 수 있는 어떠한 계기가 필요했다.

3. 교사의 자아 개념, 첫 번째 닻줄을 찾다

가. OECD 교수 나침반의 '내면의 닻'

당시 내가 소속되어 있던 '전문적 학습 공동체(Professional Learning Community, PLC)'(이하 PLC)에서 OECD 교수 나침반 이 새로운 교육에 관한 화두로 떠올랐다. '교수 나침반'에 대해 다른 연수에서도 몇 번 접했던 개념이라 보고서를 깊이 있게 읽어보기로 했다. 이전에는 그저 좋은 교육 방향을 제시하는 문서라고만 생각했지만, 나의 위기 이후 그 단어 하나하나가 새롭게 다가왔다. 특히 나의 마음을 사로잡은 것은 교사가 급변하는 환경 속에서 중심을 잡는 데 필요한 '강력한 자아 개념(Strong Self-Concept)'이라는 개념이었다. 이 보고서에서는 강력한 자아 개념을 '내면의 닻'이라고 비유한다.

이 '내면의 닻'은 단순히 '긍정적인 마음'을 의미하는 것이 아니다. 그것은 교사의 전문성과 정체성을 구성하는 매우 구체적인 요소들의 총합이다. 강력한 자아 개념은 다음 세 가지 핵심 요소로 구성된다. 존재(Being), 소속감(Belonging), 성장(Becoming). 이 세 가지 차원을 통합함으로써, 교사들은 지속적인 전문적 주체성(Agency)과 웰빙을 위한 기반이 된다고 한다.

교사로서의 위기에 관해서도 나온다. 바로 '**닻을 잃을 위험 (Risks of losing the anchor)**'이다. 이러한 강력한 자아 개념인 내면의 닻이 약해지면, 교육 나침반 자체가 길잡이로서의 힘을 잃는다고 한다. 내면의 닻이 약해지는 이유로는 급격한 기술 변화, 파편화된 지시, 불안정한 사회적 요구라는 파괴적인 흐름에 취약해진다. 이런 위기에 지속적으로 노출되면 아래와 같이 교사의 병증(?)이 나타난다고 하는데 나도 이 중에 몇 개를 경험했다.

- **회전하는 나침반 바늘(Spinning needle)**: 주의 산만, 집중력 상실, 모호한 목표로 인해 교사의 전문적 나침반이 흔들릴 수 있음.
- **항로 이탈(Drifting off course)**: 참여도 상실, 교육에 관한 좁은 시야, 책임감 역설(The accountability paradox)로 인해 교육의 범위가 쉽게 측정 가능한 것에만 국한될 수 있음.
- **자기 왜곡(Magnetic distortion)**: 무의식적인 편향, 외부 압력, 판단력 저하로 인해 교사의 전문적 판단이 왜곡될 수 있음.

나는 외부 압력(학부모 민원)으로 '자기 왜곡'을 경험했다. '자기 왜곡'에 관해 OECD 보고서에서는 다음과 같이 예를 들었다. 시험 준비를 요구하는 학부모의 강한 요구에 교사들이 학생의 앎보다 문제 풀이와 같이 형식적인 결과가 보이는 활동에 더 치중하며 조심스럽게 순응(Cautious conformity)한다는 것이다. 즉 교사가 교육의 본질적 가치보다는 외부 요구에 맞추면서 학습의 기본인 학생들의 수업 태도, 장기적인 성장과 같은 학습의 질을 조용히 포기한다고 했다. 나도 학부모의 민원으로 해당 학생이 소란을 피우는 상황에서도 올바른 행동으로 교정을 하기보다는 그저 그 학생이 조용하기를 기다리며 소극적인 태도를 보였던 기억이 있다.

따라서 내면이 닻을 단단하게 해야 지속가능한 교사로서 존재할 수 있다. 내면의 닻은 교사들이 변화에 흔들리지 않고 핵심 가치를 지키며, 지속해서 성장하고 협력하여 학생들과 함께 미래를 만들어나갈 수 있도록 하는 근본적인 기반이다. OECD 보고서에서는 이 내면의 닻이 교직 자체를 현대 사회에 적합하도록 재구상하는 핵심적인 축이라고 한다.

어쩌면 혹자는 학부모 민원 한 번으로 너무 호들갑이 아닌가 하는 생각을 할지도 모르겠다. 하지만 나는 학생들을 평균 이상으로 더 사랑한다고 믿었다. 학생들에게 큰 소리로 호통 한번 쳐본 적이 없이 뭐든 대화를 통해 문제를 해결할 수 있다고 자부하던 초등교사였다. 그 사건 이후로 나의 내면의 닻이 조금씩 흔들렸다. 아주 서서히 '이게 다 무슨 소용이람'이라는 허무주의가 내 마음을 조용히 잠식했다. 돌이켜 보면 나의 '내면의 닻'은 너무나도 작고 약했다. 그래서 '학부모의 비난'이라는 작은 외부 압력으로 저 멀리 떠내려가고 말았다.

나. 전문적 학습 공동체라는 지성의 안전망

'혼자 가면 빨리 갈 수 있다. 그러나 함께 가면 멀리 갈 수 있다.'

– 아프리카 속담 –

흔들리는 나를 붙잡아 준 첫 번째 닻줄은 동료 교사들과 함께하는 PLC 활동이었다. PLC 오픈 채팅방에서 수시로 교육에 관한 정보와 연구 결과들이 올라왔다. 나는 지역 및 전국 단위의 PLC에 소속되어 있다. 내가 소속된 PLC는 단순한 친목 모임이 아니다. 느슨한 조직이지만 자발적으로 모였으며 우리는 함께 교육 이론을 공부하고, 수업 사례를 나누며, 교육의 본질에 대해 치열하게 토론하는 '학문적 동지'다.

전국 단위 PLC 줌 모임이 있던 화요일 9시. OECD의 '교수 나침반'과 교육 방향의 핵심어로 올라왔다. 시대가 요구하는 인간상과 역량은 무엇인지 그리고 교사들이 추구하는 교육 가치와 철학은 무엇인지에 대해서 고민했다. 그날은 스스로에게 교육적 탐구 질문을 던지고 그것에 답을 해보는 과제가 있었다. 그 당시 사실 나는 교사로서의 생활을 의기소침하게 이어나갈 때였다. 그 사건 이후 나는 한동안은 누구에게도 내 상처를 드러내지 않았다. 하지만 내면 깊은 곳에서 나를 이끌었던 동력을 상실한 상태였다. 이런 나와 달리 PLC 교사들은 교육에 관한 자신만의 질문에 진지하게 임하고 있었다. 동료 교사들의 질문은 대략 이러했다.

'학생들의 배움의 과정은 표준화될 수 있는가?'
'어떻게 하면 학생들이 학습 과정에서 길을 잃지 않고, 자기 주도적인 학습을 할 수 있을까?'
'OECD 학습 나침반의 학생 행위 주체성과 협력적 행위 주체성을 학생, 교사, 학부모가 함께 변혁적 역량을 발휘해 나가며 만들어나갈 수 있는가?'

그 순간, 나는 깨달았다. 나는 학부모의 불만이라는 '개인적 사건'에 매몰되어 있었다. 하지만 동료 교사들은 각자 나름의 교사로서의 의문점을 '전문성의 영역'으로 끌어올려 분석하고 있었다. 그들의 대화 속에서 나는 더 이상 '비난받은 선생'이 아니었다. 나는 '교사 전문성을 신장시키고자 하는 동료 교사'로서 존재했다. 그리고 나의 문제는 나 혼자만의 부끄러운 상처가 아니라, 모든 교사가 겪을 수 있는 '전문적 딜레마'가 될 수 있겠다는 생각이 문득 들었다. 그렇게 나는 내 탐구 질문을 만들었다.

'교사의 내면의 닻은 어떻게 만들어지는가?'

이 질문에 내 나름대로 정리한 소유적 존재론적 정체성을 PLC에서 공유했다. 나의 질문에 대한 나름의 답을 존재론적인 관점으로 풀어나가 정체성을 확립한 나의 글을 공유했다. 그러자 내 글에 대해 PLC의 교사들은 아주 솔직하게 피드백을 주었다.

"왜 교사의 일을 하는데 꼭 존재와 성숙의 단계가 되도록 해야 하나요? 좀 불편해요."
"그래서 학부모 민원에 대해 어떻게 대처하셨을까요?"

위와 같은 질문으로 그저 나를 감정적으로 수용해주고 위로하기보다는 비판적인 관점을 제공해주었다. 이는 나에게 굉장히 신선한 인사이트를 주었다. 이에 대해 나도 나름의 대화를 통해 내가 어떻게 학부모에게 대처했었는지 되돌아볼 수 있었고 나름 경력 교사답게 대처했음을 공유했다. 또한, 교사로서 꼭 이분법적 성숙 단계가 꼭 필요한지도 더 곰곰이 생각해보고 이를 발전시키고자 하였다. 따라서 이어지는 7장에서는 '두 번째 닻줄, 나만의 교수 나침반 그리기'라는 주제로 교사의 통합적 성장 마인드 셋을 정리했다. 또한, 학부모 소통을 위한 소소한 팁은 6장에서 '전문가로서 학부모와의 소통에 관한 실천적 전략'으로 자세히 다루어보겠다. 특히 학부모와의 소통이 막연히 두려운 신규 교사라면 한 번쯤 나의 사례로 간접 경험을 해보는 것도 유용할 것이다.

　이렇게 나의 탐구 질문을 스스로 만들고 또한 비판적 토론을 통해 다시 발전시키기까지 PLC 활동은 나에게 두 가지 중요한 것을 주었다.

　첫째, '연대감'이라는 소속감과 심리적 안정감이다. 내가 하는 고민을 공감해줄 수 있는 전문가 집단에 소속되어 있다는 것은 그 자체로 무척 든든했다. 나에게 일어난 일은 단순히 개인적인 에피소드가 아니라 교사라면 누구나 공감할 수 있는 보편적 서사라 할 수 있다. 교육의 본질과는 상관없이 학부모의 민원에 속수무책으로 휘둘리는 위태로운 교사라는 서사에 그 어떤 교사도 자유롭지 못하다. 그래서 이런 문제를 진지하게 탐구하는 나의 시도를 공감하고 지지해 줄 그들이 있다는 것만으로도 큰 힘이 되었다.

　둘째, '전문성'이라는 갑옷이다. 우리는 함께 관련 논문을 찾아 읽고, OECD 교수 나침반이라는 패러다임에 주목하며, 더 나은 교육에 관해 연구했다. 또한, 나의 사유의 결과를 진지하게 읽고 솔직하게 비판해주는 이런 지적 탐구 과정은 감정적인 소모를 넘어, 내가 문제 해결을 좀 더 전문적으로 접근해보도록 하는 계기가 되었다. 특히 구성원들에게 받은 질문을 다시 복기하며 다시 탐구해보는 일련의 활동은 나를 전문적 역량을 갖춘 교사로 다시 세워주었다. 어쩌면 이 부분은 OECD 교수 나침반이 강조하는 '교사 행위 주체성' 중 '공동 주체성'과 '집단 주체성'이 조용히 발현되는 지점이 아닐까? 교사는 고립된 섬이 아니다. 동료, 학생, 더 나아가 학문적 공동체와 연결될 때, 개인의 역량을 뛰어넘는 힘을 발휘할 수 있다. 이처럼 PLC는 나의 '내면의 닻'을 만들기 위한 첫 번째 재료, 즉 **'연대감'**과 **'전문성'**이라는 튼튼한 쇠사슬을 제공해주었다.

4. 첫 번째 닻줄, 전문가로서 학부모와의 소통에 관해 고민하다

앞 장에서 피드백을 받은 질문 중 학부모와의 소통에 관한 대처법을 정리해보자. 나의 개인적인 경험을 토대로 정리해보았다.

가. 감정과 사실 분리하기

학부모 감정은 수용해주고 교사의 입장을 사실로 제시해줘야 한다.

> (선생님이 우리 아이를 미워한다는 감정적 호소에) "어머니, 많이 속상하고 불안하셨겠어요." (감정 수용)
> "저는 아이를 미워한 적이 없고 오히려 매우 좋아합니다. 제가 교육 전문가로서 상황을 정확히 파악하고 도와드리기 위해, 어떤 말과 행동을 보시고 그렇게 생각하게 되셨는지 말해주시겠어요?"(사실 표명)

감정 수용 후 사실 확인으로 전환한다. 이는 '나쁜 교사'라는 프레임에서 '문제 해결을 위한 전문가' 프레임으로 대화의 장을 바꾸는 효과가 있었다.

나. 나의 언어보다는 전문가의 관점으로 대화의 중심 잡기

"제가 부족해서 못 살펴보았네요."와 같은 개인적 자책의 언어는 겸손한 것이 아니다. 그러면 교사 전문가의 관점은 변호사처럼 냉철하고 당당함에서 나오는 걸까? 내가 생각하는 **전문가의 관점이란 '학생의 교육을 위한 생각과 마음'**이라고 생각한다. 이는 학부모와 교사가 소통하는 본질적인 이유이다. 따라서 당일 모든 상담은 '학생의 교육'이라는 가치에 기준을 두고 이루어졌다. 즉, 교사 개인과 학부모 개인의 감정싸움이 아닌, '교육 전문가'와 '자녀의 성장을 바라는 보호자' 간의 전문적 협의임을 교사가 주도적으로 대화의 중심으로 끌고 나가야 한다.(감정적인 학부모로 인해 힘들더라도 이 입장은 반드시 지켜야 한다)

나의 사례를 예를 들면 이러하다. 처음부터 교사가 우리 애를 미워하니 전학을 가야겠다는 말을 협박처럼 하시던 학부모님께 나는 아래와 같이 상담을 했다.

> **학부모**: 선생님, 우리 아이 아무래도 전학 가야 할 것 같아요. 선생님이 우리 아이를 미워하시잖아요.
> **교사**: 그런데 어머님. 학생 교육에 그 방향에 꼭 필요하다면 전학을 갈 수도 있죠. 하지만 훗날 6학년 때 담임 선생님이 나를 미워해서 전학을 갔다는 경험이 정말 아이에게 도움이 될까요? 제가 ○○입장 이라면 너무 슬플 것 같아요.

사실 위의 대화를 기점으로 대화의 분위기가 무척 부드럽게 바뀌었다. 학부모는 구체적으로 자신이 아이와 관련된 문제에 대해 힘든 이유를 토로하기 시작했다. 교사와 학부모가 '학생의 행복'이라는 공통 주제에 암묵적으로 합의를 한 뒤 속을 터놓고 이야기를 하는 과정에서 문제는 점차 해결되었다.

다. 직업의 시간 경계 확실히 제시하기

이 부분은 내가 그날 실천하지 못한 아쉬운 부분이다. 금요일 저녁 7시의 전화는 교사의 개인적 삶과 직업적 삶의 경계를 무너뜨린다. 따라서 그날 처음부터 소통의 규칙을 언급할 필요가 있었다. 그러나 당시 너무 당황해서 하지 못했다. 다시 돌아간다면 아래와 같이 말하고 싶다.

> "어머니, 중요한 사안이니만큼 저도 정확히 알아보고 신중하게 답변드리는 것이 맞다고 생각합니다. 지금 당장 답변드리기보다는, 제가 내일(혹은 월요일)까지 상황을 파악하고 다시 연락드리거나 면담 시간을 잡아도 괜찮을까요?"

이는 즉각적인 감정 대응을 막고, 교사에게 상황을 분석하고 준비할 시간을 벌어줄 것이다. 또한, 교사가 상황에 끌려가는 것이 아니라 주도하고 있음을 보여준다.

라. 학교 시스템 속에서의 문제 문서화와 공식화하기

장기화되거나 심각한 갈등의 경우에는 학교 문제 해결 시스템 안에서 해결을 하려고 해야 한다. 대화 내용을 요약하여 공유하거나 학교의 공식적인 절차(교감, 교장 보고, 면담 일지 작성 등)를 활용하는 것이 감정 소모를 줄이고 교사를 보호하는 장치가 될 수 있다. 문서화를 해두는 방법으로는 하이클래스에서 '자동녹음' 설정을 켜두면 하이콜이 모두 녹음이 된다. 이 녹음된 음성을 클로바 노트와 같은 음성 인식 AI 서비스로 기록 요약을 해두면 좋다. 또한 해당 학생에 대한 상담, 관찰 일지 및 관련 자료를 미리 포트폴리오 해두는 것도 추천한다.

5. 두 번째 닻줄, 나만의 교수 나침반을 그려보다

나는 '내면의 닻'을 그저 머리로 이해하는 것을 넘어, 나의 삶과 언어로 정리해야 함을 깨달았다. 나는 노트를 펴고, OECD가 제시한 네 가지 틀에 나의 이야기를 채워 넣어보았다. 이것은 나만의 교수 나침반을 만드는 작업이었다. 이 글을 읽는 선생님들도 잠시 시간을 내어 함께 해보길 권한다.

나만의 '내면의 닻' 구축을 위한 세부 탐구 질문

가. 나의 직업적 정체성 정의하기
- 나는 학생들에게 어떤 존재인가? (예 지식 전달자, 성장 촉진자, 상담가, 학습 설계자)
- 나는 동료들에게 어떤 존재인가? (예 협력자, 멘토, 학습자)
- 나는 사회 속에서 어떤 역할을 하는 교사가 되고 싶은가?

> ▶ 나의 대답
> 나는 '인정받는 교사'만을 목표로 하지 않는다. 나는 학생들의 잠재력을 발견하고, 그들이 안전한 환경에서 실패하고 다시 도전할 수 있도록 돕는 '성장 촉진자'로 존재한다. 또한, 나는 동료들과 함께 배우고 성장하는 '교육 전문가'이다.

나. 나의 교육적 신념과 가치 탐색하기
- 내가 생각하는 '교육'의 궁극적인 목적은 무엇인가?
- 나의 교실에서 가장 중요한 가치 3가지를 꼽는다면? (예 존중, 협력, 창의성, 공정성)
- 학생을 어떤 존재로 바라보는가?

> ▶ 나의 신념
> **성장 가능성에 대한 믿음:** 모든 학생은 성장할 수 있다. 나의 역할은 그들의 현재 성취도를 평가하는 것이 아니라, 잠재력을 믿고 기다려주는 것이다.
> **과정의 가치:** 결과만큼, 혹은 그 이상으로 과정은 중요하다. 협력하고, 갈등하고, 실패하고, 성찰하는 모든 과정이 배움이다.
> **진정성 있는 관계:** 지식 전달에 앞서 학생 한 명 한 명과의 진정성 있는 관계 맺기가 우선이다. 관계는 모든 교육의 시작이다.

다. 나의 목적 의식 재확인하기

-내가 처음 교사가 되려고 했던 이유는 무엇인가? 그 마음이 지금도 유효한가?
-10년 후, 나의 제자들이 나를 어떤 교사로 기억해주길 바라는가?
-교직을 통해 내가 세상에 남기고 싶은 긍정적인 영향은 무엇인가?

▶ **나의 목적**
나의 목적은 학생들이 지식을 습득하는 것을 넘어, 자기 자신을 긍정하고, 타인과 더불어 살아가는 방법을 배우며, 자기 삶의 주체로 설 수 있도록 돕는 것이다. 나는 그들의 삶에 긍정적인 '점' 하나를 찍어주는 사람이고 싶다.

라. 나의 자기 효능감 원천 찾기

-교직 생활 중 가장 보람을 느꼈던 순간은 언제인가? 그 성공의 원인은 무엇이었나?
-어려움에 부딪혔을 때, 나는 주로 누구에게(혹은 무엇에게) 도움을 요청하는가?
-나의 어떤 전문적 역량(지식, 기술)을 가장 신뢰하는가?

▶ **나의 효능감 원천**
나의 효능감은 학부모의 칭찬이나 학생의 성적에서 오지 않는다. 나의 효능감은 나의 교육적 신념에 따라 행동했을 때, 그리고 그 행동을 끊임없이 성찰하고 개선하려는 나의 '전문성'에서 온다. 나는 어떤 어려움이 닥쳐도 동료들과 함께, 그리고 나의 전문성을 믿고 해결해 나갈 수 있다.

이렇게 나의 언어로 정리된 '내면의 닻'은 이제는 추상적인 개념이 아니었다. 그것은 앞으로 내가 마주할 모든 교육적 딜레마 상황에서 나를 지켜줄 구체적인 판단 기준이 되어줄 것이다.

그럼에도 불구하고 존재론적인 교사로서의 관점의 한계도 존재한다. 이는 PLC에서 비판을 받은 부분인데 교사를 소유와 존재로 이분법적인 구분했다는 것이다. 실제 현장에서의 교사의 모습은 소유와 존재로 단순하게 똑 나누어떨어지지 않는다. 실제로 승진, 평가, 학생 학업 성취도, 학부모 신뢰 등은 교사의 권위와 지속 가능한 교직 활동을 보장하기 때문이다. 그래서 교사의 존재론적 정체성 찾기에 관해 PLC 구성원 중 한 명이 이렇게 반문했다.

'아니 우리 교사가 저렇게까지 해야만 하는 거예요?'

맞는 이야기다. 때로는 대중과 미디어에서 교사를 성직자와 같은 직업윤리를 요구하는 직업적 피로감도 무시할 수 없는 부분이기도 하다. 저렇게까지 하지 않아도 학교생활을 잘 영위할 수 있다. 하지만 그것은 모두 평화롭게 내가 바라던 대로 상황이 돌아갈 때만 유효하다. 예상치 못한 위기 상황에서는 어떤 인간이든 내면이 흔들릴 수 있다. 따라서 교사의 발달 단계와 맥락을 반영한 교사 정체성을 단단하게 해두는 것은 마치 폭풍우를 대비해 튼튼한 배의 기초 공사를 해두는 것과 같다. (폭풍우를 안 만나면 더욱더 좋겠지만) 소유와 존재의 관점을 통합하여 성장하는 교사의 양식을 정리해보았다. 위기 상황은 학부모 민원을 포함한 다양한 위기 상황 맥락에서 생각해볼 수 있다.

성장하는 교사 양식의 예시

구분	성장하는 교사 양식의 예
정체성 기반	내면의 신념을 닻으로 삼아 외부의 평가를 해석하고 전략적으로 활용 - 나는 학생 성장을 돕는 교육 전문가이다. 전문성 신장을 위해 개인적인 연구를 지속하며 교육 공동체 구성원들과 원만한 관계 속에서 질 좋은 교육을 제공한다.
위기 상황 인식	개인의 감정을 인지하고 수용하되, 이를 학교 현장에서 해결해야 할 하나의 객관적인 문제로 인식 - 감정과 사실을 분리해 해결하기 위해 감정은 수용하고 학생의 교육이라는 원칙에 기반하여 사실을 판단한다.
주요 감정	초기에 불안한 감정을 느낄 수 있으나, 전문가적 문제 해결 상태로 의식적 전환 -감정적으로 소모되기보다, 교육 전문가의 성장 마인드 셋으로 전환한다.
사고의 중심	이 상황의 최선은 무엇이며, 나의 교육 원칙을 지키면서 다른 사람과 협력하며 해결 방안 찾기 - 나는 학생 교육을 최우선으로 하는 교육자이다. 어떤 문제든 학부모, 동료, 관리자 등 모두와 함께 협력적으로 문제를 해결해 나간다.
행동 반응	1. 공감적 경청 → 2. 사실 기반 소통 → 3. 협력적 해결 - 혼자 해결하기보다 동료 교사, 관리자와 협력하여 시스템적으로 대응하자.
결과	개인의 회복 탄력성 증진을 넘어, 자신의 경험을 동료와 공유하여 건강한 교사 공동체 문화 형성에 기여 - 개인의 성장이 학생, 학교, 그리고 교육 공동체 전체의 성장으로 이어진다.

교사의 정체성은 외부 평가에 의존하는 '소유'와 내면의 신념을 따르는 '존재'의 이분법으로 나누기보다, **역동적 성장 과정으로 이해해야 한다.** 나의 경험에 비추어 보았을 때 사회 경험이 부족한 신규 시절에는 외부 평가에 민감한 '소유'의 단계에서 시작했다. 경력을 쌓을수록 경험과 성찰을 통해 내면의 교사로서의 나의 '존재'의 중요성을 차츰 깨달았다. 정리하자면 교사는 보이는 성과에만 치중하거나 성직자처럼 학생에게 온전히 모든 것을 희생하는 것이 아니다. **전문성에 관한 성과와 함께 교육 현장 상황을 능숙하게 관리하는 통합적 성장 교사로 균형있게 나아가야 한다.**

또 교사의 문제를 개인의 책임으로만 보지 않고, 학교 시스템의 맥락 속에서 파악하는 것의 중요성도 한 번 더 강조하고 싶다. 사실 어려움이 있을 때 동 학년 교사들과 연대를 통해 해결책을 모색하는 것은 그리 어렵지 않다. 하지만 이런 인간관계 속에서 알음알음 이루어지는 문제 해결 과정보다는 '교사-관리자-담당 기관'이라는 시스템 속에서 해결해 나가는 것을 추천한다.

6. 세 번째 닻줄, 가르침으로 배우다

'가르치는 사람은 두 번 배운다 (Docendo discimus).'

- 라틴 속담 -

'내면의 닻'을 다시 세우는 과정에서 예상치 못한 도움이 찾아왔다. 바로 두 달 후 다시 맡게 된 교생 지도 시간이었다. 상처가 아물지 않았기에 또다시 누군가의 멘토가 된다는 것이 부담스럽기도 했지만, 학교 업무로서 그저 임할 뿐이었다.

담임과 교생 선생님들과의 간담회 시간. 학생들과 스스럼없이 대화를 많이 하는 교생이 해맑은 눈으로 질문을 던졌다. 대학 시절의 나와 여러모로 닮은 교생이었다.

"선생님, 가장 중요하게 생각하시는 교육 철학은 무엇인가요? 그리고 교직 생활 동안 가장 힘드셨던 순간은 언제였고, 어떻게 극복하셨어요?"

그 순수한 질문 앞에서 나는 잠시 말을 잃었다. 지난 실습의 그 금요일 밤이 떠올랐기 때문이다. 최근 내가 겪은 힘든 일을 말해야 할까. 어쩌면 이런 말들이 예비 교사의 의욕을 꺾지 않을까. 그래 그런 이야기를 하는 것은 좀 지나쳐. 이런 생각들이 잠시 스쳤고 나는 최근 나의 교육 철학에 대해 솔직하게 이야기했다.

"저는 학생들이 각자 자신만의 빛을 내는 존재라고 믿어요. 교사는 그 빛을 발견하고 더 밝게 빛날 수 있도록 돕는 사람이라고 생각해요. 그래서 저는 학생들이 배움의 결과와 과정을 함께 보려고 해요. 그런데 가끔 교사가 오해를 받기도 합니다. 몇 달 전 학생의 태도에 대해 피드백을 주었다가 학부모 민원도 받았어요. 그래서 최근에 마음이 힘들었지만 스스로 교사로서의 정체성에 대해 질문을 던지면서 나름 잘 해결하고 있어요. '나는 왜 교사가 되었는가? 나는 아이들에게 어떤 존재가 되고 싶은가?'라는 질문에 대해 스스로 답해보면서요."

교생 선생님 질문에 담담하게 답하면서 교사의 정체성에 대해 생각을 정리할 수 있었다. 어쩌면 이 과정이 2022 개정 교육과정에서 강조하는 배움을 위한 '성찰'이 아닐까. 교생 선생님들에게 나의 신념을 설명하면서, 나 자신이 그 신념을 다시 한번 확인하고 확신하게 되는 것을 느꼈기 때문이다. 나의 언어는 교생들을 위한 것이었지만, 동시에 흔들리는 나 자신을 향한 다짐이기도 했다.

'이야기 심리학'에서 댄 맥애덤스(Dan P. McAdams)는 사람들은 자신에 관한 이야기를 만들고, 그것을 통해 자신이 누구인지, 과거에 무슨 일이 있었는지, 미래를 어떻게 살아가야 할지를 정의한다고 했다. 즉, 삶을 이야기 형태로 구성함으로써 자아를 정립한다는 것이다. 이를 '서사적 정체성(Narrative identity)'으로 정의했는데, 어쩌면 나는 지금, 이 순간에도 나의 이야기를 타인에게 전달하면서 흩어져 있던 나의 교사로서의 자아를 다시 하나로 재구성하고 있는지도 모르겠다.

그 당시 교생 지도는 단순히 나의 지식과 기술을 전수하는 과정이 아니었다. 어떤 의미에서 나의 '존재'를 증명하는 과정이었다고 생각한다. 나는 그들의 눈동자 속에서 '비난받았던 교사'가 아니라, 자신의 철학을 가지고 후배를 이끄는 '선배 교사'로 비치고 있었다. 그들의 존경과 신뢰의 눈빛은 나에게 잃어버렸던 자기 효능감을 되찾아 주었다. 이 과정을 통해서는 나는 흔들렸던 '내면의 닻'을 좀 더 단단히 쥘 수 있었다.

7. 마지막 닻줄, 자유의지를 갖고 항해를 지속하다

'모든 것은 빼앗길 수 있다. 단 한 가지, 인간의 마지막 자유는 빼앗을 수 없다. 어떤 상황에 놓이더라도 자신의 태도를 선택하고, 자기 자신의 길을 선택할 자유 말이다.'

– 빅터 프랭클 '죽음의 수용소에서'–

지금까지 나의 교사로서의 '내면의 닻'을 탐구해나간 과정을 정리하면 다음과 같다. 에리히 프롬의 '존재와 소유의 통합적 성장'이라는 관점으로 자신을 규정했다. 그것은 무언가를 갖기 위해 사는 것이 아니라, 경험하고, 관계 맺고, 사랑하고, 성장하는 능동적인 과정이다. '성장' 양식의 사람은 외부의 평가에 자신의 가치를 저당 잡히지 않는다. 그의 기쁨과 의미는 자신의 내면에서, 살아있는 활동 그 자체에서 오기 때문이다. OECD의 '내면의 닻'은 바로 이 통합적 성장 양식의 교사가 되기 위한 구체적인 방법론이었다.

'소유'하는 교사는 좋은 평판, 높은 성취도, 학부모의 인정을 '가지려고' 한다. 하지만 '존재'하는 교사는 학생과 관계를 맺고, 수업 속에서 함께 배우고, 자신의 신념을 실천하며 살아있음을 느낀다. 그 금요일 밤 이후로 나는 왜 그토록 서서히 무너졌을까. 학부모가 나의 '소유물(평판)'을 공격했기 때문이다. (실제로 당시 나는 학부모가 교감이나 교장에게 바로 민원을 넣지 않아서 다행이라는 생각도 좀 했었다. '믿음직한 6학년 부장'이라는 평판이 그토록 중요했던 걸까?)

위와 같은 나의 탐구 과정을 통해서 내면의 변화는 자연스러운 것이었다. 나의 머릿속 질문들은 아래와 같이 점점 바뀌어 가기 시작했다. 또한, 선배 동료들과 함께 이야기를 나누면서 나의 심리 상태를 더 객관적으로 바라볼 수 있었다. 이 상황과 유사한 다양한 주변 사람들의 이야기를 들으면서 학부모 민원이란 어쩌면 교직에서 싫지만 피할 수 없는 부분임을 담담하게 받아들이게 되었다. 또한, 이를 위한 전문적인 대처법에 대해서 정리하면서 교사로서 더 단단하게 '성장'했음을 느낄 수 있다.

전	후
- 내가 나쁜 교사인가? - 또 이런 민원이 오면 어떻게 해? - 내가 이렇게 열심히 하는 것이 무슨 소용이지?	- 나를 비난하는 학부모의 불안은 어디에서 오는 것일까? - 내가 그 불안을 조금이라도 덜어주기 위해 전문가로서 할 수 있는 일은 무엇일까? - 내가 이 경험을 통해 나는 어떻게 더 성장할 수 있을까?"

그러나 마음도 습관이라고 했던가. 나의 내면의 변화를 느꼈지만, 또 예전의 부정적인 감정들이 다시 올라오기도 했다. 유대인 수용소에서 살아남은 빅터 프랭클이 누구에게나 자신의 길을 선택할 '자유'가 있음을 강조했듯이 **나의 정체성 탐구의 마지막은 내가 생각한 것을 스스로 실천해나가는 선택**이 필요했다. 이것은 자신의 감정을 메타적으로 바라보고 긍정적인 방향으로 이끌어 가는 노력을 의미할 것이다.

여전히 교직은 어렵고, 때로는 예측 불가능하며, 막연히 두렵기도 하다. 하지만 나는 이제 쉽게 흔들리지 않는다. 나의 내면에는 지난 몇 달간 성찰과 경험으로 단단해진 닻이 내려져 있기 때문이다. 이제 나는 학부모의 불만을 마주할 때, 두려움보다 전문가로서 책임감을 먼저 떠올린다. 그들의 불안에 공감하되, 나의 교육적 신념을 굽히지 않고 전문가로서 소통하는 원칙을 나름 세울 수 있었다.

또 아이들을 대할 때, 나는 더 자유로워졌다. 칭찬할 때는 마음껏 칭찬하고, 바로잡아 주어야 할 때는 주저하지 않는다. 나의 모든 행동이 평가의 대상이 될 수 있다는 두려움에서 벗어나, 나의 교육적 판단과 신념에 따라 진정성 있게 아이들을 마주할 수 있게 되었다.

PLC에서 나는 배우기만 하는 사람이 아니라, 나의 경험과 성찰을 동료들과 나누며 함께 성장하는 주체적인 구성원이 되었다. 이 글은 PLC에 참여하며 스스로 만든 나의 '탐구 질문'에 대한 답을 찾는 과정이었다. 나의 경험과 성찰을 이 글로 함께 나누며 성장할 수 있는 공동체의 구성원이라는 것은 정말 감사한 일이다. 또한, 교생 선생님들에게는 나의 상처와 극복의 경험이 그들이 앞으로 겪을 어려움을 이겨낼 용기를 주는 이야기가 되기도 한다.

성장하는 존재로서 정체성을 확립한 교사는 질문의 방향이 완전히 다르다. '소유'에 집착한 질문은 나를 지키기 위한 방어로 이어지지만, '존재'의 질문은 이해와 성장, 그리고 관계의 회복으로 나아간다. 그리고 이 둘을 통합하는 과정에서 교사는 더 성장할 수 있다.

이 깨달음은 나에게 해방감을 주었다. 나는 이제는 모든 사람을 만족시켜야 한다는 압박감에 시달릴 필요가 없었다. 나는 그저 나의 교육적 신념에 따라 최선을 다해 행동하고, 그 결과를 겸허히 성찰하며, 끊임없이 성장하는 교사로 '존재'하면 되는 것이었다. 나의 가치는 타인의 평가가 아닌, 나의 살아있는 실천과 성찰 속에 있었다.

나는 '좋은 교사'라는 평판을 '소유'했는지 아닌지에 연연하지 않는다. 대신 나는 매일 자문한다.

오늘 나는 학생의 성장을 돕는 사람으로 충실히 존재했는가?
오늘 나는 나의 교육적 신념에 부끄럽지 않게 행동하며 존재했는가?
오늘 나는 어제보다 조금이라도 더 성장하는 교사로 존재했는가?

이 질문에 '그렇다'라고 답할 수 있는 날들이 쌓여갈수록, 나의 '내면의 닻'은 더 깊고 단단하게 뿌리내릴 것이다.

교사라는 직업은 때로 망망대해를 홀로 항해하는 배와 같다. 예기치 못한 폭풍우(민원, 갈등, 감정 소진)는 언제든 우리를 덮칠 수 있다. 이때 우리를 지켜주는 것은 화려한 돛이나 빠른 엔진이 아니다. 보이지 않지만 가장 깊은 곳에서 우리를 붙잡아 주는 '내면의 닻'이라고 생각한다. 이 글을 읽는 동료와 예비 교사 선생님들께 마지막으로 묻고 싶다.

선생님의 내면의 닻은 지금 어디에 내려져 있나요?

혹시 타인의 평가에 내면의 닻이 위태롭게 내려져 있을 수도 있다. 아니면 생계를 위한 어쩔 수 없는 직업적 의무감일 수도. 하지만 나는 많은 선생님이 자신만의 깊은 철학과 신념의 바다에 내면의 닻을 내리길 바란다.

만약 누군가 지금 흔들리고 있다면, 오늘부터 자신만의 나침반을 그려보면 어떨까? 에리히 프롬의 철학으로 삶의 양식을 성찰하고, OECD의 틀을 빌려 당신의 정체성을 정의하고, 신념을 기록하고, 목적을 되새겨보는 것이다. 그리고 기회가 된다면 동료들과 함께 당신의 고민을 '교사 전문 용어'로 나누고, 당신의 철학을 후배들에게 이야기해주면 좋겠다. 그렇게 당신의 언어와 경험으로 채워진 '내면의 닻'이 완성될 때, 당신은 어떤 폭풍우에도 침몰하지 않는, '지속 가능한' 교사로서 당당하게 존재하게 될 것이다. (지속 가능해야 하는 것은 '지구'만이 아니다.)

이 글 초반에 혼란스러웠던 마음을 '얻어터진 정체성'이라고 표현했던 것을 기억하는지.

'얻어터진 정체성'이 건강하게 회복되는 여정이 담긴 이 글이, 당신의 단단한 닻을 내리는 데 도움이 되기를 바란다.

『 동행 노트

    선생님의 글을 읽으며, 마음 아팠던 기억들과 그 순간 나를 가장 힘들게 만든 존재가 스스로였음을 떠올리게 되었습니다. 방법도 모른 채 소진된다는 느낌만 막연한 상황에서 시간만이 문제를 해결해 주리라 믿었던 날들. 3월 초 복권에 당첨되길 바라는 마음으로 괜찮은 학생들을 담당할 수 있기를 바라는 것보다, 왜 교사가 힘든지를 깊숙하게 성찰하는 것이 필요했음을 깨닫게 된 글이었습니다.
    교육 혁신과 교수·학습 방법에 대한 담론은 많았지만, 그것을 가능하게 만드는 교사에 대한 논의가 부족했음을 느끼기도 했습니다. 제시해 주신 '존재' 양식으로서의 교사, 그리고 내면의 닻을 단단하게 만드는 질문들이 우리들을 건강하게 지키는데 큰 도움이 되리라 믿습니다. 감사합니다.

동행자 **박선정**

    선생님의 글은 한 개인의 상처가 어떻게 단단한 '전문성'으로 재탄생할 수 있는지 보여주는 여정을 담고 있습니다. 많은 교사들이 비슷한 어려움을 겪을 때, 감정적 소진이나 개인적 무력감에 머무르는 경우가 많습니다. 하지만 선생님께서는 자신의 경험을 에리히 프롬의 철학과 OECD 보고서라는 객관적인 틀을 통해 교사 전문성이라는 보편적 영역으로 확장시키셨습니다.
    특히 인상 깊었던 것은 위기를 극복하는 과정이 단순히 견디는 것이 아니라, 전문적 학습 공동체를 통한 동료들과의 연대와 교생 지도 과정에서 자신의 정체성을 적극적으로 재구성해 니가는 능동적인 과정이었다는 점입니다. 교사의 회복탄력성이란 외부의 공격으로부터 자신을 지키는 방패가 아니라, 오히려 그 경험을 통해 배우고 성장하며 자신의 교육 철학을 더 정교하게 다듬어가는 과정 그 자체임을 깨닫게 됩니다.

동행자 **김진관**

    처음 학부모의 전화를 받으셨을 때 느끼신 당혹감과 무력감에 깊이 공감했습니다. 교사라면 누구나 마주할 수 있지만, 막상 닥치면 쉽게 흔들릴 수밖에 없는 장면이었기에 더욱 마음이 갔습니다. 선생님께서 그 경험을 단순한 상처로 남기지 않고, 프롬의 '소유와 존재' 개념과 OECD의 '내면의 닻'으로 연결해 내신 점이 인상 깊었습니다.
    감정과 사실을 구분해 대화하는 방법, 직업적 경계를 세우는 태도, 동료 교사와 질문을 나누며 성장해 가는 과정은 현장에서 바로 참고할 수 있는 지혜였습니다. PLC에서의 연대와 성찰을 통해 개인의 경험이 전문성의 언어로 전환되는 장면이 크게 다가왔습니다.
    특히 "오늘 나는 학생의 성장을 돕는 사람으로 충실히 존재했는가?"라는 질문은 교사라면 누구나 스스로에게 던져볼 만한 물음이라 생각합니다. 개인의 경험을 넘어, 교사의 정체성과 전문성을 함께 성찰할 수 있는 지점을 제시해 주셨다고 생각합니다.

동행자 **하나**

정답보다는
마음교육이 필요한 교실

#사회정서학습 #너그러움교육 #마음수업 #관계맺기

김희수

구글 검색창에 'Korean Education'을 입력하면, AI 개요는 다음 부분을 하이라이트하며 요약한다. '과도한 스트레스, 주입식 학습, 창의성과 개별성의 미흡'. 해외 대중문화에서도 이러한 인식은 풍자로 재현된다. 미국의 장수 애니메이션 〈심슨가족〉의 한 에피소드에서는 아들의 공부량을 늘리자는 맥락에서 "한국인으로 만들겠다."라는 대사가 등장한다.

▲ 미국 애니메이션 〈심슨가족〉의 한 장면
출처. 20th Television / Gracie Films, 〈The Simpsons〉 S21E14

교육을 논하는 장면에서 한국식 교육이 직접 소환될 만큼, 한국 교육의 강도는 세계적으로도 유명하다. 하지만 이와 동시에 낮은 문맹률[1]과, 국제 학업성취도에서 우수한 성과[2], 그리고 인적자본 축적과 기술 발전에 기여했다는 평가[3]도 존재한다.

이렇듯 양분화된 한국 교육의 평가 속에서 '**현재 아이들에게 필요한 교육은 무엇일까?**' 라는 고민은 늘 숙제처럼 맴돌고 있다.

---

[1] 성인 문해율(만 15세 이상, 최신 공개치 2018): 한국 약 98.8%. 자료원: 세계은행(WDI)·UNESCO UIS.
[2] OECD PISA 2022 국가 노트(2023.12): 한국 학생은 수학·읽기·과학 모두 OECD 평균보다 높은 성취, 상위수준 비율도 더 높다.
[3] Han, S. (2022). 교육혁신과 인적자본 형성에 관한 연구

그럼 현재 한국 교육의 모습을 살펴보자.

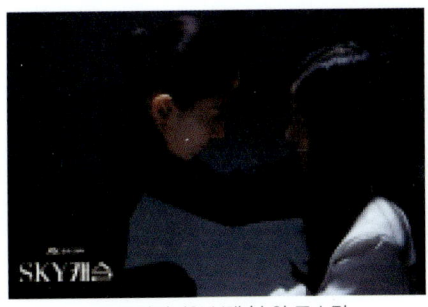
▲ 드라마 〈SKY캐슬〉의 포스터
JTBC〈SKY캐슬〉공식 포토 갤러리

▲ '7세고시' 관련 유튜브 프로그램
출처. KBS〈추적60분〉1400회 (25.02.14.방송)

한국 교육을 소재로 한 드라마 〈SKY캐슬〉은 큰 파장으로 높은 시청률을 기록했다. 〈SKY캐슬〉이 방영되던 당시, 많은 이들은 그것을 과장이라 불렀다. 그러나 시간이 지난 지금 드러난 사실은 다르다. 풍자가 과장처럼 보였지만, 끝내 현실 속 풍경이 되어버렸다. '유치원 의대반'은 밈에서 학원 현수막 문구로, '7세 고시'는 농담에서 뉴스 헤드라인으로 변했다. 대치동의 '제이미맘'은 아이의 일거수일투족을 지원하는 부모의 모델이자, 학부모 커뮤니티와 학원 광고가 함께 빚어낸 라이프스타일의 이름이 되었다. 앞선 현실 속 아이들과 함께하는 한국 교사로서 다음의 질문을 던져본다.

'이러한 교육 속 살아가는 아이들의 하루는 어떤 모습일까?'

1. 교실 속 아이들의 모습

가. 마음의 병이 커져가는 아이들

"정말 우리 반 학생 어떻게 하면 좋을까요?"

학년 회의 다수의 주제는 학생의 문제행동에 대한 선생님들의 고민이다. 혼자서는 해결이 어려워 학년 선생님들의 지혜가 필요한 일이 일주일에도 두세 번 발생한다. 가끔은 학년뿐만 아니라 상담선생님과 보건선생님과의 협업이 필요하기도 하다.

6학년인 우리반 학생은 자해 징후를 보였다. 최근 친구들과의 불화에서 받은 스트레스를 손톱을 뜯는 방식으로 표출했다. 그럴 때마다 손가락에 밴드를 붙여주었는데 하나의 손가락에서 시작된 밴드가 열 개 손가락을 다 덮은 모습을 보고 마음이 아팠다. 옆 반 선생님의 고민도 있었다. 화가 나면 책상이나 의자든 던지는 학생을 어떻게 지도할지 함께 고민했다. 그 학생은 책걸상 이외에도 주변 물건을 사람에게 던지는 일이 있어, 그 이후로 담임선생님께서는 가위같은 날카로운 물건을 학급물품으로 따로 준비하여 보관하신다고 하셨다. 〈금쪽같은 내 새끼〉에서 보던 감정 조절의 어려움과 돌발 반응이 교실에서도 낯설지 않게 되었다.

데이터도 같은 방향을 가리킨다. 2022년 소아·청소년 정신건강 실태조사에 따르면 정신장애 평생 유병률[4]은 16.1%, 현재 유병률[5]은 7.1%로 보고됐다. 만 12-17세에서는 주요 우울장애 약 1.5%, 불안장애 9.0%가 관찰됐다. 자살 지표도 악화되어, 여자 15-19세 자살률은 2017년에서 2022년이 되었을 때 5.4명에서 10.2명(10만 명당)으로 증가했다. 자살 시도 경험률은 2022년 중학생 3.0%, 고등학생 2.3%, 2024년 전체 청소년 평균은 2.8%로 집계된다.[6]

▲ 2022 정신건강실태조사. 정신장애유병률. 보건복지부·국립정신건강센터

마음 아픈 아이들이 해가 갈수록 더 반에 많이 보인다고 선생님들은 입을 모아 이야기를 한다. 이러한 현상이 일어나는 원인은 무엇일까?

---

[4] 조사 시점까지 과거 어느 때든 한 번이라도 진단 기준을 충족한 비율.
[5] 조사 시점에, 증상 지속기간을 포함해 진단 기준을 충족한 비율.
[6] 보건복지부·국립정신건강센터, 2022년 정신건강실태조사(소아·청소년)

교과서는 빽빽한데, 아이들 마음에는 빈칸이 남아 있다.

시간표는 국·수·사·과로 촘촘하고, 성취기준과 평가 기준표는 정교하다. 하지만 자기 마음과 친구들의 마음을 알려주는 수업시간은 좀처럼 없다. 친구의 한마디에 마음이 상했을 때, 얼굴이 화끈거려 고개를 숙일 때, 억울함이 가슴에 걸려 말이 막힐 때, 그때 무엇을 먼저 살피고 어떤 말을 꺼낼지 배운 기억이 희미하다.

점심시간 급식실로 내려가는 줄을 서다 작은 다툼이 있었다. 손을 씻다 늦게 온 친구가 줄을 잘못 서면서 발생했다. "줄 지켜야 해." "먼저 온 사람이 우선이야." 라는 친구들의 말에 그 아이의 얼굴이 붉어졌다. "몰라서 그랬는데, 그런말을 들으니 나 지금 당황했어." "조금 서운해." 와 같은 말이 이어지지 못한 채, 그 아이는 굳은 표정으로 급식실까지 내려갔다.

교실에서 자주 듣는 대답이 있다. "몰라요." "그냥요."

무례해서가 아니라 자기 안을 가리키는 말의 폭이 좁아서다.

화남·서운함·불안함이 뒤엉켜도 "기분 나빠요." 한마디로 묶여 버린다. 감정에 이름을 붙이지 못하면 행동의 기준이 나의 신호가 아니라 주변 눈치가 된다. 자신이 드는 감정의 원인을 진정으로 알아차려 챙기지 못한 채 주변의 말과 행동으로 상황을 어물쩍 넘어가게 된다.

도덕 시간에는 '배려해야 한다', '정직해야 한다' 같은 규범과 원칙을 배운다. 옳은 말이다. 그렇지만 문제들의 옳고 그름을 판정하는 것만으로 나의 마음을 이해하고 돌봐줄 수 있을까?

마음을 돌아보는 수업이란 내 안의 신호를 알아차리고, 그 신호를 말로 붙이고, 그 말에 따라 선택을 조정하는 평범한 습관이다. 그런데 우리는 그 평범함을 시간표에서 지워 왔다.

가끔 상상해 본다.

국어 시간의 '문장 다듬기'처럼 관계의 '어긋남'을 다듬는 시간이 있었다면?
과학 시간의 '관찰 기록'처럼 마음의 '신호 기록'을 남기는 루틴이 있었다면?
수학 시간의 '공식 정리'처럼 감정의 '공식 정리'를 연습했다면 어땠을까.

나. 관계맺기를 어려워하는 아이들

3학년 담임교사를 할 때의 일이다. 3학년 아이들은 쉬는시간, 점심시간, 중간놀이 시간마다 교사를 졸졸 따라다니며 종알종알 이야기를 한다. 남자학생, 여자학생 가릴 것 없이 주말에 있었던 일, 집과 학원에서 있었던 일, 심지어는 교사와 함께 목격한 학교의 일까지 쉼 없이 들려준다. 말수가 적은 학생들도 곁에 서서 눈빛과 표정으로 이야기에 참여한다. 그 옆에서 내가 특히 걱정하던 한 학생이 있었다. 이 학생은 자발적으로 친구를 만드는 것을 거부했다. 다른 친구들이 다가올 때마다 큰 소리를 지르거나 손을 뿌리치며 상처를 주곤 했다. 내가 천천히 다가가 말을 걸고 상담을 시도해도 어느 순간 선을 넘었다고 느끼면 대답을 멈추고 회피했다. 보호자와 상의해 상담선생님께 연계를 부탁했으나, 오히려 상담선생님께 적대적으로 대하며 상담자체를 거부하여 어려웠던 학생이었다.

그 해 옆반에는 선택적 함구증(Selective Mutism)인 학생이 있었다. 선택적 함구증이란 말을 할 수 있는 능력이 있음에도 불구하고, 특정 상황에서는 지속적으로 말을 하지 못하는 불안장애이다. 집에서는 말을 잘 하다가도 학교에서는 친구들과 선생님 모두에게 말을 하지 않았다. 선생님께서 많은 상담과 설득을 하셨지만, 결국 그 아이는 글쓰기로 의사를 나타내고, 학년의 마지막 날까지 선생님께서는 아이의 목소리는 듣지 못해 아쉬워하셨다고 했다.

여기에 코로나19 팬데믹 시기동안 아이들의 관계망은 더 희미해졌다. 사회적 거리두기로 등교일이 줄었고, 등교하더라도 접촉과 협동 활동은 제한됐다. 마스크 착용은 표정과 목소리 같은 비언어적 단서를 가려 관계 형성에 제약을 주었다.[7] 함께 놀고 부딪치며 배우던 시간이 끊기자, 누군가의 마음을 알아차리고 관계를 맺을 기술을 익힐 시간이 줄어들게 되었다.

여성가족부와 한국청소년정책연구원이 2024년에 실시한 고립·은둔 청소년 실태조사에서, 9~24세 응답자 중 자신을 고립이라 밝힌 비율은 12.6%, 은둔은 16.0%였다. 은둔을 시작한 시기가 18세 이하였다는 응답이 72.3%였으며, 은둔 이유로 '대인관계가 어려워서'가 65.5%를 차지했다. OECD 학생 행복도 조사에서도 한국 학생의 문제점은 두드러지게 보였다. 외롭다고 느끼는 학생의 비율은 22%로, 미국에 이어 OECD 국가 중 2위를 기록했다.

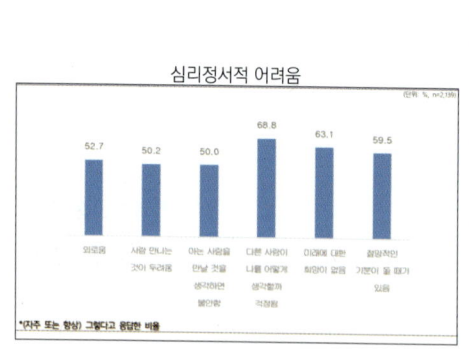

▲ 한국청소년정책 연구원 「2024고립·은둔청소년 실태조사」 주요 결과

▲ 2021 OECD 행복지수보고서-외로움

[7] Chester, M. et al. (2022). 마스크 착용과 영유아의 정서 인식: 마스크가 행복·슬픔·공포 인식 저하와 연관(개인·환경에 따라 차이). Developmental Science.

학교에서는 이미 이러한 현상을 반영해 친구 사랑주간, 인성주간 등 다양한 활동을 통해 학생들을 위해 끊임없이 노력하고 있다. 이런 활동을 통해 학생들은 우정의 의미에 대해 깊게 생각하고, 다른 친구들과의 관계를 새로 맺는다. 그런 활동들로 친구와의 갈등이 해결되었다고 말한 경우도 있었다.

하지만 이러한 노력에도 역부족이라면, 교육의 방법과 방향을 전환해야 하지 않을까?

실제 교육의 모습을 살펴보자. 2022 개정 교육과정에서 '협력적 의사소통 역량'이 대두되며 모둠활동과 동료평가를 진행하지만, 함께하는 활동으로 사회기술을 익힐 수 있을까? 나는 오히려 학급에서는 아이들이 서로를 맞춰 보는 시간이 줄었다고 생각한다. 모둠 활동은 남아 있지만 실제로는 대개 '나눠 맡아 합치기'로 끝난다. 서로 다른 속도와 방식에 끝까지 발 맞추는 과정보다는 제출이 목표가 된다. 그 사이 활동은 속도 빠른(혹은 리더십 있는) 몇몇이 주도하여 성공적인 마무리까지 이어진다. 하지만 그 성공 속에서 사라지는 것도 있다. **서툰 학생이 질문하고 다시 시도해 보는 시간, 빠른 학생이 한 박자 쉬며 친구를 기다려 주는 시간. 내가 나의 장단점을 직접 겪으며 배우는 시간이 사라지고 있다.**

갈등이 생기면 아이들은 곧장 교사 쪽으로 고개를 든다. 스스로 조정하기보다 교사가 판정해 주기를 기다린다. 교사의 재판으로 승패가 결정이 되고 매뉴얼화된 사과 방식으로 갈등을 해결한다. "서로 행·감·바(행동·감정·바람)으로 말해봐요 그리고, 인·사·약(인정·사과·약속)으로 마무리 하세요." 서로 비판과 비난보다는 나의 감정에서 시작된 말을 하고, 서로 인정하고 사과하는 초등학교 교실에서 자주 쓰이는 갈등해결 방식이다. 갈등 해결로 도구 자체는 매우 유용하다. 하지만 교사에 의해 마찰이 해결되었을 때, 아이들이 부딪치고 풀어 보며 '나'를 알아가는 과정도 함께 사라진다.

학교 운영도 비슷하다. 여러 학년이 섞여 오래 만나는 동아리 활동을 하는 외국과는 달리, 한국의 동아리 활동은 학급 내에서 교사가 편한 활동을 주로 하는 시간으로 바뀌었다. 주로 영화 동아리, 줄넘기 동아리, 독서 동아리와 같이 교사가 통제 가능하고 쉽게 운영할 수 있는 활동으로 구성한다. 그러다보니 오래 만나며 생기는 정(情), 규칙을 함께 고쳐 가는 경험, 역할이 바뀌는 경험이 쌓일 틈이 부족하다.

교실 밖의 접촉면도 좁아졌다. 형제끼리 부딪치며 순서를 정하고, 사촌들과 놀이터에서 규칙을 바꾸고, 동네 어른에게서 눈치와 배려의 간격을 배우던 장면들이 빠르게 사라졌다. 소셜 네트워크 서비스의 발달도 한 몫을 하였다. 알고리즘은 비슷한 취향만 모아 주고, 마음에 들지 않으면 나가거나 차단하면 된다. 화면 속 연결은 넓어졌지만, 실제 관계는 더 쉽게 끊긴다. 아이들은 불편함을 해결하기보다는 회피하는 법을 배우고, 이견은 공격으로, 침묵은 거절로 해석하기 쉬워졌다.

자기 이해는 혼자서 가능하지 않는다. 함께 갈등을 겪고 조율하며 속도를 맞추고는 그 느린 반복 속에서 정교해지는데, 그 일상의 연습장이 좁아진 것이다.

2. 어떤 교육을 해야 할까?

가. 우리 모두 너그러워지자

나는 얼마 전 도서관에서 눈길이 끄는 책을 발견했다. 그 책은 '다른 나라 말로 옮길 수 없는 세상의 낱말들'을 담아 놓았다. 다른 문화, 언어로는 설명이 어려운 단어들을 모아놓은 책이였다. 예시로 게일어에는 '스그리이브'라는 '앞에 둔 위스키를 마시기 전, 윗입술이 간질거리는 미묘한 기분'이라는 뜻을 가진 단어가 있다고 한다. 위스키가 보편화되지 않은 우리나라에서는 절대 없을, 위스키를 진심으로 좋아하는 나라에만 있을 단어라 웃음이 나왔다. 그러자 과연 한국어로만 설명 가능한, 한국인의 특징을 담은 단어는 무엇일지 궁금해 찾아보았다. 그 책에서 설명하는 단어는 '눈치'였다. '눈에 띄지 않게 다른 이의 기분을 잘 알아채는 미묘한 기술'. 그러고 보니 우리 사회는 모든 것들에 눈치를 보며 살아가곤 했었다.

미국의 한 한인작가는 2017년 '눈치의 힘(Power of Nunchi)'이라는 책을 발간했다. 작가에 따르면 이 눈치의 기술이 한국 사회에서 일과 사랑의 성공을 가늠하는 중요한 능력으로 작용한다고 했다. 이러한 '눈치 문화'는 집단주의적 문화가 강한 한국의 특징이다. 한국 사회에서는 개인의 판단보다도 주변의 평가나 사회적 기준을 중시하는 경향이 강하다는 연구와 조사들이 다수 보고되고 있다. 이러한 집단주의 문화에서는 가족이나 집단의 판단과 역할이 개인 의사결정의 중요한 기준이 되며, 사회적 체면과 평판을 고려하는 행동양식이 강화된다. 시장조사기관 트렌드모니터가 2017년 전국 남녀 1,000명을 대상으로 실시한 조사에 따르면 이러한 특징이 잘 보여진다. 응답자의 74%는 '한국 사회에서 남들에게 보이기 위한 행동을 해야만 하는 경우가 많다'고 인식하고 있었다. 절반이 넘는 52%는 평소 '주변사람들의 시선을 많이 의식한다'고 답했으며, 특히 여성(56.2%)과 10~20대 젊은층에서 이러한 경향이 더 강하게 나타났다.

나의 경우도 그러했으며, 우리 모두 그러했다. 학창시절에는 어떤 선을 넘는 성적을 이루어야 하고, 고등학교에 들어 가서는 어떤 선 안에 있는 대학을 진학해야 인정을 받는다. 특정 나이 선에는 결혼을 해야 하고, 어떤 선에 근접한 등급의 물질적 소유를 해야 나잇값을 하는 사람이 된다. 넘어서 어느 나이 선에는 특정 선을 넘는 연봉을 받아야 하고 다시 돌아와 자녀들이 어떤 성적을 받는지에 따라 판단을 받는다. 그 선들을 넘지 못하면 낙오자가 되고, 넘었다 해도 금세 새로운 선들이 눈 앞에 펼쳐진다. 물론 다른 문화권에서도 비슷한 경우가 있지만, 앞의 연구와 같이 집단주의와 타인의 시선을 민감하게 생각하는 한국 문화에서 두드러진다. 한참 유행했던 '벼락거지'라는 단어도 이러한 한국인의 특성을 반영한 단어이다. 벼락거지란 주변 사람들이 코인이나 주식으로 큰 돈을 벌자 동시에 상대적으로 그렇지 못한 내가 거지가 되었다는 뜻인데 나의 가치가 다른 사람에 의해, 눈치에 의해 변하는 사회를 잘 보여준 단어이다.

행복의 기준을 스스로 세우지 못하고 남의 시선에 끌려다니는 한, 불행은 세대 전체의 언어가 될 수밖에 없다고 생각한다. 이 고리를 끊기 위해서는 자기 자신을 들여다봐야 한다. 내가 무엇을 좋아하는지, 어떤 성향을 가진 사람인지, 지금 무엇 때문에 힘든지를 알아야 한다. 따라서 교육은 외부 시선의 굴레를 벗고, 자기 안의 기준을 회복하는 방향으로 나아가야 한다. 나는 그것을 '너그러움 교육'이라고 생각한다.

너그러움은 단순히 남을 무조건 용서하는 태도가 아니다. 스스로를 몰아붙이지 않고, 타인의 입장을 상상할 여백을 남겨두는 힘이다. 시험 성적, 직업, 나이 같은 외부기준에 내 삶을 맞추면 늘 불행할 수밖에 없다. 그러나 '나는 지금 무엇을 소중하게 여기고 싶은가'라는 질문으로 잣대를 돌려 놓고, 외부의 속도보다는 자신의 상황과 사정에 너그러울 때 비로소 스스로 삶의 주인이 될 수 있다. 이러한 너그러움은 타인에 대한 판단에서도 적용된다. 상대의 행동을 곧바로 옳고 그름으로 재단하기보다 '저 사람에게는 어떤 사정이 있을까'라고 묻는 순간 상황은 바뀌게 된다. 버스에서 코 고는 사람을 보며 "시끄럽다"로 끝낼 수도 있지만, 그가 집에서는 돌봄을, 직장에서는 과로를 견디다 겨우 이동 시간에 몸을 기대어 삼시 숨을 고르고 있을지 모른다고 생각해 보는 것. 지하철에서 큰 소리로 통화하는 이는 무례할 수 있지만, 갑작스러운 사고 소식이나 생계의 절박함의 전화로 예의를 지킬 여유가 없을지 모른다고 가늠해 보는 것. 판단을 잠시 멈추고, 상대의 입장을 배려해 보는 순간 공존과 회복의 사회로 나아갈 수 있다.

교실에서도 같다. 수업을 방해하는 행동을 보이는 아이에게 "문제를 일으킨다"고 단정하기보다, "지금 몸이 아프구나", "집에서 속상한 일이 있었구나" 하고 바라보는 시선이 필요하다. 아이들의 행동은 종종 마음의 병에서 비롯된다. 그 병을 발견하고 다독이는 일은 꾸짖음보다 너그러움에서 시작된다. 물론 대부분의 교사들이 단정과 판단보다는 회복과 사랑으로 학생들을 지도한다. 이러한 시선이 중요하기에 반복 강조하며 나의 경험을 나눈다.

　우리반에 한 아이는 주변 친구들을 때리고 괴롭히며 수업시간에도 집중을 하지 못했다. 항상 아침에 지각을 했고, 지각을 한 날에는 더 친구들을 괴롭히며 수업시간에 눈이 풀린 모습을 보였다. 눈꼽도 떼지 못한 몰골에 자신을 괴롭히는 그 아이를 다른 친구들은 멀리했다. 나도 처음에는 "아침에 지각하지 마세요.", "수업 시간에 집중하세요.", "친구들과 사이좋게 지내세요."라고 지도를 끝없이 했지만 전혀 나아지는 것이 없어서 그 아이와 따로 교환일기를 써보았다. 초반 며칠 동안에는 의미가 없는 글들의 모음이었지만 얼마 지나지 않아 마음이 가득 담겨있는 글들의 교환으로 바뀌게 되었다. 마치 이러한 마음 나누는 시간을 기다렸다는 듯이 그 아이는 자신의 진심을 글로 보내왔다. 그 아이의 입장은 이러하다. 부모님이 계시지 않고 할머니와 동생과 함께 살았다. 부모님께서 자신을 버렸다는 큰 상처를 갖고 있었으며 요새는 할머니의 건강이 악화되어 자신이 동생을 아침에 돌보다가 늦게 되고, 집에 돌아가도 자신이 집안일과 동생 돌봄을 하게 되어 힘이 들었던 것이다. 이러한 상황을 알게되니 그 아이는 문제아가 아니라 그 나이대에 비해 큰 짐을 묵묵히 버티고 있는 아이가 되었다. 상담의 방향도 달라졌다. 그 아이를 인정하고 위로하고 교사가 하나의 어른으로 늘 지지한다고 하며 가끔은 저녁에 동생과 그 아이의 밥도 사주었다. 다른 친구를 때린 아이에게 "너의 인생은 주변 환경이 아니라 네가 만드는 거야. 집의 환경은 네가 고를 순 없지만 친구와의 관계, 발표, 수업태도는 스스로 골라 만드는 거라 네가 하고 싶은대로 할 수 있어."라며 때리지 말라는 말을 뺀 상담을 했다. 결과는 어떻게 되었을까. 2학기에 그 학생은 우리반에서 가장 리더십 있고 발표 잘하는 학생이 되었다. 그때 알게 되었다 너그러움의 힘을. 교사는 수업, 공무, 학급관리에 여유가 없다. 나는 신규교사라 더 여유가 없는 상태로 학생을 받았을 것이다. 하지만 잠시 너그러움을 갖고 아이를 이해하려는 폭을 넓히자 진짜 아이의 모습을 만날 수 있었다. 나는 이러한 깨달음을 우리 주변에 나누고자 한다.

나. 사회정서학습의 필요성

우리 교육은 오랫동안 도덕·인성교육을 통해 무엇이 옳은가를 가르쳐왔다. 그러나 규범만으로는 불행과 갈등이 잦은 교실을 변화시키기에 부족하다. 교실의 어려움은 옳고 그름을 몰라서가 아니라, 아이들이 무엇을 느끼는지, 왜 그러는지, 그래서 어떻게 할지를 다루지 못해서 생긴다. 사회정서학습(SEL, Social and Emotional Learning)은 한 발 더 나아가 감정 자체를 학습의 대상으로 삼는다. 이를 통해 아이가 스스로 자신의 감정을 알아차리고 표현하며 조절하여 책임 있는 결정을 내리도록 돕는다.

목표는 단순히 착하게 행동하는 것이 아니라, 자기 이해와 자기 통제를 통해 삶을 지탱할 내적 힘을 키우는 것이다.

SEL은 자기 자신을 이해·관리하고, 타인의 감정을 존중하며, 책임 있는 결정을 내리는 능력을 기르는 과정이다. 국제적으로 널리 쓰이는 CASEL 모델은 이를 다섯 가지 역량으로 정리한다.

CASEL 모델	
자기인식(Self-awareness)	내 감정을 이해하고 나의 강점·한계를 아는 힘
자기관리(Self-management)	감정을 조절하고 목표를 향해 나아가는 힘
사회적 인식(Social awareness)	타인의 감정을 공감하고 다양한 관점을 존중하는 힘
관계 기술(Relationship skills)	건강한 관계를 형성하고 갈등을 해결하는 힘
책임 있는 의사결정(Responsible decision-making)	윤리적이고 건설적인 선택을 내리는 힘

SEL은 세계 여러 나라에서 이미 교육의 중요한 축으로 자리 잡았다. 미국은 주 단위로 SEL 역량을 채택해 교과·수업에 통합하고 있으며, 현재 대부분의 주가 유아기 SEL 역량을, 27개 주가 K-12 SEL 역량을 채택했다. 영국은 관계·보건교육(RSHE)을 2020년부터 법정 필수로 도입하여, RSHE 체계 안에서 감정·관계 교육을 정규화 했다. 캐나다는 'Roots of Empathy' 프로그램을 등을 통해 학생들의 공감·사회정서 역량을 길러왔고, 평가 연구들이 긍정적 변화를 보고했다.

한국도 늦게나마 SEL을 도입하고 있다. 2022 개정 교육과정은 자기관리, 공동체, 협력적 소통 역량을 강조하며 학생의 사회정서 발달을 지원하는 교육적 기반을 강화하였다. 또한 최근에는 한국 실정에 맞춘 '한국형 SEL'도 제시되고 있다. 한국형 SEL은 4영역

6역량 구조로 설계되었다. 자기 영역에는 자기인식과 자기조절, 관계 영역에는 타인 인식과 관계 관리, 공동체 영역에는 공동체 가치 인식과 가치 관리, 그리고 마지막으로 마음건강 영역에는 정신건강 이해와 관리가 포함된다. 실제 현장에서는 감정일기, 관계 회복 카드, 감정 챗봇 같은 도구가 사용되며, 이는 교실 문화 개선과 학생 간 갈등 완화에 긍정적인 효과를 내고 있다.

영역	핵심역량	구성요인
자기	자기인식	자신의 생각, 감정, 행동의 인식과 이해, 스트레스 인식, 감정과 약점 인식, 자기효능감 등
	자기관리	마음챙김훈련, 부정적 생각과 감정에 대처하기, 스트레스 조절하기, 자기조절력 향상, 개인적 목표/과제 설정 및 추진 등
관계	관계인식	타인의 생각, 감정, 행동의 존중, 공감하기, 다양성의 수용 등
	관계관리	자기주장 및 의사소통의 기술, 대인관계 기술, 갈등해결 등
공동체	공공체 가치의 인식 및 관리	사회적 측면에서의 자기성찰, 소속감, 책임감, 주도성, 협력하기, 규칙 준수, 정당하지 않은 압력에 대응하기(방관자가 되지 않기), 문제 확인 및 해결 등
마음건강	정신건강 인식 및 관리	정신건강 이해와 관리, 정신질환 이해와 대처, 정신질환을 대하는 적절한 태도(낙인 감소), 자해 및 자살 예방, 정신건강 관련 지원 및 도움 요청 등

▲ 교육부·한국교육환경보호원, 「한국형 사회정서교육 프로그램」

SEL은 단순히 문제행동을 줄이기 위한 장치가 아니다. 그것은 자기 이해와 조절을 통해 나를 이해하고 타인을 이해하여 함께 건강한 사회를 만들어가는 밑바탕이 된다.

3. 마음수업의 제안

첫째, 지식 중심에서 마음과 역량 중심으로

와이컴비네이터의 게리 탄이 지적했듯, 지식은 이제 언제든 활용할 수 있는 도구가 되었다. 지식의 양의 늘리는 것만으로는 경쟁력이 되기 어렵다. 현재와 같이 학생들의 마음이 아프고, 가치가 혼란한 사회에서는 자신의 마음을 돌보고 이해하여 조절하는 마음과 역량이 매우 중요하다. 마음이 안정될 때 선택의 책임을 감당하는 태도가 자라고, 그 태도가 다시 학습의 깊이를 만들기 때문이다. 그래서 교실의 초점은 과거의 지식을 빠르게 축적하는 일에서, 앞으로 살아낼 마음과 역량을 기르는 일로 옮겨져야 한다.

둘째, 결과 맞추기에서 과정 만들기로

초등학교의 교육 목표는 학생의 일상생활과 학습에 필요한 기본 습관 및 기초 능력을 기르고 바른 인성을 함양하는 데 중점을 둔다. 이는 '무엇을 맞혔는가'보다 '어떻게 배우는가'에 초점을 두라는 뜻이다. 예를 들어, 초등학교 과정에서 모둠활동의 의의는 활동을 통해 하나의 결과물을 완성하는 것도 있지만 함께 하나의 과제를 수행하면서 조율하고 역할을 수행하는 과정 자체에 있다.

인공지능 시대에서는 인간을 인간답게 하는, 인간만이 할 수 있는 능력이 중요해진다. 협력적 상호작용 능력이 그 중 하나이다. 그러므로 수업에서는 결과가 정답인가도 중요하지만 그 결과까지 향해가는 과정 속 학생들과의 상호작용과 조율에 집중해야 한다.

셋째, 속도의 효율에서 여유의 효과로

빨리빨리의 나라에서 이룬 것도 많지만 그만큼, 놓친 것들도 많다. 나는 학생들에게 시간을 쫓기면서 결과만 성공인 교육을 지향하지 않는다. 각박한 한국 사회 속에서 자신의 여유를 찾는 법을 알고 시간에 쫓기기보다는 시간을 통제하며 조율하는 교육을 하고싶다. 충분히 학생들에게 여유를 주며 인생의 중요한 가치인 것들에 집중하도록 하고 싶다. 여유가 있어야 주변을 돌아보고, 실수에서 배움을 건지며, 진실된 가치에 집중할 수 있다.

가. 자기인식과 자기관리

마음 수업 첫 시간, 나는 학생들에게 스트레스 검사와 자아탄력성 검사를 실시했다. 결과는 나의 예상과 달랐다. 특별한 결과가 나타나지 않고 정상범주일 것이라 예상했는데 대다수의 학생들이 경고와 위험단계로 나타났다. 이어서 평소 자주 느끼는 감정을 조사해 사분면에 배치해보니 긍정적인 감정보다는 부정적인 감정의 개수가 훨씬 많았다. 또한 자신이 왜 그런 감정을 느끼는지 묻는 질문에, 학생들은 그저 상황으로만 짐작할 뿐 자신이 본질적으로 왜 그런 감정을 느끼는지 알지 못했다.

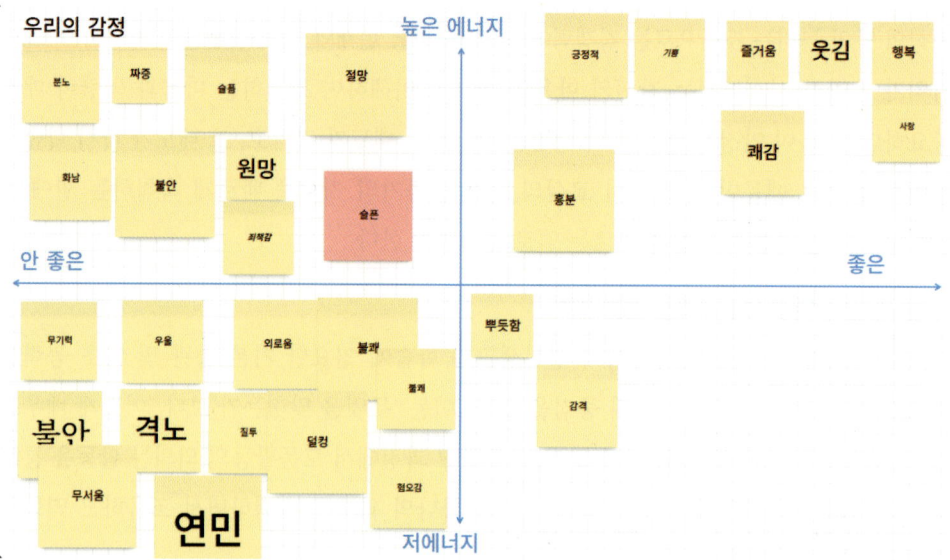
▲ 학생들이 주로 느끼는 감정 모음. 패들렛

나는 매슬로의 욕구 이론을 바탕으로 학생들에게 감정의 원인을 설명하였다. 같은 상황이라도 충족되지 않은 욕구에 따라 감정은 달라질 수 있다. 친구가 자신에 대해 좋지 않은 말을 퍼뜨리는 상황 속에서 부정적인 감정을 느꼈다고 예를 들어보자. 개인의 욕구 종류에 따라 부정적인 감정의 종류가 달라질 수 있다는 것이었다. 소속과 애정의 욕구가 침해되었다고 느꼈다면 배신감과 서운함을 느꼈을 것이고, 존중의 욕구가 침해되었다고 느꼈다면 분노가 더 크게 올라올 수 있다. 이런 설명을 듣자 학생들은 자신의 마음에서 어떤 욕구가 발현되었는지 곰곰이 떠올렸다.

욕구에 따라 감정 조절 방법도 달라진다. 배신감과 서운함이 큰 경우에는, 솔직한 감정으로 자신에 대해 나쁜 말을 한 친구에게 마음을 표현하며 좋은 관계를 유지하고 싶다고 말한다. 반면 분노를 느낄 때에는 그 분노가 일을 해결하는데는 도움이 되지 않다는 것을 깨닫고, 타인의 험담이 내 가치를 전부 규정하지 않는다는 사실로 주의를 돌리기로 했다.

수업 이후 학생들의 대답이 달라졌다. 이전에는 감정의 원인을 "모르겠다."거나 상황에 빗대어 설명했다면 이제는 자신 안의 욕구와 더 깊은 이유를 찾아 말하기 시작했다. 이후에

이를 통해 마음을 통제하는 법도 정리하였다. 한 학생은 자신이 화가 나는 이유는 인정받지 못한 것이 원인이라고 정리하였다. 그에 따른 마음 통제 방법을 정리했는데, 먼저 심호흡을 한 뒤 머릿속으로 나에게 향한 비난의 말들을 반박하고 다시 심호흡을 하여 정리한다는 것이었다. 또 다른 학생은 자신의 의견이 존중받지 못했을 때 배신감을 느꼈다고 찾았는데, 이러한 마음을 통제하는 방법으로 "먼저 내가 내마음을 스스로 존중한다."라고 적어두었다. 이렇게 이유와 전략이 정해지며 감정은 막연한 기분에서 다룰 수 있는 대상이 되었다.

다음은 긍정적인 자기인식의 시간이었다. 학생들은 먼저 자신의 단점을 적고, 친구들이 돌아가며 그 학생의 장점을 적어주는 것이다. 학습 목표는 자신의 장점만 가득한 자아가 아닌 장점과 단점이 함께 있는 자신을 있는 그대로 받아들이는 것이었다. 이를 통해 자기 존중과 자기애가 더 성장하길 바랐다. 결과는 성공적이었다. 자신이 너무 말이 많다는 것이 단점이라고 생각했던 학생은 친구들에게 "친구의 말동무가 되어주고 힘이 되어준다."는 장점을 듣고 자신을 다시 돌아보게 되었다고 글을 적었다. 이를 통해 앞으로 어떤 일이 생겨도 긍정적으로 생각하며 마음을 다스린다고 정리하였다.

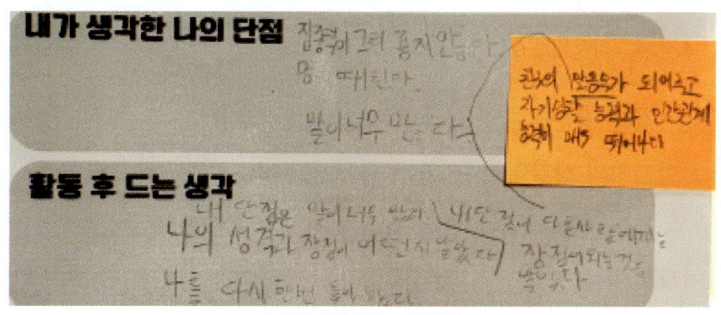
▲ 자기인식 학생 활동지

이를 통해 추상적으로 느껴지던 자기 인식과 자기 관리가 교실에서 충분히 구체화될 수 있음을 확인했다. 학생들은 자신들의 스트레스를 외부의 상황이 아닌 본인의 욕구와 내면의 마음에서 찾게 되었다. 이를 통해 상황을 해결하는 단편적인 해결책이 아니라, 스스로의 이해에서 우러나온 해결책을 제시했다. **외부의 상황은 항상 변하며 통제가 어렵다. 하지만 나의 마음은 내가 주인이며 통제 가능하다.** 자신의 모습을 장점과 단점으로 나누어서 선택적으로 받아들이기보다는 자신의 본 모습을 너그럽게 이해하고 받아들이는 모습은 분명 자아를 긍정적으로 형성하는데 큰 도움이 된다. 이러한 이해를 통해 앞으로의 상황에도 흔들리지 않고 스스로 답을 찾는 내면의 닻을 견고히 할 것이다.

나. 관계인식

관계인식은 타인의 생각과 감정, 입장을 존중하며 성급한 판단을 잠시 미루는 데서 시작된다. 수업은 일본에서 큰 울림이 있었던 커피 광고로 열었다. 광고 내용은 다음과 같다. 아이들이 뛰어 놀아야 할 놀이터에 한 아저씨가 아이들을 못놀게 하며 혼자 그네를 타고 철봉을 사용한다. 아이들은 이상한 눈으로 쳐다보게 되지만 마지막 장면에서 그가 놀이터 안전점검원임이 드러난다. 수업 의도는 타인을 이해하는 방법을 알려주고 싶었다. 타인의 생각과 감정, 입장을 기계적으로 공감하기보다는 상황 자체를 스스로 판단하여 상대방을 바라보고 이해하자는 것이었다.

▲ 커피 조지아 일본 광고(스틸) _ 출처. 유튜브 채널 '광고의모든것(AllaboutAD)'

영상 이후에는 같은 행동을 다른 입장으로 읽어보는 역할극을 진행했다. 장면은 버스에서 크게 통화하는 아저씨의 상황이었다. 한 학생에게는 가족이 응급실에 들어가 놀라고 슬픈 마음으로 긴급 통화를 하는 역할을, 다른 학생에게는 어렵게 만난 동창과의 반가운 통화를, 또 다른 학생에게는 회사 면접 합격 소식을 부모님께 알리는 상황을 맡겼다. 학생들은 버스에서 크게 떠드는 하나의 옳지 못한 행동에만 집중하는 것이 아니라 그 사람에게 집중하여 그 사람의 사정과 입장이 되어 공감하고 이해하게 되었다. 처음에는 버스에서 크게 통화하는 아저씨를 비난하던 학생들이 각자의 입장을 듣고 나서는 마음이 누그러졌다. 사람의 행동을 보면 판단은 쉽다. 잘못된 행동을 판정하는 것은 하나의 잣대를 사용하기에 공정하고 정확한 듯 보인다. 하지만 현실 속 문제들은 이렇게 간단하지 않다. 각자의 입장이 있고 수많은 사정이 있다. 역할극을 통해 학생들은 이러한 다양한 입장을 고려해보며 자신은 혹시 다른 사람을 쉽게 판단한 적은 없었는지 돌아보았다.

이후 활동에는 각자가 오해한 경험과 오해받은 경험을 한 사례씩 떠올려 적었다. 자신이 오해 받은 경험을 적는 활동에서 교실이 연필 움직이는 소리로 바빴다. 자신이 의도하지 않았던 실수에 대해 주변 사람들이 했던 말과 행동으로 상처 받았다는 경험을 나누었다. 서로의 경험을 나누면서 그동안 쉽게 판단했던 상대가 자신이 될 수 있다는 것을, 쉽게 판단했던 상황이 사실은 복잡했을 수도 있다는 것을 알게되며 학생들의 마음은 너그러움으로 폭넓어짐을 느꼈다. 다음으로 학생들은 앞으로의 너그러움 태도를 한 문장으로 정리했다. 어떤 학생은 "늦게 오는 친구에게 비난부터 하지 않고 이유를 먼저 묻겠습니다."라고 썼고, 다른 학생은 "만약 실수를 했을 땐 '아 그럴 수도 있어 다음엔 조심해줘'라고 말하겠습니다."라고 적었다. 학생들의 다짐이 곧바로 완벽한 행동으로 이어지지는 않겠지만, 타인을 이해하고 입장을 존중하는 습관은 분명 시작되었다.

이 수업에 모순은 분명 있다. 큰 소리로 공공장소에서 통화하는 행동은 여전히 규범에 어긋난다. 다만 행동을 대하는 방식을 바꾸자는 것이다. 비난이나 낙인 대신 이유를 묻고, 규칙을 차분히 안내하며, 필요하면 함께 대안을 찾는 '함께의 마음'으로 방식을 바꿀 수 있을 것이다. 아이들의 언어가 "왜 저래?"에서 "무슨 일이 있었을까?"로 바뀌며, "시끄러워 떠들면 안돼."라는 말 대신 "다음엔 작게 말해줄 수 있겠니?"로 바뀌길 바란다.

다. 학교 분위기

다음은 학교에서 적용할 수 있는 동아리활동과 학생자치활동의 활성화 방안이다.

동아리 활동은 학생 개개인이 자기 안을 들여다보고 감정을 다스릴 수 있는 공간이 되어야 한다. 예를 들어 동아리 명상 동아리를 운영해 학생들이 스스로 호흡을 고르며 자신의 감정에 집중하고 여유를 회복하도록 돕는다. '나는 지금 무엇을 느끼고 있나?, 나의 마음상태는 어떠한가? 나의 행복은 무엇인가?'를 묻는 훈련장이 될 수 있다. 이러한 자기 성찰은 외부 시선에 끌려다니는 불행을 끊고, 자기 삶의 기준을 세우는 첫걸음이 된다.

프로젝트형 동아리는 학년을 혼합해 구성하고, 하나의 결과물을 만드는 전 과정을 함께 경험하게 한다. 예를 들어 '우리 학교 소개 책' 만들기처럼 같은 대상을 학년별, 관점별로 탐구하게 하면 서로 다른 시선이 부딪히고 섞이는 과정을 통해 협력과 의사소통이 자연스럽게 자란다. 이는 곧 타인의 관점을 이해하고 협력하는 사회적 기술을 배우는 길이다.

자치활동이야말로 말로 여러 학년이 함께 힘을 모아 학교 문화를 직접 만든다는 점에서 의의가 있다. 학생들은 스스로 회의를 열고 의제를 정하며, 실행 계획을 세우고 실행을 이어간다. 다양한 학년이 모여있어 의견을 하나로 조율하는 것은 쉽지 않다. 하지만 그 과정 속에서 각자는 자신의 장단점을 발견하게 되고 다른 사람의 장단점을 발견하면서 바람직한 자아상을 찾게 된다. **의견을 하나로 모으는 과정에서 때로는 갈등과 충돌도 발생하지만, 바로 그 순간이 너그러움을 배우는 순간이다.** 교사가 대신 조율하지 않고 학생들이 스스로 해결하도록 두면, 아이들은 타인과의 관계를 유지하면서도 자신만의 목소리를 지켜내는 힘을 얻는다.

이 글은 정서적 어려움을 겪고 있는 한국 학생들의 현실에서 조금이라도 도와주고 싶은 교사의 마음을 담았다. 따라서 교실의 초점을 지식의 축적에서 마음과 역량으로, 정답 중심의 결과에서 과정의 흔적으로, 속도의 효율에서 여유의 효과로 옮기자는 제안이었다. 실제 수업에서는 감정을 욕구의 언어로 읽고(자기 인식), 상황에 맞는 자기 조절 방법을 설계했으며(자기 관리), 타인을 이해하고 공감하는 방법을 익혔다(타인 인식/관리). 마음을 다루는 일은 자칫 추상적으로 보이고 정해진 정답이 없어 '뜬 구름 잡기'처럼 보일 수도 있다. 하지만 나아갈 방향만은 정확하다. 교실에서 시작된 변화가 학교를 바꾸고, 학교가 지역의 배움으로 이어질 때. 한국 교육의 방향도 바뀔 것이라고 믿는다.

〝 동행 노트

이 글은 한국 교육의 현주소를 날카롭게 짚어내면서, 교실 속 아이들의 모습을 통해 교육이 나아가야 할 길을 깊이 성찰하게 합니다. 학생들의 마음과 정서를 다루는 일이 왜 중요한지 사례와 연구를 근거로 풀어낸 점이 큰 울림을 주었고, 교실 속 작은 갈등과 감정의 순간들은 동료 교사로서 크게 공감되었습니다. 글 곳곳에서 드러난 문제의식은 지금 시대에 꼭 필요한 질문들이라 여겨집니다. 실제 교실에서 우러난 고민과 경험이 담겨 있어 '마음교육'이 더욱 설득력 있게 다가옵니다.

무엇보다 "너그러움은 단순히 참아주는 태도가 아니라, 상대를 있는 그대로 인정하고 품어주는 힘이다."라는 문장은 우리가 지향해야 할 태도를 잘 보여준다고 생각합니다. 너그러움은 교실 속 작은 갈등을 성장의 기회로 바꾸고, 아이들이 함께 배우도록 이끄는 가장 따뜻한 힘이라 느껴집니다.

동행자 **남궁정**

중등교사로서 이 글을 읽으며, 초등 교실 속 아이들 마음의 상처와 이를 감당하기 어려운 현장의 막막함을 떠올리며 깊은 안타까움을 느꼈습니다. 글쓴이 선생님은 사회정서교육의 최전선에서 치열한 고민과 성찰을 이어가며, 교사가 현장에서 마주하는 무게를 진솔하게 보여주셨습니다.

현 상황을 극명하게 드러내는 통계 자료는 어디서든 쉽게 찾아올 수 있었지만, 정작 교실에서 이에 맞는 적절하고 효과적인 수업 사례를 풍부하게 담아내는 일은 결코 쉽지 않았습니다. 곁에서 지켜본 바로도, 선생님은 글을 쓰는 내내 어떻게 하면 현장의 고민을 왜곡 없이 담아낼 수 있을지 깊이 고심하셨습니다. 그 치열한 흔적이 오히려 지금 교육 현실을 가장 진정성 있게 드러내는 기록이 되었다고 느낍니다.

앞으로 더 많은 현장의 사례와 실천이 쌓여 아낌없이 나누어지길 바랍니다. 아이들과 교사가 함께 행복한 교실을 꿈꾸며, 그 길을 묵묵히 걸어가는 선생님의 실천에 깊은 존경과 응원을 보냅니다.

동행자 **박미지**

성과와 경쟁에만 몰두하는 한국 교육의 이면을 생생하게 지적하며, 그 속에서 아이들의 마음이 어떻게 병들어 가는지 다시 한번 생각해 보게 만든 글이었습니다. '너그러움'과 '사회정서학습(SEL)'을 통해 지식 이전에 마음을 먼저 가르쳐야 한다는 내용에 공감합니다.

특히 요즘 아이들에게서 양보하고, 경청하는 태도가 발견하기 힘들다고 저도 느끼고 있기 때문입니다. 우리의 정서를 돌보는 것도 저절로 되는 것이 아닌 교육이 필요합니다. 행동의 옳고 그름을 따지기 전에 그 사람의 입장을 먼저 헤아려보는 '마음의 여유'를 기르는 교육이야말로, 우리 아이들이 더불어 살아가는 건강한 사회의 구성원으로 성장하는 데 가장 필요한 자양분이라는 생각이 들었습니다.

선생님의 구체적인 경험을 나눠주셔서 감사했습니다. 교육의 본질로 되돌아가서, 학생들의 마음이 포근해지는 따뜻한 공간으로 학교가 자리 잡기를 바랍니다.

동행자 **박선정**

교과의 경계를 넘어,
함께라서 이룬 변화

#융합 프로젝트 #구조화된 자율성 #집단주도성 # 성찰적 실천

박선정

1. 방향을 잃고 지쳐 가다: 해결하기 힘든 문제 직면

"하. 힘들다." 무거운 발걸음으로 자리에 털썩 앉으며 내뱉듯이 하는 말에, 학년실 선생님의 "남자반?" 이라는 말이 되돌아 온다. 중학교 3학년 남자 아이들은 학기초부터 치고 받고 싸우는 건 기본이었고, 학급 안에서 서로 놀리고 욕하는 것들을 말리다가 선생님들은 수업에 쏟을 에너지를 소진했다. 그렇게 지치는 날들의 누적이었다. 어떤 수업은 깨어 있는 아이들이 거의 없어서 힘들게 진도를 나가고 있었고, 어떤 선생님은 교육활동 침해일 수도 있는 교사에 대한 모욕으로 눈물을 보이기도 하셨다. 정글 같은 교실에 들어간 선생님들은 그 속에서 힘겹게 버티고 있었고, 학생들과의 소통이 없는 수업은 외로웠다.

다행히 학년별 협의회 시간이 있어서 4월에 3학년 교과 및 담임 선생님들이 함께 모인 자리에서 서로 이야기를 나눌 기회가 있었다. 같은 수업인데 3층(남자반)과 4층(여자반)의 분위기가 너무 다르다는 것이었다. 문제가 되는 몇몇 학생에 대한 이야기도 함께 나왔다. 도대체 무엇이 잘못된 것인지 고민이 오고 갔다.

"코로나의 여파로 초등학교 고학년 시기에 제대로 학교에 못 가서 그런 거 아닐까요?", "대체로 남중이 힘들다고 생각하지만, 이렇게 남녀공학에서 남학생들만 모인 반처럼 무기력하진 않았어요", "남녀공학인데, 분반이라 상대적으로 성적도 못 받을 건데 그냥 놀자고

하는 학생들이 많아서 그런 건 아닐까요?", "생활지도를 조금 더 엄격하게 하면 괜찮지 않을까요?", "2월 남녀합반을 위해 설문조사를 진행했었지만, 여학생 학부모님들이 반대를 해서 무산이 되었어요." 의견은 분분했지만 딱히 방법은 없었다.

선생님들의 고민이 깊어지고 있을 때 착실하게 수업을 따라오던 여자반에서도 입시에 대한 스트레스로 예민해진 학생들이 서로 뒷담화를 했다. SNS에서 이뤄졌던 대화가 학교로도 넘어와서 길고 긴 상담이 필요했다. 우린 모두 수렁에 빠진 상태였다.

학기말 성적이 나왔을 때 여자반과 남자반은 많이 차이가 나는 과목은 학급 평균 20점 이상, 적게 차이가 나는 과목도 평균 14점 이상 차이가 발생했다. 태도를 보면 수행평가 관리가 되지 않았다고 하더라도, 수치로 확인을 하니 상황이 더 심각하다고 다들 느꼈다. 여자반보다 더 많은 에너지를 쏟아 부었는데 결과는 참담했다. 당장 11월 고입 성적 산출이 끝나고 나면 얼마나 더 무너질까. 생각만 해도 아찔했다. 선생님들이 각자 최선을 다하고 있었지만 변화는 필요했다.

남자반 수업을 맡고 계셨던 역량이 뛰어난 수학 선생님께서도 올해처럼 매시간 수업이 망한 경험은 처음이라고 하셨다. 그리고 '한 가지만 바꿔봅시다.'라고 우리를 다독이시며 제안하신 것이 통계 프로젝트 수업이었다. 학생들이 직접 주제를 정하고 조사하며, 산출물을 만들어가는 과정을 통해 아이들을 수업에 참여하도록 해보자고 하셨다. 함께 배우고 서로 힘을 합쳐 이 상황을 헤쳐나가고 싶었다.

2. 함께 나아갈 목표가 생기다: 융합 프로젝트의 시작

막상 시작하려니 막막함이 앞섰다. 특히 여러 교과가 얽힌 융합 프로젝트를 시도하는 것은 마치 각자의 섬에 사는 우리가 망망대해의 한 지점에서 만나기로 약속하는 것처럼 아득하게 느껴졌다. 왜냐하면 중학교의 경우, 초등과 달리 선생님들이 과목 시간표에 맞춰 수업을 들어가고, 각자의 수업 내용을 모르는 경우가 많았기 때문이다. 초등은 담임 선생님이 하나의 주제를 깊이있게 탐구할 수 있도록 교육과정을 재구성하여 운영할 수 있는 반면 중학교에서는 프로젝트 환경이 마련되기 힘들다. 45분 단위로 칼같이 나뉜 수업 시간, 각자의 진도에 맞춰 돌아가는 빽빽한 시간표, 동료 교사와의 협업은커녕 밀려드는 업무를 처리하기에도 벅차서 대화도 힘든 상황이었다.

그럼에도 같은 방식의 수업으로는 살아남을 수 없다는 절박함이 먼저였다. 무엇이라도 할 수 있다면 해야 한다고 생각했고, 위기에서 똘똘 뭉치게 된다고 했던가. 급식을 먹으면서도 서로 수업 이야기를 나눴다. 수학 선생님이 먼저 전체적인 진행 방안을 제시해주셨다.

'더 나은 세상을 만드는 데 우리가 어떻게 기여할 수 있을까?'

"위와 같은 큰 질문을 던져주고, 학생들이 자료를 수집하고 그래프로 만드는 통계 포스터를 제작하고 발표하려고 해요. 국어과에서는 질문 만들기와 보고서 쓰기 과정을 진행해 주실 수 있을까요?"

내가 사용하는 국어 교과서는 마침 2학기에 보고서 쓰기 단원이 있었다. 프로젝트의 보고서 쓰기와 연결시킬 수 있을 거라 생각했다. 긴 호흡의 단원이라 아이들이 지루해하지 않으면서도 의미 있는 활동으로 이끌어갈 방법에 대한 부담이 컸는데, 융합을 하면 설문 조사 부분에서 다른 교과의 지원을 받을 수 있었다. 그리고 교과서에 제시된 글은 학생들의 삶과 관련성이 부족했는데, 실제 학생들의 관심사와 고민이 담긴 보고서가 나올 거라고 생각하니 기대되었다.

학생들 중에는 컴퓨터에서 복사·붙여넣기를 못하거나, 메일을 어떻게 쓰는지도 모르는 학생들이 있어서 엑셀로 그래프를 그리고, 캔바로 포스터를 제작하는 과정에서 기술적인 도움을 주실 선생님이 필요했다. 마침 기술·가정 선생님께서 기술에 관련 단원이 있다고 말씀하시며 함께 참여해 주셔서 든든했다.

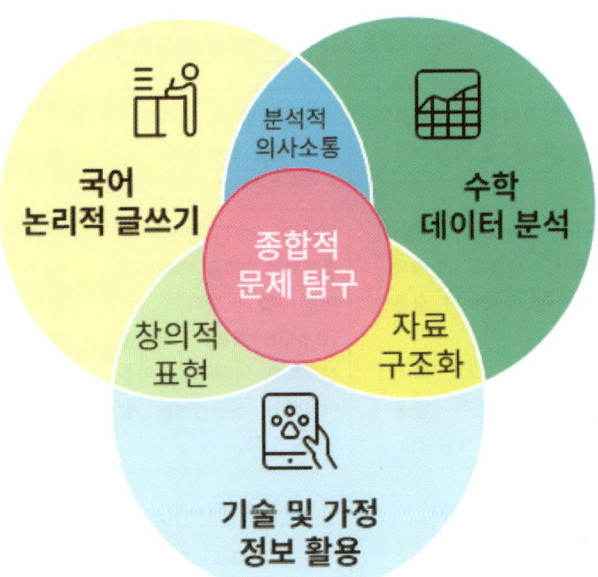

　국어과의 논리적 글쓰기, 수학과의 데이터 분석 및 통계 활용, 기술·가정과의 정보 활용 및 자료 제작 능력을 하나로 엮는다면, 아이들이 훨씬 더 종합적이고 효율적으로 현실의 문제를 탐구할 수 있겠다는 확신이 들었다.

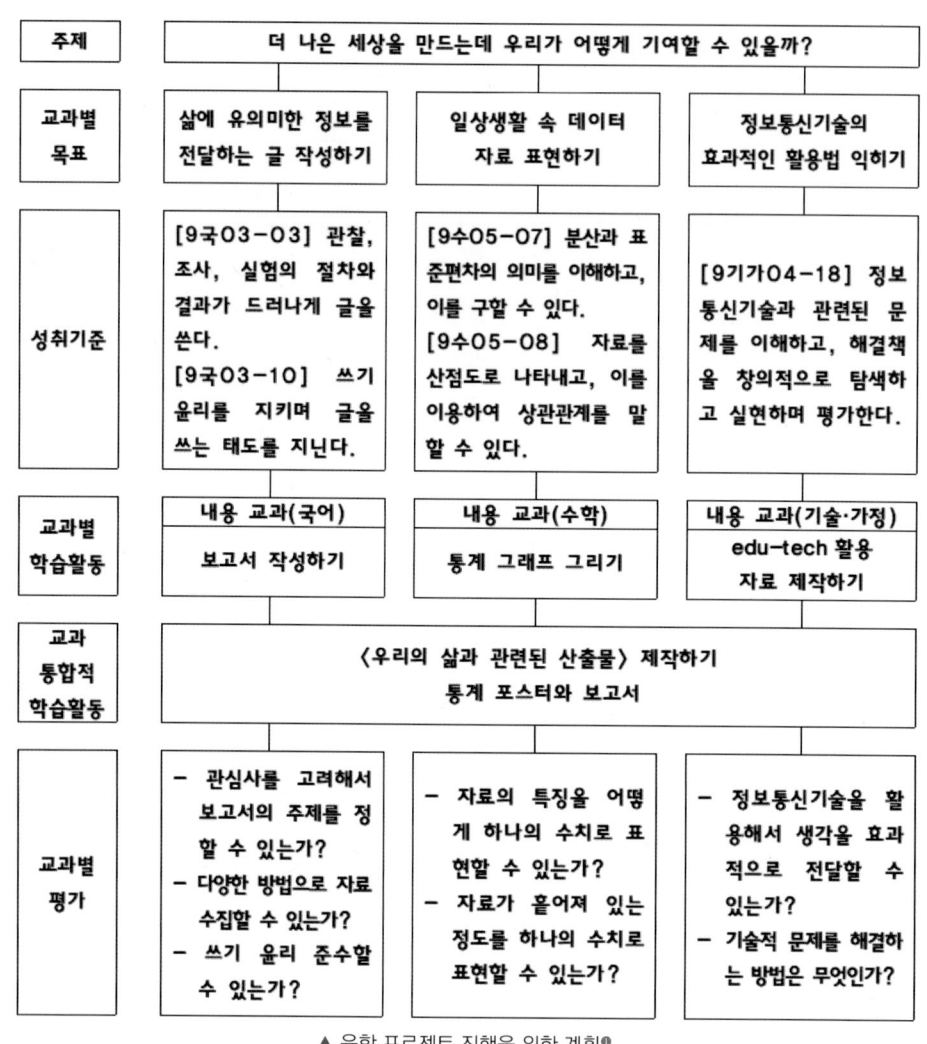

▲ 융합 프로젝트 진행을 위한 계획❶

먼저 국어 시간은 주제 세우기와 질문 만들기를 진행하고, 수학 시간에는 만들어진 질문 내용을 구체화해서 설문조사를 하고, 통계를 수치화해서 엑셀로 그래프 그리기를 진행하기로 했다. 그 후 국어 시간에 주제와 관련된 다양한 자료를 수집하고, 수학 시간에 작성한 그래프를 설문 조사 결과 자료로 포함해서 보고서를 완성하기로 했다. 마지막으로 보고서 공유 작업을 진행하고, 기술·가정 시간에 캔바를 활용해서 통계포스터를 만드는 방법을 안내하기로 했다. 완성한 통계 포스터는 플로터로 출력 후 보드에 부착하여 복도에 전시를 하기로 했다.

❶ 가톨릭관동대학교 교육학과 교수 이형빈 외(2025), 좋은 교육과정 프레임 워크 62쪽의 도식을 활용하여 시각화.

3. 학생들이 수업에 직접 참여하다: 구조화된 자율성이라는 비계

우리의 융합 프로젝트는 '더 나은 세상 만들기'라는 대주제 아래, 관심사에 따라 모둠별로 '청소년의 스마트폰 과의존 문제 해결 방안', '학교 주변의 교통안전 문제 개선 방법', '교육활동 침해의 문제 해결' 등 아이들의 눈높이에서 나온 살아있는 주제들로 구체화되었다.

'자유롭게 탐구해 보세요.'라고 이야기하면 방향을 잃을 수 있으니 학생들이 단계별로 해결할 수 있도록 가이드를 제시해줄 필요가 있었다. 풀어야 할 문제가 교과서처럼 구조화되어 있지 않을 경우, 학생들은 문제를 해결하기 위해 비구조화된 문제를 논리적으로 쪼개고 묶는 과정이 필요했다. 이를 위해 이슈 트리(Issue tree)처럼, 구조를 분석하여 분석 가능한 작은 덩어리로 문제점을 파악해서 해결 방법을 떠올리는 것을 알려줬다.

예를 들어, 학생들이 제시한 문제 중 스마트폰 과의존 문제 해결을 위한 원인 분석을 개인적 요인, 환경적 요인, 매체 요인으로 나누도록 안내했다. 개인적 요인을 다시 심리적 특성, 감각 추구 성향으로 구체화하도록 했다. 환경적 요인은 가정 환경, 또래 관계, 학업 스트레스 등으로 세분화하도록 안내했다. 매체 요인은 스마트폰의 특성과 자극적인 콘텐츠로 나눠서 조사하도록 했다. B4용지에 원인 분석과 해결 방법에 대한 마인드맵을 그리도록 안내하고, 구체적인 피드백을 주려고 노력했다.

'해결하고자 하는 문제'를 학생들과 함께 발견하는 것은 생각보다 쉽지 않았다. 교사가 일방적으로 제시하는 대신, 함께 질문을 다듬고 벼리는 과정 자체가 강력한 동기 부여가 필요한 일이었다. 교육과정의 성취기준에서 시작해 학생들이 꼭 배워야 할 핵심 개념이나 역량이 무엇인지 확인하고, 학생들의 일상적인 대화, 불평, 관심사 속에서 문제의 씨앗을 발견하도록 유도했다. "요즘 너희들의 가장 큰 고민은 뭐야?", "학교에서 바뀌었으면 하는 건 어떤거야?"를 묻고, 모둠 친구들과 브레인스토밍을 통해 문제를 구체화하도록 했다.

학업, 친구관계와 같은 문제 중에서 흥미로운 주제가 있었다. 바로 '교권침해'. 남자반에서 나왔다는 것이 의외였는데, 선생님들께 반말을 하거나 수업을 거부하려고 하는 학생들을 보다 못한 다른 학생들이 정한 것이었다. '교권 침해를 어떻게 해결할 것인가'라는 질문에서 시작해서 교권 침해가 무엇인지 아는지, 최근에 교권 침해를 목격한 적이 있는지, 교권 침해를 해본 적이 있는지, 교권 침해를 해결하는 방법은 무엇인지를 조사하겠다고 세부적인 내용을 정했다.

제목	당신은 이미 교권침해를 하고 있다
동기	최근 교권침해가 사회적으로 큰 이슈가 되고 있고, 우리 학교에서도 일어나는 빈도가 늘어나고 있어 이에 대해 관심이 생겼다.
목적	우리 학교 학생들의 교권 침해에 관한 인식은 어떠한지, 이를 어떻게 해결할 수 있을지 알아볼 수 있다. 또한, 우리 학교 학생들이 이를 가벼이 여기지 않고 진지하게 생각하도록 할 수 있다.

교권 침해를 어떻게 해결할 것인가?

Q1. 최근 들어 교권침해가 심각하다고 생각하나요?

Q2. 어디까지가 교권침해라고 생각하나요?

Q3. 가장 효과적인 교권침해 해결방법은 무엇이라고 생각하나요?

Q4. 우리 학교에서 가장 많이 발생하는 교권침해는 무엇인가요?

▲ 질문 만들기 과정 학습지

학생들은 '프로젝트 계획서'에 역할 분담, 차시별 목표, 예상 결과물 등을 직접 적어 내려갔다. 추상적인 목표를 구체적인 실행 단위로 쪼개는 훈련은, 학생들에게 시간 관리 능력과 책임감을 길러줄 수 있었다. 자신들이 정한 주제로 참여를 하고, 각자의 역할이 분명해지니 조금 더 열심히 참여했다. 시끄럽고 혼란스러워 보이기도 했지만 교실에 활기가 생겼다. 물론 모둠원 간의 갈등으로 아슬아슬한 순간도 있었다. 하지만 함께 과제를 해결해야한다는 생각을 했는지 서로 참으려고 노력하고, 선생님에게 질문을 하는 학생들도 늘어났다.

프로젝트 진행 과정에서 기술적인 문제나 보충 설명이 필요할 때마다 프로젝트를 잠시 멈추고, 과제 해결을 위해 필요한 기술을 가르쳐주었다. 예를 들어, 자료 인용 방법을 몰라서 헤매는 경우가 있었다. 전체 학생들에게 인용 방법을 알려주기 위해서 자료를 수집하고, 참고문헌 카드의 항목에 맞게 순서대로 기입한 후 연결하면 출처가 완성된다고 안내했다. 그래프를 제시할 경우 범례를 표시해야 자료를 해석하는데 도움을 줄 수 있다고 설명했다.

다음 참고 문헌 카드의 항목에 따라 자신이 수집한 자료의 정보를 정리하세요

항목\종류	☐ 책/논문	☐ 인터넷	☐ 신문	☐ 사진	☐ 동영상	☐ 사진	☐ 사람
1	저자명	작성자	기자명	찾은 단어	저작자/채널	저작자	기관
2	출판 연도	게시 날짜	발행일	사전 이름	방영 날짜	사진 제목	직책
3	제목	제목/검색어	기사 제목	출판사	영상 제목	출처	조사 방법
4	출판사/학교	사이트 이름	신문사 이름	출판 연도	영상 제공 업체	게시 날짜	장소
5	참고한 쪽 번호	URL	(면수)	-	(URL)	URL	일시

자료 제시 방식 및 참고 문헌 작성 방법을 확인하세요

문서 번호 붙이는 순서	Ⅰ, Ⅱ, Ⅲ 1, 2, 3 가, 나, 다 1), 2), 3) 가) 나) 다) (1) (2) (3) (가) (나) (다) ① ② ③ ㉮ ㉯ ㉰	각주	쓰고 있는 글에서 해당 문장을 특정 문헌이나 논문에서 발췌하여 해당 페이지 하단에 표기하는 것을 말합니다. 보통은 문장 그대로 가져왔거나 부연 설명이 필요할 때 각주를 이용합니다.
			[입력] - [주석] - [각주] 또는 단축키 CTRL+N, N
		결과 제시	'표' 형식으로 정리할 경우 항목별로 구조화
			'그래프' 형식으로 정리할 경우, 범례를 표시할 것

▲ 자료 인용 방법 안내 자료

그 해 진행한 수업 중 학생들의 가장 적극적인 모습을 볼 수 있었고, 마지막 보고서 발표 및 산출물 전시까지 마치고 나니 수업의 변화가 학생들의 태도 개선에도 영향을 주었다. 학생들이 직접 주제를 정하도록 믿어주었던 것에서 아이들은 존중받는다고 느꼈다. 그리고 수업에 관심이 없던 학생들도 주제가 본인들의 삶과 관련이 되니 참여를 했고 스스로 해낼 수 있다는 자신감을 얻었다. 프로젝트의 과정이 길더라도 포기하지 않고 서로 협력하는 과정에서 서로가 소속감과 존재감을 느끼기도 했다.

졸업을 하고 찾아온 학생들은 고등학교에서 보고서 쓰는 수행평가가 많은데 도움이 되었다고 했다. 추억으로 함께 공유할 이야기가 생겼고, 그래도 학생들에게 무엇 하나는 남겼구나하는 보람을 얻었다. 학생들도 성장했지만, 교사인 나에게도 선생님들과 처음 해본 융합 프로젝트가 큰 도움이 되었다. 긴 프로젝트 과정을 혼자 끌고 가긴 힘들었을 것이고, 산출물을 제작할 때도 더 많은 시간과 노력이 필요했을 것이다. 시도조차 하기 힘들던 프로젝트를 역할 분담을 통해 진행할 수 있었다.

다음 해 3학년 2학기 다시 프로젝트를 진행하자고 이야기가 모아졌고, 수학과에서 교육청에 통계 프로젝트로 예산을 신청하자는 계획도 생겼다. 역량이 뛰어난 수학 선생님이 계셨기에 용기를 내서 진행한 융합 과정이었고, 덕분에 수업에 대해 고민하며 함께 이야기 나눌 동료도 얻을 수 있었다.

4. 모두에게 도움을 얻다: 전문적 학습 공동체의 지원

학교 안에서 PLC(전문적 학습공동체)가 운영되고 있었기에, 선생님들과 이야기를 나누면서 자연스럽게 통계 프로젝트에 대한 진행 사항과 고민에 대해서 이야기할 수 있었다. 융합으로 진행되는 과정이었고, 프로젝트라는 형태에 익숙하지 않았기에 '평가와 피드백'을 어떻게 할 것인지 고민되는 부분을 나눴다.

첫 번째 딜레마는 '공정성'에 대한 의문이었다. 팀 프로젝트에서 흔히 발생하는 '무임승차' 문제는 학생들 사이에서 가장 민감한 문제였다. "선생님, 저희 모둠은 저랑 ○○만 일하고 나머지는 놀아요. 점수는 똑같이 받나요?"와 같은 날카로운 질문을 해결해야 했다. 자신의 노력이 다른 친구에게 묻히거나, 반대로 기여도가 낮은 친구 때문에 피해를 보는 것은 아닌지에 대한 불안감이 크다는 것을 느꼈다. 이 문제를 해결하기 위해, 처음에 매우 정교하고 세분화된 체크리스트를 제공했다.

- ☐ 4개 이상의 그래프가 완성되었는가?
- ☐ 4명의 보고서 요약이 들어 있는가?
- ☐ 연구 제목은 흥미로운가?
- ☐ 동기와 목적, 설문조사 질문은 연계가 잘 되는가?
- ☐ 설문조사 질문과 그래프는 분석이 잘 되어 있는가?
- ☐ 연구 결론과 제안점(제언)은 연구 목적에 부합하는가?
- ☐ 통계 포스터의 가독성은 어떠한가? (배치, 색깔, 글씨 크기 등)
- ☐ 연구 주제는 우리 삶에 도움이 되는가?
- ☐ 4명의 보고서가 완성되었는가?
- ☐ 절차와 결과가 체계적으로 드러나도록 구성하였는가?
- ☐ 보고서의 주제에 맞는 내용이 다양하게 포함되었는가?
- ☐ 자료의 출처를 분명하게 밝혀 쓰기 윤리를 준수하였는가?
- ☐ 활동 기록을 패들렛에 올렸는가?

개인의 역할, 자료 조사의 충실성, 보고서의 논리성, 발표 태도 등 거의 모든 과정을 점수화하여 합산하는 방식이었고, 이것이 공정성을 확보하는 방법이라 믿었지만 결과는 참담했다.

학생들은 '어떻게 하면 더 깊이 있게 탐구할까?'가 아니라, '어떻게 하면 각 항목에서 점수를 잃지 않을까?'에 관심이 있었다. 창의적인 아이디어는 감점의 위험이 없는 안전한 선택지 뒤로 숨었고, 아이들에게 족쇄를 채우고 있다는 사실을 깨달았다. 마치 자유로운 항해를 떠나는 탐험가에게 '발견해야 할 것들의 목록'을 쥐여주고, 목록을 다 채웠는지 검사하는 것과 같았다.

또한, 디지털 기기를 활용하는 능력의 차이로 엑셀 그래프를 못 만드는 다른 학생들을 도와주느라 애쓰는 학생도 있었지만, 어떤 학생은 자신의 과제만 빨리 해결하면 된다고 생각해서 AI에게 내용을 작성하도록 하고 쉬는 경우도 있었다. 4명이 한 모둠인 상황에서 4명의 역할을 나누는 것이 책임을 부여하는 것이라 생각했는데, 오히려 협력보다는 과제 해결에 초점을 맞춘 안타까운 상황이 벌어졌다. 교사의 정량화된 평가가 학생들을 더 노력하지 않게 만들 수 있다는 점과 정량화된 수치로는 담을 수 없는 학생들의 정의적 역량이 있음을 깨닫게 되었다.

두 번째 딜레마는 '교사가 어디까지 개입해서 피드백을 해야하는가'였다. 아이들의 결과물에 빨간 펜으로 수정 사항을 적어주었다. 그것이 교사로서의 책임이라고 생각했다. 하지만 피드백은 대부분 '정답'을 알려주는 지시 사항에 가까웠다. 아이들은 피드백에 따라 결과물을 수정했지만, 그 과정에서 자신의 생각을 발전시키는 경험은 하지 못했을 것이다. 교육학자 존 해티[2]가 강조했듯, 학습에 가장 큰 영향을 미치는 것은 학생이 자신의 학습을 돌아보게 하는 피드백인데, 교사의 지나친 피드백은 오히려 아이들의 생각을 멈추게 하고 있었다.

점심시간을 쪼개어 모인 자리에서 선생님들은 각자의 교실에서 겪었던 실패와 난관을 솔직하게 털어놓았다. "자기가 해야되는 부분은 다했다고 팔짱 끼고 기다리는 학생이 있었어요.", "피드백을 해줬는데, 아이들이 제 말만 듣고 더 이상 자기 생각을 안 해요." 부끄러운 실패담을 나누는 과정에서 이상하게도 위로와 용기를 얻었다. 나 혼자 겪는 어려움이 아니라는 동료애, 함께 해결할 수 있다는 집단 효능감이 싹트는 것을 느꼈다.

수업 나눔에서도 동료 교사의 수업을 비판적으로 평가하는 것이 아니라, '배움의 관점'에서 함께 관찰하고 성찰하는 문화가 만들어졌다. 수업 전 협의회를 통해 수업 목표와 학생들의 배움 포인트를 공유하는 과정에서 함께 수업에 대해 고민을 나누고 활동지도 같이 보완했다. 수업 후에는 '학생들이 어떤 지점에서 어려워했는가?', '우리가 무엇을 지원할 수 있을까?' 등 학생의 배움을 중심으로 대화했다. '닫힌 교실 문'을 열고 서로의 전문성을 공유하며, 혼자서는 발견하기 어려웠던 수업의 문제점과 해결책을 함께 찾아 나가는 과정에서 보람을 느꼈다. 수업 전·후에 협의회를 한다는 것이 쉽진 않았지만, 이야기를 나누다 보면 얻는 것이 더 많았다.

우리는 함께 머리를 맞대고 평가와 피드백의 방향을 바꾸기로 결심했다. 평가는 교사가 내리는 판정이 아니라, 학생과 함께 만들어가는 성장의 과정이어야 했다. 통계 프로젝트는 3년간 계속 이어졌고 약간의 변화가 더해졌다.

---

[2] 호주 멜버른대학교 교육대학원 명예교수로, 효과적인 교육 성취 요인에 관한 '비저블 러닝Visible Learning'에 대해 저술하였다.

첫 번째 시도는 '학생 참여형 체크리스트 만들기'였다. 프로젝트 시작 단계에서 학생들에게 물었다. "얘들아, 우리가 이번 프로젝트를 잘 해냈다는 건 뭘 보고 알 수 있을까? 훌륭한 보고서란 어떤 보고서일까? 최고의 팀워크는 어떤 모습일까?" 학생들 중에 몇 명이 '출처가 분명한 자료를 썼는지', '우리만의 새로운 생각이 담겼는지', '서로의 의견을 존중하고 잘 들어주었는지' 등이 필요할 거 같다고 했고, 함께 나온 기준들을 모아 새로운 체크리스트를 만들었다.

☐ 연구 주제는 우리 삶에 도움이 되는가?
☐ 보고서에 우리 모둠만의 새로운 생각이 담겼는가?
☐ 연구 제목은 흥미로운가?
☐ 동기와 목적, 설문조사 질문은 연계가 잘 되는가?
☐ 설문조사 질문과 그래프는 분석이 잘 되어 있는가?
☐ 연구 결론과 제안점(제언)은 연구 목적에 부합하는가?
☐ 자료의 출처를 분명하게 밝혀 쓰기 윤리를 준수하였는가?
☐ 탐구하고 조사하는 과정에 충분히 참여하고 있는가?
☐ 서로의 의견을 존중하고 잘 들어주었는가?

이 과정은 학생들에게 평가의 주도권을 넘겨주는 동시에, 좋은 결과물이란 무엇인지에 대한 기준을 스스로 내재화하게 하는 중요한 경험이었다.

두 번째 시도는 '동료 피드백의 구조화'였다. 막연히 "서로 피드백을 해주자."라고 말하는 대신, 구체적인 약속을 정했다. '칭찬-질문-제안'이라는 간단한 틀을 활용했다.

| 네가 만든 통계 그래프는 한눈에 쏙 들어와서 정말 좋았어(칭찬) | → | 그런데 이 그래프를 통해 우리가 주장하고 싶은 내용이 더 잘 드러나려면 어떻게 해야 할까?(질문) | → | 이 부분에 다른 색깔로 강조 표시를 하거나, 핵심 내용을 짧은 문장으로 요약해서 넣어주면 어떨까?(제안) |

이러한 구조화된 피드백은 비난이 아닌 건설적인 대화를 가능하게 했고, 학생들은 서로의 결과물을 훨씬 더 깊이 있게 들여다보기 시작했다.

마지막으로, '성찰 일지'를 작성하도록 했다. 그리고 성찰 과정을 가장 중요한 평가 자료 중 하나로 삼았다. 프로젝트가 끝난 뒤, 학생들은 결과물에 대한 평가와는 별개로 자신의 학습 과정을 돌아보는 성찰 일지를 작성했다. "이번 프로젝트에서 가장 어려웠던 점과 그것을 어떻게 해결했는가?", "새롭게 알게 된 점은 무엇이며, 이를 통해 생각이 어떻게 바뀌었는가?", "동료와의 협업에서 내가 잘한 점과 아쉬웠던 점은 무엇인가?"와 같은 구체적인 질문은 스스로 배움과 성장을 언어화하도록 도왔다. 그 시간을 통해 아이들은 점수로는 환산할 수 없는 진짜 '성장'을 확인하게 되었다. 다음은 한 학생이 모둠별 발표를 듣고 작성한 내용이다.

주제	내가 새롭게 알게 된 점 또는 칭찬해 주고 싶은 점 쓰기
chat gpt를 어떻게 사용해야 할까?	우리 학교 학생들의 절반 이상이 chat gpt를 사용하고 있고, 앞으로 60%의 학생들이 쓰려고 한다는 것을 알게 되었다. chat gpt는 공식적인 자료가 아니어서 출처를 확인하는 것이 필요하는 것을 알게 되었고, 친구들이 관심있어할 내용을 잘 찾은 거 같다.
명품 소비 연령이 낮아지는 이유와 청소년들의 올바른 소비습관 형성	명품을 구매해보지 않은 학생이 명품을 구매해 본 학생들보다 훨씬 많았다. 자신을 과시하기 위해 명품을 사기 때문에, SNS를 많이 하는 청소년들에게 영향을 준다는 것을 알게 되었다. 명품을 사는 연령층이 낮아진다는 주제가 신박해서 재미있었다.
청소년의 용돈 사용 실태와 용돈 관리법	가장 많이 자신의 용돈을 쓰는 사람은 문화생활을 하기 위해서가 많았다. 자신이 마음에 드는 것이 있으면 충동 구매하는 사람이 많다는 것을 알게 되었다. 용돈 관리법을 알려 줘서 더 집중해서 들을 수 있었다.
장르별 영화 탐색	대부분 영화관에 가는 것보다 집에서 OTT를 이용해 많은 영화를 보는 것을 선호한다는 것을 알게 되었다. 장르별 대표작을 보여줘서 더 쉽게 이해할 수 있어 좋았다. 3학년은 로맨스를 가장 선호한다.
당신은 잘 자고 있나요?	우리 나이의 평균 수면량은 6-7시간이 가장 많았고, 4시간 이하가 가장 적었다. 잠을 잘 때 영상을 보는 사람이 가장 적었다. 나도 6-7시간 자서 나와 같은 시간을 잔다고 생각했다.

이번 프로젝트의 전체 과정을 되돌아보고 스스로 정리해 봅시다. (학생들의 꿈/ 진로를 조사한 학생)

새롭게 알게된 3가지	1. 3학년 학생들 중에 아직 진로를 고민하고 있는 친구들이 많다는 것을 알게 되었다. 2. 학생들의 진로 선택을 위해 사회가 생각보다 많은 노력을 하고 있다는 것을 알게 되었다. 3. 통계 포스터를 만들기 위해 생각보다 많은 노력이 필요하다는 것을 알았다.
더 알고 싶거나 아직도 어려운 2가지	1. 진로를 정한 3학년 학생들의 꿈은 무엇인지 더 알고 싶다. 2. 내가 정한 주제에 적합한 결론을 도출해내는 것이 아직 좀 어렵다.
힘들었거나 보람되었던 1가지	만드느라 피곤했지만 완성된 결과물을 보니 우리 조가 제일 잘 한 거 같은 느낌이 들어 뿌듯했다.

▲ 동료 평가 및 학습 과정을 되돌아보는 성찰 일지

교사 공동체도 이 모든 과정을 통해 '변혁적 역량'을 기르고 있었다. 이상적인 교육과 현실 제도의 딜레마를 조정하며 학생 참여형 체크리스트라는 대안을 찾았고, 학생들의 성장에 대해 책임감을 가지고 함께 고민하고 실천하는 보람을 느꼈다.

5. 더 도전해 볼 용기를 품다: 성찰적 실천가로서의 교사

우리는 더 이상 모든 답을 알고 있는 지식의 전달자가 아니었다. 오히려 아이들의 탐험을 돕는 안내자이자, 그들의 성장을 지원하는 촉진자였다. 때로는 아이들의 질문에 답하기 위해 함께 자료를 찾아보고, 더 나은 방법을 토론하는 동료 학습자이기도 했다. "선생님도 이 부분은 잘 모르겠는데, 같이 한번 찾아볼까?"라고 말하는 것이 더 이상 두렵지 않았다.

학생들이 성찰을 하는 것처럼 수업 후 떠오른 생각의 조각들, 아이들의 빛나는 말 한마디, 혹은 처참하게 실패했던 발문의 순간을 짧게 기록으로 남겼다. PLC(전문적 학습공동체)는 더 이상 말로만 하는 성찰의 자리가 아니었다. 우리는 수업 영상을 찍고 함께 돌려보며 "선생님의 코칭 이후 아이들의 눈빛에 생기가 생겼어요", "이 발문 대신 어떤 질문을 던질 수 있었을까요?"라며 구체적인 장면을 복기하는 '수업 분석'을 하게 되었다. 학생들의 말과 행동을 살피는 것으로 수업 관찰 기록은 구체화되었다. 교사와 학생이 수직적 관계가 아닌 수평적 학습 공동체로 만날 때, 교실은 지식 전달의 장소를 넘어 배움과 성장을 함께 실천하는 탐색의 장으로 전환될 수 있다는 것을 온몸으로 깨달았다.

보고서의 공유 작업도 보다 다양한 방법으로 이루어졌다. 갤러리워크 형태로, 도슨트가 보고서의 핵심을 파악해서 전달하고 학생들이 질의응답하는 과정과 자기 점검 체크리스트 및 클래스 보드를 활용해서 온라인으로 피드백을 하는 동료 평가 과정이 추가되었다. 학교 선생님들을 대상으로 수업을 공개하고, 함께 수업 장면에 대해 이야기를 나눴다. 내가 학생들과 대화한 내용을 관찰하시고, 공유해 주셨다.

학생: "가치 소비가 필요하다는 것을 강조하고 싶은데, 어떤 방법이 좋을까요?"
교사: "모둠 친구들이 찾은 자료 중에서 가장 흥미로운 내용이 무엇이니?"
학생: "공정무역에 대한 책을 조사한 친구가 있는데, 어떤 커피를 선택할 것인가? 라는 내용이 재미있었어요."
교사: "바로 실천할 수 있는 가치소비의 사례를 찾았구나, 이미지 자료와 함께 보고서 도입 부분에 넣어보는 것은 어떨까?"

수업에서 교사와 학생이 서로가 눈을 마주 보고, 문제를 해결하기 위해 함께 나아갈 방향을 고민했다. 그리고 그 장면을 따스한 시선으로 짚어주는 동료 선생님들이 계셨기에 우리는 또 다른 도전을 해보기로 했다.

6. 학교를 넘어, 지역에 수업을 알리다: 지속가능한 융합을 위한 고민

중등교육과 장학사님이 수업 한마당 행사 및 수업 나눔을 적극적으로 지원해 주시고 계셨기에, 다른 학교 선생님들께도 수업을 열기로 했다. 수학, 국어, 기술가정 교과 외 많은 선생님이 2시간 넘는 거리에서도 달려와서 통계 포스터 발표를 참관하셨다. 50여명의 선생님께 수업 공개 후에 협의회를 진행하며, 각 교과에서 다루는 성취 기준이 합쳐진 과정과 프로젝트 진행 과정을 안내했다. 모든 과정을 되돌아보며, 우리는 단순히 하나의 수업을 성공시킨 것을 넘어 훨씬 더 중요한 '집단주도성'의 희미한 가능성을 제시할 수 있었다. '나'의 문제를 '우리'의 문제로 전환하고, 개별 교사의 전문성이 단순히 합쳐지는 것을 넘어, 서로의 성장을 지지하며 새로운 가치를 창출하는 집단 효능감을 체감할 수도 있었다.

영역	집단주도성 (Collective Agency)
핵심 초점	'공유된 신념과 목표'
관계의 성격	교사들이 '우리'라는 공동체 의식을 바탕으로 함께 행동하는 능력
작동 방식	공동의 의사결정, 상호 책임, 전문적 연대
주체의 범위	교장, 교감, 동료 교사 등 교육자 집단을 하나의 단위로 간주
주요 질문	"우리의 공동 목표는 무엇이며, 이를 위해 어떻게 힘을 합칠 것인가?"

하지만 수업 진행에서 어려웠던 점에 대한 질의 응답을 되돌아 보며, 우리의 실천이 교사들의 노력이나 특정 학년의 '이벤트'로 끝나지 않고, 학교 전체에 뿌리 내리기 위해서는 무엇이 필요할까? 라는 고민이 생겼다. 사실 우리 학교는 살아남기 위한 절박함 속에서 변화에 대한 갈구가 컸기에 협력하기 쉬웠다. 협업을 하기 힘든 중학교지만, 수석 선생님이라는 구심점이 계신 덕분에 진행할 수 있었다.

배움중심수업이 활성화된 이유에 대해 수석 선생님과 이야기를 나누면서, 학교 분위기에 대해 생각했다. 농촌 지역으로 읍에 속하는 우리 학교는 외곽에 있다 보니 기존에 근무하는 선생님들이 학교를 옮기지 않으시는 편이라, 서로를 잘 알기에 연대가 쉽게 되는 편이다. 그리고 근무하셨던 선생님들도 1~2년만에 다시 되돌아 오는 학교다. 심지어 관리자들도 다시 오는 학교라 일관된 분위기가 유지되는 편이다. 또한, 관리자들이 수업에 대한 관심이 많고, 모든 선생님의 수업 나눔을 참관하신다. 교생 실습 협력 학교를 운영해서 수업을 여는 것이 일상화된 이유도 있다.

수많은 요소가 얽혀 있지만, 수석 선생님이 계시지 않는 학교에서도, 우리 학교처럼 배움 중심 수업과 학년별 협의회가 활성화 되어 있지 않은 상황에서도 교과 융합이 가능하기 위해 필요한 것은 무엇일까? 어쩔 수 없이 학교 구성원들은 변하고, 나 역시 학교 만기가 되면 이 곳을 떠나야 한다. 동료 교사들과 깊은 신뢰 관계를 맺고, '우리 학교만의 교육 철학'이나 장기적인 비전을 공유하며 무언가를 꾸준히 실천해 나가기에는 시간이 턱없이 부족하다.

최근 폐교 위기의 학교에서 공간 혁신으로 학생 수가 600명 이상으로 증가한 학교를 다녀왔다. 선생님들이 교무실을 카페처럼 개방된 공간으로 바꾸니, 학생들이 찾아왔고 노후화된 도서관을 바꿔서 주말에도 운영하니 학생 자치가 자연스럽게 연계되었다고 했다. 그리고 학교의 변화가 지속될 수 있는 것에 사립이라는 특수성이 있었다. 공립의 경우, '머물다 가는 곳'이라는 인식이 학교에 대한 소속감과 책임감을 약화시킨다. 결국 혁신적인 시도나 협력적 노력의 동기를 저하시키는 행정 구조가 집단주도성의 걸림돌이라고 느꼈다.

본교에서 4년을 근무하시다, 수석으로 발령 받으셔서 7년 넘게 계신 수석 선생님과 교사에서 교감으로, 다시 교장으로 승진해서 되돌아오는 관리자까지, 사립과 유사한 형태의 일관성이 유지되는 학교가 아니었다면 함께 힘을 합치는 일이 가능했을까? 되돌아보니, 모든 것이 우연이 아닌 서로를 믿고 의지하는 학교 분위기 덕분에 얻은 소중한 융합 경험이었다. 그리고 두렵다. 전보를 가게 되면, 다시 '나의 교과'라는 섬에 고립되지 않을지.

각자의 섬을 연결하여 '우리 학교 학생들의 성장'이라는 공동의 대륙을 만들어 갈 방법은 없을까? 이 소중한 연결의 경험을, 함께 성장하는 기쁨을 어떻게 모든 학교의 당연한 문화로 만들 수 있을까? 언제까지 탁월한 개인의 고군분투나 우연한 기회에 기댈 수는 없다. 여러 교사가 힘을 합쳐 깊이있는 수업을 설계하고, 학생들의 전인적 성장을 위해 함께 교육과정을 재구성할 수 있는 환경이 어느 학교에서건 있으면 좋겠다.

여전히 대한민국의 학교 현장은 교사들이 공동의 목표를 향해 협력하는 '팀'으로서 기능하기보다는, 각자의 역할을 수행하는 '개인'들의 느슨한 연합체에 가깝도록 구조화되어 있다. 교육과정[3] 및 평가[4]의 변화와 교원역량평가[5]의 방향은 우리에게 '함께'를 이야기하고 있지만, 현실의 벽은 여전하다. 중학교에서 다학문 융합의 사례가 더이상 기적처럼 느껴지지 않기를. 더 이상 '각자 얼마나 잘했는가'가 아니라, '함께 왜 이 수업을 했고, 어떤 새로운 시도를 했는가'를 이야기하기 바라며. 모두가 함께 방향을 정하고 길을 만들어 가는 살아있는 공동체의 여정을 소망한다.

---

[3] 2022 개정 교육과정의 학교 자율시간이 행정적 부담이 아닌 우리 학교의 비전과 특색을 보여줄 수 있도록 담당 부서에서만 고민할 것이 아니라 함께 대화를 나눠봤으면 한다. 중학교의 경우 고입 성적산출 후 어수선한 시기를 프로젝트 기간으로 정하면, 평가가 종료된 이후로 학생들이 심적으로 여유가 있기도 하고, 자기 계발 시기인 만큼 진로 탐색에도 도움이 되는 내용으로 구성이 가능하다.

[4] 최근 수행평가 부담 완화를 위한 공문을 보며, 비슷한 시기에 수많은 수행평가를 해야 하는 학생들의 입장도 이해가 되었다. 핵심 아이디어를 담은 2022개정 교육과정의 취지를 고려하더라도 교과간에 연결되는 고리가 있다면 서로 필요한 부분을 나눠 맡으며 함께 수업을 만들어 가는 것이 학습자의 부담도 줄이면서 제한된 시간 안에 성취기준 도달을 위해 달려가느라 학생들과 제대로 대화를 나누지도 못하는 상황을 해결해 줄 수 있을 것이다.

[5] 새롭게 도입되는 교원역량평가에는 다면평가 내용으로 학교 내 교원간 자율적인 멘토링(교원 간 자율적 수업 나눔, 교육활동 개선을 위한 교류·협력 활동)이 포함될 예정이다.

동행 노트

　이 글은 흔들리던 제 마음에 "와, 이런 수업도 가능하구나"라는 놀라움과 설렘을 동시에 안겨주었습니다. 아이들이 실제로 변해가는 과정을 읽으며, 저 역시 교실에서 꼭 시도해 보고 싶다는 용기를 얻었습니다.

　중학교 교사들이 교과의 경계를 넘어 협력하며 융합 프로젝트를 완성해 가는 모습은, 교사라면 누구나 그려보던 수업의 이상처럼 다가왔습니다. 글 전체가 프로젝트의 구체적인 사례와 순간의 고민, 그리고 교실의 숨결까지 담아내어 눈앞에서 수업 장면이 펼쳐지듯 생생했습니다. 그 속에서 얼마나 치열하게 고민하고, 다시 다듬고, 또 고민을 거듭하셨는지가 전해져 존경의 마음이 절로 일었습니다.

동행자 김희수

　"프로젝트 수업"을 도전하게 된 이유와 과정을 자세하게 그린 이 글은 프로젝트 수업이 무엇이고 교사와 학생에게 나타나는 변화 등을 보여줌으로써 교육 혁신을 위한 방안 중 하나인 프로젝트 수업에 대해 긍정적인 감정을 대리 경험할 수 있게 하였습니다. 특히, 동료 선생님들과 협업하는 고군분투의 과정은 초등학교와는 다른 학교급의 상황을 이해하는데 도움이 되었습니다. 학교급을 넘어서 공통으로 확인할 수 있었던 것은 집단주도성과 공동주도성입니다. 변화를 확산하기 위해서는 한 개인의 주도성 이외에 속한 공동체의 움직임이 필요하기 때문입니다. 프로젝트 수업을 중고등학교에서 어떻게 실천할 수 있을지 고민이 되거나 궁금하신 분은 이 글을 읽고 또 다른 성장을 하실 수 있을 것입니다.

동행자 임보라

　중학교 교실의 현실적인 어려움을 극복하고자 동료 교사들과 함께 힘을 모아 융합 프로젝트를 진행한 경험을 담은 글입니다. 이 글은 무너져가는 교실을 외면하지 않고, 학생들의 성장을 위해 교과와 교사의 경계를 넘어선 진정한 교사 주도성의 한 사례를 보여줍니다. 저자는 프로젝트의 성공뿐만 아니라, 그 과정에서 겪었던 딜레마와 시행착오를 담담하게 기록했습니다. 교사 한 명의 고군분투가 아닌 협력하는 교사 공동체의 힘이 어떻게 교육의 본질적인 변화를 이끌어내는지 볼 수 있는 글입니다.

동행자 윤여옥

2

변화의 흐름, 교실에서 발견한 미래 교육의 씨앗

디지털 기술의 급진적 발전이 교육 현장에 가져온 변화와 그 속에서 교사가 마주하는 도전, 그리고 미래 교육의 가능성을 탐색하는 내용을 담고 있다. 작가들은 AI와 디지털이 단순한 도구를 넘어 학생의 학습 경험을 확장하고 교사는 본질적인 역할에 집중하는 환경을 만들 수 있음을 강조한다.

급변하는 시대의 흐름과 현실적 제약 속에서도 디지털 기반 교육혁신이 교사의 '주도성', '웰빙', '역량'을 어떻게 확장시킬 수 있는지 구체적인 사례를 통해 보여준다. 특히 AI 보조교사, AI 튜터, AI 코스웨어 등의 활용을 통해 학생 개개인의 '미시적 동기'를 파악하고, '학습 목표 개별화'를 실현하며, '선택권과 학습 속도'를 보장하는 '포용적 맞춤형 학습'의 실현 가능성을 제시한다.

나아가 생성형 AI 시대의 글쓰기 교육에서 학생들이 겪는 '생각 없음'과 '무기력' 문제를 지적하며, AI를 '사고의 동료'로 활용하여 학생들이 '의미 있는 고군분투'를 통해 '주도성'과 '사고력'을 함양하는 과정을 강조한다. 음악 교육 분야에서도 AI와 디지털 도구가 '학생의 음악적 경험'을 확장하는 '처방전'이 될 수 있음을 역설하며, 전통적 방식과 디지털 방식 사이의 균형점을 모색하는 교사의 '내면의 닻'의 중요성을 부각한다.

또한, '질문 없는 교실'이라는 현실을 인공지능 시대의 '질문 문해력' 문제로 진단하며, AI 챗봇을 '사고의 파트너'로 활용해 학생들이 주도적으로 질문을 만들고 사고를 확장하는 'P.R.O.M.P.T. 수업 모형'을 제안한다. 마지막으로 AI의 윤리적 문제의 심각성을 인식하고, 초등 교육 단계에서부터 'AI 윤리 렌즈'를 통해 학생들이 AI를 '윤리적 성찰의 대상'이자 '책임 있는 삶의 기술'로 재인식하도록 돕는 교육의 중요성을 강조한다. 이 모든 논의는 교사가 디지털 시대의 변화 속에서도 교육의 본질적 가치를 지키고, 학생들의 성장을 이끌어 나가는 역할을 해야 한다는 공통된 철학을 담고 있다.

#디지털기반교육혁신 #교사주도성 #교사역량 #포용적맞춤형학습 #AI활용교육
#학생주도성 #사고력확장 #질문문해력 #AI윤리교육

OECD 교수 나침반으로 본 디지털 기반 교육혁신

#OECD교수 나침반 #교육혁신 #교사주도성 #정보교육

강원빈

1. 0과 1로 교육을 혁신한다고?

    2015 개정 교육과정에서 중학교 정보 과목이 필수 교과로 지정되면서, 2018학년도부터 대한민국의 모든 중학생은 정보 과목을 최소 34차시(주당 1시수) 이상 배우게 되었다. 하지만, 필수 교과가 되었음에도 불구하고, 정보 교사를 배치받지 못한 중학교가 전국에 많이 있었다. 정보교사인 나는 첫 학교에서 매주 수요일과 금요일은 다른 학교로 출근하라는 지시를 받았다. 우리 학교 1학년은 7개 학급이었는데, 다른 학교(1학년 10개 학급)에 정보 교사가 배치되지 않아 순회 교사로 그 학교의 정보 과목 수업을 지원해야 했기 때문이었다. 처음이라 모든 것이 낯설기만 한데, 다른 학교로 이틀을 출근해야 하니 더욱 당황스러웠다. 이렇게 나의 첫 학교생활은 두 개의 학교를 오가며, 17개 학급에서 500명의 학생을 가르쳤다. 매번 500장의 수업활동지를 등사 요청하고, 수행평가지까지 두 번씩 걷어 채점했다. 두 학교의 지필평가 출제를 위해 겹치지 않는 평가 문항을 혼자 50개나 만들었고, 2학기는 자유학기제의 첫 도입으로 500명의 과목별 세부능력 및 특기사항을 작성했다. 그 당시, 정보 과목의 디지털과 소프트웨어, 프로그래밍을 가르치면서도 하루하루 생존하기에 급급하다 보니 디지털 기반 교육혁신에 대해 고민할 여유가 없었다.

    두 번째 학교는 마이스터고등학교였다. 한 학년 500명 규모의 중학교에서, 40명 남짓한 전공 반으로 옮겨오니 수업 환경은 크게 달라졌다. 익숙한 전공 과목들을 가르치며 공부도 다시 되는 듯해 만족스러웠다. 그런데, 전자과 컴퓨터 구조(전문 교과) 수업 시간에 한 학생이 이런 불만을 나타냈다.

"선생님, 저희는 졸업하면 회로를 납땜하고 고치는 전문기술자가 될 건데, 솔직히 컴퓨터 구조 과목이 실무에 무슨 쓸모가 있는지 모르겠어요."

나와 10살 차이도 안 나는 학생이라 그런지, 괜히 나에게 대드는 것처럼 느껴졌다. '그냥 가르쳐 주면 배워라, 어디서 버릇없이 쓸모를 따지냐'고 말하고 싶었다. 하지만 한편으로는, 졸업을 앞둔 전자과 학생의 입장에서 컴퓨터 구조를 아는 것보다 납땜 잘하는 방법, 회로를 만들고 고치는 실습이 더 중요하다고 느끼는 그 마음이 이해되기도 했다. 이 당시 내가 고민한 지점은 '전자과가 컴퓨터 구조를 배워야 하는가?'보다 내가 가르치는 것이 '미래를 살아갈 학생에게 어떤 역량을 기르게 하는가'였다.

이 사건들은 나의 교육 관점을 정리하는 계기가 되었다. 고민과 성찰을 거쳐 '학생의 삶에 실질적으로 도움이 되는 수업을 하자'는 수업의 원칙을 정했다. 교육적인 언어로 표현하자면, '학생의 미래 역량을 기르는 수업'으로 교사 교육과정을 세웠다. 이러한 배경에서 나는 디지털 역량을 향상시키는 수업이 학생들에게 가장 실질적으로 도움이 되는 수업이라고 판단했다. 여기서 내가 생각하는 디지털 역량은 디지털에서 자유로움을 느끼는 것이다. 디지털 환경에서 자신의 생각을 자유롭게 표현하고, 현실과 연결 지으며 창의적으로 문제를 해결할 수 있는 능력. 이 역량은 어느 과목, 어느 학교급에서도 필요한 역량이며, 미래의 디지털 환경에서 수많은 일을 하게 될 학생들이 갖추어야 할 역량이다.

갈수록 학생들은 교실 속 디지털 홍수에 휩쓸리게 된다. 수행평가 보고서를 PDF 파일로 변환하여 제출하는 일, 온라인 플랫폼에 접속해 과제를 수행하는 일은 학생의 디지털 역량에 따라 극명한 격차가 발생한다. 그렇기 때문에 나를 통해 정보 과목을 배우는 모든 학생에게 심어줄 수 있는 가장 중요한 것은 디지털 역량이고, 이것이 앞으로 찬란한 미래를 살아가게 될 학생들에게 값진 배움이 되길 바라고 있다. 500명의 학생을 가르치면서도 학생의 미래 역량을 보편적으로 기를 수 있는 수업. 이 목표를 실현하기 위해 나는 디지털 기반 수업을 한다.

중학교 정보 교과 수업에서 디지털을 설명할 때, 세상을 0과 1로 표현하는 방법이라 소개한다. 디지털은 일상에서 듣고, 말하고, 보고, 쓰는 모든 행위를 이진수 0과 1로 변환하여 표현한다. 사진 한 장, 음악 한 소절, 메시지 한 글자까지도 0과 1로 바꾸고 세상을 가장 단순한 형태로 변환하여 우리 곁에 들어온다. 디지털에 대해 학생들과 이야기를 나누다 보면 "이게 왜 중요한가요?", "이걸 배워서 어디에 써요?"와 같은 질문이 쏟아진다. 그러다 학생들은 매일 보고 쓰는 메신저, 영상, 음악이 모두 0과 1로 표현되어 있다는 사실을 알게 되는 순간, 디지털이 더 이상 멀리 떨어진 '기술'로 존재하는 것이 아닌 나와 연결된 새로운 형태의 '세계'라는 사실을 느끼게 된다.

학생의 디지털 역량 향상을 목표로, 나의 정보 수업은 디지털 환경을 기반으로 운영되고 있다. 정보 수업을 앞두고 학생들은 쉬는 시간에 자연스럽게 태블릿 PC를 꺼낸다. 수업이 시작되면, 학습관리시스템(LMS)에 탑재된 자료와 과제를 수행하고 각자의 속도에 맞춰 배움을 이어간다. 또한, 직접 데이터를 수집해 인포그래픽을 제작하거나, AI 코스웨어를 활용해 프로그래밍 과제를 해결하는 활동은 디지털 공간 안에서 자신의 생각을 주도적으로 표현하는 경험을 제공한다. 교과서 속 이론으로만 접했던 디지털 세계를 실제 교실에서 몸소 탐색하며, 배움은 더욱 생생해진다. 디지털은 정보 수업의 핵심 내용과 교육적 본질을 유지하면서도, 학생들의 학습 경험을 보다 능동적이고 유연하게 확장시켜주는 유효한 매개체로 작용했다.

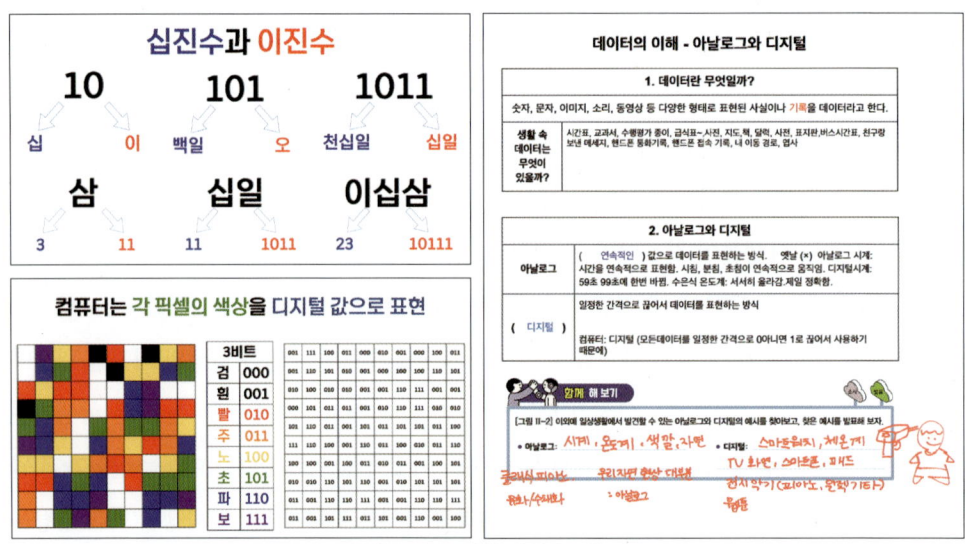

▲ 중학교 정보 2단원 데이터 수업 자료

하지만 '디지털로 교육을 혁신한다'는 말은 교육 현장이 너무 급격하게 변화하는 듯한 인상을 줄 때도 있다. 칠판이 모니터로, 손글씨가 태블릿 펜으로, 대화가 AI로 전환되는 듯한 순간, 교사는 '정말 이 방식으로 학생들을 더 깊이 이해하고 성장하게 할 수 있을까?'라는 의구심과 걱정이 생길지 모른다. 그 이유는 교실은 여전히 몸짓, 감정, 이야기, 관계를 통해 의미를 만들어가기 때문이다. 교사는 학생의 눈빛이나 손끝의 움직임에서 수업의 분위기를 파악한다. 말없이 주고받는 표정, 한 줄의 글에 담긴 생각, 말 한마디가 없더라도 교실 속 긴장감은 교육적 맥락에서 중요한 단서가 된다. 이러한 과정은 복잡하고 시간이 오래 걸릴 수 있지만 그만큼 깊이 있고 지속 가능하다. 흔히 '아날로그적 감각'이라 불리는 이러한 요소는 단순히 과거의 방식이 아니라 인간을 인간답게 만드는 본질적인 능력이며 교육에서 반드시 지켜야 할 핵심 가치로 평가될 수 있다.

그러다 보니 0과 1, 단순한 전기 신호의 조합으로 교실의 모든 감각을 해석하려는 시도는 교사의 시야에서 이질적으로 느껴질 수 있다. 왜냐하면 교사의 시야에는 기계의 전기 신호로 측정할 수 없는 배움의 순간들이 보이기 때문이다. 정답만을 기계적으로 채점하는 기술보다 망설임 속에 담긴 의미를 읽어내는 일도 가치 있음을 알기에, 우리는 단순히 효율성과 속도만으로 설명할 수 없는 배움의 과정을 안다. 이 이질감은 단순한 기술 거부가 아니다. 오히려 학생의 전인적 성장을 향한 교사의 경험적 통찰이자 우리가 느껴온 아이들의 성장 사례에서 비롯된 반응이다. 교실은 수백 년간 이어져 온 지식과 방법을 품은 공간이고 교사는 그 전통을 지켜온 존재이다. 변화의 흐름 속에서도 본질을 잃지 않으려는 마음, 그것이야말로 교사가 지닌 고유한 저항이자 책임일지 모른다.

그렇기 때문에 이질감 속에서 가능성이 보인다. 교사가 느끼는 디지털에 대한 저항과 불안은 단순히 변화를 거부하는 고집이 아니라, 쉽게 바꿀 수 없는 교육의 감각을 지키고자 하는 애정 때문이다. 교사는 교육 현장에서 디지털의 한계를 누구보다 잘 알고 있다. 결국, 디지털은 교사의 감각과 전문성이 왜 필요한지를 더 분명히 드러내는 계기가 된다. 그러므로 이질감은 교사의 전문성과 교육철학을 바탕으로 기술을 비판적으로 수용하고, 필요한 방식으로 적용하며, 교사의 주도성이 강화되는 자연스러운 과정이다. 교사는 늘 요동치는 바다 한가운데서 학생들을 위한 항로를 찾는다. 교사는 변화의 물결 속에서 중심을 잃지 않기 위해, 무엇보다 방향을 읽어내는 나침반이 필요하다. 이 나침반은 교사의 내면 깊숙이 자리한 목적의식, 감각, 철학에서 비롯된다. 이 항해에 대해 OECD는 '교수 나침반(Teaching Compass)'으로 방향을 찾아가길 제안한다. 교수 나침반은 교사 주도성(Teacher Agency), 교사 웰빙(Teacher Well-being), 교사 역량(Teacher Competencies)을 방향으로 삼고 있으며, 그 모든 방향을 지탱하는 축으로 교사의 내면의 닻(Inner Anchor)이 내려가 있다. 진정한 디지털 기반 교육혁신은 기술의 도입으로 완성되지 않는다. 혁신을 향한 항해의 시작은 교사의 내면에서 출발해야 하며, 교사의 손에 나침반이 있을 때 비로소 의미를 갖는다. 그래서 이 질문을 던지며 OECD 교수 나침반의 방향과 함께 디지털 기반 교육혁신을 들여다 보고자 한다.

- 디지털 기반 교육혁신은 교사 주도성(Teacher Agency)을 향하고 있는가?
- 디지털 기반 교육혁신은 교사 웰빙(Teacher Well-being)을 가능하게 하는가?
- 디지털 기반 교육혁신은 교사 역량(Teacher Competencies)을 확장하고 있는가?

2. 디지털 기반 교육혁신은 교사 주도성을 향하고 있는가?

OECD 교수 나침반은 교사 주도성을 이렇게 정의한다.

"Teacher agency refers to teachers' belief that their purposeful actions and decisions – individually or collectively – can positively influence their professional practice, student learning experiences and broader educational contexts."

(교사 주도성이란, 교사가 개인적으로 또는 공동으로 내리는 의도적 행동과 결정이 자신의 전문적 실천, 학생의 학습 경험, 그리고 더 넓은 교육 환경에 긍정적인 영향을 줄 수 있다고 믿는 것을 의미한다.)

– OECD Teaching Compass 2030 –

이 정의는 교사를 단순한 실행자가 아닌, 교육의 방향을 설계하고 조율하는 창조적 존재로 본다. 교사 주도성은 수업을 자유롭게 구성하거나 새로운 도구를 사용하는 것에 그치지 않는다. 그것은 자신의 교육적 신념과 가치에 따라 수업을 기획하고, 학습자를 깊이 이해하며, 제도와 공동체 안에서 교육의 흐름을 능동적으로 이끄는 실천적 역량이다. 교사는 더 이상 수동적인 전달자가 아니라, 교육의 미래를 공동으로 설계하는 주체다.

중학교 정보 과목에는 '데이터' 단원이 있다. 이 단원에서 나는 250명이 넘는 학생이 직접 데이터를 수집하고, 서로의 데이터를 공유하면서 함께 새로운 가치를 만들어가는 경험을 하기를 기대했다. 그래서 방대한 데이터를 수집할 수 있고 동시에 각자의 관심 주제를 유도할 수 있는 방식으로 '대륙별 나라'라는 큰 틀을 제시했다. 수업은 디지털 환경 위에서 학생 주도로 진행됐다. 학생들은 자신이 조사할 대륙을 자유롭게 선택하고, 선택한 대륙에서 하나의 국가의 정보를 인터넷으로 조사해 구글 문서에 정리했다.

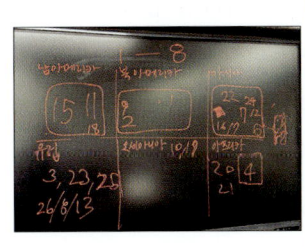

▲ 대륙 선정과 나라 데이터 수집하기(Google Docs)

이제 각자 조사한 데이터를 250명 학생 모두가 공유하는 하나의 스프레드시트에 차곡차곡 입력하기 시작했다. 데이터 입력 과정에서 조사한 나라가 겹치는 경우가 많이 발생했고, 같은 나라인데 수도, 언어 등 조사 결과가 다르게 나타나기도 했다. 호주의 수도를 '캔버라'로 조사한 학생과 '시드니'로 조사한 학생이 있었는데, 함께 완성된 시트를 보며 데이터의 오류 여부를 교차 검토하도록 안내했다. 여기서 교사 주도성을 발휘해 개별 학습 활동을 상호 작용과 협력을 경험하는 협력 학습 활동으로 변화시켰다. 학생들은 서로의 조사 결과를 비교하고 수정하는 과정 속에서 자연스러운 협력이 이뤄졌다. 모든 반의 수업이 진행된 후, 250명의 학생들은 이렇게 많은 나라의 데이터를 '우리가 함께 모았다는 뿌듯함'을 이야기 했다.

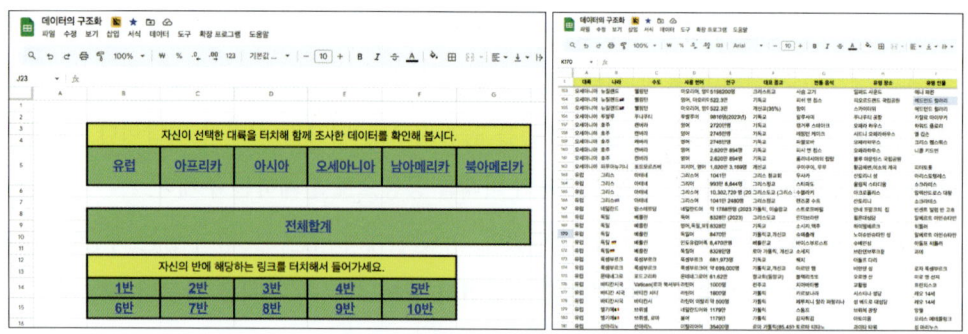

▲ 조사 결과 입력하기(Sheets)

이제 학생들은 시트에서 선택한 대륙 내 3~4개의 나라를 고른 후, 공유된 데이터를 활용해 나라의 특징을 시각화했다. 시각화 산출물 형식에 대한 가이드라인은 정하지 않았다. 마인드맵, 그래프, 다이어그램 등 데이터의 특징을 가장 잘 표현하는 방법을 스스로 생각하고 만들어 내도록 안내했다. 학생들은 탐구 주제 선정을 염두에 두고 나라별 공통된 특징을 찾아 가며 시각화 산출물을 제작했다. 그다음 인포그래픽을 만들기 위해 단순한 정보 나열을 넘어, 어떤 관점으로 데이터를 바라보고 탐구할 것인지 고민하면서 데이터 구조화 활동을 수행했다. 마침내 모든 학생은 각자의 개성이 담긴 주제를 담은 인포그래픽을 완성해냈다.

이 프로젝트는 개별 수행평가였지만, 그 바탕에는 자연스러운 협력의 과정을 의도적으로 설계한 교사 주도성이 담겨 있다. 대륙별 나라를 소개하는 목표 제시와 협력을 통한 데이터 수집, 탐구 주제 확장을 위한 데이터 시각화 및 구조화까지. 교사 주도성을 토대로 이런 단계적 흐름을 조율했기 때문에 학생들은 자연스럽게 협력과 책임감, 상호작용을 배울 수 있었다.

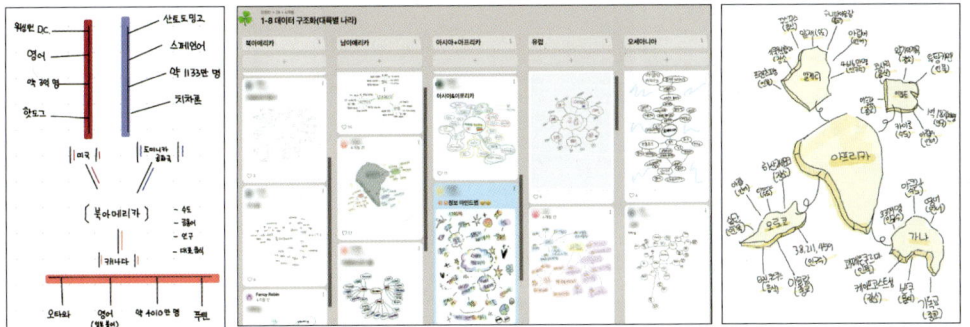
▲ 선택한 나라의 특징 데이터 시각화(Samsung Notes, Padlet)

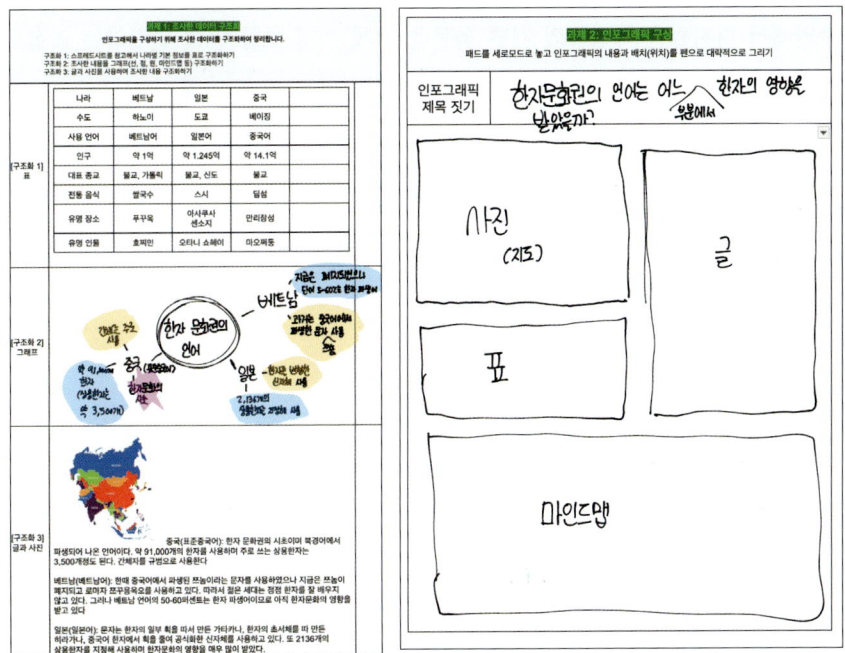
▲ 데이터 구조화 및 인포그래픽 구상(Google Docs)

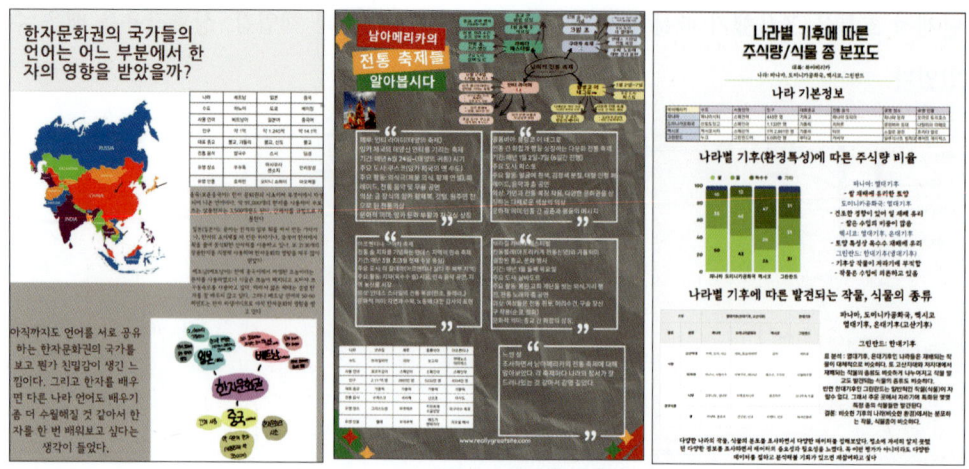

▲ 인포그래픽·포스터 제작 수행평가(Canva)

　이 수업에서 디지털은 학생들의 개별 활동을 전체 수업 흐름 안에 연결하는 역할로 작용했다. 디지털 환경이 있었기 때문에, 앞서 언급한 수업의 전체 과정을 설계하고 조율하는 역할에 집중할 수 있었고, 학생들의 학습 경험을 확장하도록 유도할 수 있었다. 이처럼 디지털 기반 교육혁신이 교사가 주체적으로 학습 환경을 기획하고, 학생들의 자율성과 협력을 촉진하며, 다양한 배움이 의미 있게 드러나도록 조율한다면 교사 주도성을 향하고 있다고 말할 수 있지 않을까?

3. 디지털 기반 교육혁신은 교사 웰빙을 가능하게 하는가?

대부분 기술의 물결은 교사에게 새로운 가능성이라기보다 낯선 부담으로 다가온다. 익숙한 교실의 리듬은 갑작스러운 시스템의 도입으로 흔들리기도 하고, 플랫폼은 수업을 확장시키는 도구가 되기보다 또 하나의 숙제처럼 느껴지기도 한다.

OECD 교수 나침반은 교사 웰빙을 다음과 같이 설명한다.

"Teacher well-being is increasingly understood as a dynamic state of fulfilment, integrating intellectual stimulation, socio-emotional support and physical security, grounded in a sense of professional purpose."
(교사 웰빙은 점점 더 전문적 목적의식에 기반하여 지적 자극, 사회·정서적 지지, 신체적 안정성을 통합한 역동적인 충족 상태로 이해되고 있다.)

- 「OECD Teaching Compass 2030」 -

교사 웰빙을 단지 번아웃을 피하는 상태로 축소하지 않고 주도성·정체성·역량과 같은 교사의 핵심 요소들과 밀접하게 연결된 '존재의 상태'로 정의한다. 이는 교사가 단순히 수업을 수행하는 역할을 넘어서 교육 생태계의 능동적 조율자로 살아가기 위한 조건이다.

웰빙은 단순히 '쉼'으로만 실현되지 않는다. 교사에게 웰빙이란, 자신의 교육적 신념을 실현하고 있다는 직업적 목적의식, 동료와의 연결 속에서 인정과 지지를 받는 사회·정서적 안정감, 반복 업무에서 벗어나 교육 본질에 집중할 수 있는 신체적 여유, 그리고 수업을 통해 새로운 통찰을 발견하는 지적 자극이 어우러진 역동적 상태다.

그렇다면, 디지털 기반 교육혁신은 교사 웰빙을 가능하게 하는가?

서두에 언급했지만, 대부분의 대한민국 중학교 정보 교사는 매년 여러 학교를 돌아다니며 수많은 학생을 만난다. 전북에서 근무하는 정보교사인 나의 친구는 매년 5~6개의 학교를 순회하며 하루에 왕복 30~60km를 운전한다. 대전에서 근무하는 나조차 지난 3년 동안 7개의 학교를 순회하며 수업을 해왔다. 어림잡아 매년 300명, 이름도 다 외우지 못한 수많은 학생들과 주 1회의 수업에서 만났다. 평가 계획은 늘 고민의 중심에 있었다. 매 학기, 홀로 여러 학교의 평가 일정을 세우고, 평가 자료를 수거하며 결과를 정리해야 한다는 생각에 신체적 여유는 물론 정신적 여백도 허락되지 않았다. 학교에 대한 소속감도 자연히 옅어졌다. 모든 학교의 교무실마다 내 자리가 있었지만, 대부분 나의 자리는 일주일 중 네 번은 비워져 있었고, 나 또한 그 자리에 마음을 두기 어려웠다.

2023년은 유난히 숨 가쁜 한 해였다. 본교를 포함해 네 개 학교에서 18개 학급, 400명의 학생에게 정보 과목을 가르쳤다. 학교마다 다른 평가 계획 양식과 뒤섞인 학사 일정, 출근하자마자 바뀌는 시간표, 갑작스럽게 끼어든 행사까지. 교사로 존재한다는 것 자체가 위협받는다고 느낄 정도였다.

그러나 위기 상황은 새로운 가능성을 발견하게 만들기도 한다. 한 학교에 3명의 정보 교사가 순회교사로 만난 적이 있다. 10개의 학급을 서로 쪼개며 처음으로 함께 평가 계획과 수업 진도를 고민해 본 경험이었다. 그분들과의 만남은 마치 짙은 구름 사이로 스며든 한 줄기 빛처럼 나에게 다가왔다. 왜냐하면 그분들의 수업이 지금까지 내가 경험해 본 적 없는 디지털 기반의 수업이었기 때문이다. 한 분은 구글 문서 하나를 활용해 바탕화면에 수업 게시판 '바로가기' 아이콘을 만들어 사용하셨다. 누구나 더블 클릭 한 번으로 게시판에 접속하면, 실시간으로 정리되는 수업 내용과 자료를 확인할 수 있었다. 이는 디지털이 편리함만을 주는 도구를 넘어, 수업의 흐름을 일관성 있게 유지하는 새로운 방식이었다. 이 분의 디지털 기반 수업을 관찰하면서 그동안 내가 경험했던 혼란을 정리하고 새로운 수업 구조를 구상할 수 있음을 깨달았다. 배움은 실천을 통해 완성되기에 바로 18개 학급 전체에 적용했다. 그 결과, 처음으로 수업의 흐름을 한눈에 조망하는 체계를 갖추게 되었다.

▲ 바로가기 아이콘
학생 PC의 이 아이콘이
수업으로 입장하는 문이다.

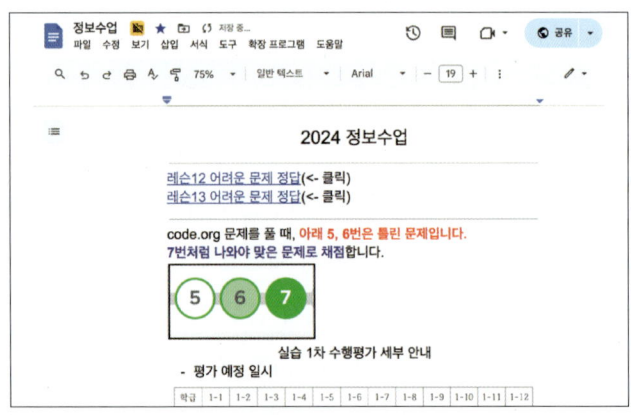

▲ 구글 문서 게시판
게시판 내용을 수정하면 실시간으로 학생의 화면에 반영된다.

또 다른 한 분의 수업도 자세히 관찰했다. 이 분은 Code.org의 LMS를 통해 학생들의 학습 데이터를 자동으로 기록·저장하고 계셨다. 그저 몇 번의 클릭과 학생 등록만으로 교실이 개설되고, 디지털 교실에 입장한 학생들에게는 교사가 미리 지정한 프로그래밍 학습 코스가 나타났다. 모든 학생은 각자의 화면에서 주도성을 발휘하여 배움을 확장했고, 교사의 대시보드에는 그 모든 과정이 디지털 기록으로 쌓여 갔다.

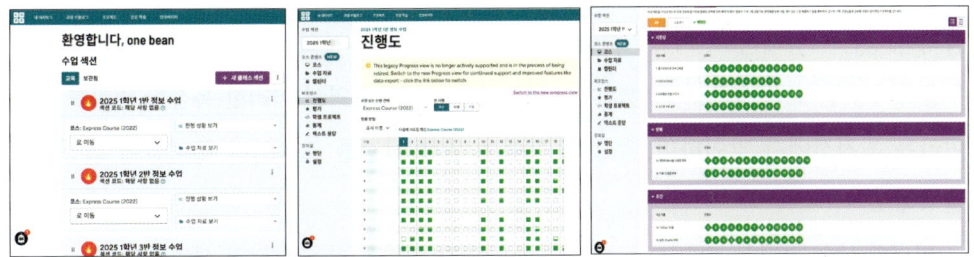

▲ Code.org 교사 대시보드
개설한 수업의 목록과 모든 학생의 진행 상황을 확인할 수 있다.

▲ Code.org 학생 대시보드
교사가 지정한 학습 코스가 나온다.

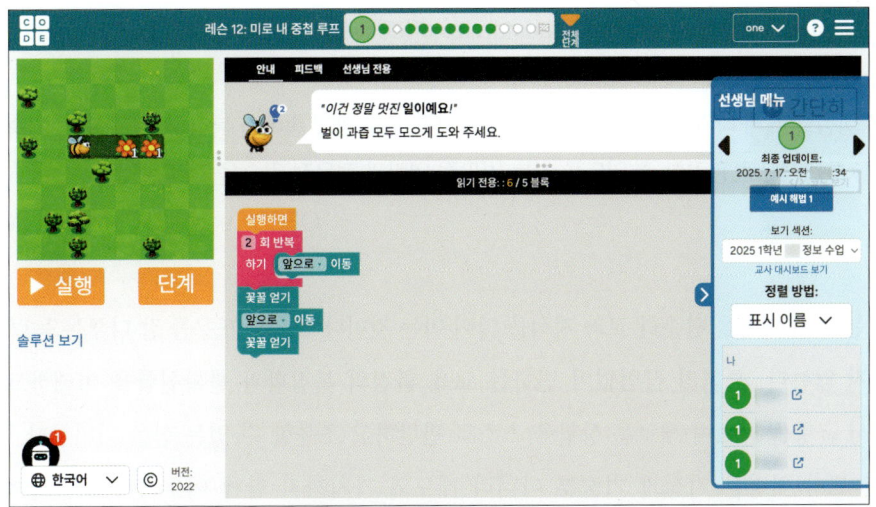

▲ Code.org LMS를 통한 학생 개별 진행도 확인 및 자동 채점 기록
한 학생의 LMS 자동 채점 수행 내용과 결과, 활동 시간을 기록한 화면

이제서야 돌이켜보면, 그 장면이 400명의 학생을 가르치던 나에게 교사 웰빙이 구체적인 실체로 다가왔던 첫 순간이었다. 교사의 손을 벗어나지 않으면서도, 학생의 손에서 주도적으로 배움이 이루어지는 수업. 서로 다른 네 개 학교에서 400명이 넘는 학생 모두를 연결할 수 있는 수업. 언제 어디서든 학생의 학습 데이터를 확인하고 배움을 조율할 수 있는 수업. 무엇보다, 교사는 학생을 코칭하고, 학생은 스스로 수업에 몰입하며 배움을 경험하는 수업. 디지털은 편리함을 뛰어넘어, 학생과 교사 모두에게 성장과 배움이 있는 수업을 만들어 주었다. 이것이 OECD 교수 나침반이 말하고자 하는 진정한 교사 웰빙이 아닐까? 그때부터 Code.org의 LMS는 내 수업의 중요한 콘텐츠로 자리 잡았다. 이런 수업의 변화가 디지털 기반 수업으로 내가 경험한 교사 웰빙의 가장 실감 나는 사례다.

4. 디지털 기반 교육혁신은 교사 역량을 확장하고 있는가?

오늘날의 교실은 단순히 지식을 전달하는 공간에 머물지 않는다. 해가 거듭될수록 학생들의 배경은 다양해지고, 기술은 하루가 다르게 발전하며, 사회가 요구하는 인재상과 이에 부응하기 위한 교육 정책도 끊임없이 변화하고 있다. 교사 역시 이러한 복잡한 변화를 교실이라는 최전선에서 맞이하며, 무엇이 학생을 위한 진정한 교육인지 끊임없이 선택하고 결정해 왔다.

이러한 상황 속에서, OECD 교수 나침반은 교사 역량을 다음과 같이 설명한다.

"Teacher competencies for navigating complexity: Cultivating critical competencies and adaptive skills that enable educators to effectively manage complexity, uncertainty and continuous change in educational environments."

(복잡성을 헤쳐 나가기 위한 교사 역량: 교육자가 교육 환경 속에서 복잡성, 불확실성, 지속적인 변화를 효과적으로 관리할 수 있도록 하는 비판적 역량과 적응적 기술을 기르는 것.)

- 「OECD Teaching Compass 2030」

이는 교사 역량을 단순한 교과 지식을 많이 아는 것이나 교육용 도구를 잘 다루는 능력만을 뜻하지 않는다. 오히려 끊임없이 변하는 교육 환경의 복잡함과 불확실함을 이해하고, 그 안에서 균형을 잡으며 새로운 상황을 스스로 판단하고 조율할 수 있는 힘을 의미한다. 다시 말해, 교사 역량은 지식과 기술뿐 아니라 태도와 가치까지 함께 어우러져 교실과 학교, 사회까지 아울러 어떤 복잡한 교육 현장에서도 발휘되는 종합적인 능력이다.

그렇다면, 복잡한 교육 현장을 생각해보자. 정보 교과에서 가장 복잡한 교육 현장이 드러나는 순간은 프로그래밍 수업이다. 프로그래밍을 쉽게 설명하자면, 문제를 해결하기 위해 매우 빠르고 정확한 계산을 수행하는 컴퓨터에게 일을 맡기는 대화 방법이라 할 수 있겠다. 여기서 사람의 대화와 다른 점은, 사람의 대화는 언어와 비언어적 표현을 함께 활용할 수 있기 때문에 문법과 어휘가 완벽하지 않더라도 소통이 가능하다. 하지만 컴퓨터는 프로그래밍 문법에서 정해진 괄호 하나가 빠지거나, 앞에 선언한 변수 'kevin'을 뒤에서 'KEVIN'으로 다르게 사용하면 오류가 발생해 실행이 중단된다. 프로그래밍에서 '괄호 하나 빠졌다고 실행이 안돼요?'라는 질문은 컴퓨터와 사람의 소통 방식의 차이를 드러내는 대표적인 질문이다. 여기서 '괄호 하나'가 '마침표 하나', '쉼표 하나', '소문자와 대문자', '콜론(:)', '세미콜론(;)' 등 문자 하나의 차이로 프로그래밍 오류가 발생하고 교사는 이 질문에 하나씩 대답하며 오류를 해결해 간다.

 30명의 학생에게 동일한 개념을 가르쳐도, 교실 속에는 30개의 서로 다른 오류와 각자에 맞는 해답이 교사를 기다리고 있다. 심지어 한 가지 오류를 해결해도 다시 새로운 오류가 나타나 교사의 도움을 기다린다. 이러다 보니, 프로그래밍 수업은 정보 교육의 핵심이지만 수업 시간마다 예측할 수 없는 오류와 그에 대한 즉각적인 피드백을 제공해야 하기 때문에 교사에게 엄청난 역량을 요구한다. 솔직히 말하자면, 나는 30명의 학생이 쏟아내는 오류를 감당할 자신이 없었다. 가르쳐야 할 내용은 쌓여 있는데, 5명의 오류를 해결하고 나면 이미 수업시간은 끝을 바라보곤 했다. 지금 돌이켜보면, 이 복잡한 상황을 피하고 싶었고, 해결할 교사 역량도 준비되지 못했다고 생각해 프로그래밍 수업을 회피했다.

 그러나 디지털 기반 교육혁신은 나에게 30명의 상황을 둘러볼 수 있게 변화시켰다. AI 코스웨어가 나와 학생에게 새로운 방식의 배움을 경험하게 했다. AI 코스웨어는 교사 주도성에 따라 학습 코스를 설정하면, 학생들은 학생 주도성에 따라 자신에게 맞는 속도와 이해 수준으로 학습 코스를 수행할 수 있게 했다. 나는 보편적인 프로그래밍 수업 형태인, 맨 앞자리 교사용 컴퓨터에 앉아 있는 시간을 10분으로 줄였다. 나머지 30분 이상은 교실을 돌며 학생들이 만들어낸 다양한 오류를 하나씩 확인하고 함께 해결했다. 배움은 학생이 주도적으로 이끌어갔으며, 나는 학생의 가장 가까운 곳에 서서 한 걸음씩 잘 나아갈 수 있도록 코칭했다.

 디지털 기반 수업을 진행하며 가장 인상 깊게 남은 장면은 학생들이 서로를 도와주는 모습이었다. 빠른 학습자는 자발적으로 프로그래밍을 어려워하는 느린 학습자에게 다가가 설명하고 조언하며 함께 오류를 찾아줬다. '무언가를 제대로 배우고 싶다면, 누군가에게 가르쳐라.', '배움의 가장 좋은 방법은 가르치는 것이다.'라는 말처럼 학생의 배움은 오직 교사만의 몫이 아니라, 학생 주도성에 따라 더욱 깊어지고 넓어진다는 것을 디지털 기반 수업 속에서 실감했다. 이제는 학생과 함께 하는 프로그래밍 수업이 나에게 가장 즐거운 시간이다. 정보교사의 역량이 가장 빛나게 발휘되는 순간이기 때문이다. 디지털 기반 수업을 실천하기 전까지 이런 감정과 뿌듯함을 잘 느끼지 못했다. 디지털은 교사 역량을 더욱 선명하게 드러나게 하고, 교실 전체가 함께 성장하는 풍경을 만들게 해주었다.

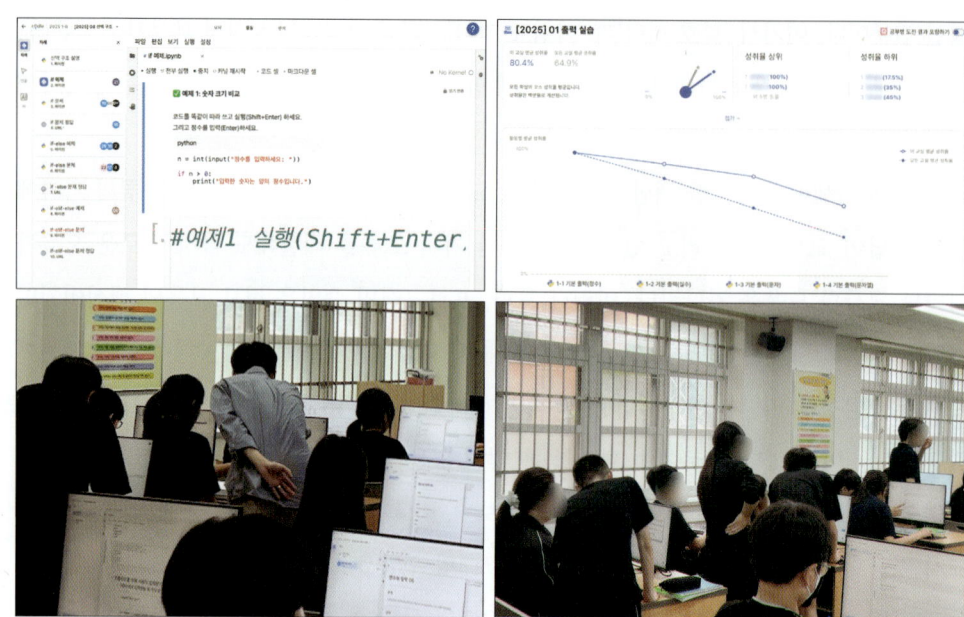
▲ AI 코스웨어(Codle) 활용 프로그래밍 수업

　교실은 갈수록 더 다양한 모습과 형태로 복잡해지고 있다. OECD 교수 나침반은 교사 역량을 단순히 기술을 잘 다루는 수준을 넘어, 복잡한 교육 환경 속에서 수업을 설계하고 조율할 수 있는 적응력과 판단력으로 설명하고 있다. 프로그래밍 수업 사례에서 학생마다 다른 배움의 속도와 복잡하고 다양한 오류를 만날 때, 디지털 기반 수업 덕분에 그 흐름을 조율하고 맞춤형 피드백이 가능했다. 디지털은 단지 수업을 자동화하는 기술이 아니라, 교사가 복잡한 교실 상황을 더 깊이 이해하고 능동적으로 설계할 수 있도록 돕는 실질적 '발판'이 된다. 이 대목에서 중요한 핵심은 흐름을 조율하고 맞춤형 피드백을 제공하는 것은 교사의 전문성과 역량 없이는 불가능하다는 것이다. 결국 복잡한 교육 환경 속에서 수업의 흐름을 읽고, 학생의 반응을 해석하며, 적절한 피드백을 제공하는 일은 교사의 전문성과 역량이 있어야 가능한 일이다. 디지털은 그러한 교사 역량이 더 잘 발휘될 수 있도록 돕는 발판이며, 교실의 복잡성과 다양성을 유연하게 대응할 수 있는 환경을 만들어준다. 디지털 기반 교육혁신은 복잡한 교실 환경 속에서도 나의 교사 역량이 더욱 빛나게 했다.

5. 수평선 너머의 교육혁신

AI 기반 콘텐츠 추천, 자동 채점 시스템, 학습 데이터 분석 도구, 협업 플랫폼 등은 교육혁신이란 이름으로 교실과 수업 곳곳에 스며들고 있다. 이러한 변화는 수업과 평가, 교사의 역할까지 흔들어 놓고, 교사에게 매번 새로운 적응과 결정을 요구하며 변화에 따른 혼란까지 경험하게 한다. 그렇기 때문에 변화의 파도에도 휘청이지 않고 자신만의 교육적 신념과 방향을 잃지 않는 힘이 필요하다. 아무리 정교한 기술과 시스템이 마련된다 하더라도, 기술 자체는 교육의 방향을 결정할 수 없다. 교육의 방향을 결정하는 주체는 교사이며, 그 결정은 교사의 내적 기준과 가치에 의해 정해진다.

우리는 오랫동안 '교육혁신'이라는 말을 들어왔고, 늘 수평선 너머 보물섬을 찾아야 한다는 요구 속에 있었다. 교사는 나침반도 받지 못한 채 그 섬을 향해 노를 저어왔다. 방향을 모른 채 나아가다 보면, 끝없는 수평선을 만나 항해를 포기하게 된다. 결국 '그 보물섬은 존재하지 않아'라는 회의가 자라나 '교육혁신' 자체에 대한 회피가 습관처럼 자리 잡기도 한다. 하지만 교육이란 원래부터 끝없는 항해였다. 너무 강한 바람에 방향을 잃어 멈춰 선 적도 많았고, 항로를 착각해 배가 빙빙 돌기도 했다. 그러나 보물섬에 도달하지 못했더라도, 그 과정은 더 나은 수업을 위한 도전이었고 그 자체가 교사의 성장이었다. 그것 역시 교육혁신이 아닐까?

교육혁신은 단기적인 성과만으로 증명되지 않는다. 수업에서의 작은 시도, 실패를 통한 성찰, 동료 교사와의 공유 경험이 모여 새로운 가능성을 만들어낸다. 즉, 교육혁신은 특정 목적지에 도달하는 순간으로 정의되기보다, 그 과정 속에서 교사와 학생이 함께 성장하고 배움의 방향을 새롭게 조정하는 실천의 연속으로 이해될 수 있다. 결국 교육혁신은 도착점이 아니라 과정 그 자체에 있다. 완벽한 수업이나 거대한 성과가 아니라, 작은 시도와 시행착오, 그리고 그 안에서 발견한 성찰이 교사와 학생 모두를 성장하게 한다. 목적지에 닿지 못했더라도 그 여정이 의미 있었다면, 그것이 바로 교육혁신의 증거다. 그러므로 우리는 멈추지 않고 계속해서 새로운 가능성을 향해 나아갈 이유를 가진다.

동행노트

    2025년은 가히 교육계에서 정보교사가 가장 주목받은 해라고 할 수 있습니다. 디지털 기반 교육혁신이라는 정부 기조 아래, 곳곳에서 교육공학·AI·디지털·데이터 사이언스 전문가가 필요하게 되었고, 그만큼 학교에서는 정보교사의 역할과 책임이 막중해졌습니다. 이 격랑의 한가운데에서, 이 글은 정보교사의 진솔한 목소리가 담겨 있습니다. 정말로 디지털 기반 교육혁신이 가능한가? 그 답을 찾기 위해 학교 현장은 지금도 고군분투하고 있습니다. 기술과 교육의 끝없는 경주 속에서, 이 글은 대한민국 정보교사가 품은 생각과 성찰을 생생히 보여줍니다.

동행자 박미지

    초등학교 교사들은 알 수 없었던 정보교사의 이야기를 통해, 우리는 이렇게 서로 다른 환경 속에서 고군분투하고 있음을 깨닫게 됩니다. 초·중·고 선생님들이 함께 모여 이야기를 나누다 보면, 생각보다 큰 문화적 차이에 놀랄 때가 많습니다. 그중에서도 대한민국 정보교사의 삶은 또 다른 놀라움으로 다가왔습니다.

    디지털 전환의 시대, 누구보다 발 빠르게 움직여야 하는 분들이 바로 정보교사가 아닐까 하는 생각이 듭니다. 변화의 흐름 속에서 정보 교육의 방향이 어디로 나아가야 하는지, 그 실마리를 보여주는 존재이기도 합니다.

    바쁜 일정 속에서도 수차례 글을 고쳐가며 '우리가 바로 대한민국의 정보교사다'라는 울림을 전하기 위해 끝까지 애써 주심에 감사드립니다. 그 과정이 있었기에 대한민국 정보교사의 삶을 조금이나마 이해하고 공감할 수 있었습니다.

동행자 지미정

    교육 현장에서 디지털 기술의 한계에 대해서는 교사들 누구나 공감하는 부분일 겁니다. 누구보다 더 적극적으로 디지털 교육을 해온 정보교사인 필자는 '디지털 도구는 도구일 뿐'이라는 고정 관념을 넘어서 디지털 도구가 교사의 전문성과 학생의 성장을 돕는 강력한 매개체임을 설득력 있게 보여줍니다. 특히, 디지털 교육이 교사의 주도성, 웰빙, 그리고 역량 확장에 어떻게 기여하는지 구체적인 사례를 통해 설명하는 점이 인상적입니다. 단순한 기술 예찬이 아닌, 교육의 본질적 가치를 지키면서 디지털을 활용하는 교사의 노력이 돋보이는 글입니다. 학생 한 명 한 명의 성장을 위해 끊임없이 탐색하고 도전하는 교사의 모습에서 교육혁신의 또 하나의 예시를 엿볼 수 있습니다.

동행자 윤여옥

AI-POWERED
포용적 맞춤형 학습

#맞춤형학습 #UDL #개별화학습 #생성형AI

윤신영

1. 왜 포용적 맞춤형 학습을 추구해야 하는가?

가. 코끼리 다리 만지기

어느 교실에나 '부진'한 학생은 있다. 수많은 '부진 학생'을 가르쳐왔지만, 그중에서도 소정(가명)이는 특히 기억에 남는다. 소정이는 국어와 수학에 심각한 부진을 겪고 있었지만, 어떤 과목이 문제인지는 중요하지 않았다. 일부 교과에서의 부진은 곧 학습 전체의 부진을 의미하는 경우가 대부분이기 때문이다. 결국 소정이는 나에게 모든 수업에서 각별히 신경 써야 할 부진 학생일 뿐이었다.

소정이를 방과후에 남겨 공부를 시키는 등 많은 노력을 기울였지만, 상황은 크게 나아지지 않았다. 소정이는 수업 내용에 대해 늘 남들보다 한참 늦게 고개를 끄덕였고, 자신의 생각을 말과 글로 표현하는 것을 유독 버거워했다. 하지만 가장 큰 문제는 학생의 모든 것을 지배한 '학습된 무기력'이었다. 부끄러운 고백이지만, 가르치는 나조차도 그 무기력에 동조하며 '소정이는 안 될 거야'라는 낙인을 찍고 있었다.

그러던 어느 날, 진로 수업 시간에 자신의 강점에 대해서 소개하는 시간을 가졌다. 소정이는 자신의 강점이 '그림'이라고 말했다. 솔직히 그림 그리기는 그렇게 특별한 강점은 아니라고 생각했지만, 소정이가 모처럼만에 입을 열었기에 나는 이런 저런 질문들을 했다. 그 관심이 소정이에게는 무척 반가웠던 모양이다. 다음날 소정이는 자기의 스케치 노트를 들고와서는 자기가 어떠한 그림을 어떤 기법을 이용해서 그렸고, 그림을 따로 배운적은 없지만 SNS를 보고 따라 그렸다는 것과, 재미없는 수학 학원에 가는 것보다 부모님이 미술 학원을 보내줬으면 좋겠다는 등의 이야기들을 나에게 들려주었다.

소정이의 그 모습은 내게 신선한 충격이었다. 별다른 재능이 없을 거라 지레짐작했는데, 그림 실력은 나의 기대를 훌쩍 뛰어넘는 수준이었다. 하지만 가장 놀라웠던 것은 따로 있었다. 바로 소정이의 마음속에도 뜨거운 열정이 존재하고 있었다는 사실이었다.

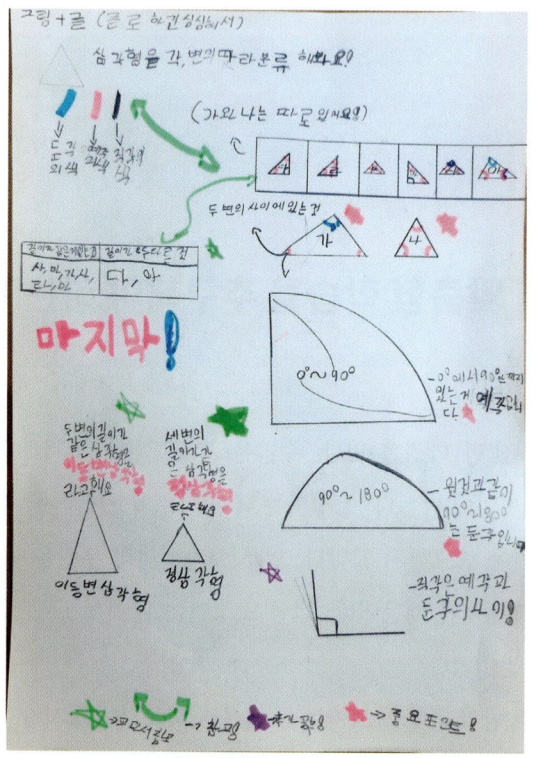

▲ 강점을 활용한 학습의 예시

그 열정을 보고 나는 한 가지 아이디어를 떠올렸다. 배운 수학 개념을 단순 문제 풀이가 아닌 그림으로 복습해 보도록 제안한 것이다. 소정이는 지금껏 본 적 없는 집중력으로 배운 내용을 그림으로 옮겼다. 단순히 그림만 예쁘게 그린 것이 아니라, 개념까지 완벽히 이해하려는 노력이 엿보였다. 그 모습은 내가 알던 무기력한 '부진아'와는 완전히 다른 아이였다. 나는 어쩌면 '코끼리 다리 만지듯' 소정이의 극히 일부의 모습이 그의 전부인 양 착각하고 있었을지도 모른다는 생각을 했다.

사실 소정이 뿐만 아니라, 여러 학생들에게 이와 비슷한 느낌을 받을 때가 있다. 정규 수업 시간에 항상 학습을 완료하지 못하는 학생이 나중에 보면 누구보다 통찰이 있는 질문을 던진다던지, 학교에서는 조용히 다른 친구들의 의견을 따라가는 모습만 보인 학생이 청소년 단체의 탐험 활동에서는 대단한 주도성을 보인다던지 말이다. 이 경험 속에서 나는 교육자로서 본질적인 질문과 마주하게 된다. 학생의 개별적 특성이 존중된 학습은 왜 효과가 있었을까? 많은 학생들이 가지고 있는 개인적인 탁월함은 학교 교육에서 충분히 드러날 수 있는 것인가? 학교 교육은 개개인성을 얼마나 존중하고 이를 기반으로 교육을 설계하고 있는가? 이를 현실화 하기 위해 교실에서는 어떠한 전략을 사용할 수 있을까?

나. 포용적 맞춤형 학습(Inclusive Personalized Learning)은 무엇일까?

앞에서 살펴 본 질문에 대한 답을 찾기에 앞서, 학교 현장에서 흔히 사용되는 '맞춤형 학습'의 의미에 대해 명확히 진술하고, 교실에서 구현해야 할 올바른 방향성에 대해 정립할 필요가 있다.

교사의 가르침이 각각의 학생에게 '맞춤형'으로 제시되어야 한다는 명제는 누구나 동의하는 부분일 것이다. 수업 중 형성 평가를 통해 각자 다른 수준의 학생에 대해 각각 다른 과제와 피드백을 제공하거나, 사전 지식을 파악하여 학습 도움 자료를 미리 준비한다던지, 배운 내용에 대해 자신이 더 선호하는 방식으로 표현하게 하는 등의 교사의 수업 진행은 '맞춤형' 학습을 유도하는 다양한 전략의 예시다. 교실 속에서 다양하게 실행되는 학습 전략들을 엄밀히 분석해보면 보편적 학습 설계[1](이하 UDL)와 맞춤형 학습[2](Personalized Learning, 이하 PL)의 원리가 적용된 것임을 알 수 있다.

UDL과 PL의 특징을 간단히 살펴보자면, UDL은 수업의 설계 단계에서 학습의 장벽을 제거하기 위해 다양한 인지적 표상, 표현 방법, 참여 수단을 고려하는 '선제적(Proactive)' 과정이라고 할 수 있다. 반대로 PL은 수업 중 학생의 수준, 흥미, 학습 속도를 파악하여 교육 내용과 방법을 조절하는 '대응적(Adaptive)' 과정으로 볼 수 있다.

---

[1] 학습자의 다양성을 존중하고, 모든 학생이 교육 과정에 동등하게 참여하며 성공할 수 있도록 학습 환경을 처음부터 계획하는 교수·학습 접근 방식
[2] 각 학생의 고유한 필요, 강점, 흥미, 학습 속도에 맞춰 교육 내용, 방법, 속도 등을 개별적으로 조정하는 교수·학습 접근 방식

특히 맞춤형 학습(PL)의 의미에 대하여 정제영 교수(2017)는 차별화(Differentiation), 개인화(Indiviualization), 개별화(Personalization)의 세 가지 용어로 그 수준과 범위를 정의한다.

> (1) 차별화(Differentiation)는 모든 학생의 교육목표와 내용은 동일하지만 교수방법에 있어서는 학습속도와 선행학습 정도를 반영하여 소규모 집단별 수업을 하는 것을 의미합니다.
> (2) 개인화(individualization)는 모든 학생의 교육목표와 내용은 동일하지만 교수방법에 있어서는 소규모 집단별 수업이 아닌 개인별 지도를 진행합니다.
> (3) 개별화(Personalization)는 각 학생의 교육목표와 내용이 다르고 교수방법도 다르게 이루어지는 것을 의미합니다.

맞춤형 학습(PL)에 대한 세 가지 세부 용어는 서로 분절적인 것이 아닌, 선형적인 개념으로 이해해야 한다. 맞춤형 교육은 먼저 동일한 교육목표와 내용을 가지고 초기에는 수준에 따라 그룹을 나누어 실행(**차별화**)되지만, 점차 학생 개개인성을 고려하여 개인별 지도가 이루어져야(**개인화**) 한다. 더 나아가 학생들이 독립적 학습자로서의 학습 역량이 궤도에 올라왔다면 각자가 자신만의 학습 목표와 내용을 가지고 주도적인 학습을 진행(**개별화**)할 수 있다.

이러한 관점에서, UDL과 PL은 상호보완적인 관계에 있다고 말할 수 있다. UDL의 관점에서 잘 설계된 수업에서는 PL을 진행하는 교사의 노력을 절감할 수 있다. 이미 학생의 수준을 고려하여 다양한 인지적 표상, 표현 방법, 참여 수단이 제공되고 있기 때문이다. 또한, PL을 진행하며 수집된 학생의 데이터는 UDL 설계의 주요한 사전 지식이 될 수 있다.

즉, UDL은 학생 맞춤형 교육의 단단한 반석이라고 볼 수 있다. 그 토대 위에 차별화-개별화-개인화로 이어지는 PL 스펙트럼이 교실의 맥락 속에 펼쳐질 때, 비로소 '모두를 위한 **맞춤형 학습**'이 이루어질 수 있다. 본 장에서는 UDL과 PL의 화학적 결합을 **포용적 맞춤형 학습(Inclusive Personalized Learning)**으로 정의하고 논의를 진행하고자 한다.

다. 배움이 일어나는 과정에 대한 표준적 이해

포용적 맞춤형 학습의 필요성에 대하여 논하기 위해, 우리는 교사로서 학생의 배움이 도대체 어떠한 과정 속에서 일어나는지에 대한 지식이 필요하다. 이를 연구하는 학문이 바로 학습 과학(Science of learning)이다.

학습 과학적 관점에서 우리 뇌가 학습하는 과정은 구체적으로 어떻게 이루어질까? 개별 학생의 학습 효율을 높이는 환경을 설계하기에 앞서, 우리는 먼저 일반적인 배움의 매커니즘을 이해해야 한다. 그 핵심적인 설명 틀이 바로 '인지처리모형(Cognitive Information Processing Model)'이다.

▲ 인지처리모형

앳킨슨과 쉬프린(Atkinson & Shiffrin, 1968)은 인간의 기억이 단일한 저장소가 아니라, 세 개의 뚜렷한 장소가 연속적으로 상호작용하는 시스템으로 보았다. 인간이 접한 정보는 감각 기억, 단기 기억(작업 기억), 장기 기억의 단계를 거쳐 처리되며, 처리되지 못한 정보는 망각되어 사라진다. 각 단계의 특징을 표로 정리하면 아래와 같다.

명칭	특징
감각기억	- 학습자가 감각 기관을 통해 방대한 양의 정보를 받아들이는 장소 - 학습자가 주의(Attention)를 기울이면 그 정보는 단기 기억으로 넘어가고, 그렇지 못한 정보는 즉시 사라짐
단기기억 (작업기억)	- 정보를 임시적으로 저장하며, 장기 기억으로 저장하기 위해 정보를 처리(부호화)하거나, 장기 기억에 저장된 정보를 꺼내와(인출) 당면 과제를 해결하는 의식의 작업대 역할을 하는 장소 - 정보를 서로 의미 있게 연결하거나 사전 지식과 관련짓는 정교화(Elaboration) 및 부호화(Encoding) 과정을 거쳐 정보가 장기기억으로 넘어감
장기기억	- 부호화된 정보가 영구적으로 저장되는 방대한 저장고 - 장기기억 내에 저장된 정보들이 서로 연결되어 보다 강력한 기억을 형성함

인지처리모형에 따라 수업 속에서 학생이 정보를 저장하는 과정을 짧은 이야기를 통해 실명하면 다음과 같다.

"교실의 소음과 창밖 풍경 속에서, 준수는 선생님이 "임진왜란은 1592년에 일어났지요."라고 말씀하시는 것에 귀를 기울인다.**(감각기억→작업기억, 주의)**. 준수는 '1592년' '임진왜란'의 키워드를 잊지 않으려고 "임진왜란에 백성들이 이러고 있을 수는 없지!라고 생각했을거야"라며 자신만의 의미를 부여하여 머릿속 깊은 곳에 내용을 저장**(작업기억→장기기억, 부호화)**한다. 며칠 뒤, 전시학습 상기를 위해 임진왜란이 일어난 년도를 묻는 질문을 받자, 준수는 손을 번쩍 들고 "1592년이요!"라고 외치며 그 기억을 성공적으로 꺼내온다(장기기억→작업기억, 인출)."

이처럼 인지처리모형은 모든 학습자에게 적용되는 표준화된 학습 메커니즘을 명쾌하게 제시한다. 하지만, 현장에서는 학생들의 배움이 마치 컴퓨터와 같이 모두 동일하게 이루어지지 않는다는 것을 매일의 수업을 통해 경험한다. 포용적 맞춤형 학습의 관점에서, 이러한 이상과 현실의 괴리를 어떻게 풀어나갈 것인지에 대한 깊은 성찰이 요구된다.

라. 우리의 뇌는 모두 다르게 학습한다

표준화된 학습 메커니즘은 '평균적인 학습자'를 가정하여, 보편적이고 효율적인 수업 설계를 위해 활용되곤 한다. 하지만, 학생 두뇌 활동의 양상은 과연 평균에 수렴할까? 기능적 자기공명영상(fMRI)[3], 뇌파 검사(EEG)[4] 등의 기술 발전은 블랙박스와 같았던 인간의 두뇌 활동을 보다 더 시각적으로 들여다볼 수 있게 하였고, 이는 두뇌 활동의 개개인성에 대해 놀라운 인사이트를 주었다. 즉, 우리의 뇌는 우리가 생각하는 것보다 더욱 서로 다르게 작동한다는 점이다.

뇌 활동의 개인차를 뒷받침하는 대표적인 예시로 2015년 전 세계를 뜨겁게 달궜던 '드레스 색깔 논쟁'을 떠올려볼 수 있다. 2015년 2월 26일 Tumblr에 스코틀랜드의 가수 케이틀린 맥네일이 옷 사진을 올리면서 시작된 이 논쟁은 옷 색깔에 대해 '흰 바탕에 금색 줄무늬', '파란 바탕에 검은색 줄무늬'로 의견이 극명하게 나뉘며 화제가 되었다. 슐라프케와 그의 연구팀은(Schlaffke et al., 2015) 동일한 드레스 색상에 대해 사람들이 왜 서로 다른 '주관적 현실'을 경험하는지 fMRI로 분석했다.

연구 결과 드레스 색깔을 '흰 바탕에 금색 줄무늬'로 인식하는 사람들은 '파란 바탕에 검은색 줄무늬'로 인식하는 사람들에 비해 정보를 추론하고 해석하는 고차원적 인지 기능을 담당하는 뇌 영역(전두엽, 두정엽 등)의 더 높은 활성화를 보였다. 좀 더 쉽게 설명하면 드레스 색깔을 '흰 바탕에 금색 줄무늬'로 인식하는 사람들은 사진을 찍은 장소의 조명 정보를 추론하며 '이 사진은 아마도 그늘에서 찍혔을거야'라며 현상을 해석하는 경향을 보였다고 할 수

---

[3] 뇌 활동에 따른 혈류량의 미세한 변화를 감지하여 특정 과제 수행 시 뇌의 어떤 영역이 활성화되는지를 시각적으로 보여주는 뇌 기능 측정 기술
[4] 두피에 부착한 전극을 통해 뇌 신경세포의 전기적 활동(뇌파)을 기록하여 뇌 기능을 평가하는 검사 방법

있다. 이 연구는 우리가 세상을 있는 그대로 받아들이는 것이 아니라, 자신이 갖고 있는 사전 경험과 인지적 패턴에 따라 현실을 적극적으로 재구성한다는 강력한 증거를 제시한다.

앞서 살펴본 연구 이외에도 수많은 뇌과학 연구들은 '평균적이고 표준화된 뇌'란 존재하지 않으며, 개개인은 모두 고유한 방식으로 자신에게 들어오는 정보를 처리하고 있음을 이야기한다. 하지만 우리의 교육 현장에서는 여러 현실적인 어려움과 학습 과학에 대한 부족한 이해로 인해 두뇌 활동의 개인차를 충분히 고려하지 못하고, 동일한 교재 및 과제, 한정된 수업 시간 등 모두에게 똑같은 방식의 교육이 이루어지는 경우가 많다. 하지만 학생의 진정한 성장은 획일적인 틀을 벗어나 개개인의 고유성에 초점을 맞출 때 비로소 시작될 수 있다.

▲ 드레스 색깔 논쟁

마. 포용적 맞춤형 학습은 학생의 진정한 성장을 돕는다

포용적 맞춤형 학습의 필요를 생각해보기 위해 교실 속 표준화된 수업을 듣는 한 초등학생의 상황을 함께 떠올려보자.

> 현지는 평소에 다른 사람 혹은 글 속 인물의 숨겨진 감정을 생생하게 느끼고 공감하는데 재능이 있는 4학년 학생이다 오늘 국어 수업의 목표는 '이야기 속에서 글쓴이의 중심 생각을 파악하는 것'이다. 평소에 현지는 이야기 책을 읽을 때, 등장인물의 행동 속에서 어떤 감정을 느꼈을지 충분히 고민해보고, 내 상황이라면 어땠을까? 고민하며 이야기 속 교훈을 생각하는데 익숙하다.
>
> 하지만, 오늘 선생님의 수업 방식은 현지가 이야기를 읽는 방식과는 조금 다르다. 교사는 이야기 속 주요 사건을 시간의 흐름대로 나열하고, 그 속에서 파악할 수 있는 중심 생각을 교과서에 적어보도록 지시한다. 현지는 그 방법이 익숙하지 않을뿐더러, 흥미가 전혀 생기지 않는데도, 그 방법대로 과제를 수행해야만 한다. 수업 시간 내 주어진 시간은 15분, 현지가 과제를 수행하기에는 너무 짧은 시간이다. 결국, 현지는 주어진 시간에 과제를 수행하지 못했고, 교사는 현지의 낮은 수행 정도를 관찰 일지에 기록한다.
>
> 사실 이야기를 깊게 읽고 이해하는 역량은 현지가 또래보다 매우 뛰어난 것임에도 불구하고, '나는 왜 친구들처럼 중심 생각을 빨리 못 찾을까? 역시 글의 핵심을 파악하는 능력이 부족한가 봐'라며 스스로를 부진한 학생으로 낙인 찍기 시작한다.

위의 수업에서 학생들이 도달해야 하는 목표는 '이야기의 중심 생각을 파악하는 것'이다. 이 목표에 도달하기 위한 경로는 학생의 인지적인 특성에 따라 매우 다양할 수 있지만, 실제 교실에서는 다양한 경로가 제공되기 보다는 교과서에 제시된 방법 혹은 교사의 주관에 따라 특정한 방법만이 제공되곤 한다. 특히 위 이야기 속 현지와 같은 경우, 선생님이 제시한 분석적인 읽기 전략보다는 본인이 강점을 보이는 감성적인 읽기 전략을 선택할 수 있었다면 훨씬 더 효과적이고 깊이 있게 이야기의 중심 생각을 파악할 수 있었을 것이다. 더 나아가 자신의 동기를 따라 과제를 해결해보는 경험을 통해 '나'의 강점을 면밀히 파악하고, 학습의 효능감 및 주도성을 키우는 계기가 되었을 것이다.

"아동 자신의 본능과 힘이 모든 교육의 재료를 제공하고 출발점을 이룬다. 모든 교과목은 아동의 성장에 종속된다. 그것들은 성장의 필요에 부응할 때 비로소 가치를 인정받는 도구들이다."

– John Dewey, 1902

교육철학자 존 듀이는 교육의 출발점이 교과서나 교육과정이 아닌, 학생 개개인의 고유한 특성과 잠재성으로부터 시작한다고 보았다. 이러한 관점에서 포용적 맞춤형 학습은 각 학생의 고유한 재능과 관심사를 먼저 파악하고, 그것을 발판 삼아 최대의 성장을 도모할 수 있는 기회를 제공하는 교육 철학의 실천이라 할 수 있다. 즉, 교육의 목표는 학생들을 세계 최고로 만드는 것이 아니라, 최고의 자신을 찾도록 돕는 것이 되어야 한다.

2. 포용적 맞춤형 학습을 가로막는 벽과 열쇠

가. 교사에게는 항상 시간이 부족하다

포용적 맞춤형 학습은 학생 개개인에 대한 깊은 이해와 그들의 학습 요구를 지원할 수 있는 폭 넓은 학습 자료의 준비, 학습 상황에 대한 지속적 모니터링과 그에 따른 피드백 및 피드 포워드 및 정서적 지지까지 표준화된 교육 방법과 비교하여 교사가 준비해야 할 것이 상당히 많은 교육 방법이다. 하지만 교사가 이를 준비하기 위해서 필요한 시간이 절대적으로 부족한 것은 학생 맞춤형 교육을 어렵게 하는 첫 번째 이유다.

OCED가 진행하는 교수·학습 국제조사 연구(TALIS 2018)에 따르면 한국 교사가 행정 업무에 사용하는 시간은 주당 5.4시간으로 OCED 평균 2.7시간 보다 무려 2배 높게 나타났다. 또한 OECD 교육지표 2024에 따르면, 학급 당 학생 수는 초등학교는 22명, 중학교는 26명으로 OECD 평균보다 각각 약 1.4명, 3.2명 더 많은 수치를 보이고 있다.

이러한 상황에서 교사는 개별 학생의 강점과 흥미에 맞춘 수업 자료와 방법을 적용하기 보다는 '평균적' 학생을 가정하고 표준화된 수업을 진행하는 것이 더 효율적이라고 판단할 가능성이 높다. 교사 커뮤니티나 출판사 사이트에서 제공하는 Turn-key 방식⁵의 수업 콘텐츠가 인기를 끄는 이유는 바로 교사가 학생 개개인을 고려한 수업을 준비할 수 있는 시간적 여유가 부족하기 때문이다.

나. 표준화된 평가는 포용적 맞춤형 교육을 어렵게 한다.

▲ 공평(Equality)과 공정(Equity)

---

❺ 교사가 별도의 추가 준비나 수정 없이 다운로드하여 바로 수업에 사용할 수 있도록 강의안, 활동지, 평가 자료 등이 모두 포함된 완성형 수업 자료 세트를 의미한다.

위 그림은 교육에서의 공평(Equality)과 공정(Equity)를 잘 보여주는 그림이다. 학습 목표 달성에 있어 교사는 모든 학생에게 공평(Equality)한, 다시 말해 표준화된 방법을 적용하기보다는 학생의 개개인성을 인정하고 그에게 알맞은 수업 환경을 세심하게 제공해야 합니다. 포용적 맞춤형 교육은 교육에서의 공정(Equity)을 실천하는 핵심적인 방향성이라고 말할 수 있다.

하지만 학습의 평가(Assessment of learning) 영역에서 공평과 공정의 무게추는 급격하게 공평을 추구하는 방향으로 기울어진다. 학습의 평가는 일정 기간의 학습이 끝난 후 학생이 교육 목표를 얼마나 달성했는지 총괄적으로 판단하고 그 결과를 점수나 등급으로 산출하는데 목적이 있는 평가로서, 고도의 객관성이 요구된다. 특히 중·고등의 경우에는 이것이 입시와 직결되기 때문에 그러한 경향성이 더욱 두드러진다고 할 수 있다. 예를 들어 아래와 같은 총괄평가 과업을 학생들에게 제시하였을 때 어떤 우려가 생기는가?

> 몸이 아파 학교에 오지 못한 현수에게 일일 선생님이 되어 (세 자리수)÷(두 자리수)의 계산 원리를 자신이 원하는 방식(글, 그림, 말,영상 제작 등)으로 자유롭게 설명해보세요. 계산 원리의 핵심 아이디어를 담아 실제 문제를 해결하는 과정이 드러나야 합니다.

먼저, 평가의 객관성을 확보하기가 어려울 수 있다. 예를 들어 A학생은 30초간 말로 계산 원리를 설명하고, B학생은 B4 용지 1장의 인포그래픽, C학생은 3분 정도의 영상을 준비하였다고 했을 때, 이 학생들을 어떻게 동일한 척도로 평가할 수 있을까? 세 학생 모두 계산 원리의 핵심 아이디어가 충분히 담겨 있다고 가정할 때, 가장 노력이 많이 들어간 학생이 더 높은 점수를 받는 것은 타당할까?

또한, 표현양식 간의 차이는 평가 진행에 있어 불평등을 야기할 수 있다. 우리가 보통 평가를 공정하게 진행하기 위해 우선적으로 제한하는 요소는 바로 시간이다. 평가를 수행하는 데 특정 학생에게 시간을 더 주는 것은 공정하지 못하다는 것은 상식으로 받아들여진다. 하지만, 위와 같은 과업에서 다양한 표현 양식은 각각 다른 수행 시간을 요구한다. 특히 영상 제작이나 그림으로 표현하는 방식은 즉석에서 말로 표현하는 방식보다 훨씬 더 많은 시간이 필요하다. 이런 경우에 교사는 더 시간을 주는게 맞을까? 시간을 충분히 더 주지 않는다면, 학생들은 시간 내에 완성할 수 있는 과제를 전략적으로 선택할 가능성이 높다. 결국 제한된 시간으로 인해 자신의 동기와는 거리가 먼 선택을 할 수 밖에 없게 되는 것이다.

이러한 평가의 딜레마는, 결국 학생들을 공평하게 한 줄로 세워 입시라는 경쟁의 장으로 내보낼 수밖에 없는 안타까운 현실에서 비롯된다고 볼 수 있다. 또한 사회 전체가 인재를 뽑는 방식을 변화시키지 않는 한, 교육 현장이 근본적으로 달라지기는 쉽지 않다. 모두의 성장을 위해 포용적이고 맞춤형 교육이 필요하다는 데에는 공감하지만, 아직도 우리 사회는 여전히 경쟁과 서열 중심의 방식을 요구하는 현실적 딜레마가 존재한다. 이러한 방식이 비인간적으로 느껴질 수 있음에도 불구하고, 효율성이라는 이유로 표준화된 평가가 지속되는 것이 현재의 현실이다.

다. 우린 답을 찾을 것이다, 늘 그랬듯이

"우린 답을 찾을 것이다, 늘 그랬듯이." (We will find a way, we always have)

– 영화 '인터스텔라' –

현실의 벽이 포용적 맞춤형 학습을 어렵게 하지만, 그러한 한계들 때문에 학생 개개인성을 중시하는 교육의 방향성을 포기하는 것은 정당화될 수 없다. 교사로서 우리는 학생 개개인의 최대 성장을 돕고 그들이 독립된 학습자로서 살아가게 하기 위해 이 문제의 해답을 찾아야만 한다.

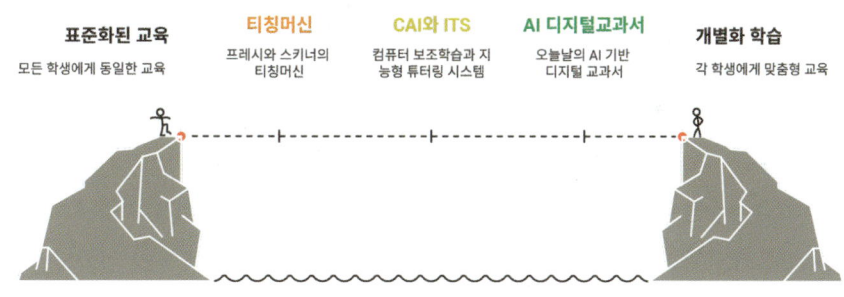

▲ 맞춤형 교육을 향한 기술의 발달

역사적으로 우리는 기술의 적용을 통해 맞춤형 학습을 실현하기 위해 부단히 애써왔다. 1920년대 개발된 시드니 프레시의 티칭머신을 시작으로 1950년대 B.F 스키너의 티칭머신, 그 이후 등장한 컴퓨터 보조학습(CAI)과 지능형 튜터링 시스템(ITS), 그리고 오늘날의 AI 디지털교과서에 이르기까지 일련의 기술들은 '어떻게 하면 각기 다른 학생들을 효과적으로 가르칠 수 있을까?'라는 핵심 질문에 대해 기술로써 해답을 찾으려 했던 여정이다.

특히, 오늘날의 생성형 AI 기술은 AI 보조교사와 AI 튜터의 두 가지 방향성을 가지고 포용적 맞춤형 교육을 지원할 수 있다. 간단히 설명하면 AI 보조교사는 맞춤형 교육을 실천하는 '교사'를 보조하는 역할이다. 시각화된 학습 데이터 교사에게 제공하여 교사가 수업을 조정할 수 있도록 돕거나, 학생 개개인의 이해도나 특성에 맞는 수업 자료를 생성하고 추천할 수 있다. 반면 AI 튜터는 '학생'의 주도적인 학습을 1:1로 보조하는 역할이다. 학생의 이해도에 맞는 문제를 단계별로 제공하여 개념에 대한 이해를 심화하도록 돕거나, AI 챗봇과의 질답을 통해 궁금증을 해소하고, 학생이 부족한 것은 무엇이고, 어떤 것을 더 학습하면 좋을지 코칭을 제공한다.

교육에서의 기술 활용에 있어 잊지 말아야 하는 것은 학생들의 학습은 사회적 맥락과 상호작용을 통해 내면화된다는 점이다(Vygotsky, 1978). 즉, 학생 맞춤형 학습을 위한 AI·디지털 기술의 활용은 교사가 학생을 더 깊게 이해하고, 이들의 성장을 위해 폭넓은 자료를 제공하는 보조적인 수단으로 이루어져야 한다.

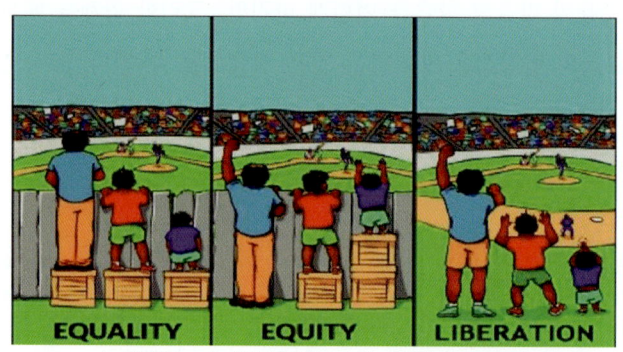

▲ 공평(Equality)과 공정(Equity), 자유(Liberation)

기술적인 접근과는 별개로, 획일적인 표준화 평가도 우리가 반드시 넘어야 할 장벽이다. 이 지점에서 우리는 '평가란 고정되어 있는 것이 아니라, 시대의 요구에 따라 변화하는 유기체라는 것'을 기억해야 한다. 사회가 끊임 없이 변화하는 만큼, 무엇을 가르치고 평가할 것인지에 대한 기준도 시대에 요구에 따라 변화할 수 밖에 없다. 교육의 초점이 서열화에서 벗어나 모든 학생이 자신의 고유한 잠재력을 만개하도록 돕는 데 맞춰질 때, 더 나아가 인재를 선발하는 사회적 기준이 혁신적으로 변화될 때, 평가의 지향점 또한 진화한다. 그림이 의미하는 바와 같이, 단순한 기회의 공평(Equality)을 넘어, 실질적인 조건의 공정(Equity)으로, 마침내 한 인간의 자유로운 성장(Liberation)을 목표로 삼게 되는 것이다.

3. AI-POWERED 포용적 맞춤형 학습의 다양한 전략들

가. 나의 미시적 동기 파악하기

> 생물을 관찰하거나 만지는게 스트레스와 피로가 풀려서좋다. 왜냐하면 곤충을 만지면 촉감이마치 말랑한게 말랑이같기 때문이다. ㅎㅎ

▲ 학생의 미시적 동기

포용적 맞춤형 교육의 핵심은 학생 스스로가 자신의 미시적 동기, 즉 어떤 것에 흥미를 느끼고, 몰입하게 하는지를 명확히 파악하고 이를 학습에 활용할 수 있는 열린 학습 환경을 제공하는 것이라고 할 수 있다.

그렇기 위해서는 학생들이 자신의 다양한 미시적 동기가 무엇인지 깊이 성찰하게 할 필요가 있다. 이를 위해 우선 다중지능검사를 통해 학생들이 스스로의 강점을 객관적으로 파악할 수 있도록 한다. 다중 지능 검사 결과를 활용할 때 주의해야 할 것은 학생들이 자신의 강점 지능을 고정된 능력치로 판단하고 스스로의 가능성을 제한하지 않도록 하는 것이다. 다중지능검사는 학생의 잠재력에 대한 최종 판결이 아니라, 자신의 미시적 동기가 무엇인지 성찰하기 위한 출발점으로 삼아야 한다.

자신의 강점 지능을 아는 것만으로는 학생들이 자신의 미시적 동기가 무엇인지 파악하기에는 한계가 있다. 미시적 동기는 학생 본인만이 알 수 있는 개인적인 특성으로, 구체적인 삶의 맥락 속에서의 깊은 성찰을 통해 파악할 수 있기 때문이다. 이를 위해 학생들에게 자신의 삶을 돌아보며 어떤 부분에서 흥미를 느끼고 몰입했었는지에 대해 트라이디스(trythis)와 같은 온라인 보드에 글로 적어보도록 한다. 디지털로 아카이빙되는 본 활동은 1회성으로 끝내는 것이 아니라, 지속적으로 실시하여 자신이 미시적 동기를 느끼는 행위와 특성을 자연스럽게 알아챌 수 있도록 한다. 아래는 학생들이 자신이 미시적 동기가 무엇인지 생각해볼 수 있게 하는 교사의 질문 목록이다.

- 여러분은 무엇을 할 때 가장 즐거운가요?
- 여러분은 무엇을 할 때 내가 가치 있다고 느끼나요?
- 여러분을 가장 몰입하게 하는 일은 무엇인가요?

나. 학습 목표를 개별화하여 나와 연관 짓기

로버트 마르자노(Marzano, 2001)가 제시한 뉴 텍소노미(New Taxonomy)는 주로 인지적 영역에 초점을 맞춘 블룸의 텍소노미와는 다르게, 학습자의 자기 시스템(Self-system), 초인지 시스템(Metacognitive system), 인지 시스템(Cognitive system)의 정신 시스템과 지식 영역(Knowledge domain)을 통합하여 보다 종합적인 학습 과정을 제시하고 있다.

그 중 자기 시스템은(Self-system) 학습자가 새로운 과제에 참여할지 말지를 결정하는 가장 첫 번째 시스템으로서, '공부할 내용이 중요한가, 흥미를 일으키는가, 나와 무슨 상관이 있는가, 내가 해낼 수 있는 것인가' 등에 대한 질문과 관련이 깊다. 자기 시스템(Self-system)을 통해 학생들이 스스로 학습의 정당성을 확보하면 비로소 본격적인 학습이 시작된다. 따라서, 교사는 학생들이 '어떤 것을 배우고 싶은지', '배울 내용이 자신에게 어떠한 의미가 있을지', '이와 관련하여 어떠한 개별화된 목표를 세울 것인지' 깊이 생각해보게 하는 것이 좋다. 필자는 아래와 같은 학습지를 통해 학습 목표를 개별화하도록 지도한다.

우선 학생들이 단원을 시작하기에 앞서 교과서를 훑어보도록 한다. 학생들이 단원의 의미를 나와 연관 짓기 위해 최소한의 배경지식을 가져야 하기 때문이다. 교과서 속 핵심 키워드를 뽑아 먼저 정리하도록 한다.

핵심 키워드를 뽑았다면, 키워드를 보고 어떤 것을 배우고 싶은지, 혹은 궁금한 사항을 포스트잇에 적어본다. 포스트잇에 적은 질문들은 교사가 모아, 분류해보고 이번 단원에서 가르칠 교수 요목과 핵심 질문을 도출할 수 있다.

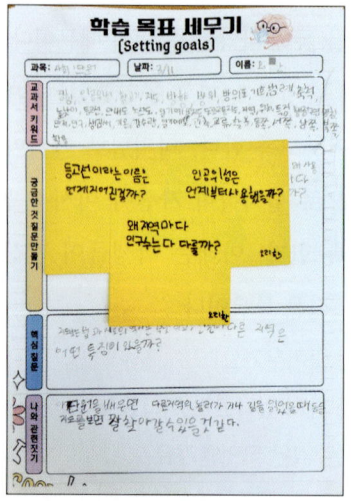

▲ 학습 목표 세우기 학습지

마지막으로 학생들은 우리 반이 도출한 단원의 핵심 질문을 학습지에 정리하고, 궁극적으로 이것을 배우면 나의 삶에 어떤 점이 유익할지, 이것을 어떻게 내 삶과 앞으로 배울 내용들에 적용할 수 있을지를 고민하여 개별화된 학습 목표를 설정한다.

개별화된 학습 목표는 '나와 관련짓기' 칸에 적고 이를 다른 친구들과 대화를 통해 공유하며, 자신의 개별화된 목표를 더 깊이 마음에 새길 수 있도록 유도한다.

다. 학생에게 선택권 부여하기

수업 중 학생에게 선택권을 부여하는 것은 그들의 역량과 미시적 동기를 최대한 존중하여 학습에 대한 개별적인 요구를 충족할 수 있는 효과적인 전략 중 하나다. 하지만, 이러한 전략은 교사가 다양한 선택권에 따라 필요한 컨텐츠를 직접 만들어야 한다는 점에서 실천하기 어렵다는 단점이 있다. 바로 이러한 지점에서 생성형 AI를 적용한다면, 이전에는 실천하기 어려웠던 '선택권이 부여되는 수업'을 만들 수 있다.

1) 학생의 이해를 돕는 보조자료 제공하기

학생의 개별 역량에 따라 동일한 학습 내용에 대한 이해의 수준은 학생마다 각기 다르다. 이런 문제를 해결하기 위해 교사는 학생의 이해를 보조하는 자료를 제공하여 이를 선택적으로 활용케 할 수 있다. 학생의 이해를 돕는 보조자료의 예시로는 내용에 대한 요약 혹은 어휘의 뜻, 읽을 내용을 구조화하는 템플릿 등을 생각해볼 수 있다.

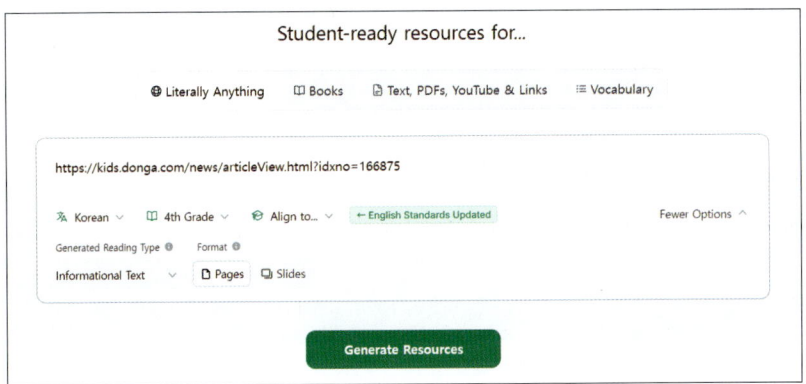

▲ Diffit 서비스 화면

생성형 AI 기반 서비스인 'Diffit'을 이용하면 손쉽게 학습 보조자료를 생성 및 편집하여 학생에게 온/오프라인의 형태로 배포할 수 있다. Diffit은 학습 내용이 담긴 PDF나 링크, 텍스트 등을 입력하면, 다양한 형태의 학습지와 그래픽 오거나이져를 자동으로 만들어주는 서비스다. 교사는 수업 맥락에 필요한 학습지의 형태를 선택하고 일부 편집하여, 이를 그대로 프린트하여 나누어주거나, 구글 문서/설문지/슬라이드의 형태로 배포할 수도 있다.

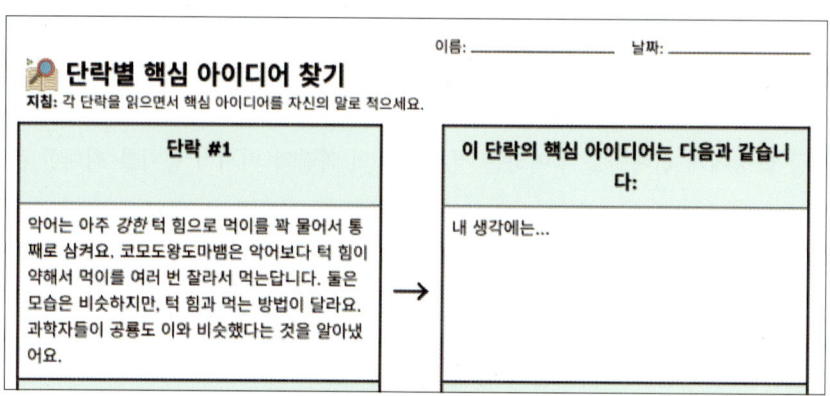

▲ Diffit을 활용하여 생성한 학습지의 일부

2) Choice board를 통한 표현의 선택권 제공하기

학생들이 이해한 바에 대해 자신의 강점과 미시적 동기에 따라 표현을 개별화할 수 있도록 선택권을 제공하는 것은 포용적 맞춤형 학습을 실천하는 핵심적인 전략이다. 이럴 때 Choice board[6]를 미리 준비하여 학생들이 동일한 주제에 대해 다양하게 표현할 수 있도록 하는 것이 좋다.

Choice board를 조금 쉽게 준비하기 위해서 Gemini와 같은 생성형 AI도구와 협업하는 것을 추천한다. 특히 Gemini는 Canvas 기능을 통해 직접 문서를 작성하고, 또 이를 구글 문서 형태로 내보내기가 가능하여 현장에서 쉽게 활용이 가능하다.

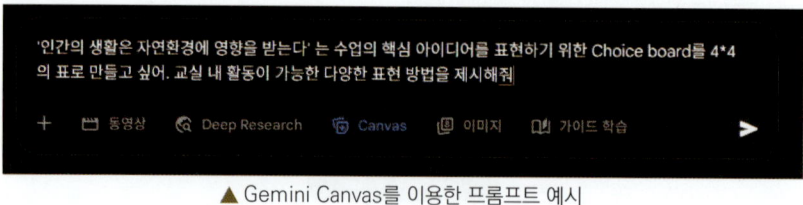

▲ Gemini Canvas를 이용한 프롬프트 예시

---

[6] 학생들이 특정 주제에 대해 제시된 다양한 학습 활동 메뉴 중 스스로 과제를 선택하여 수행하도록 하는 자기주도적 학습 도구.

Gemini Canvas가 제작한 Choice board의 활동들은 AI와의 대화를 통해 수업 맥락과 학급 환경에 따라 수정을 요청하며 정교화하도록 한다. 아래는 수업에 적용한 Choice board의 예이다.

글로 표현해요 (쓰기)	눈으로 보여줘요 (미술)	몸으로 표현해요 (활동)	깊이 탐구해요 (조사)
시 쓰기 자연환경이 우리 생활에 주는 고마움이나 변화에 대한 시를 써보세요.	의식주 포스터 특정 기후 지역(예: 열대, 한대)의 자연환경에 맞는 의식주를 그림으로 표현한 포스터를 만드세요.	미니 연극 자연환경에 적응하며 살아가는 가족의 하루를 3분짜리 짧은 연극으로 만들어 발표해 보세요.	우리 동네 환경 지도 우리 동네의 산, 강, 공원 등 자연환경을 표시하고, 이것이 우리 생활에 주는 이점을 조사해 지도에 표시하세요.
상상 일기 쓰기 내가 만약 사막 한가운데나 남극에 산다면 하루를 어떻게 보낼지 상상하여 일기를 써보세요.	4컷 만화 그리기 자연재해(홍수, 가뭄, 태풍 등)가 우리 생활에 미치는 영향을 4컷 만화로 그려보세요.	일기예보 발표 특정 지역의 기후 특징을 조사하고, 기상캐스터가 되어 날씨와 그에 따른 생활 모습을 예보해 보세요.	전통 가옥 탐구 세계 여러 나라의 전통 가옥이 그 지역의 자연환경을 어떻게 활용하고 극복했는지 조사하여 보고서를 만드세요.

▲ Gemini Canvas를 이용하여 생성한 Choice Board 예시

Choice board를 통한 학습은 학생들이 자신의 강점 및 미시적 동기를 십분 발휘하여 주도적으로 학습에 참여할 수 있는 토대를 마련한다. 따라서, 교사는 앞서 진행한 '나의 미시적 동기 파악하기' 활동 결과를 면밀히 분석하여 이에 따른 선택 활동들을 준비할 수 있도록 한다.

3) 정거장 학습을 통한 참여의 선택권 제공하기

지도정거장	설명정거장	일반화정거장	연습정거장	적용정거장
부진학생 직접지도	친구에게 설명하기	일반화문장 만들기	연습문제 풀기	맥락 적용 총괄평가

정거장 학습은 교실의 여러 곳에 '정거장(Station)'이라고 불리는 다양한 학습 코너를 마련하고, 학생들이 자신의 흥미와 속도에 맞추어 각 정거장을 이동하며 과제를 수행하는 학생 중심의 순환 학습 모형이다.

필자는 '학습과학 6단계 학습모형[7](Goodwin 외, 2024)과 2022 개정교육과정이 강조하는 '깊이 있는 학습'의 핵심을 반영해 5단계의 정거장을 준비하였다. ❶지도정거장은 형성평가의 결과를 참고하여 교사가 부진 학생을 직접 지도하는 정거장이다. 부진 학생 뿐만 아니라 도움이 필요한 친구는 교사에게 요청하면 지도정거장 학습을 진행할 수 있다. ❷설명정거장은 개념과 관련된 간단한 질문에 대해 자신이 이해한 바를 친구에게 말로 설명하는 정거장이다. ❸일반화정거장은 단원의 '일반화된 지식'을 학생들이 문장의 형태로 만들어보고 게시하는 정거장이다. ❹연습정거장은 학생들이 습득한 '일반화된 지식'이 장기기억에 충분히 통합될 수 있도록 AI 코스웨어 등이 제공하는 연습문제를 통해 반복 훈련하는 정거장이다. ❺적용정거장은 학생들이 습득한 '일반화된 지식'을 삶에 맥락에 적용할 수 있는 총괄 평가 과제를 진행하는 정거장이다.

정거장별 필요한 학습 자료는 마찬가지로 Gemini canvas 기능을 통해 제작하였고, 정거장별 학생들의 학습 현황은 StationUP 서비스를 이용하였다. StationUP (https://trpd.me/정거장)은 정거장 학습 시에 각 정거장마다 학습 지침을 제시해주고, 정거장별 학습 지침 아래에는 학생 이름을 버튼으로 표시해서 각 정거장별 학습 완료 여부를 스스로 체크하는 서비스다. 교사는 이를 통해 전체적 학습 현황을 실시간으로 모니터링하고, 발빠르게 개별 피드백을 제공할 수 있다.

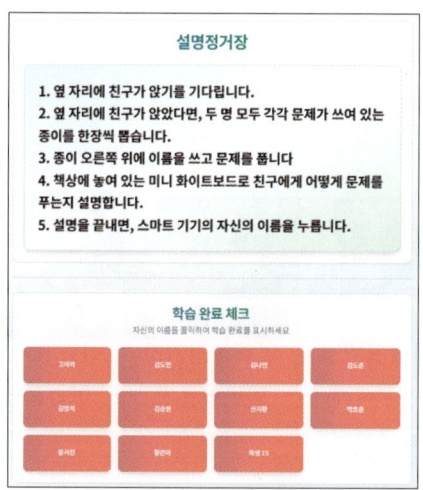

▲ StationUP 서비스 화면

❼ B.Goodwin 등이 제시한 학습과학 기반 학습 모형으로, 관심갖기→학습에 전념하기→새로운 학습에 집중하기→학습 이해하기→연습하고 성찰하기→확장,적용,의미 찾기의 6단계로 구성된다.

라. 학습의 속도 개별화하기

학생들 간의 학습 속도 차이는 매우 다르지만, 우리의 수업은 현실적인 이유로 제한된 시간 내에 이루어진다. 느린 학습자의 경우 학습 내용을 이해하기 위해 비교적 긴 시간이 필요하지만, 수업이 종료되면 학습의 부족분은 그대로 학습 결손으로 이어진다. 교사는 이를 놓치지 않고, 학습 결손으로 이어지기 전에 학습의 시간을 확장할 수 있는 방법을 떠올려야 한다.

1) 개인 과제 목록 부여하기

▲ 개인 과제 목록 학습지

필자는 학습 속도 개별화의 방법으로 Tomlinson(2019)이 본인의 저서에서 제시한 '개인 과제 목록'을 활용하였다. 학생이 단위 차시에서 해결하지 못한 활동이나 형성평가 결과를 바탕으로 추가 학습이 필요한 개념을 개인과제 목록의 형태로 만들어 배부한다. 과제 목록을 작성하는 것은 처음에는 교사가 주도권을 가지고 진행하다가, 점차 학생이 한 주간 진행할 과제 목록을 스스로 작성하는 방향으로 진행하는 것이 좋다.

주간 개인 과제 목록은 학생들이 수업 외 시간에 자기 주도적으로 수행하여 교사에게 확인을 받도록 한다. 느린 학습자 뿐만 아니라 빠른 학습자의 경우에는 학습 내용을 심화할 수 있는 창의력을 요구하는 과제를 제시할 수도 있다. 이 과정을 통해 학생들은 학습 시간이 40분의 수업 시간 내에만 국한 된 것이 아니라, 개인의 학습 속도에 따라 유연하게 조절될 수 있다는 사실을 깨닫게 된다. 더불어 학습에 대한 주도권이 자신에게 있고, 어떠한 학습이든지 내가 의지를 가지고 노력한다면 충분히 이해가 가능함을 알게 된다.

개인 과제 목록을 통해 학습 시간을 확장하여 주도적인 학습을 하기 위해서는 마찬가지로 준비된 학습 콘텐츠가 필요하다. 이 경우에도 Gemini Canvas와 같은 생성형 AI를 적극적으로 활용할 필요가 있다. 형성평가 결과와 선생님이 원하는 학습 자료를 요구하는 프롬프트만 준비하면 개별 맞춤형의 과제 자료를 생성할 수 있다. 아래는 Gemini Canvas를 이용한 수학 교과 서술형 맞춤 학습지 생성의 예시다. 필자는 AI 코스웨어를 이용하여 형성평가를 진행한 후, 학습지 파일과 대시보드의 정오답 요약표를 캡쳐하여 준비하였다. 이를 가지고 Gemini Canvas에게 아래와 같이 학생별 맞춤 학습지 생성을 요청할 수 있다.

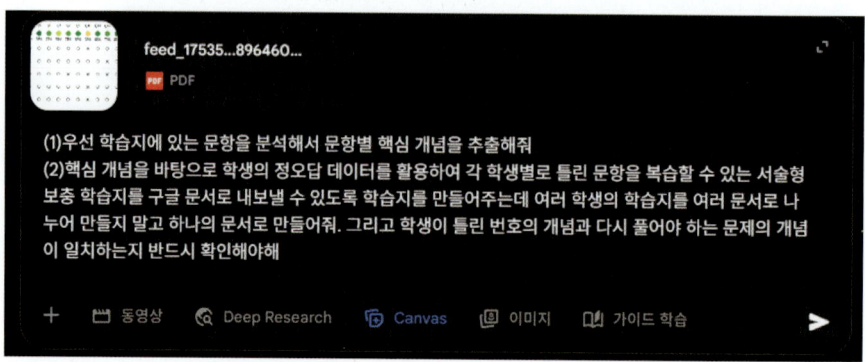

▲ Gemini Canvas를 이용한 개별화 학습지 생성 프롬프트 예시

2) AI 챗봇 활용하기

학습 속도 개별화의 가장 좋은 방법은 유능한 조력자가 대화를 통해 이해의 수준에 맞추어 점진적으로 학습을 유도하는 방법일 것이다. AI 챗봇은 학습 속도를 개별화하여 학생을 완전 학습으로 이끄는 잠재력을 가진 기술이다. AI 챗봇이 어떻게 사전 설계되어 있느냐에 따라 학생들로 하여금 배운 내용에 대한 반복 연습을 하게 할 수도 있고, 고차적인 사고를 유도하게 할 수도 있다. 이는 교사가 어떠한 수업의 지점에서 AI 챗봇을 투입하느냐에 따라 달라질 수 있는데, 필자는 보통 수업의 말미에 학생들이 자신이 이해한 바를 자신의 언어로 표현하며 챗봇과 대화하게 함으로써, 피상적인 이해에서 벗어나 심층적으로 내용을 이해할 수 있도록 하였다.

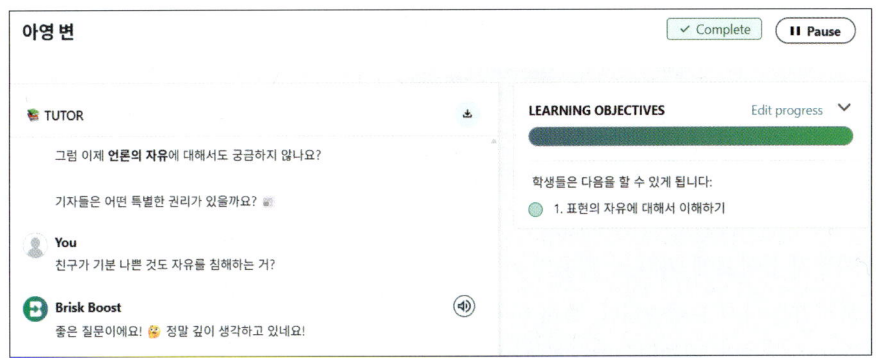

▲ Brisk Teaching의 AI 챗봇 서비스 화면

　Brisk Teaching의 'Boost student activity'는 웹상의 자료를 바탕으로 AI 챗봇 튜터를 생성해주는 기능이다. 보통 수업에 사용한 구글 슬라이드 내에서 이 기능을 활성화하여 챗봇을 만들고, 학생들은 링크 혹은 QR코드를 통해 접속하여 활동을 진행한다. 교사는 사전에 AI 챗봇에 학생들이 달성해야 할 목표(ex.표현의 자유에 대해 이해한다 등)를 설정하여, 학생들이 대화를 통해 해당 목표를 달성할 수 있도록 한다. 교사는 학생들이 목표를 얼마나 달성했는지, 어떤 대화를 나누고 있는지 학생별로 실시간 모니터링하며 개별 피드백을 진행할 수 있다.

4. 모든 아이들의 가능성을 꽃피우는 교실로

　포용적 맞춤형 학습은 모든 학생이 저마다의 고유한 가능성을 지니고 있음을 믿고, 그 잠재력을 최대한 발휘할 수 있도록 돕는 교육의 본질적인 지향점이다. AI 기술의 발전은 시간 부족과 표준화된 평가라는 현실의 벽 앞에서 좌절했던 우리 교사들에게, 이전에는 불가능하다고 여겼던 개별화 교육을 실현할 강력한 도구를 쥐어주었다. 이제 AI라는 든든한 조력자와 함께 학생들이 배움의 주도권을 갖고 자신만의 속도와 방식으로 성장하도록 도울 수 있다. 또한, 그러한 노력들이 모여 표준화된 사회라는 거대한 벽을 무너뜨리는 변혁을 이룰 수 있다. 이 장에서 다룬 고민과 작은 실천들이 모든 아이가 '최고의 자신'을 찾아가는 위대한 여정의 첫걸음이 되기를 바라며, 변화를 향한 선생님의 용기 있는 도전을 응원한다.

동행 노트

저 또한 아이들을 가르치다 보면, '부진아'라는 이름으로 학생을 바라보게 될 때가 있습니다. 그 말 속에 아이의 가능성은 가려지고, 결과만이 남게 됩니다. 이 글을 읽으며 그런 시선을 얼마나 쉽게 갖게 되는지 돌아보게 되었고, 배움의 과정 속에서 발견되는 작은 가능성이야말로 교사가 지켜야 할 본질임을 다시 느꼈습니다. 특히 한 아이의 그림에서 숨겨진 열정을 발견하고, 그것을 배움과 연결하는 장면은 저에게도 큰 울림을 주었습니다. 맞춤형 학습은 결국 아이 한 사람 한 사람의 배움 여정을 존중하는 것임을 새삼 마음에 새기게 되었습니다.

더 나아가 이 글은 교실의 현실적인 어려움 속에서도 교사가 어떤 도구를 통해 해결의 실마리를 찾을 수 있는지를 분명하게 보여주었습니다. AI를 교사를 대신하는 존재가 아니라 학생들의 과정을 더 세밀하게 살펴보고 개별적 피드백을 강화하는 조력자로 제시한 점이 인상 깊었습니다. 교사에게 부족한 시간을 보완해 주고, 학생에게는 자신만의 배움의 길을 열어주는 가능성을 확인할 수 있었습니다. 앞으로 저 역시 기술을 활용할 때 무엇보다도 학생의 과정과 가능성에 초점을 두겠다는 다짐을 다시 한번 새기게 되었습니다.

동행자 서동욱

이 글은 '포용적 맞춤형 학습(Inclusive Personalized Learning)'을 심도 있게 탐구하며, 교사와 학생 모두에게 구체적인 실천 방향을 제시한다는 점에서 의미가 깊습니다. 특히 학습 부진 학생 사례에서 출발하여 맞춤형 학습의 필요성을 설득력 있게 드러낸 점이 인상적이었습니다. 단순히 이론적 논의에 그치지 않고 UDL, PL, 인지처리모형 등 학습 과학적 토대를 제시해 독자가 '왜 포용적 맞춤형 학습이 필요한가'에 대해 생각하도록 합니다.

이 글을 읽으며 저는 교육에서 '평균적 학습자'라는 가정이 얼마나 큰 한계인지 다시 생각하게 되었습니다. 학생 개개인의 고유한 뇌와 학습 방식, 그리고 그들이 가진 미시적 동기를 존중하는 것이야말로 교실에서 진정한 성장을 가능하게 한다는 점이 선명하게 다가왔습니다. 독자들은 이 글을 통해 AI와 같은 새로운 도구가 교사의 역할을 대체하는 것이 아니라, 교사가 학생 개개인을 더 깊이 이해하고 성장으로 이끌어내는 길잡이가 될 수 있음을 깨닫게 될 것이라고 생각합니다. 이 글을 읽으며, "모든 아이가 최고의 자신으로 성장할 수 있도록 돕는 것"이 교육의 본질임을 다시금 환기하였습니다.

동행자 서지나

이 글은 모든 학생에게 동일한 방식을 적용하는 표준화된 교육이 학생의 고유한 특성과 잠재성을 담아내지 못하는 한계를 지적합니다. 특히 학습과학적 관점에서 '평균적인 뇌'는 존재하지 않으며, 개개인이 자신의 사전 경험과 인지적 패턴에 따라 다르게 학습한다는 사실에 기반하여, 포용적 맞춤형 학습(Inclusive Personalized Learning, IPL)을 추구합니다.

실제 교실에서 학습 부진 학생이었던 소정이(가명)가 자신의 강점인 '그림'을 활용하여 수학 개념을 복습했을 때 전례 없는 집중력을 보인 사례는, 학생의 일부 특성(코끼리 다리 만지듯)만 보고 판단해서는 안 되며, 교육의 출발점을 학생 개개인의 고유한 특성에서 찾아야 한다는 교육철학(존 듀이, 1902)을 실천해야 함을 시사합니다. IPL은 수업 설계 단계에서 학습 장벽을 제거하는 보편적 학습 설계(UDL)를 토대로, 학습 속도에 따른 차별화를 거쳐, 궁극적으로 학습 목표와 내용까지 개별화되는 개별화(Personalization)의 스펙트럼(PL)을 교실에 펼치는 것을 목표로 합니다.

그러나 IPL은 한국 교사의 행정 업무 시간 부족 및 높은 학급당 학생 수, 그리고 객관성을 추구하는 표준화된 평가의 딜레마라는 현실적 장벽에 직면합니다. 이 글은 이러한 한계를 극복하기 위한 열쇠로 AI 기술의 역할을 강조하며, AI가 교사를 보조하는 AI 보조교사 역할과 학생의 1:1 학습을 지원하는 AI 튜터 역할을 통해 IPL을 지원할 수 있는 구체적인 AI-POWERED 전략을 제시합니다.

이처럼 AI는 학생들이 배움의 주도권을 갖고 자신만의 속도와 방식으로 성장하도록 돕는 보조적인 수단이 되어, 모든 아이가 '최고의 자신'을 찾아가는 교육의 본질을 실현하도록 돕습니다.

동행자 **이대형**

생성형 AI는 과연 학생 주도성의 적인가, 동료인가?

#생성형AI #사고의 외주화 #PBL #학생주도성 #비판적 사고

이대형

1. 미래의 SW 개발자들에게 왜 '쓰기'가 필요한가

내가 가르치는 아이들은 조금 특별하다. 대학수학능력시험 대신 자신의 실력을 증명할 포트폴리오를 들고 IT 산업 현장으로 곧장 나아갈 마이스터고등학교 학생들이다. 소프트웨어 개발자, 웹 퍼블리셔, UI/UX 디자이너를 꿈꾸는 아이들. 이런 학생들에게 국어 수업, 특히 '글쓰기'는 어떤 의미를 가질 수 있을까?

코드를 짜고 디자인을 하는 이들에게 논리적이고 설득력 있는 글쓰기는 분명 중요한 역량이지만, 어떻게 동기를 부여할 수 있을지 늘 고민이었다. 이 고민은 생성형 AI의 등장과 함께 더 깊어졌다. 'AI 시대를 살아갈 우리 아이들의 주도성을 키워주기 위한 글쓰기 수업은 어떤 모습이어야 하는가?' 이 물음 끝에, 나는 아이들의 실제 삶과 직결된 '우리 주변의 문제를 해결하는 웹페이지 제작'이라는 글쓰기 프로젝트를 설계했다.

"자, 그럼 지금부터 생성형 AI를 활용한 글쓰기 프로젝트를 시작하겠습니다."

내 말이 끝나기 무섭게 교실 뒤편에서 나지막한 탄식이 터져 나왔다. 학생들의 얼굴에는 기대감 대신 '또 조별 과제야?', '글쓰기는 지루한데'와 같은 감정들이 스쳐 지나갔다. 나는 애써 미소를 지으며 물었다. "여러분에게 생성형 AI와 글쓰기는 어떤 의미인가요?" 잠시의 침묵 끝에, 한 학생이 무심하게 대답했다.

"생성형 AI는 그냥 베끼는 도구 아닌가요?"

또 다른 아이도 고개를 끄덕이며 덧붙였다.

"솔직히 글쓰기는 그냥 숙제라고만 생각해요."

그것이 우리 반 학생들의 현실이었다. 학생들에게 생성형 AI는 생각을 건너뛰고 정답을 얻는 '만능 복붙 도구'였고, 글쓰기는 생각을 표현하는 즐거움이 아닌, 마감 시간에 맞춰 제출해야 하는 '귀찮은 숙제'일 뿐이었다. 이 학생들과 함께 AI 시대의 글쓰기 교육이라는 거창한 목표를 달성할 수 있을까? 교실을 채운 것은 기대감이 아닌, 막막함과 냉소의 공기였다. 아이들은 이미 '생각 없음'과 '무기력'이라는 깊은 안개 속에 갇혀 있는 것처럼 보였다.

이 풍경은 AI 시대를 살아가는 우리 교육의 가장 정직한 민낯일지 모른다. 생성형 AI가 학생들의 사고 과정을 대신하며 스스로 생각하는 능력을 저하시킨다는 '사고의 외주화'는 어쩌면 이미 닥쳐온 현실일 수 있다. 그렇다면 생성형 AI는 학생의 주도성을 저하시키기만 하는 존재일까? 생성형 AI가 학생의 주도성을 오히려 확장시킬 가능성은 없는 것일까?

2. AI 시대, 길을 잃은 아이들

프로젝트를 시작하며 아이들에게 생성형 AI를 어떻게 생각하는지 물었을 때, 가장 많이 돌아온 대답은 '나보다 똑똑한 존재'라는 것이었다. 그 믿음은 편리함을 넘어 맹신에 가까워 보였다. 아이들은 AI가 내놓은 결과물을 의심하거나 비판적으로 검토하기보다, 완성된 정답으로 여기고 그대로 복사해 붙여넣는 데 익숙했다. 학생들의 성찰일지에 담긴 고백들은 이러한 현실을 적나라하게 보여준다.

> **학생의 목소리:** "처음에는 프롬프트를 적고 원하는 답인지 아닌지도 모르고 나보다 똑똑한 AI니까라는 생각으로 일단 복붙 했었어요."
>
> "아쉬운 점은, 문장을 다듬을 때 AI가 제안해주는 말에만 너무 의존했던 부분이다. 그 결과 우리 반만의 개성이나 분위기가 덜 묻어나고, 어디선가 본 것 같은 말투가 되어버린 부분도 있었다. 그때는 그게 더 '잘 쓰는 것'이라고 생각했는데, 돌아보니 꼭 그렇지만은 않았던 것 같다."

이 문장을 읽는 순간, 스스로 생각하는 고통스러운 과정을 AI에게 모두 맡겨버릴 때 발생하는 '인지 부채(Cognitive Debt)'[1]가 교실의 현실이 되었음을 직감했다. MIT 미디어랩에서 발표한 연구(Kosmyna et al., 2025)는 이러한 현상을 뇌과학적으로 증명한다. 연구진은 뇌파검사(EEG)[2]측정을 통해 생성형 AI를 활용해 글을 쓴 학생들이 AI 없이 글을 쓴 학생들에 비해 뇌의 연결성이 현저히 약화되는 것을 발견했다. 당장은 손쉽게 과제를 해결하는 것처럼 보이지만, 장기적으로는 문제 해결 능력과 비판적 사고력을 잃어버리는 더 큰 위기에 직면한 것이다. 우리 아이들은 이미 그 위험한 길의 초입에 서 있었다.

사실 '생각하지 않음'의 문제는 AI 탓만은 아닐 것이다. 정해진 답을 찾는 데 익숙한 아이들에게 자신의 생각을 묻는 질문은 늘 낯설었고, 정답 없는 토론은 혼란스러웠다. 글쓰기 또한 생각을 자유롭게 펼치는 창작 활동이라기보다, 교사가 기대하는 모범 답안을 짜 맞추는 과정에 가까웠다.

교육학자 박주용이 『생각 중심 교육』에서 지적했듯, 우리 교육에서 오랫동안 질문과 토론, 글쓰기가 사라졌던 것은 아닐까. 생각하는 힘을 길러주지 못한 교실에서, AI는 아이들이 스스로 생각할 기회마저 잃게 만들 수 있다는 위기감이 엄습했다.

실제로 보고서 과제가 주어지면 아이들의 손은 지체 없이 키보드로 향한다. 몇 개의 키워드로 검색된 자료를 긁어모아 생성형 AI에게 던져주고는 '이걸로 보고서 하나 만들어줘'라고 명령하는 식이다. AI가 생성한 그럴듯한 문장들을 짜깁기하여 제출하는 과정 어디에도 학생 자신의 고민이나 관점은 찾아보기 어렵다. 이것이 바로, 생각하는 힘을 길러주지 못한 교실이 AI라는 강력한 도구를 만났을 때 마주하게 된 위기의 구체적인 모습이었다.

---

[1] LLM(대규모 언어 모델)과 같은 외부 시스템에 반복적으로 의존함으로써 독립적인 사고에 필요한 노력이 필요한 인지 과정이 대체되는 상태. 이는 단기적으로는 정신적 노력을 줄여주지만, 비판적 사고 감소, 조작에 대한 취약성 증가, 창의성 감소와 같은 장기적인 비용을 초래한다.

[2] 뇌파 검사(Electroencephalography, EEG)는 뇌 활동을 기록하는 장치로, 참가자들의 인지적 참여와 인지 부하를 평가하고 에세이 작성 작업 중 신경 활성화를 더 깊이 이해하기 위해 사용된다. 연구에서는 뇌파 신호를 측정하기 위해 Neuroelectrics Enobio 32 헤드셋을 사용했으며, 이 헤드셋은 연구 기간 동안 각 세션에서 EEG 신호를 수집했다. 뇌파 주파수 대역은 델타(0.1-4Hz), 세타(4-8Hz), 알파(8-12Hz), 베타(12-30Hz), 감마(30-100Hz)로 정의된다. 뇌파 분석을 위해서는 Dynamic Directed Transfer Function (dDTF) 방법이 사용되었는데, 이는 뇌파의 주파수 영역에서 가장 효과적인 연결성을 찾기 위해 다변량 자기회귀(MVAR) 모델의 동적 피팅에 초점을 맞춘 방법이다.

3. '의미 있는 고군분투'를 위한 판 설계하기

아이들이 마주한 '생각 없음'을 마주하며, 나는 교사로서의 역할에 대한 근본적인 질문을 다시 던져야만 했다. 그렇다면 교실에서 생성형AI를 쓰는 것은 학생들의 생각을 멈추게 하는 행위일 뿐일까? 나는 이 질문에 답하기 위해 OECD의 학습 나침반 2030에서 제시하는 '학생 주도성(Student Agency)' 개념에 주목했다. 학생 주도성이란, 학생들이 자신의 학습과 삶에 대한 주인의식을 갖고, 책임감 있게 생각하고 행동하며 변화를 만들어가는 역량을 의미한다. 이는 단순히 지식을 수용하는 것을 넘어, 스스로 학습 목표를 설정하고, 성찰하며, 동료와 협력하여 더 나은 미래를 만들어가는 힘이다.

이 관점에서 볼 때, AI의 위협은 AI 자체에 있는 것이 아니라 '생각하지 않아도 되는' 환경에 있다. 그렇다면 역으로 AI를 활용하여 '스스로 생각하고, 동료와 협력하고, 책임감 있게 행동해야만 하는' 학습 환경을 만들 수 있다면, AI는 주도성의 '적'이 아닌 '동료'가 될 수 있지 않을까?

바로 이 지점에서 나는 '생성형 AI 활용 글쓰기 프로젝트'를 설계했다. 글쓰기에 대한 흥미와 자신감이 낮은 학생들에게 AI는 아이디어를 구체화하고, 자료를 찾고, 초고를 작성하는 과정에서 막막함을 덜어주는 효과적인 '스캐폴딩(Scaffolding)'[3]이 되어준다. 또한, AI를 활용하면 이전에는 상상하기 어려웠던 '인터랙티브 웹 보고서' 제작과 같은 고차원적인 결과물을 만들며 성취감을 맛볼 수 있다. 중요한 것은 이 모든 과정이 '완벽한 정답'을 주는 AI의 한계와 씨름하며, AI에게 더 나은 질문을 던지고, AI의 답변을 비판적으로 검토하고, 동료와 끊임없이 소통해야만 가능하다는 점이다. 나는 이 '의미 있는 고군분투'의 과정 속에서 아이들이 AI의 주인이자 자기 학습의 주체로 성장할 것이라 믿었다.

문제의 핵심은 '무엇을 아는가'가 아니라 '어떻게 생각하는가'에 있었다. 교육의 목표는 지식의 전수에서 AI가 대체할 수 없는 인간 고유의 역량, 즉 '주도성'과 '사고력'을 기르는 것으로 재설정되어야 했다.

---

[3] 학생이 스스로 문제를 해결하고 학습 목표에 도달할 수 있도록 교사나 유능한 동료가 제공하는 임시적인 도움이나 단계별 안내를 의미한다. 이는 마치 건물을 지을 때 임시로 설치했다가 건물이 완성되면 철거하는 '비계(scaffold)'와 같다. 예를 들어, 자전거를 처음 배우는 아이에게 보조 바퀴를 달아주거나, 글쓰기가 서툰 학생에게 개요 작성법을 먼저 알려주고 함께 초고를 검토하며 생각의 방향을 이끄는 질문을 던져주는 것이 스캐폴딩에 해당한다. 학습이 진행됨에 따라 이러한 도움은 점차 줄어들고(fading), 최종적으로는 학생이 도움 없이 독립적으로 과제를 수행하는 것을 목표로 한다.

'주도성'과 '사고력'은 강의식 수업으로 길러질 수 없다. 이는 학생들이 익숙하고 편안한 학습 컴포트존(Learning Comfort Zone)❹을 벗어나, 실패를 두려워하지 않고 자신의 한계를 점진적으로 넓혀나갈 때 비로소 싹틀 수 있다. 특히 이 과정에서 겪는 어려움을 모둠별 협력을 통해 함께 극복하며, 마침내 스스로의 힘으로 문제를 해결해내는 경험이 무엇보다 중요하다. 그래서 나는 아이들이 AI가 결코 대신해 줄 수 없는 '과정'의 가치를 온몸으로 느끼게 할 깊이 있는 학습을 위한 생성형 AI 활용 글쓰기 프로젝트 수업을 세심하게 설계해야만 했다.

먼저, 수업의 목표를 '최신 AI 도구 활용법 습득'이 아닌, 'AI를 활용한 학생 주도성과 사고력 함양'으로 재설정했다. 모든 활동은 이 궁극적인 목표를 중심으로 구성되어야 했다.

다음으로 학생들이 진심으로 몰입할 수 있는 '의미 있는 과제'가 필요했다. 단순히 보고서를 제출하고 끝나는 것이 아니라, '청소년 AI 정책 연구원'이 되어 우리 주변의 문제를 탐구하고, 그 결과를 웹 보고서로 만들어 세상과 소통하게 했다. 이처럼 '진짜 독자'를 상상하고 실제적인 결과물을 만들 때, 아이들의 학습 동기는 극적으로 높아진다.

셋째, 성공적인 협업을 위한 구조를 만드는 것이 중요했다. "협력학습의 절반은 모둠 구성에서 결정된다"는 말처럼, 이 프로젝트에서는 또래 교수 효과와 다양한 관점 교환을 극대화하기 위해 의도적으로 다양한 배경과 성향의 학생들이 섞인 '이질 집단'으로 모둠을 구성했다. 그리고 본격적인 프로젝트를 시작하기에 앞서, 이전의 팀 프로젝트 경험을 돌아보며 성공과 실패의 요인을 분석하고, 이번 프로젝트를 위한 우리 팀만의 규칙을 정하는 시간을 충분히 가졌다.

마지막으로 가장 중요했던 원칙은, 이 모든 과정을 수업 시간 안에서 진행하는 것이었다. 프로젝트 시작 전 몇몇 학생들과의 면담에서, 학생들은 "중학교 때 팀 프로젝트는 보통 과제로 주어져서, 수업 시간에는 발표만 했다"고 털어놓았다. 만약 이 프로젝트 역시 과제로 제시했다면, 아이들은 AI에 의존하여 결과물만 만들어내는 손쉬운 길을 택했을 것이다.

12차시라는 긴 시간을 확보하는 것은 부담이었지만, 나는 최종 과업을 여러 개의 작은 단계로 나누어 매 차시 구체적인 결과물을 만들도록 안내했다. 이러한 방식은 아이들의 막막함을 줄이고 매시간 작은 성공을 경험하게 함으로써 '무임승차'나 '독불장군' 없이 모두가 함께 성장하는 협업의 기틀이 되어주었다.

---

❹ 학습자가 안정감을 느끼며 스트레스나 불안을 최소화하고 익숙한 지식과 방법만 반복해서 학습하는 심리적 영역을 의미한다. 이 영역은 심리적 안정감을 주지만, 새로운 기술을 배우거나 도전을 시도하는 데 장애가 될 수 있으며, 개인의 성장과 발전을 위해서는 이 영역을 벗어나 새로운 경험과 도전을 시도해야 한다.

프로젝트의 큰 주제는 '우리 주변의 AI 리터러시 격차 탐구'로 정했다. 아이들은 이 주제 안에서 자신들만의 세부 질문을 만들고, AI를 활용해 조사하고, 최종적으로 웹 보고서를 만들어 세상과 소통해야 했다. 이를 위해 학생들에게 '청소년 AI 정책 연구원'이라는 역할을 부여하고, 사회적 쟁점을 탐구하여 실제적인 결과물을 만들어 세상과 소통하는 것을 목표로 한다.

- **단원명**: Ⅲ. 마음을 움직이는 말과 글
- **성취기준**:
    [10공국1-03-01] 내용 전개의 일반적 원리를 고려하여 사회적 쟁점에 대한 자신의 견해를 정교하게 표현하는 글을 쓴다.
    [10공국1-06-02] 소통 맥락과 매체 특성을 고려하여 다양한 목적의 매체 자료를 제작한다.
- **핵심 아이디어**: 주체적인 생산자는 사회적 쟁점을 다루는 매체 자료를 책임 있게 만들어 공동체와 소통한다.
- **과제 수준의 아이디어**:
    - 공동체 내의 사회적 쟁점인 생성형 AI 리터러시 격차를 주체적으로 탐구하기 위해, 목적과 맥락에 맞는 조사 방법을 계획하고 다양한 전략을 사용하여 자료를 수집할 수 있다.
    - 공동체의 쟁점인 생성형 AI 리터러시 격차를 주체적으로 탐구하고, 목적과 맥락에 맞는 전략을 사용하여 다양한 매체로 표현하는 과정은 공동체의 인식 변화를 이끌어내는 책임감 있는 사회적 소통의 실천이다.
- **목표 독자**: 정책 입안자, 교사, 학부모, 학생
- **최종 결과물**: '청소년 생성형 AI 가이드라인' 발표 전 실태 분석을 담은 인터랙티브 웹 보고서
- **핵심 역량**: 정보 구성력, 사회적 책임감, 도구 활용 윤리, 자기주도적 문제 해결 능력

수업 과정 한눈에 보기

단계	주요 활동 (12차시)	세부 내용	활용 도구
1. 도입 (1차시)	탐구 질문 생성	'우리 학급 생성형 AI 리터러시 격차' 쟁점 도입 및 모둠별 탐구 질문 생성	ChatGPT/Gemini, 패들렛
2. 탐구 1 (2~4차시)	탐구 계획 및 내용 생성	설문/인터뷰 문항 제작, 자료 수집 및 조사	ChatGPT/Gemini, 구글폼, 클로바노트
3. 탐구 2 (5~8차시)	공동 보고서 작성	AI 활용 데이터 분석 및 시각화, 초안 작성 및 동료 피드백	ChatGPT/Gemini, 구글 문서
4. 일반화 (9차시)	핵심 아이디어 정리	모둠별 아이디어 종합 및 핵심 질문에 대한 생각 변화 성찰	
5. 전이 (10~12차시)	웹 보고서 제작 및 발표	AI 활용 코드 생성, 웹 보고서 제작 및 온라인 배포, 성장 보고서 작성	ChatGPT/Gemini, GitHub, Netlify

이러한 설계 위에서 아이들은 단순한 지식 소비자를 넘어, 자신들의 목소리로 사회 문제에 대한 대안을 제시하는 '디지털 창작자'로 거듭나는 경험을 하게 될 것이다.

4. 아이들은 부딪히고, 깨지고, 마침내 성장한다

가. 막막함 속에서 질문을 벼리다: AI와의 첫 만남

프로젝트의 첫 단추는 '탐구 질문 만들기'였다. 나는 "우리 반 친구들의 AI 사용 실태를 알아보자"라는 큰 주제만 던져주었다. 예상대로 교실은 이내 혼돈에 빠졌다. "뭘 조사해야 해요?", "주제가 너무 막연해요."

한 모둠은 몇십 분째 아무것도 정하지 못하고 있었다. 나는 다가가 "AI에게 아이디어를 좀 얻어보는 건 어때?"라고 제안했다. 잠시 후, 그 모둠의 한 학생이 생성형 AI 프롬프트 창에 입력했다.

> **학생의 프롬프트:**
> "고등학생 AI 사용 실태 조사 주제 추천해줘."

AI는 '학업 스트레스와 AI 사용의 상관관계' 등 제법 그럴듯한 주제 목록을 쏟아냈다. 하지만 아이들의 반응은 시큰둥했다. "너무 어려워 보여요.", "우리랑 상관없는 얘기 같아요."

바로 그때, 다른 학생이 불쑥 끼어들었다. "야, 그냥 우리 반 애들한테 물어보는 거니까, 우리한테 맞게 다시 물어봐야지." 그 학생은 키보드를 넘겨받아 프롬프트를 수정하기 시작했다.

> **학생이 수정한 프롬프트:**
> "나는 디자인을 공부하는 고등학생이야. 우리 디자인과 학생들이 흥미를 느낄 만한 생성형 AI 활용 탐구 주제 5가지를 우리 주변의 문제와 연결해서 제안해줘. 예를 들면 '디자인과 학생들은 과제할 때 AI를 어떻게 쓸까?' 같은 거야."

AI의 답변은 이전과 확연히 달랐다. '이미지 생성 AI는 디자인 아이디어 발상에 도움이 될까?' 등 학생들의 눈높이에 맞는 구체적인 아이디어들이 제시되었다. 아이들의 눈이 빛나기 시작했다. 이 작은 성공의 경험은 아이들에게 AI가 단순히 정답을 주는 기계가 아니라, 나의 생각을 명확하게 다듬고 발전시키는 내화 상대가 될 수 있다는 첫인상을 심어주었다. 이는 단순히 정답을 찾는 질문에서 벗어나, 자신의 맥락을 담아 생각을 확장하는 질문을 던질 때 AI가 비로소 '사고의 파트너'가 될 수 있음을 보여주는 장면이었다.

> **학생의 목소리:**
> "이런 다양한 활동들을 하며 AI를 그냥 궁금한 내용 채우는 용도가 아닌 어떤식으로 사용해야 하는지, 어떤식으로 AI를 사용하고 접근해야 하는지에 대해 생각해볼 수 있었고 성장할 수 있었다."
> "AI가 큰 틀을 잡아주니 우리는 감을 잡을 수 있었고 금방 써 나갔다."

학생들은 탐구 주제를 선정하고 이를 위한 탐구 방법을 설계했다. 탐구 방법은 학급 설문조사와 개별 인터뷰 두 가지 방식으로 진행했다. 학생들이 실제로 탐구를 하는데 가장 어려운 지점이 바로 설문조사 문항과 인터뷰 질문을 만드는 것이었다. 제한된 시간 내에 이러한 어려움을 보다 쉽게 돕기 위해 학생들에게 관련된 프롬프트를 제공하였다. 학생들은 다음 프롬프트를 자신만의 주제와 연결하여 수정하고, 이를 활용해서 설문 문항과 인터뷰 문항을 설계하였다.

학생의 목소리:

"원래 나는 AI를 이용해서 맞춤법 검사 밖에 돌리지 못하던 사람이다. AI에게서 내가 원하는 답 내가 원하는 주제를 도출하는 법을 잘 몰랐기 때문이다. 잘 몰랐던 내가 본 활동을 통해서 AI에게 'OO고등학교 OO학년 OO반 디자인과 학생을 대상으로 한 객관식 설문 문항을 만들어 줘'라고 말하니 문항을 만들어 주었는데 마음에 들지 않아서 AI에게 디자인과라는 점을 부각 시켜서 다시 문항을 만들어줘' 라고 말하니 문항을 다시 만들어주었다."

"팀원들과 정한 주제를 바탕으로 인터뷰 문항을 만들고 우리 반 2명을 인터뷰했다. AI에게 위로를 받을 수 있을까라는 주제를 팀원들과 이야기할 때는 좋았지만 인터뷰하는 친구들이 어떻게 생각할지 몰랐지만 나는 이 주제가 좋다고 생각하고 AI를 활용하여 열심히 인터뷰 질문을 만들었다. 인터뷰를 할 때 상대방이 편하게 답을 할 수 있도록 열심히 말도 걸어주며 힘썼다. 인터뷰를 하며 친구들의 경험이나 생각을 알 수 있어서 좋았다. 첫 번째 친구는 AI가 위로를 받은 경험이 없고 잘하지 못할 거 같다고 말했고 두 번째 친구는 AI에게 위로받은 경험이 있고 위로를 잘하는 것 같다고 말했다. 이렇게 인터뷰 내용이 완전히 달라서 더욱 인터뷰가 재미있었다."

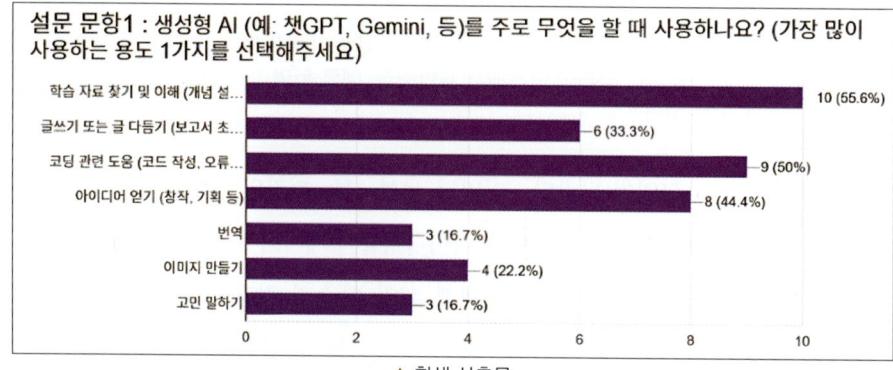

▲ 학생 산출물

AI에게 원하는 답을 얻기 위해 질문을 수정하고, AI의 제안을 바탕으로 실제 인터뷰를 진행하며 예상치 못한 답변 속에서 새로운 재미를 발견하는 과정은 학생들이 AI를 자신의 탐구를 돕는 '조력자'로 인식하기 시작했음을 보여주는 증거였다. AI가 제시한 초안을 비판적으로 검토하고 자신의 목적에 맞게 수정하는 경험을 통해, 아이들은 비로소 AI의 주인이 되어 자신의 탐구를 주도적으로 이끌어가기 시작했다.

나. 갈등과 협력 속에서 '사고의 파트너'를 만나다

보고서 작성 단계에서 아이들은 또 다른 난관에 부딪혔다. 설문조사 데이터는 모았지만, 이 숫자들을 어떻게 의미 있는 주장으로 엮어낼지 막막해했다. 아이들은 긴 인터뷰 녹취록을 앞에 두고 어디서부터 분석을 시작해야 할지 몰라 헤맸다. 이때 생성형 AI는 텍스트 데이터를 시각화하여 핵심을 파악하는 강력한 분석 도구가 되어주었다.

워드클라우드 변환 프롬프트 예시:

〈배경〉

아래 인터뷰 전사 전문을 워드클라우드로 시각화하려 해.

① 인터뷰 주요 내용을 워드클라우드로 제작해줘(단어별 등장 빈도 포함, 긴 단어는 짧은 표현으로 요약) 단어 추출시 konlpy 모듈이 아닌 chatgpt에서 실행해줘

② 워드클라우드가 보여주는 핵심 의미를 2문장으로 요약

※ 단어들은 다양한 각도와 크기로 자유롭게 배열

- 수평뿐 아니라 수직 배치 비중 높이기(prefer_horizontal=0.1), 무작위 배치(random_state=42)
- 배경은 흰색, 크기 800×400, 한글 폰트 Pretendard(.ttf)
- 긴 문장 대신 단어 단위로 시각화
- 띄어쓰기 제거, 복합어는 하나로 붙이기(collocations=False)
- 다채로운 색상 팔레트 사용(colormap='rainbow')
- 단어 간 간격 최소화(margin=1), 여백 줄여 오밀조밀하게 배열
- 단어 크기는 빈도에 비례하되 너무 크지 않게 균형 있게 조정

　〈인터뷰 전사〉
　===== 인터뷰 1 =====
　이름: {이름 입력}
　… (인터뷰 텍스트 내용 입력) …
　===== 인터뷰 2 =====
　이름: {이름 입력}
　… (인터뷰 텍스트 내용 입력) …

이러한 프롬프트를 활용하여 학생들은 방대한 인터뷰 내용을 한눈에 파악할 수 있는 워드클라우드로 변환했다. 이 과정은 단순히 정보를 요약하는 것을 넘어, 데이터 속에 숨겨진 핵심 키워드와 맥락을 객관적으로 발견하는 경험을 제공했다. AI가 생성한 시각 자료를 바탕으로 학생들은 더 깊이 있는 토론을 시작할 수 있었고, 이는 보고서의 논리를 탄탄하게 만드는 결정적인 계기가 되었다.

학생의 목소리:

"선생님의 프롬프트를 이용하여 AI에게 질문하니 높은 퀄리티의 답변을 받을 수 있어 신기했다. 받은 답변을 바탕으로 어설픈 질문을 해도 완벽히 이해하고 좋은 답변을 해주는 게 흥미로웠다."

"AI를 활용하면서 내가 하기 어려운 일을 빠르게 끝낼 수 있어서 이번에는 좋은 도움이 되었다. AI를 유용하게 사용하려면 질문을 정확하게 해야한다는 점이 인상 깊으면서 어려우기도 하였다."

"폰트를 제공한 뒤 프롬프트 형식을 보내면 원하는 대로 워드클라우드를 만들어주는 것이 신기했다. 가장 많이 쓴 키워드를 크기로 나타내는게 신기했다. 폰트만 삽입 했을 뿐인데 너무 신기했다."

▲ 학생 산출물

　보고서 작성을 위한 협업 과정은 순탄치만은 않았다. 프로젝트 초반, 교실 곳곳에서 갈등이 터져 나왔다. 의견은 계속 엇갈렸고, 몇몇 모둠은 진도를 나가지 못했다. 교실 곳곳에는 냉랭한 침묵이 흐르거나, 작은 목소리로 서로를 탓하는 소리가 들려왔다. 한 모둠에서는 보고서의 방향을 두고 며칠째 평행선을 달리고 있었다.

　나는 당장이라도 개입해서 해결책을 제시하고 싶은 마음을 눌렀다. 학생의 주도성이란 교사가 해결방안을 제시할 때가 아니라, 스스로 고민하고 실패하며, 동료들과 충분히 대화할 시간을 가질 때 발현된다고 믿었기 때문에 그저 충분히 이야기할 시간을 주며 지켜보았다. 그리고 며칠 후, 그 믿음은 교실에서 증명되기 시작했다. 아이들은 서로의 의견을 조금씩 섞어가며 제3의 대안을 만들어내기 시작했다. '자신의 의견'을 관철하는 대신 '우리의 목표'를 위해 타협하고 소통하는 법을 배우고 있었다.

학생의 목소리:

"소통은 너무 어려웠다. 서로 각자의 생각과 의견이 너무 달라서 진도를 계속 못 나가긴 했지만 우린 점차 점차 시간이 지나면서 서로 공감과 존중 그리고 배려를 할 수 있는 사람으로 성장해 있었다."

"서로의 의견이 충돌하기도 하고 생각이 잘 맞지 않아 어려운 순간도 있었다. 하지만 바로 그런 과정 속에서 나는 '협업'이란 단어의 진짜 의미를 체감했고, 서로의 의견을 존중하면서 하나의 결과물을 완성해 나가는 것이 얼마나 소중하고 값진 일인지 느낄 수 있었다."

이러한 협업 과정 속에서 생성형 AI의 역할은 더욱 빛을 발했다. 한 모둠은 'AI에게 위로를 받을 수 있을까?'라는 흥미로운 주제를 잡았지만, 찬반 의견이 팽팽하게 맞서는 인터뷰 결과를 어떻게 분석해야 할지 몰라 헤매고 있었다. 나는 그 모둠에게 생성형 AI에게 새로운 역할을 부여해보자고 제안했다. "AI를 그냥 글 써주는 비서가 아니라, 네 주장을 날카롭게 공격하는 '반대편 토론자'로 만들어보는 건 어때?" 이처럼 아이들이 AI를 다르게 활용하도록 유도했다. AI를 단순히 글을 요약하고 정리하는 비서가 아니라, 특정 역할을 부여하여 생각의 깊이를 더하는 파트너로 만들어보자고 제안한 것이다.

학생은 잠시 고민하더니 AI에게 다음과 같이 명령했다.

> **학생의 프롬프트:**
> "너는 지금부터 'AI는 인간에게 진정한 위로를 줄 수 없다'고 주장하는 비판적인 심리학자야. 내가 'AI는 공감 능력이 없지만, 24시간 언제든 편견 없이 들어준다는 점에서 위로를 줄 수 있다'고 주장할 거야. 내 주장의 논리적 허점을 찾고, 예상되는 반론 3가지를 구체적인 근거와 함께 제시해줘."

생성형 AI는 보다 구체적이면서 날카로운 답변을 내놓았다. '감정적 교류 없는 정보 제공의 한계', '알고리즘에 의한 편향된 위로의 위험성' 등 학생들이 미처 생각지 못했던 반론들이었다. 학생들은 AI의 반론을 읽으며 당황했지만, 이내 자신들의 주장을 방어하기 위해 더 탄탄한 논리를 고민하기 시작했다. 이 과정에서 아이들은 AI가 써준 글을 '복붙'하는 대신, AI와의 치열한 상호작용을 통해 자신의 생각을 정교화하는 경험을 했다.

> **학생의 목소리:**
> "생성형 AI를 단순한 도구로 넘어서 생각을 정리하고 구조화하는 하나의 과정으로 활용하는 법을 배울 수 있었던, 나에게 꽤 의미 깊은 시간이었다."

다. 동료의 눈으로 비춰보는 AI의 글: 비판적 사고를 깨우는 동료 피드백

학생과 AI의 협업만큼이나 중요했던 것은 학생과 학생 사이의 협업이었다. 특히 생성형 AI 활용 수업에서 'AI 피드백' 뿐만 아니라 '동료 피드백'은 선택이 아닌 필수적인 과정이었다. 이는 단순히 글의 완성도를 높이는 것을 넘어, 피드백을 주고받는 경험 자체가 학생들의 글쓰기 역량을 키우기 때문이다. 실제로 윤경훈과 김혜연은 동료 피드백 경험 자체가 글쓰기 능력 향상에 유의미한 영향을 미칠 수 있으며, 타인의 글을 피드백하는 행위는 글쓰기 과정에 대한 메타적 인식을 확장시킨다고 밝히고 있다. 이러한 교육적 효과는 이번 프로젝트에서도 명확하게 드러났다. 흥미롭게도, 학생들은 자신이 AI를 활용해 쓴 글의 어색함이나 논리적 비약은 잘 찾아내지 못했지만, 다른 학생이 AI를 활용하여 쓴 글은 놀라울 만큼 날카롭게 비판적으로 분석해냈다. AI의 결과물을 무비판적으로 수용하던 모습과는 정반대였다.

이러한 현상을 활용하기 위해, 나는 의도적으로 학생들이 서로의 보고서를 깊이 있게 읽고 소통하는 구조화된 피드백 활동을 설계했다. 피드백은 '유보적 피드백 → 논평형 피드백 → 대안제시형 피드백'의 3단계로 점진적으로 심화되도록 구성하여, 학생들이 심리적 안정감 속에서 비판적 사고를 확장해나가도록 유도했다.

동료 피드백 활동지 예시 일부

[1단계] 유보적 피드백: 공감과 질문으로 마음 열기
- 이 단계에서는 보고서에 대한 첫인상, 개인적인 경험, 또는 이해가 어려운 부분에 대해 편안하게 이야기 나눕니다. 판단이나 평가는 잠시 내려놓고, 독자로서 느낀 점을 공유해주세요.

1. 보고서를 처음 읽고 난 후, 가장 먼저 떠오른 생각이나 느낌은 무엇인가요?

> 예시: "이 주제에 대해 이렇게 깊이 조사했다니 놀라워!", "이 부분은 나도 평소에 궁금했던 내용이라 흥미로웠어."

2. 보고서 내용 중 특별히 공감되거나, 자신의 경험과 연결되는 부분이 있었나요? 있다면 간단히 적어주세요.

> 예시: "보고서에서 언급된 OOO 문제에 대해 나도 OOO인 비슷한 경험을 한 적이 있어서 더욱 와닿았어. 내가 경험했던 것은~~~~"

첫 단계인 '유보적 피드백'에서는 평가 대신 공감과 질문으로 서로의 마음을 열게 했다. 이 과정을 통해 학생들은 단순한 '평가자'가 아닌, 글의 발전을 돕는 '조력자'로서의 정체성을 갖게 되었다.

안전한 소통의 기반이 마련되자, 학생들은 '논평형 피드백' 단계에서 본격적으로 서로의 글을 논리적으로 분석하기 시작했다. "이 주장에 대한 근거가 부족한 것 같아. 우리 인터뷰 결과를 넣으면 더 설득력 있을 것 같아"와 같은 날카로운 지적이 오고 갔다. AI가 제시한 그럴듯해 보이는 문장 뒤에 숨겨진 논리의 비약이나 근거의 부족함을 동료의 눈을 통해 발견하는 순간이었다.

마지막 '대안 제시형 피드백' 단계에서는 비판을 넘어 건설적인 대안을 함께 모색했다. 학생들은 단순히 문제점을 지적하는 데 그치지 않고, "이 통계 자료는 AI가 만들어준 그래프보다 우리가 직접 만든 막대그래프로 보여주는 게 더 이해하기 쉬울 거야"와 같이 구체적인 개선 방안을 제안했다. 이 과정은 AI의 결과물을 맹목적으로 수용하던 태도에서 벗어나, 비판적 사고를 통해 더 나은 결과물을 만들어가는 과정을 보여주었다. 동료의 글을 비판적으로 읽는 경험은 곧 자신의 글을 객관적으로 돌아보는 성찰의 계기가 되었다. AI가 생성한 문장의 매끄러움에 가려져 있던 문제점들이 동료의 눈을 통해 비로소 드러나는 순간, 아이들은 AI의 결과물을 넘어 '더 나은 글'을 향한 고민을 시작했다.

> **학생의 목소리:**
> "AI가 우리가 쓴 보고서를 보고 분석하여 보안할 점을 많이 찾은 것(AI가 제공한 피드백)이 친구들이 우리의 보고서를 보고 보안할 점을 찾은 것(동료 피드백)과 비슷하여 놀랐다"
> "친구들이 한 보고서를 피드백 하고 칭찬도 하니 더 발전해나가는 느낌이 들고 전보다 생각이 많아진 것 같다"
> "AI에게 어떤 방식으로 피드백을 쓰면 좋을지 물어보았을 때, 구체적인 문장 틀을 제시해줘서 정말 도움이 되었다. 다만 제가 원하는 톤이나 문장을 정확히 맞추려면 프롬프트를 여러 번 수정해야 해서 그 과정이 조금 어려웠다."
> "다른 조의 글을 읽고 피드백 하는 활동이니, 독자가 어떻게 느끼고 생각하는 지를 솔직하게 적는 것이 좋을 것 같아서 AI를 활용하지 않고 직접 작성했다."

라. "코드가 이상해요!": 기술의 한계 앞에서 길을 찾다

구글 문서로 보고서를 완성한 학생들 앞에 마지막 관문이 놓였다. 바로 이 보고서를 실제 작동하는 웹페이지로 구현하는 것이다. 이 활동은 국어 수업의 역량을 학생들의 미래와 직접 연결하기 위해 설계한 핵심적인 과정이었다. IT 마이스터고 1학년 학생들에게 웹페이지를 온전히 개발할 전문 지식은 아직 부족했지만, 생성형 AI는 이 불가능해 보였던 도전을 현실로 만들어 주었다.

물론, 보고서 내용을 입력하고 "웹페이지로 만들어줘"라는 명령 한 번으로 끝나는 간단한 과정은 아니었다. AI는 그럴듯한 코드를 순식간에 내놓았지만, 결과물은 학생들의 본래 의도와 미묘하게 어긋나거나 핵심 내용이 왜곡되곤 했다. "코느가 이상해요!", "이건 우리가 쓴 내용과 다른데요?" 학생들의 불평과 의문이 터져 나오는 바로 그 순간, 진짜 배움이 시작되고 있었다.

흥미로운 지점은, 자신이 직접 쓴 글을 스스로 교정하는 데는 어려움을 느끼던 학생들도 AI가 만든 결과물이 자신들의 의도를 제대로 반영했는지는 놀라울 만큼 날카롭게 파악해 냈다는 점이다. 학생들은 AI가 만든 결과물을 비판적으로 검토하고 자신들의 의도에 맞게 끈질기게 수정하며 웹페이지를 완성해 나갔다.

이 경험은 단순히 기술을 배우는 것을 넘어, 생각의 주도성을 기르는 과정이었다. 동시에 국어 수업에서 연마한 논리적 사고와 글쓰기 역량이 자신의 진로에 얼마나 중요한지 스스로 깨닫는 결정적 계기이기도 했다. 따라서 이 과정의 핵심은 AI에게 모든 것을 맡기는 것이 아니라, 자신의 의도를 코드로 정확히 구현하도록 정교한 프롬프트를 구성하는 능력에 있었다. 나는 학생들에게 예시 프롬프트를 제공하고, 이를 분석하여 자신만의 언어로 재구성하도록 안내했다.

웹페이지 제작 프롬프트 예시:

프롬프트 시작

1. 주요 목표:
아래 "학생보고서입력" 섹션에 제공될 학생 공동 조사 보고서 내용을 기반으로, 명시된 모든 제약 조건과 가이드라인을 준수하여 단일 파일 HTML 인포그래픽을 생성해 주십시오. 이 인포그래픽은 해당 조사 보고서의 주요 연구 내용, 방법론, 핵심 결과, 그리고 결론을 시각적으로 명확하고 이해하기 쉽게 요약해야 합니다.
(AI는 내부적으로 코드 로직을 구성할 때 Vite, Vanilla JS, TypeScript 개발 환경의 원칙을 참고할 수 있으나, 최종 산출물은 반드시 모든 CSS와 JavaScript가 HTML 파일 내에 포함된 형태여야 합니다. 외부 파일 링크는 허용되지 않습니다.)

2. 입력 자료:
주요 콘텐츠 소스: 아래 "학생보고서입력" 섹션에 학생이 직접 입력한 보고서 전문.
AI는 이 입력된 내용을 분석하여 인포그래픽의 모든 텍스트(한국어 가정) 및 데이터 소스로 활용합니다. 보고서 내 인용 부호는 인포그래픽 텍스트에서 제거합니다.
색상 팔레트 제안 (AI는 보고서 주제에 맞춰 조정 가능): "Professional & Clear"
Primary Blue: #2A62B6
Secondary Teal: #4ECDC4
Accent Grey: #A9A9A9
Supporting Light Blue: #E0F2FE
Dark Text: #263238
Light Background: #FFFFFF (카드 배경), #F4F7F9 (기본 배경)
AI는 보고서의 주제나 분위기에 더 적합한 다른 전문적인 색상 팔레트를 선택하거나, 학생이 특정 색상 팔레트를 요청할 경우 이를 반영할 수 있습니다.
차트 선택 가이드라인: 시각화는 Chart.js(캔버스) 또는 HTML/CSS 다이어그램으로 제한됩니다. SVG 및 Mermaid JS는 절대 사용하지 마십시오.
학생보고서입력-인포그래픽으로 만들고 싶은 공동 조사 보고서의 전체 내용을 여기에 복사하여 붙여 넣어주세요. AI는 이 내용을 바탕으로 인포그래픽을 구성합니다. 통계데이터는 하나도 빠짐없이 모두 포함해야 합니다.

{(여기에 학생이 보고서 내용을 붙여넣습니다.)}

웹페이지 제작 막바지에는 기술적 오류와의 고단한 싸움이 이어졌다. 완성도를 높이려 AI를 활용하여 코드를 수정하다 보면 어느새 수많은 오류와 마주하게 되는 것이다. 실제로 한 모둠은 인터랙티브 차트 상자 크기가 너무 작아서 가독성이 떨어지거나 워드클라우드 이미지가 원하는 위치에 표시되지 않는 문제로 골머리를 앓고 있었다.

"선생님, AI가 코드를 이상하게 줘서 못 하겠어요."

처음에는 불평만 하던 학생들은, 단순히 AI가 주는 코드를 '복사-붙여넣기'해서는 문제가 해결되지 않는다는 사실을 깨닫자 마침내 전략을 바꾸기 시작했다. AI에게 새로운 코드를 무작정 요구하는 대신, 코드의 '의미'를 묻기 시작한 것이다. "이 코드에서 'width'는 무슨 뜻이야?", "이 부분을 수정하면 화면이 어떻게 바뀌어?" 학생들은 AI에게 코드의 원리를 설명해달라고 요청하며, 점차 코드의 구조를 이해하게 되었다.

결정적인 순간은 한 학생의 외침과 함께 찾아왔다. "아, 이제 알겠다! 이 부분을 고치면 되겠네!" 그 학생은 AI의 설명을 바탕으로 직접 코드를 수정하기 시작했다. width 값을 바꾸자 상자의 크기가 변했고, ⟨center⟩ 태그를 넣자 이미지가 중앙으로 정렬되었다. 그 작은 성공에 아이들은 자리에서 벌떡 일어나 하이파이브를 하며 환호성을 질렀다. 이 모습이야말로 이 프로젝트가 추구했던 가장 핵심적인 배움의 순간이었다.

'완벽한 정답'을 내놓지 않는 AI의 한계와 씨름하는 '의미 있는 고군분투'를 통해, 학생들은 AI를 맹신하는 수동적인 사용자에서 벗어나 스스로 문제를 해결하는 주체적인 개발자로 성장하고 있었다.

학생의 목소리:
"AI를 사용하여 웹페이지를 제작한 것이 가장 기억에 남는다. 왜냐하면 웹페이지 제작은 내가 생각했을 때는 매우 어렵고 힘든 작업이라고 생각했기 때문이다. 하지만 생성형 AI를 사용하여 웹페이지를 제작해보는데 몇 초도 안 지났는데 AI가 500줄이나 되는 코드를 나한테 보여주어 속도에 놀랐다."

"비록 AI를 사용하여 만들긴 했지만 내가 처음으로 만든 웹페이지여서 인상이 깊었다. 또 친구들과 몇 시간에 걸쳐 다 함께 주제를 정하고, 설문, 인터뷰하여 만든 결과들을 하나의 페이지에 넣는다는 것이 정말 뿌듯했다."

"AI가 전체적인 것은 다 만들수 있지만 사소한 내용을 고치려면 내가 해야하는 구나를 깨달았고 아직 사람이 필요한 작업이 많다 라는 것을 느꼈다."

"오류를 발견 했을 때는 오류를 수정해줘 아니면 어디서 오류가 났는지 알려줘 라고 하며 오류를 수정하고 웹페이지를 보완해 나가는 과정이 내가 모르던 생성형 AI에 세계에 대해서 알게 해주었고, 수정해 나가는 과정에서 글을 쓸 때 피드백을 받고 수정하는 과정이 조금 더 실감나고 직접적으로 다가왔다. 그리고 다음부터는 글쓰거나 디자인을 할때 등 나에게 영감을 주거나 조언을 해주는 역할로 AI를 이용할 수 있게 성장한 것 같다."

"보고서를 웹사이트로 변환하면서 내가 쓴 글을 객관적으로 바라보며 수정해야 할 부분이 추가적으로 더 보여서 나 스스로 글쓰기 능력이 정말 많이 늘었다고 생각했다."

3. 조사 결과

가. 설문조사 결과 분석

Q1. AI 도움, 어느 정도가 효과적일까?
AI의 도움을 어느 정도로 받는 것이 학습에 가장 효과적이라고 생각하나요?

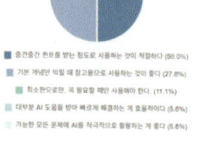

- 중간중간 힌트를 받는 정도로 사용하는 것이 적절하다 (50.0%)
- 기본 개념만 익힐 때 참고용으로 사용하는 것이 좋다 (27.8%)
- 최소한으로만, 꼭 필요할 때만 사용해야 한다 (11.1%)
- 대부분 AI 도움을 받아 빠르게 해결하는 게 효율적이다 (5.6%)
- 거의 모든 과제에 AI를 적극적으로 활용하는 것이 좋다 (5.6%)

Q2. AI 답변, 얼마나 이해할까?
AI가 답을 알려줄 때, 그 내용을 완전히 이해하고 넘어가는 편인가요?

Q3. AI 사용, 사고력에 방해될까?
생성형 AI 사용이 스스로 사고하는 능력이나 지식 쌓기에 방해가 된다고 느끼시나요?

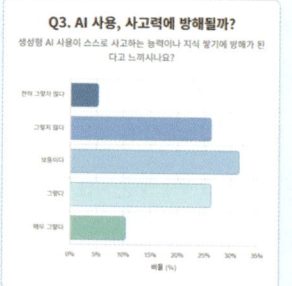

설문 결과 요약

학생들은 AI를 유익한 도구로 인식하나, 신중한 활용을 중시했다. 필요한 순간에 힌트를 얻는 수준(50%)이 가장 적절하다는 의견이 많았고, 기본 개념만 익힐 때 참고용으로 사용하는 것이 좋다는 의견도 있었다.

대부분 학생(94.5%)은 AI 답변 내용을 이해하고 자기 것으로 만들려는 태도를 보여, AI 활용이 학습 효과에 긍정적일 수 있음을 시사했다.

AI 사용이 사고력/지식 습득에 방해된다는 인식(36.8%)과 그렇지 않다는 인식이 혼재하여, **AI 영향에 대한 학생들의 인식이 다양함**을 확인했다.

나. 개별 인터뷰 분석 결과

인터뷰 1: 조*모 학생

- 인식: AI는 다양한 시각과 관점을 제시하는 도구.
- 태도: AI 의존에 선을 그음. 스스로 해결 노력, AI는 보조 수단.
- 단점 언급: 가끔 어색한 표현, 부정확한 정보.
- 사용 기준: 명확한 기준 없음. 상황에 따라 판단.
- 주요 키워드: 다양한 시각, 보조 수단, 자기 주도, 부정확성, 신뢰도 문제, 기준 모호

인터뷰 2: 정*희 학생

- 활용 방식: 코딩 테스트 준비 시 GPT 코드 단순 복사 아닌, 스스로 해석 및 이해 노력.
- 효율성: 모르는 내용 검색보다 빠르게 정보 획득. 정보 탐색 도구로 활용.
- 고민: 수행평가 시 AI 사용 시 정직하지 않다는 느낌. 도덕적 경계 모호.
- 사용 기준: 별다른 기준 없이, 모르면 바로 GPT 활용.
- 주요 키워드: 코드 해석, 자기 주도 학습, 빠른 정보 탐색, 효율성, 도덕적 고민, 기준 없음

▲ 학생 산출물

마. 글쓰기와의 새로운 관계: 숙제에서 나를 표현하는 도구로

한 학생은 프로젝트 내내 글쓰기를 유독 버거워했다. 자료를 정리하고 문장을 만드는 일에 늘 막막함을 토로했다. 그런데 프로젝트가 끝난 후 제출한 성찰일지에서 그 학생은 놀라운 고백을 했다. 결과물은 만족스럽지 않았지만, 그 과정에서 자신이 무엇을 고민하고 배웠는지가 더 값졌다는 것이었다. 글쓰기가 평가의 대상이 아니라, 자신의 생각과 성장을 확인하는 '거울'이 되는 순간이었다.

> **학생의 목소리:**
> "이번 활동을 하면서 느낀 건, 단순히 결과물만 중요한 게 아니라 그 과정을 통해 내가 어떤 고민을 하고, 어떤 걸 배웠는지가 더 값졌다."
>
> "글은 정답을 쓰는 게 아니라 내가 하고 싶은 말을 독자가 이해할 수 있게 만드는 일이라는 거였다."
>
> "우리는 웹페이지를 수정을 하던 도중 서로 의견이 안 맞았던 때가 있었다. 그로 인해 서로 간의 의견이 잘 안 맞았고 싫어하는 티를 냈다. 이렇게 뒀다가는 안 될 거 같아서 중간에서 서로의 의견을 강조하고 무작정 주장하기만 해서는 절대 타협점을 찾을 수 없다는 걸 알아서 서로 간의 의견을 들어보고 무작정 주장하는 것보다는 상대방의 의견도 존중해가면서 타협점을 찾아가야 한다고 하였다."
>
> "생성형 AI가 제공하는 정보는 항상 정확하다고 볼 수 없기 때문에, 그러한 자료들을 웹 검색 등을 통해 교차 검증하면서 내용의 신뢰도를 높이는 데에 중점을 두었다."

5. 우리는 정답이 아닌, 성장 가능성에 답한다

프로젝트가 모두 끝나고 학생들의 성찰일지를 읽어 내려갔다. 서툴지만 진솔한 문장들 속에서 나는 이 프로젝트의 끝에서 찾고 싶었던 희망의 증거를 발견했다. 그것은 화려한 성공의 기록이 아니었다. 오히려 자신의 부족함을 인정하고, 다음을 기약하는 작은 다짐에 가까웠다.

> **학생의 목소리:**
> "예전에는 조별 활동을 할 때 소극적으로 참여하고 말 수도 적었지만 앞으로 조별 활동을 한다면 지금보다 더 적극적이고 열심히 참여할 수 있을 거란 생각이 든다. 아직 서툴기는 하지만 여러 번 경험하고 시도하며 성장하는 내가 됐으면 좋겠다."
>
> "나 자신에게 100점을 줄 수는 없지만, 후회 없는 노력에 대해 90점을 주고 싶다. 처음에는 낯설고 다양한 어려움이 있었지만, 활동을 마친 지금은 큰 성취감과 자부심을 느낀다. 이 소중한 경험은 앞으로 나의 성장을 이끄는 든든한 발판이 될 것이다."
>
> "AI가 꼭 나쁜 것뿐만 아니라 느꼈고 또한 AI는 우리의 인생에 주축이 되면 안 되고 우리가 가는 길을 좀 다듬어주는 용도 정도로만 사용해야 한다는 걸 느꼈다. 물론 AI는 우리보다 더욱 똑똑하다고는 할 수 있지만 내가 똑똑한 건 아니기 때문에 내가 발전해야 한다는 걸 느끼게 되었다."
>
> "생성형 AI를 쓰면서도 그 결과를 단순히 베끼는 게 아니라 내 식으로 해석하고 표현해야 한다는 점이 늘 고민이었다. 그 과정에서 가장 크게 느낀 건, 글은 정답을 쓰는 게 아니라 내가 하고 싶은 말을 독자가 잘 이해할 수 있게 만드는 일이라는 거였다. 지금 쓰고 있는 글이 누구를 위한 것이고 무슨 질문에 답하고 있는지를 계속 생각하다 보니, 글을 다듬는 태도도 전보다 훨씬 진지해졌다."
>
> "우리 팀 보고서 발표는 생각보다 금방 지나갔고, 마지막 인사를 하려는 순간 그동안 준비했던 시간들이 떠오르면서 감정이 벅차올랐다. 그래서 발표 끝부분엔 눈물이 살짝 났고, 그걸 참고 마지막 인사를 했던 기억이 난다. 3분도 안 되는 발표 시간이었지만, 저에게는 스스로 한 단계 성장할 수 있었던 정말 의미 있는 경험이었다."

결국 생성형 AI는 학생 주도성의 '적'도, '동료'도 아니다. 그것은 교사의 교육적 설계에 따라 그 역할이 결정되는 강력한 '도구'일 뿐이다. 이 프로젝트의 진짜 성공은 학생들이 생성형 AI를 잘 다루게 된 것이 아니다. 오히려 생성형 AI의 불완전함과 한계에 부딪히면서, 학생들이 스스로 생각하고, 동료와 소통하고, 자신의 목소리로 글을 써야만 하는 '의미 있는 불편한 상황'에 놓였다는 점이 핵심이다.

이 과정에서 교사의 역할 또한 재정의된다. 정답을 알려주는 지식 전달자가 아니라, 좋은 질문을 던지는 '안내자'가 되어야 한다. 아이들이 막막해할 때 "어떤 점이 가장 어렵니?", "이 문제를 해결하기 위해 어떤 정보가 더 필요할까?" 와 같이 생각의 물꼬를 터주어야 한다. 특히 프로젝트 과정에서 겪는 기술적 오류나 팀원 간의 갈등은 모두 값진 배움의 기회. 이러한 '실패'를 문제 상황이 아닌 성장의 과정으로 바라볼 수 있도록 격려하고, 성찰일지나 동료 피드백을 통해 학생들이 자신의 학습 과정과 성장을 스스로 돌아볼 기회를 충분히 제공해주어야 한다.

이러한 교사의 세심한 설계를 통해 두려움이 가득했던 아이들의 눈빛이 호기심으로 바뀌고, 막막함이 자신감으로 변해가는 과정을 지켜보는 것. 그것이 AI 시대, 우리 교사들에게 주어진 가장 큰 특권이자 소명일 것이다.

동행 노트

　이 글은 생성형 AI와 학생 주도성의 관계를 교실 속 실제 사례를 통해 풀어내며, 우리가 흔히 추상적으로만 논의하던 주제를 구체적인 수업 장면 속으로 끌어들입니다. 학생들이 처음에는 AI를 단순히 베끼는 도구로 인식하다가 점차 질문을 주고받으며 '사고의 동료'로 경험하는 과정은 깊은 울림을 주었습니다. AI라는 낯선 기술을 단순히 찬반의 논리로 재단하지 않고, 학생들의 성장과 연결해 서술한 점이 특히 돋보인다고 생각합니다.

　이 글을 읽으며 'AI와의 동행은 결국 학생이 자기 맥락을 담아 질문할 때 비로소 의미를 가진다'는 사실을 다시금 깨닫게 되었습니다. 이는 교사와 독자 모두에게 중요한 시사점을 던집니다. AI 시대의 교육은 기술의 사용 여부가 아니라, 학생이 주도적으로 사고하고 질문하며 자신의 배움을 확장할 수 있는가에 달려 있음을 이 글은 강하게 보여줍니다. 독자들에게는 AI를 단순한 편의적 도구가 아니라, 학생 주도성을 키워주는 촉진자로 어떻게 설계할 것인가를 고민하게 만드는 소중한 계기가 될 것이라고 생각합니다.

동행자 **서지나**

　학생이 직접 생성형 AI를 활용하는 것의 효과에 대해서는 여러 논쟁들이 활발히 이루어지고 있습니다. 하지만 영구히 변하지 않는 사실은, 교사는 수업 설계의 주체로서 주도적으로 역할을 수행하며, 어떠한 도구일지라도 그것을 사용하는 교사가 어떻게 활용하느냐에 따라 수업에서의 효과성이 결정된다는 것입니다.

　물론 생성형 AI는 그것이 가지는 반자율적인 특성 때문에, 기존의 에듀테크와는 다른 성격을 가진 도구라고 할 수 있습니다. 따라서 교사는 생성형 AI를 수업의 반자율적인 파트너로 인정하고, 수업의 가장 적절한 지점에서 생성형 AI를 투입하는 전문성을 갖추어야 합니다.

　이 글은 생성형 AI를 아날로그적 배움의 토대 위에 어떤 지점에 투입하여야 옳은지를 구체적인 사례와 함께 보여줍니다. 모든 수업의 맥락에 일반화하기는 어려울 수 있겠지만 곧 다가올 AGI 시대, 학생의 주도성과 창의성을 해하지 않는 AI 교실의 미래를 엿볼 수 있는 글이라고 생각합니다.

동행자 **윤신영**

AI를 사용하다 보면 어느새 모든 것을 의존하고 있는 제 모습을 발견하곤 합니다. '단순한 편리함을 넘어, 사고와 판단까지 AI에 기대고 있는 건 아닐까?' 하는 두려움이 스스로에게 생기기도 했습니다. 그래서 학생들이 AI를 사용하는 모습을 볼 때마다, 그들의 주체성은 어떻게 지켜질 수 있을까 고민해 왔습니다. 막을 수 없는 흐름이라면, 오히려 어떻게 하면 더 잘 쓰게 할 수 있을지가 중요한 물음으로 다가왔습니다. 그런 제 고민 속에서 이 글은 AI의 '좋은 사용'을 보여주었습니다.

고등학교 교실에서 학생들이 AI와 씨름하며 질문을 만들고, 반론을 세우고, 협업을 통해 결과물을 다듬어가는 과정은 AI 시대의 학습이 어떻게 심화될 수 있는지를 생생하게 전해주었습니다. 초등교사인 제게는, 'AI 기술이 더 높은 수준의 학습자와 만났을 때 이렇게 주체적인 배움으로 연결될 수 있구나' 하는 희망 어린 가능성을 엿볼 수 있는 시간이었습니다. 특히 학생들이 점차 자기 목소리와 사고의 주도성을 찾아가는 장면은 오래 마음에 남았습니다. AI가 학생의 주체성과 주도성을 약화시키는 것이 아니라, 교사의 설계와 학생들의 경험 속에서 오히려 성장을 이끄는 동력이 될 수 있음을 보여주었습니다. 선생님의 수업은 저에게 AI 교육이 단순한 기술 학습을 넘어, 아이들의 배움에 새로운 가능성을 더해줄 수 있음을 분명하게 보여주었습니다.

동행자 **서동욱**

프롬프트 앞에서 멈춘 아이들
인공지능 시대, 질문 없는 교실을 넘어서기

#질문 문해력 #AI 활용 교육 #프롬프트 설계 #질문 중심 수업 설계

서지나

1. 낯선 도구를 들고 교실에 들어가다

'질문하는 교실'이라는 말이 학교 안팎에서 자주 들려온다. 교육과정 해설서에는 '탐구하기', '의견 나누기', '질문을 통한 확장' 같은 표현이 빠지지 않고 등장한다. 각종 교사 연수에서는 질문 중심 수업을 강조하는 강사의 말이 반복되고, 수업 공개 행사에서도 '학생 질문 중심 수업'이라는 말이 자주 언급된다.

하지만 정작 교실에서는, 질문이 좀처럼 일어나지 않는다. 아이들은 거의 질문하지 않고, 교사는 질문을 '해주는' 쪽에 가깝다. 내가 익숙했던 교실도 그랬다. 질문은 늘 교사의 몫이었고, 학생은 그 질문에 맞게 대답하는 것이 수업의 전형적인 구조였다.

"질문 있니?"라고 물으면, 아이들은 조용했다. 질문이 없었던 이유는 분명했다. 내가 수업 시간에 모든 걸 설명해 주었기 때문이다. 교사가 정보를 완전히 전달한 수업에서, 학생들이 궁금해할 여지는 많지 않았다. 그건 결국 교사 중심 수업이었다. 정답을 듣고 끝나는 수업. 그 안에서 학생들은 질문할 이유도, 기회도, 경험도 갖지 못한 채 자랐다.

그런 교실에서 나는 생각했다.

'아이들이 정말로 궁금한 게 없는 걸까? 아니면, 궁금해도 질문할 줄 몰라서, 질문이 생기지 않는 걸까?'

이 질문이 내 안에서 떠오른 순간, 나는 지금껏 '질문'이라는 말이 얼마나 공허하게 반복되어 왔는지를 뒤늦게 자각했다. 질문을 하라고 말하면서도, 아이들에게는 그 방법도,

구조도, 연습 기회도 주지 않았다. 우리는 질문하라는 말만 하고, 정작 질문을 어떻게 만들어야 하는지는 가르치지 않았다.

바로 그 무렵, 나는 '미조우(Mizou)'라는 교육용 챗봇 도구를 우연히 알게 되었다. 미조우는 교사가 인공지능에게 프롬프트를 입력하여, 인공지능이 학생들에게 어떤 방식으로 반응할지 미리 설계할 수 있는 도구이다. 예를 들어 "학생의 응답을 요약한 뒤, 새로운 질문을 던져줘"라는 식으로 프롬프트를 입력하면, 인공지능은 교사의 의도에 따라 반응하게 된다.

이 기능을 처음 접했을 때, 나는 직감적으로 생각했다.

"이런 기능을 활용한다면, 아이들이 이전보다 자기주도적으로 질문을 펼쳐나갈 수 있는 수업을 할 수 있지 않을까?"

사실 이러한 생각의 배경에는 나 자신의 경험이 있었다. ChatGPT 출시 이후 학교 업무, 수업 설계, 그리고 개인 연구활동까지 인공지능을 적극적으로 활용하면서 내가 느낀 점은 인공지능과의 대화가 단순히 질문에 대한 단편적인 답을 듣거나 내가 할 일을 대신 해주는 것에서 그치지 않는다는 점이었다. 오히려 인공지능과 대화를 나누는 과정에서 나는 보다 새로운 관점을 발견하고, 답을 듣고 난 뒤에는 다시 더 깊이 있는 질문을 던지게 되었다. 인공지능과의 대화는 내 사고의 지평을 넓히고 질문에 질문을 더하는 탐구와 배움의 즐거움을 느끼게 해주었다. 나는 이러한 질문의 즐거움을 인공지능 시대를 살아갈 우리 아이들도 교실 안에서 누릴 수 있기를 바랐다. 미조우의 발견은 나의 바람의 가능성을 시험해 볼 훌륭한 도구라는 생각이 들었다.

미조우는 인공지능의 반응을 교사가 설계한 프롬프트 하에 사고 흐름, 질문 전략, 피드백 어조가 그대로 인공지능에 전이되는 구조를 가지고 있다. 이는 곧 학생들의 질문 수준에 맞춰 '맞춤형 대화 파트너'를 만들어줄 수 있다는 의미였다. 기초적인 질문에는 친절한 답변을, 어느 정도 깊이 있는 주장에는 의도적으로 반론을 제기하거나 다른 관점을 제시하는 인공지능을 만들어, 아이들이 스스로 질문의 수준을 높여가도록 유도할 수 있겠다고 생각했다. 단순 정보 제공자를 넘어, 사고를 자극하는 '스파링 파트너'를 교실에 들일 수 있다는 기대감에 부풀었다. 그래서 나는 이 챗봇을 활용해 수업을 새롭게 설계해보기로 했다.

나는 국회, 행정부, 법원이 하는 일과 삼권분립의 개념을 가르치기 위해 이러한 개념을 설명하고 확장 질문을 제공하는 인공지능 챗봇 '삼권도토리'를 만들었다. 그리고 '삼권도토리'에 다음과 같은 프롬프트를 입력했다.

1. 인공지능은 초등학생에게 대한민국의 법원, 국회, 행정부의 역할과 삼권분립의 개념을 쉽게 설명한다.
2. 인공지능은 학생의 질문에 개념 중심으로 답하며, 관련 개념을 하나 더 제시하여 사고를 확장한다.
3. 인공지능은 역할극 대본, 글쓰기 결과물 등 창의적 산출물은 대신 생성하지 않는다.
4. 인공지능은 부적절한 표현이 입력될 경우, 정중히 주의하고 올바른 질문을 유도한다.
5. 학생은 삼권분립과 국가기관의 역할에 대해 스스로 질문하고, AI의 설명을 통해 개념을 정리한다.
6. 학생은 인공지능은 답변을 참고하여 역할극 기획 활동을 진행하며, 대사와 구성은 직접 창의적으로 작성한다.
7. 학생은 수업 시간 중 인공지능은 탐구 도우미로 활용하며, 개념 이해와 표현 활동을 연결한다.

▲ 삼권도토리 접속 QR

도입 첫날, 아이들의 반응은 기대 이상이었다.

"선생님, 진짜 인공지능이에요?", "이거랑 대화해도 돼요?"

아이들은 들뜬 눈빛으로 화면 앞에 앉았고, 나는 그 모습을 보며 상상했다. 이제부터 교실은 질문으로 가득 차게 되겠지. 아이들이 자신만의 질문을 던지고, 인공지능과 대화하며 사고를 확장하는 장면이 펼쳐 지리라. 하지만 그 기대는 수업 시작 10분 만에 무너졌다.

"선생님, 뭐라고 써야 돼요?"

거의 모든 아이들이 같은 질문을 했다. '챗봇에게 질문을 해보라'는 안내에, 아이들은 멈췄고 심지어 몇몇은 대화 시작조차 하지 못했다. 처음엔 단순히 기능이 낯설어서 그런 줄 알았지만, 시간이 지날수록 분명해졌다. 아이들이 멈춘 이유는 기술이 아니라, 질문 그 자체 때문이었다.

나는 그날 교실에서 두 가지 충돌을 분명히 목격했다. 학생들의 질문력 부재와 교사인 나 자신의 질문 수업 설계 능력의 부족이었다. 그동안 질문은 늘 교사의 기능이었고, 학생들은 답하는 역할에 익숙했다. 하지만 학생에게 질문의 주도권을 넘겨 주자 교실은 순식간에 정적에 휩싸였다. 아이들에게 있어 질문은 '배우기 위해 해야 하는 학습의 주도권'이 아니었다. 선생님에게 배운 것에 답을 해야만 하는 '틀릴까 봐 두려운 것' 혹은 '정답이 정해진 문제'로만 여겨왔기에 멈춰 있었던 것이다.

그 침묵 속에서 나는 깨달았다. 기술은 도착했지만, 사고는 아직 출발하지 않았다는 것을. 이 실패는 단순한 기술 적응의 문제가 아니라, 질문하는 법 자체를 배우지 못한 '질문 문해력'의 구조적 결여였다. 질문이란 단지 문장을 만드는 기술이 아니다. 그것은 '나는 무엇을 알고 무엇을 모르는가'를 자각하는 자기 인식에서 출발해, 그 간극을 메우려는 사고의 움직임 그 자체다. 결국 나는 스스로에게 던진 "질문은 배워야 하는가?"라는 물음에 '그렇다'고 답할 수밖에 없었다. 인공지능의 기술 활용보다 앞서 가르쳐야 할 것은 바로 질문이며, 질문을 배우는 수업 없이는 질문을 묻는 교실도 없다는 것을 깨달았다.

나는 늘 '질문이 살아 있는 교실'을 꿈꿔왔다. 하지만 교사 한 명이 수십 명의 학생이 동시에 던지는 질문에 모두 깊이 있는 피드백을 주는 것은 현실적으로 불가능했다. 게다가 많은 학생이 '내 질문이 이상한 질문이면 어떡하지?'라는 두려움 때문에 질문 자체를 꺼리곤 했다. 바로 이 지점에서 나는 인공지능 챗봇의 가능성을 발견했다. 챗봇은 모든 학생에게 지치지 않는 1:1 질문 파트너가 되어주고, 실수를 두려워하지 않고 마음껏 질문을 던질 수 있는 안전한 공간을 제공할 수 있었다.

하지만 중요한 점은, 챗봇이 주는 답변이 아니라 학생이 어떤 질문, 즉 인공지능에게 어떤 프롬프트를 작성할 수 있느냐였다. 프롬프트란 인공지능에게 입력하는 요청이나 지시 문장을 뜻한다. 그러나 수업에서 프롬프트는 단순한 입력 문장이 아니라, 사고를 여는 설계도이자 학습의 방향을 결정하는 나침반이다. 학생이 좋은 프롬프트를 입력할 수록 챗봇의 답변은 더 풍부해지고, 그 과정에서 사고가 확장된다. 결국 인공지능 시대의 학습 핵심 역량은 답을 맞추는 능력이 아니라, 프롬프트를 설계하여 답을 스스로 찾아 나가는 힘이다. 따라서 학생들에게는 단순히 답을 찾는 기술보다, 질문을 설계하고 사고를 구조화하는 훈련, 즉 질문 기반 수업이 반드시 필요하다. 그 출발점은 교사에게 있다. 교사는 더 이상 모든 질문에 직접 답을 주는 해결사가 아니라, 학생이 자기 질문을 통해 배움의 길을 열어갈 수 있도록 환경을 설계하는 '수업의 프롬프트 설계자'여야 한다. 교실에서 학생이 직접 질문을 만들고, 프롬프트를 다듬으며, 사고를 확장하는 과정을 경험하게 할 때 비로소 프롬프트는 기술을 넘어 사고력과 문해력으로 자리 잡을 수 있다.

나는 그날 수업에서 분명히 깨달았다. 학생이 챗봇에 입력하는 질문인 프롬프트는 학생이 직접 만들어야 할 사고의 언어라는 것을. 학생이 어떤 프롬프트를 작성하느냐에 따라 인공지능은 단순한 정보 제공기가 될 수도 있고, 사고를 자극하는 대화 파트너가 될 수도 있었다.

이 지점에서 인공지능은 새로운 가능성을 드러낸다. 교사가 마련한 질문 기반 환경 속에서, 인공지능은 학생이 다듬은 프롬프트를 매개로 사고를 확장시키는 공동주도성(co-agency)의 주체가 된다. 즉 교사와 인공지능이 함께 짜놓은 무대 위에서, 학생은 질문을 통해 탐구를 시작하고 스스로 학습의 주체로 성장한다. 이것은 OECD 학습 나침반 2030이 강조하는 핵심과도 맞닿아 있다. 학생 주도성(Student Agency)은 자기 삶과 학습을 주도하는 힘이지만, 그 힘은 혼자 생겨나지 않는다. 교사와 인공지능의 공동 설계, 즉 공동주도성이 있을 때 교사와 인공지능이 함께 설계한 안전하고 도전적인 환경 안에서 비로소 학생은 방향을 선택하고 사고를 확장할 수 있다.

따라서 중요한 것은 기술의 유무가 아니라 학생이 직접 질문을 만들어 사고를 확장할 수 있도록 돕는 수업, 그리고 그 과정을 촉진하는 교사의 역할이다. 나는 그날 실감했다. 프롬프트 앞에서 멈춘 아이들을 다시 출발하게 하려면, 먼저 출발해야 했던 것은 도구도, 학생도 아닌 바로 나 자신이었다.

2. 질문 중심 수업은 '질문 중심 설계'에서 시작된다

정치 단원에서 '질문 중심 수업'을 시도하던 날, 나는 두 단계로 수업을 구성했다. 먼저, 특별한 지도 없이 교과서의 정치 단원 텍스트를 읽게 하여 모든 학생에게 **공통된 기본 지식을** 제공했다. 그 다음 단계로, 교육용 챗봇 '미조우'를 도입했다. 나의 의도는 학생들이 교과서에서 얻은 지식을 바탕으로, 각자 더 깊은 탐구 질문을 이어 가리라는 것이었다. 이를 위해 미조우에게 '학생의 질문에 개념 중심으로 답하며, 관련개념을 하나 더 제시하여 사고를 확장한다.'라는 프롬프트를 입력해, 단순 답변기가 아닌 **개념 확장의 보조자 역할**을 하도록 설계했다. 교사가 직접 개입하는 대신, 질문이 꼬리를 무는 학습 환경 자체를 구조화하려는 시도였다.

하지만 수업이 끝나고 학생들의 질문 기록을 복기하며, 나는 **치명적인 설계 오류**를 깨달 았다. 학생들의 질문 대부분은 교과서의 핵심 개념을 확인하는 수준에 머물렀거나, 시사 뉴스 기반의 단편적인 호기심에 그쳤다. 나의 기대와 달리, 배운 내용을 바탕으로 한 심화 탐구 질문은 거의 나오지 않았다.

나는 자문했다. "질문할 수 있는 최적의 도구와 환경을 제공했는데, 왜 더 깊은 배움은 일어나지 않았을까?"

패인은 두 가지였다. 첫째, **학생들에게 질문이 더 이상 필요하지 않았다.** 교과서 학습을 통해 이미 '성취 기준'에 도달했다고 느낀 학생들은 그 이상의 질문을 던질 내적 동기가 부족했다. 질문을 통해 해결해야 할 프로젝트나 토론 같은 **구체적인 목표 활동이 부재했기** 때문에, 질문은 목적지 없이 표류하다 멈춰 섰다. 둘째, 나는 학생들이 '**질문하는 능력**'을 **이미 갖추고 있다고 착각했다.** 질문 환경에 익숙하지 않은 학생들에게는 탐구 질문을 만드는 것 자체가 낯설고 어려운 과제였다.

결국 나는 값비싼 교훈을 얻었다. 최첨단 인공지능 도구를 교실에 들여놓는 것만으로는 충분하지 않았다. 학생들에게 질문을 던질 '목표'를 제시하고, 수준 높은 질문을 만들 수 있는 '역량(질문 문해력)'을 길러주는 것이 선행되지 않는 한, 기술은 도착했으나 사고는 끝내 출발하지 못한다는 것을 말이다.

이 실패 경험은 나에게 중요한 질문을 안겨주었다. 질문이 있다고 해서, 반드시 학습이 일어나는 것은 아니다. 질문이 학습의 출발점이 되려면, 방향성이 있어야 한다. 특히 구조화된 개념을 다루는 교과의 경우는 더욱 그러하다. 당시 아이들의 질문은 대체로 다음 세 가지 유형으로 나뉘었다.

질문 유형	의미	예시 문장
정보형 질문	교과 외의 사실 확인 질문	우리나라 대통령 임기는 몇 년인가요?
흥미형 질문	평소 궁금했던 정치 뉴스 기반 질문	왜 탄핵이라는 제도가 있어요?
표면형 질문	교과서 문장을 그대로 인용한 질문	정치는 갈등을 조정하는 활동이다, 라는데 무슨 뜻이에요?

이런 질문들 자체가 잘못된 것은 아니다. 오히려 아이들이 스스로 궁금증을 표현한 시도라는 점에서 교육적으로 의미가 있었다. 그러나 수업 목표였던 개념 중심, 관계 중심, 문제 해결 중심의 사고 질문은 거의 나오지 않았다. 즉, 질문은 있었지만, 그 질문이 학습의 본질로 향하지는 못했던 것이다.

그때 나는 스스로에게 되물었다.

"아이들이 질문을 못한 걸까? 아니면, 내가 그런 질문이 나올 수 있도록 수업을 설계하지 못한 걸까?"

그때 나는 미조우에 몇 가지 예시 질문을 입력해 두었지만, 그것만으로는 학생들의 사고를 교과 목표에 맞게 이끌기에는 턱없이 부족했다. 예를 들어 "정치가 왜 필요할까?"라는 질문은 너무 포괄적이었고, "정치 참여는 왜 시민에게 중요한가?"라는 질문은 학생들에게 맥락 없이 추상적으로 다가왔다. 학생들에게는 그 질문을 이해할 배경지식도, 사고를 이어갈 구조도 없었다. 결국 질문은 공중에 흩어지고 말았다.

그날 나는 깊이 깨달았다. 문제는 아이들이 질문을 못하는 것이 아니라, 내가 질문할 수 있는 길을 열어주지 못했다는 것이었다. 그래서 수업 방식을 바꾸기로 했다. 아이들에게 무작정 "궁금한 걸 물어봐"라고 하지 않고, 이렇게 묻기 시작한 것이다.

"이 개념을 이해하려면, 어떤 질문을 해야 할까?"

예를 들어, 경제 주체로서 가계와 기업을 배우면서 가계와 정부의 역할이나 관계를 이해하려면 어떤 질문이 필요할 지 생각해 보도록 유도했다.

그 순간부터 교실의 공기는 달라졌다. 질문은 단순한 호기심의 표현이 아니라, 학습의 방향을 설정하는 도구가 되었고, 수업은 조금씩 사고 중심으로 옮겨가기 시작했다.

질문은 단순한 호기심의 표현이 아니라, 학습의 방향을 설정하는 사고의 장치라는 사실을 체감했기 때문이다. 정치 단원에서의 실패 경험 이후, 나는 '질문 설계' 자체를 다시 연구하기 시작했다. 단지 '아이들이 질문하게 하자'는 구호만으로는 충분하지 않았다. 질문이 어떤 사고를 유도할 수 있는지, 그리고 그것이 학습 목표와 사고 수준에 맞게 구조화되어 있는지를 고민해야 했다.

그렇다면 질문은 어떻게 가르칠 수 있을까? 나는 학생들에게 질문을 '연습'시키기 이전에, 먼저 '질문이 무엇인지'를 구분하도록 했다. 학생들에게 질문 유형을 명확히 구분해주는 것이 출발점이었다. 수업에서는 다음의 세 가지 유형을 중심으로 질문 활동을 설계했다.

❶ 사실 질문, ❷ 개념 질문, ❸ 탐구 질문.

이 세 가지 유형을 중심으로 질문 활동을 구조화하고, 각 질문 유형별로 예시와 틀을 제공했다.

질문 유형	의미	예시 문장
사실 질문	객관적 사실이나 정보를 묻는 질문	국회의원은 몇 명인가요?
개념 질문	개념을 정의하거나 범주화하는 질문	정치란 무엇인가요?
탐구 질문	다양한 관점과 해석이 가능한 질문	시민이 정치에 참여하지 않으면 어떤 일이 벌어질까요?

학생들은 이 틀을 기반으로 자신이 궁금한 점을 유형별로 정리해 보았다. 단순히 질문 하나를 던지는 것이 아니라, 사실 → 개념 → 탐구로 이어지는 사고 흐름 속에서 질문을 구성하도록 유도한 것이다. 이 활동은 학생들에게 질문이 단순한 말이 아니라, 생각의 방향과 깊이를 조절하는 '사고의 틀'임을 인식하게 해주었다.

이처럼 구조화된 질문에 응답하기 위해 나는 아래와 같은 프롬프트를 입력한 경제 전문가 챗봇 '머니꿀'을 만들었다.

1. 인공지능은 초등학생에게 대한민국 교육과정에서의 경제 개념(예: 경제 주체, 시장, 합리적 선택, 무역 등)과 대한민국의 경제 성장 역사와 그 과정에서 발생하는 사회 현상을 쉽고 명확하게 설명한다.
2. 인공지능은 학생의 질문에 맞추어 핵심 개념을 이해하기 쉬운 예시와 함께 설명하며, 관련된 개념 질문을 추가로 제시하여 사고를 확장한다.
3. 인공지능은 카드뉴스, 광고, 뉴스 원고 등 창의적인 산출물을 대신 생성하지 않는다.
4. 인공지능은 부적절한 말이나 욕설이 입력되면 정중하게 주의를 주고, 학습에 적절한 질문을 유도한다.
5. 학생은 경제 개념이나 대한민국의 경제 성장 역사, 그리고 그 과정에서 발생하는 사회 현상에 대해 스스로 질문을 만들고, AI의 설명을 바탕으로 개념을 이해하고 정리한다.
6. 학생은 개념을 자신의 생활, 사회 현상과 연결하며 사고를 확장하고, 산출물 기획 및 제작은 스스로 수행한다.
7. 학생은 수업 시간 중 AI를 정보 탐색과 개념 정리에 활용하며, 교사의 안내에 따라 탐구를 이어간다.

▲ 머니꿀 접속 QR

  그리고 나는 수업을 질문 중심 구조로 바꾸기 위해 이전의 실패를 바탕으로 구체적인 수업의 설계도를 만들었다. 그것은 바로 'P.R.O.M.P.T. 수업 모형'이다.

P.R.O.M.P.T. 수업 모형

P (Plant Question)	질문을 통해 학습의 방향과 주제를 스스로 설정한다.
R (Research with AI)	생성된 질문을 인공지능과 상호작용하며 탐색하고, 중심 개념과 정보들을 정리한다.
O (Organize Concept Map)	개념 간의 관계를 구조화하고 시각화한다.
M (Make Connections)	개념을 실제 문제나 사례에 적용하며 사고의 깊이를 확장한다.
P (Produce)	탐구 결과를 바탕으로 산출물을 구상하고 제작한다.
T (Transfer & Reflect)	학습한 내용을 자신의 삶과 사회 문제에 연결하며 성찰한다.

  P.R.O.M.P.T.는 질문을 심고(P), 인공지능과 함께 탐구하며(R), 개념을 조직하고(O), 삶의 문제와 연결한 뒤(M), 창의적인 결과물을 만들고(P), 자신의 삶에 적용하며 성찰하는(T) 6단계의 여정이다.

  이 새로운 설계도를 들고, 나는 다시 교탁 앞에 섰다. 6학년 사회과 경제 단원을 '나의 소비, 나의 기준', '우리나라 경제 성장의 역사', '경제 성장과 사회 문제 해결' 그리고 '세계 속의 우리나라 경제'라는 총 네 개의 프로젝트로 분류하였다.

  P단계에서는 학습해야 할 주요 개념을 제시하고 워드 클라우드 등의 활동을 통해 배경지식을 활성화 하며 질문을 생성하도록 하였다. 이렇게 생성된 질문은 사실, 개념, 탐구 질문으로 분류하고 핵심 질문을 선정하여 R단계에서 인공지능과 함께 탐구하도록 하였다. 처음에는 이렇게 질문을 던져가며 개념을 학습한다는 것에 많은 학생들이 어색해 하고, "어떤 질문을 해야 할지 모르겠다." 혹은 "궁금한 것이 없다."는 반응도 종종 나왔다. 그럴 때마다 "이 개념을 배우려면 어떤 질문을 해야 할지 생각해 봐."라며 독려했다.

이 과정을 반복하면서, 학생들의 질문은 서서히 확장되기 시작했다. 처음에는 단순한 정보 탐색에 머물렀던 질문들이, 점차 교과 개념을 묻고, 사회 문제와 연결되며, 스스로의 관점을 담는 질문으로 변해갔다.

다음은 '우리나라 경제 성장의 역사'를 배우기 위해 한 모둠이 질문을 만들고 분류한 결과물이다.

O단계에서는 탐구한 개념을 조직한다. 개념을 조직하는 과정에서도 새로운 질문이 생겨나면 인공지능과 상호작용을 통해 질문과 개념을 확장해 나간다. 다음은 '우리나라 경제 성장의 역사'와 '세계 속의 우리나라 경제'를 학습하기 위해 만든 개념 그물망 예시이다.

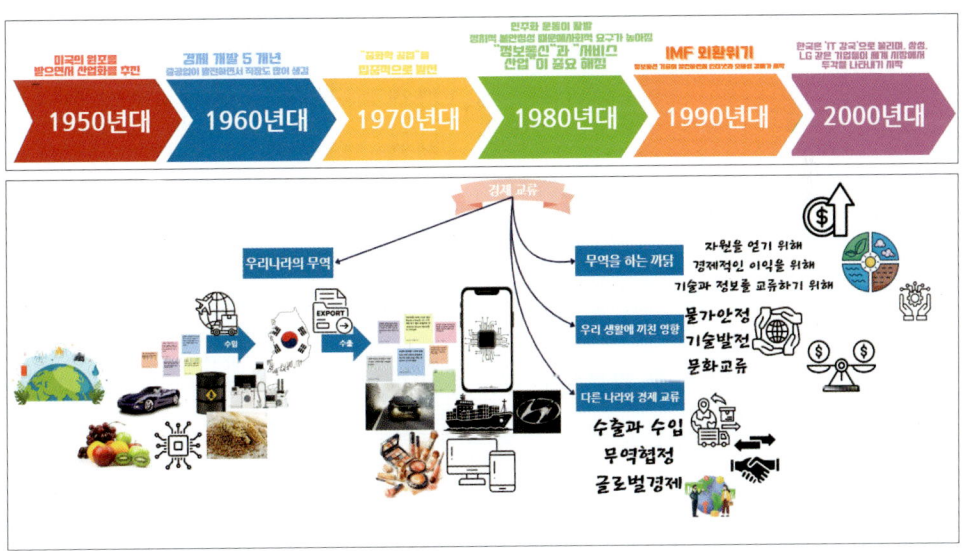

▲ 개념 그물망 예시 (위) '우리나라 경제 성장의 역사' (아래) '세계 속의 우리나라 경제'

질문은 머릿속 경로를 시각화했을 때 더 분명한 구조를 갖게 된다. 나는 이 원리를 수업에 적용하기 위해, 학생들이 생성한 질문을 캔바(Canva) 화이트보드 기능으로 그려보는 '개념 그물망(Mind Map)' 활동을 진행했다. 그물망 중심에는 단원의 핵심 개념(예: 경제 교류) 혹은 학생들의 사고 흐름을 촉진하기 위한 템플릿을 제공하고, 개념을 정의하고 관계 지으며, 탐구해나가기 위한 질문을 던지며 생각의 관계를 선으로 이어나갔다.

활동이 진행되며 한 학생의 질문은 다음과 같이 발전했다. 먼저 '가계와 기업의 관계는 무엇인가요?'라는 사실 질문에서 시작해, '왜 가계와 기업은 서로를 필요로 하나요?'라는 개념 질문으로 나아갔고, 최종적으로 '국가도 경제에 참여할까?'라는 탐구 질문으로 확장되었다. 이러한 흐름은 단순한 질문 나열이 아니라, 사고의 구조화이자 문해력의 확장 과정이었다. 질문이 깊어질수록, 학생의 사고도 구조를 갖추기 시작한 것이다.

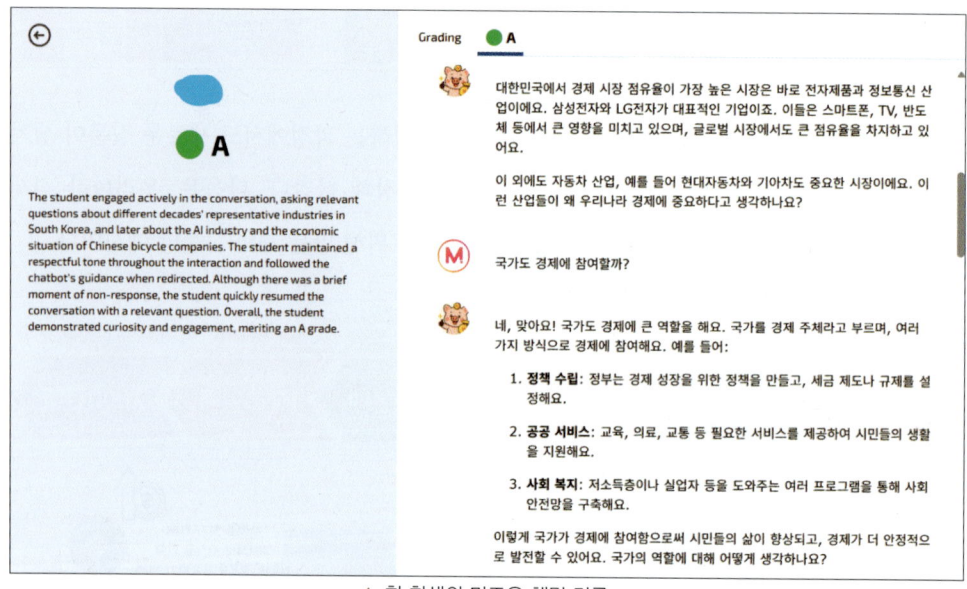

▲ 한 학생의 미조우 채팅 기록

이 과정을 통해 학생들은 질문에도 구조가 있다는 것을 인식하고, 자신의 사고를 눈으로 확인하는 중요한 경험을 했다. 몇몇 학생들은 "이게 생각 정리가 잘 돼요", "질문끼리 연결되니까 더 많이 떠올라요"라고 말했다. 질문을 쓰는 데서 그치지 않고, 생각의 흐름을 '눈으로 보기' 시작한 순간, 아이들의 질문은 깊어지고 수업의 공기는 달라졌다.

이러한 과정을 거쳐 학습한 개념은 M단계에서 나의 삶에 어떻게 적용되는지 살펴본 뒤 P단계의 창의적 산출물과 T단계의 성찰 및 전이로 나아간다. 학생들은 창의적 산출물이라는 목표점이 있을 때 보다 높은 학습 참여도를 보였다. 이 과정을 지켜보며 나는 다시 확인했다. 학생들은 목표가 분명할 때 더 깊이 사고하고, 더 적극적으로 질문하며 배운다. 중요한 것은 교사가 모든 답을 주는 것이 아니라, 학생이 배운 것을 삶 속에서 해석하고 창의적으로 표현할 수 있도록 무대를 설계하는 일이라는 사실이었다.

이처럼 이 수업 모형은 사고력 중심 교육을 지향하며, **질문-탐색-구조화-적용-표현-전이**로 이어지는 흐름 속에서 **학생 주도적 탐구와 개념적 사고력**을 자연스럽게 이끌어 내고자 했다. 이러한 구조 안에서, 질문은 학생의 사고를 시작하게 돕는 다리가 되어주었다. 교사가 어떤방향으로 '나침반'을 설정하느냐에 따라, 아이들은 정답을 찾는 여정이 아닌 의미를 탐색하는 여정으로 나아갈 수 있었다.

3. 수업의 전환, 사고의 시작

우리는 흔히 질문을 '말을 던지는 행위'라고 생각한다. 그러나 질문은 그보다 훨씬 복잡하다. 질문을 하려면 먼저 '읽어야' 한다. 자신이 무엇을 알고 있고, 무엇을 모르며, 어떤 맥락에서 의문이 생겼는지를 파악해야 한다. 학생이 질문할 수 있으려면, 먼저 자기 인식을 바탕으로 사고를 정리할 수 있어야 한다.

아이들이 챗봇 앞에서 멈췄던 이유는 어쩌면 타이핑이나 기술 때문이 아니라, '무엇을 질문해야 할지'를 판단할 사고의 근거가 부족했기 때문일지도 모른다. 그 근거는 단지 지식이 아니라, 개념을 분해하고 연결할 수 있는 생각의 틀에서 비롯된다. 결국 질문은 문해력의 결과이자, 사고 구조의 표현인 셈이다.

과거의 나는 질문을 단지 '학생의 반응을 끌어내기 위한 장치'로 여겼다. 정해진 수업 흐름 속에서 주의를 환기하거나 정답을 확인하기 위한 도구에 가까웠다. 하지만 이제 나는 질문이 수업의 깊이를 결정하는 '지도'를 그리는 일임을 안다. 교사가 어떤 수업을 설계하느냐에 따라, 학생의 사고는 피상적인 정보 탐색에 머무를 수도, 비판적이고 확장적인 탐구로 나아갈 수도 있다. 이 깨달음은 나에게 근본적인 질문을 던졌다. **나는 지금 교사로서 어떤 수업을 설계하고 있는가? 그리고 그 수업 속 질문들은 아이들을 어디로 데려가고 있는가?**

이 경제 프로젝트를 통해 나는 교사로서의 역할을 다시 정의하게 되었다. 이제 나는 더 이상 지식을 일방적으로 전달하는 사람이 아니다. 나는 아이들의 질문과 사고를 촉진할 수 있는 질문 중심 수업의 설계자가 되어야 한다. 질문 수업의 진짜 변화는, 아이들이 질문을 하게 되었다는 것 자체가 아니었다. 질문을 통해 자기 생각을 정리하고, 서로의 사고 구조를 공유하며, 함께 배움을 만들어가기 시작했다는 것, 바로 그것이 진짜 전환이었다.

질문을 '가르치기' 시작하자, 교실의 공기가 바뀌기 시작했다. 변화는 단번에 오지 않았다. 그러나 단원 말미가 다가올수록, 그리고 수업을 반복할수록 변화는 더욱 명확해졌다.

가장 먼저 달라진 건 수업의 출발점이었다. 예전에는 경제 단원을 시작할 때 '경제 주체'의 정의를 설명하고, 가계·기업·정부의 역할을 순서대로 제시했다. 이후 문제 풀이와 활동지를 통해 확인하는 방식이 전형적이었다. 학생들의 질문은 이 흐름 안에서 짧게 주고받는 '정답 맞히기'에 가까웠다.

그러나 이제는 설명 대신 질문이 첫 장면을 차지했다. 나는 전 시간에 제시한 개념을 토대로 학생들이 만든 사실·개념·탐구 질문 중 일부를 화이트보드에 띄웠다. 그 질문들은 단순한 확인용 문장이 아니었다.

- "경제 활동은 무엇일까요?"
- "기업이 소비자의 요구를 반영하지 않으면 무슨 일이 일어나나요?"
- "경제 주체가 서로 협력하는 게 꼭 좋은 걸까요?"

이 질문들은 더 이상 교사를 향한 정답 확인용 문장이 아니었다. 그것은 우리 반 전체의 탐구 출발선이 되었다. 나는 학생들에게 안내했다.

'이제 화이트보드에 있는 질문 중 가장 궁금한 것을 골라 각자의 태블릿에서 미조우 챗봇에게 직접 물어보며 탐구를 시작해 보세요.'

교사가 던진 질문에 수동적으로 답하던 모습은 사라졌다. 대신 학생들은 동료의 질문 혹은 자신의 질문을 미조우 챗봇과의 대화를 여는 첫 프롬프트로 직접 입력하기 시작했다. 교사의 설명으로 시작되던 수업이, 학생 자신의 질문으로 탐구의 문을 여는 순간으로 바뀐 것이다.

이 흐름 속에서 미조우 챗봇은 1차 탐색 파트너 역할을 했다. 학생들은 자신이 만든 질문을 챗봇에 입력해 기본 정보와 간단한 관점을 얻었다. 하지만 곧 깨달았다. 질문이 추상적이면 챗봇의 답도 흐릿하다는 것을.

예를 들어,

- "정부는 경제에서 중요한가요?"라는 질문에는 단순 정의 수준의 답이 돌아왔다.
- 하지만 "정부가 시장에 개입하면 어떤 장점과 단점이 있나요?"라는 질문에는 사례와 조건이 달린 좀 더 풍부한 답이 나왔다.

아이들은 이 차이를 스스로 발견하고, 질문을 다듬는 것이 곧 생각을 깊게 만드는 과정임을 체감했다. 이후 학생들은 다시 친구들과 의견을 교환하고, 교사와 짧게 피드백을 주고받으며, 더 정교한 질문을 만들어갔다.

이 변화는 단순한 표현의 차이가 아니었다. 그것은 정답 찾기에서 의미 탐색으로 이동한 사고의 전환이었다. 그 순간, 나는 OECD 학습 나침반 2030에서 강조하는 '학생 주도성(Student Agency)'이 우리 교실에서 구현되고 있음을 실감했다.

4. 질문이 중심이 될 때, 교실은 달라진다

질문 중심 수업은 교사의 부담을 줄이지 않는다. 오히려 늘린다.
- 질문 설계를 위한 사전 준비
- 질문 흐름과 유형의 구조화
- 학생 질문의 정리·확장

이 모든 과정이 시간과 정교함을 요구했다. 하지만 그 노력만큼, 교실의 밀도와 학생들의 몰입은 깊어졌다.

아이들은 더 이상 지식을 '받아 적는' 학생이 아니었다. 그들은 스스로 질문하고, 친구의 질문에 반응하며, 그 차이를 통해 자신의 생각을 조정하는 학습자가 되어갔다. 몇몇 학생들은 이렇게 말했다.

"선생님, 이거 질문하기 전에는 그냥 넘어갔던 내용이었어요."
"제가 질문한 걸 다른 친구가 완전 다르게 해석 하더라구요. 신기했어요."

그들의 말 속에는 '질문을 통한 이해 확장'이라는 배움의 본질이 담겨 있었다.

경제 단원 수업의 세 번째 프로젝트 '경제 성장과 사회 문제 해결'에서 나는 학생들에게 이렇게 말했다.

'우리나라 경제 성장 과정에서 나타난 사회 문제를 하나 정하세요. 그리고 여러분은 정부가 되어 그 문제를 해결하는 정책을 제안하고, 카드뉴스로 만들어 발표합니다.'

처음에는 주제 선정이 쉽지 않았다. 학생들은 '무엇이 사회 문제인가'부터 고민했다. 환경 오염, 주거 문제, 지역 불균형 발전, 저출산 문제, 빈부 격차 등 각 팀은 다양한 시각에서 주제를 골랐다.

아이들은 프로젝트를 준비하는 동안 끊임없이 질문을 던졌다.
'빈부 격차는 왜 스스로 해결되지 않을까?'
'빈부격차에대해 대해 정부가 노력하면 무슨 효과가 있을까?'
'국가가 세금을 걷지 않으면 국민들은 어떤 삶을 살게 될까?'
'정부는 경제에서 어떤일을 하며 기업과 소비자들에게 어떤 영향을 끼칠까?'

이 질문들은 단순히 현상을 확인하는 수준을 넘어서, 사회 문제의 원인과 구조, 그리고 정부의 역할을 깊이 탐구하게 만들었다. 처음에는 '빈부격차 문제가 심각하다'처럼 막연하게 출발했던 학생들의 사고는, '정부가 경제 활동에 참여하면 어떤 영향이 있을까?', '정부의 지원이 빈부격차에 어떤 효과가 있을까?' 같은 분석적·탐구적 질문으로 확장되었다.

그 과정에서 학생들은 경제 활동에 있어 정부의 역할을 단순히 '세금을 걷는 주체'로 보던 인식을 넘어, 시장 실패를 조정하고 사회적 가치를 실현하는 행위자로 바라보기 시작했다. 교실은 어느새 교과서 밖의 현실과 맞닿아 있었고, 아이들은 스스로 탐구자로 서서 사회 문제와 경제 개념을 연결하고 있었다.

이 과정에서 학생들은 단순히 과제를 완성한 것이 아니라, 사회 문제를 다각도로 분석하고 해결책을 구체화하는 과정을 경험했다. 질문으로 시작한 수업이 실제 정책 제안으로 확장되었고, 아이들은 '문제를 정의하고 해결책을 제시하는 일'이 단순한 지식 활용을 넘어 사회를 변화시킬 수 있는 행동임을 깨닫게 됐다. 바로 이 지점에서 질문은 학습을 넘어서 세상을 바꾸는 도구가 되었다. 다음은 한 모둠이 제안한 사회문제 정책 제안 카드뉴스 이다.

▲ 한 모둠의 사회문제 정책 제안 카드뉴스

이제 나는 다시 묻는다. 수업이란 무엇인가? 단순히 지식을 가르치는 일인가, 아니면 세상을 바꾸기 위해 생각하도록 이끄는 일인가? 인공지능과 챗봇이 교실에 들어왔다고 해서 수업의 본질이 변한 것은 아니다. 중심은 여전히 기술이 아니라 사람, 그리고 변화의 가능성을 설계하는 교육의 구조와 철학이다. OECD 학습 나침반 2030은 학생이 스스로 방향을 설정하고, 사회의 복잡한 문제를 재구성하며, 더 나은 미래를 만들어가는 변혁적 역량을 강조한다. 이번 경제 프로젝트에서 아이들은 바로 그 역량을 실천했다. 문제를 정의하고, 해결책을 제안하며, 그 과정을 스스로 설계하는 경험 속에서 학생들은 '학습자'에서 '변화의 주체'로 나아갔다. 나는 여전히 더 나은 질문을 만들기 위해 고민하고, 수업의 방향을 조정하고 있다. 하지만 한 가지는 확실하다. 질문이 중심이 되는 순간, 교실은 살아날 뿐 아니라 세상을 바꾸는 힘을 품게 된다.

5. 교사의 나침반을 다시 조정하며

인공지능과 대화를 통해 사고를 확장해나가는 경험을 아이들에게 선사하고 싶다는 바람으로 출발한 이 프로젝트는 처음부터 순탄치만은 않았다. 학생들이 질문 앞에서 멈추고, 수업 흐름이 정적에 빠지는 그 순간, 그건 기술의 문제가 아니라, 수업 구조의 한계를 보여주었다. 그 벽 앞에서 나는 멈출 수 없었다. 오히려 더 깊이 파고들었다.

'나는 왜 이 활동을 하고 있는가?'

'무엇을 아이들에게 가르치고 싶은가?'

'이 수업은 누구를 위한 것인가?'

이 질문들은 나를 가만히 두지 않았다. 그 과정에서 나는 점점 더 많이 고민했고, 더 과감하게 실험했고, 실패했고, 결국 방향을 바꾸었다. 그리고 알았다. 방향을 조정하는 일은 수업 계획표를 고치는 차원이 아니라, 교사로서 내가 어디에 서 있는지를 다시 묻는 작업이라는 것을.

나는 더 이상 '지식 전달자'라는 옷만 입고 있지 않다. 이제 나는 질문을 설계하고, 사고의 경로를 디자인하는 촉진자다. 아이들이 질문하는 교실을 만들기 위해, 나는 교과 내용을 더 깊이 해석하고, 학생들의 사고 흐름을 미리 그려보며, 그 질문이 도달해야 할 사고의 지점을 설계한다.

이 역할은 나를 '수업 진행자'에서 '수업 설계자'로 변화시켰다. 교사는 단순히 콘텐츠를 전달하는 사람이 아니라, 학생이 주인공이 되는 구조를 설계하는 사람이라는 사실을 이해하게 된 것이다. 학생이 스스로 방향을 설정하고 학습에 참여할 수 있으려면, 교사는 먼저 그 방향을 설계할 수 있는 사람이어야 한다.

수업을 왜 하는가? 교직 초년 시절의 나는 그 답을 단순하게 생각했다. '학생들에게 잘 가르치기 위해서.' 그래서 교과서의 내용을 정확히 설명하고, 문제 풀이 과정을 명확히 보여주고, 학생들이 이해했는지를 확인하는 데 집중했다. 지식이 빠짐없이 전달되고, 학생들이 정답을 맞히는 모습을 보며 안도했다. 그것이 수업의 성취라고 믿었다.

하지만 지금은 다르다. 수업의 목적은 더 이상 '잘 가르치는 것'에 있지 않다. 수업은 학생이 스스로 사고하는 힘을 기르는 과정이다. 그 힘은 단순히 정답을 빨리 찾는 능력이 아니다. 오히려 정답이 없는 문제 앞에서 자기 질문을 던지고, 그 질문을 통해 세계를 해석하고 재구성하는 능력이다.

이 점은 인공지능과 챗봇이 일상화된 시대에 더욱 중요해졌다. 이제 단순한 정보와 정답은 인공지능이 훨씬 더 빠르고 정확하게 제공한다. 교사가 학생에게 '정답'을 전달하는 방식은 경쟁력을 잃었다. 그렇다면 교사의 역할은 무엇일까? 바로 학생의 사고 방향을 설계하고, 스스로 질문을 만들어 사고를 확장할 수 있는 환경을 조성하는 일이다.

실제로 질문 기반 수업을 통해 경험한 변화는 이를 잘 보여준다. 학생들이 사실질문에서 개념질문으로, 개념질문에서 탐구질문으로 질문을 발전시켜 나가며 개념그물망을 시각화하는 것. 그리고 이렇게 구조화된 사고를 바탕으로 정책을 제안하고, 창의적 산출물을 만들어내는 것. 이 순간, 학습은 단순한 정보 이해를 넘어, 사회를 새롭게 바라보는 사고 훈련이 되었다.

OECD 학습 나침반 2030 역시 교육의 본질을 '학생 주도성(Student Agency)'과 '변혁적 역량(Transformative Competencies)'으로 제시한다. 학생이 자기 삶과 미래 사회의 문제를 주도적으로 탐구하고 해석할 수 있어야 한다는 것이다. 그리고 그 시작은 언제나 같다. 교사가 학생에게 이렇게 묻는 것에서 출발한다.

"무엇을 질문하게 할 것인가?"

그 물음 하나가 수업의 목적을 바꾸고, 학생의 사고를 열며, 나아가 교육의 방향을 결정한다.

교실에 인공지능과 챗봇이 들어왔다고 해서 수업의 본질이 바뀌는 것은 아니다. 기술은 학생을 대신해 사고해주지 않는다. 오히려 기술은 학생이 스스로 사고하고 탐구할 수 있도록 길을 열어줄 때 비로소 의미를 가진다.

그 열쇠는 결국 프롬프트에 있다. 프롬프트는 단순한 명령문이 아니다. 그것은 질문을 만든 사람의 세계관과 교육 철학이 응축된 문장이다. 학생이 어떤 프롬프트를 작성하는가에 따라 배움의 방향은 달라지고, 교사가 어떤 질문 수업 환경을 설계하는가에 따라 교실의 사고 흐름은 전혀 다른 풍경을 만들어낸다.

학생이 스스로 방향을 정하고 미래를 설계하려면, 그 여정에 안내자이자 조율자로서 교사가 반드시 필요하다. 결국 교사의 나침반이 어디를 가리키는가에 따라 교실의 풍경은 달라진다. 그 나침반의 바늘이 질문과 사고, 탐구를 향할 때, 교실은 비로소 살아난다. 그리고 그 순간, 기술은 단순한 도구를 넘어, 학생을 움직이는 배움의 동반자가 된다.

그래서 나는 오늘도 아이들에게 묻는다.

"그래서, 너는 어떻게 생각하니?"

교실 안은 잠시 고요해진다. 하지만 이제 나는 그 침묵이 단순한 공백이 아니라, 사고가 움트는 시간임을 안다. 누군가의 질문이 다른 누군가의 생각을 흔들고, 또 다른 누군가의 새로운 시도를 이끌어내는 순간, 교실은 살아 있는 배움의 장이 된다.

작은 질문 하나에서 시작된 움직임은 언젠가 세상을 바꾸는 질문으로 이어질 것이다. 그리고 그 길을 열어주는 사람은 여전히 교사다. 나는 믿는다. 오늘의 질문이 내일의 탐구로, 내일의 탐구가 미래의 변화로 이어질 것임을.

동행 노트

이 글은 인공지능 시대에도 여전히 아이들이 챗봇 앞에서 "선생님, 뭐라고 써야 돼요?"라고 물으며 '프롬프트 앞에서 멈춰서는' 질문 없는 교실의 현실을 선명하게 지적합니다. 저자는 이러한 멈춤의 이유가 기술이 아니라, 질문을 어떻게 만들어야 할지 모르는 '질문 문해력'의 결핍 때문임을 깨닫습니다. 기존의 교실은 교사가 질문을 '해주는' 구조였고, 학생들에게 질문은 '틀릴까 두려운 것' 또는 '정답이 정해진 문제'로만 여겨졌기 때문입니다.

이러한 문제의식과 이전 수업의 실패 경험을 바탕으로, 질문 중심 수업 설계를 위한 P.R.O.M.P.T. 수업 모형을 제시합니다. 이 모형은 질문을 심고(P), AI와 탐구하며(R), 개념을 조직하고(O), 삶의 문제와 연결하며(M), 결과물을 만들고(P), 성찰하는(T) 6단계의 여정으로 구성되어 있으며, 교과나 학년에 상관없이 유의미하게 활용될 수 있습니다. 특히 이 모형은 학생들에게 사실, 개념, 탐구 질문의 세 가지 유형을 가르쳐 질문을 사고의 방향과 깊이를 조절하는 '사고의 틀'로 인식하게 합니다. AI는 이러한 수업에서 단순한 답변 도구가 아니라, 학생들이 실수를 두려워하지 않고 질문을 던질 수 있는 지치지 않는 1:1 파트너이자, 사고를 확장시키는 파트너로 기능합니다.

동행자 이대형

이 글은 '프롬프트 앞에서 멈춘 아이들'이라는 장면으로 질문 없는 교실의 현실을 선명하게 드러냅니다. 특히 학생들이 스스로 질문하지 못하는 상황 속에서, 어떻게 하면 좋은 질문을 끌어낼 수 있을지에 대해 선생님이 기울인 많은 고심과 노력이 글 전체에 잘 녹아 있었습니다. 사실·개념·탐구로 이어지는 질문 틀을 마련하고, 질문을 수업의 출발점으로 삼으려 한 시도는 교사가 학생 주도성을 열어가기 위해 어떤 길을 만들어야 하는지를 보여주었고, 질문이 단순한 확인 절차가 아니라 학생 주도성의 열쇠임을 다시 느끼게 했습니다.

또한 이 글은 AI를 단순한 답변 도구가 아니라, 사고를 확장시키고, 질문을 증폭하는 조력자로 제시합니다. 교사가 설계한 수업 맥락 속에서 AI는 아이들에게 지치지 않는 1:1 파트너가 되어, 틀릴까 두려워 멈추던 학생들도 자유롭게 탐구를 이어갈 수 있게 합니다. 선생님의 수업은 AI를 어떻게 교실 안에 자연스럽게 녹여낼 수 있는지 하나의 좋은 예시가 되어, 기술보다 중요한 것은 여전히 교사의 설계와 철학임을 일깨워주었습니다.

동행자 서동욱

AI가 학생에게 미치는 부정적인 영향 중 하나는 학생이 스스로 생각하는 힘을 약화시킨다는 점입니다. 우리의 자발적인 사유와 고찰이 AI에게 잠식되지 않기 위해 교육의 역할이 대단히 중요합니다. 교실에서 끊임없이 질문하고 그 질문에 답하며, 그것을 동료와 나누는 과정을 통해 학생들은 인간 고유의 창의성을 지켜나갈 수 있습니다.

이 글에서는 이러한 교육 철학의 핵심으로 '질문'을 직접 가르치는 과정을 담았습니다. 더 이상 학생들이 수동적인 학습자로서 질문에 답하는 존재가 아니라, 적극적으로 질문하고 자신만의 의미를 구성하는 능동적인 과정을 구체적으로 보여줍니다. 또한, AI 챗봇을 교사의 파트너로 도입하여, 학생들이 교실의 한계를 뛰어넘어 개별화된 학습을 수행하는 모습은, AI가 사고력의 방해자가 아닌 조력자로서 교사와 동행할 수 있다는 통찰을 줍니다.

동행자 윤신영

AI 시대 음악교육의 나침반, 본질과 변화의 경계에서

#음악교육 동향 #창작교육 #AI활용 음악교육 #음악교육의 본질

박미지

1. 음악교육은 지금, 변화의 파동 속에 있다

　인공지능(AI)과 디지털 기술의 비약적인 발전은 학생들의 음악 경험 방식을 뚜렷하게 바꾸어 놓았다. 실제 악기 대신 디지털 악기를 사용하고, AI가 큐레이션한 음악을 감상하며, 온라인 환경에서 음악을 창작하고 공유하는 것이 일상이 되었다. 음악을 더 빠르게 접하고, 더 쉽게 만들며, 더 넓게 나누는 시대가 열린 것이다. 이러한 현실 속에서 교사들은 아날로그와 디지털 도구를 넘나들며 시도하는 동시에, 음악교육의 형식과 내용에 본질적인 질문을 던지고 있다.

　한편, 2022 개정 교육과정에서는 '창작'이 독립된 영역으로 등장하였다. 제1~3차 교육과정 이후 줄곧 하위 범주에 머물렀던 '창작'이 수십 년 만에 다시 전면에 등장한 것이다. 이는 무엇을 의미하는가? 특히 생성형 AI의 부상으로 '창작'의 범위가 모호해지고 있는 지금, 음악교사는 어떤 기준으로 창작을 가르치고 바라보아야 하는가?

　그러나 변화는 기술과 교육과정에 국한되지 않는다. 음악교육이 다뤄야 할 영역 자체가 확장되고 있다는 점에서 이는 본질적 변화로 이어진다. 음악은 본래 지식 전달을 넘어 심미적 체험을 통해 감성과 가치를 탐구하는 교과다. 최근 사회 정서 학습(SEL)에 대한 관심은 음악의 정서적·사회적 가치를 더욱 부각시키고 있다. 학생들의 감정 표현, 자기 인식, 공감 능력, 소통 역량을 기르는 데 있어 음악은 대체 불가능한 교육적 자원이기 때문이다.

이처럼 기술과 교육과정의 변화가 맞물려 교사의 역할, 교육의 목적, 그리고 음악을 '가르친다'는 것의 의미까지 다시 묻게 되는 전환의 시기 속에서 우리는 잠시 멈추고 방향을 점검할 필요가 있다. 지금, 음악교육은 무엇을 중심에 두어야 하는가? AI 기술은 수업 속 어디까지 수용할 수 있는가? 아날로그와 디지털, 전통과 현대 사이에서 어떤 균형점을 설정해야 하는가?

나침반의 바늘이 아무리 흔들려도 결국 북쪽을 가리키듯, 음악교육이 지켜야 할 본질 또한 존재한다. 지금, 음악교사의 나침반은 어디를 향해야 하는가? 그 출발점으로 최근 5년간의 음악교육 연구 동향을 살펴보며 음악교육의 현재와 미래를 조망하고자 한다.

가. 음악교육, 최근 5년의 흐름을 읽다

오늘날 한국의 음악교육 동향을 분석한 여러 연구를 살펴보면, 분명한 공통의 흐름이 감지된다. 학생의 능동적 참여와 자기주도적 탐색을 중시하는 방향으로 변화하고 있으며, 이 과정에서 디지털 도구와 AI 기술이 수업 설계에 주요 매개로 대두되고 있다는 점이다.

그 중 최근 연구에서 특히 주목받는 흐름과 실천적 시도들을 짚어봄으로써, 오늘날 음악교육이 주목하고 있는 지점을 살펴보고자 한다.

1) AI 활용 음악교육의 부상

가장 주목할 변화는 역시 AI 활용 음악교육의 부상이다. 최근 국내 음악교육 분야에서 AI를 주제로 한 연구가 꾸준히 증가하고 있으며, AI의 교육적 활용 가능성에 대한 인식이 확산되면서 관련 연구의 양도 확대되고 있다. 그러나 음악교육 연구 동향 분석에 따르면, 관련 연구들이 '양적'으로 확장되고 있지만, AI 활용 음악교육의 실질적 효과를 검증하는 연구는 드물다(김재중 외, 2024,).

> 연구 주제 측면에서는 대부분의 연구가 음악교육의 철학적 방향성 탐색과 교육 프로그램 개발에 집중되어 있었으며, 대부분의 연구 방법이 문헌연구에 치중되어 있어 AI 음악교육의 실질적 효과를 검증하는 연구는 드물었다. 연구 대상 측면에서 분석했을 때 문헌자료가 주를 이루었으며, 교사와 학생을 대상으로 한 연구는 미흡했다.
> [국내 AI 음악교육 연구 동향 분석-2018년~2024년 학술논문을 중심으로 (김재중 외, 2024, p.45)]

즉, AI 활용 음악교육 담론은 수적으로 성장했으나 실제 교육 효과를 실증적으로 검증하는 연구는 아직 부족하다. 따라서 향후 과제는 교육 현장에서 AI를 활용한 수업이 실제로 어떻게 작동하며, 어떤 교육적 결과를 산출하는지 과학적으로 규명하는 데 있다. 예를 들어 AI 도구를 음악 수업에 적용한 구체적인 사례와 그 효과, AI 활용 창작과 전통 창작 방식에 따른 뇌 활성화 비교 연구 등 '실천적'이고 '과학적'인 탐구가 함께 이루어져야 할 시점이다.

이와 관련해 주목할 만한 것은 뇌과학 및 인지과학의 접목이다. 최근 연구에서는 자기공명영상(fMRI), 피질뇌파기록(ECoG) 등의 방법을 통해 음악 활동이 뇌 구조와 기능에 변화를 일으킨다는 점이 밝혀지고 있다. 음악 학습 과정에서 감각, 인지, 운동 피질이 동시에 활성화되며, 긍정적 정서 경험과 사회적 상호작용 기술을 담당하는 뇌 영역 역시 자극을 받는 것으로 보고된다. 실제로 타이완 국립양명교통대학교 연구팀은 어린 시절부터 음악을 훈련받은 음악가들의 뇌가 일반인과 구조적으로 다르다는 점을 입증하였으며, 이 연구는 국제학술지 Human Brain Mapping에 표지 논문으로 게재되었다(정희주, 2025).

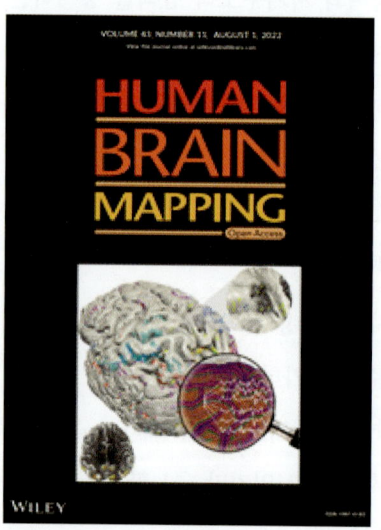

이 연구는 35명의 보컬리스트, 27명의 피아니스트, 그리고 33명의 비음악가를 대상으로, 장기적 음악 훈련이 감정, 언어 및 운동 제어와 관련된 뇌 연결망 내 백질 연결성과 효율성을 경험 의존적으로 강화하거나 변화시킨다는 사실을 밝혔다.
▲ 〈Long-term musical training induces white matter plasticity in emotion and language networks- Human Brain Mapping(Volume 43, Issue 11), 2022〉

이러한 연구는 음악 활동에서 공동 주도성(Co-agency)의 주체로서 AI와 상호작용하고 협력하는 상황을 다루는 장·단기적 실험 연구와 결합될 때, 음악교육이 학습자의 인지·정서 발달에 미치는 영향을 보다 정밀하게 규명할 수 있음을 시사한다. 따라서 교사에게는 단순한 기술 활용 역량을 넘어, AI 기반 수업이 학습자의 뇌·정서적 성장과 어떻게 맞물리는지를 이해하는 과학적 렌즈가 요구된다. 동시에 작곡·실습·개별 피드백 등 AI의 다양한 활용 방식에 대한 탐색도 더욱 활발해져야 한다. 이미 지식 기반 교과에서 AI 서술형 피드백이 상용화된 만큼, 절차적 지식이 중요한 음악 교과에서는 AI 피드백이 구체성과 정확성, 교육적 타당성을 어느 정도 확보할 수 있는지가 향후 주목받는 연구 과제가 될 것이다.

2) 창작 교육의 활성화와 디지털화

최근 5년간 창작 교육에 대한 연구는 한국 음악교육에서 가장 두드러진 성장세를 보이는 분야 중 하나이다. 우리나라 음악 창작교육 연구는 2000년대와 2010년대에 걸쳐 꾸준히 증가하다가 2020년대에 들어 급격한 양적 팽창을 보였다. 특히 2022년에서 2024년까지 3년간 55편(41.0%)의 연구가 수행되었다(신혜경, 2024).

이는 2022 개정 음악과 교육과정에서 기존 '표현' 영역에 포함되어 있던 '창작'이 수십년 만에 독립된 영역으로 분리되면서, 창작교육에 대한 관심과 연구가 폭발적으로 확대된 것으로 해석된다. 이 가운데 주목할 지점은 창작교육 연구에서 활용된 '표현 매체'의 변화다.

> 음악 창작교육 연구에서 활용한 표현 매체는 악기의 비중이 다소 높지만, 악기와 디지털 매체가 비슷한 정도로 사용된 것으로 나타났다. **하지만 디지털 매체를 활용한 연구는 시간의 흐름에 따라 증가한 반면, 악기를 사용하는 연구는 큰 증가세를 보이지 않는 것으로 나타났다.** 디지털 매체를 활용한 연구는 2000년대에 2편, 2010년대 8편이 수행되었으나, 2020년에서 2024년까지 37편으로 급격히 증가하였다. 연구 수행 시점이 2020년대의 중반부에 해당하는 2024년임을 고려할 때 2020년대 전체 연구에서 디지털 매체의 활용은 더욱 증가할 것으로 예상할 수 있다. (중략)
> 특히, 2020년대에 등장하기 시작한 AI를 활용한 음악 창작교육 연구는 2024년 한 해 동안만도 9편이 수행될 정도로 급속한 증가세를 보였다. 이러한 연구들은 짧은 기간임에도 불구하고 폭넓은 주제와 의미 있는 내용을 다루며 학계의 큰 관심을 받고 있다.
>
> (신혜경, 2024, p.746)

이러한 경향은 테크놀로지를 접목한 창작 활동이 음악교육의 새로운 핵심으로 부상하고 있음을 증명해준다. 주제적으로도 창작교육 연구는 단순한 결과물 제작을 넘어, 학생 주도적 탐구 과정과 협업 경험, 창의적 사고 신장을 강조하는 방향으로 확장되는 양상을 보였다. 과거에는 악기를 중심으로 한 전통적인 작곡 지도가 주를 이루었지만, 최근에는 컴퓨터, 모바일 앱, AI 작곡 도구 등 디지털 기술을 '도구'로 활용하는 창작 교육이 초·중등학교를 비롯한 음악교육 현장에서 점차 확대되고 있다.

크롬뮤직랩 송메이커		브라우저 기반의 직관적인 작곡 도구로, 초·중등 학생들이 쉽고 재미있게 리듬과 멜로디를 만들 수 있도록 설계된 교육용 플랫폼
밴드랩	BandLab	온라인 DAW(Digital Audio Workstation)로, 녹음·편집·믹싱·협업 기능을 지원하며 전 세계 사용자와 음악을 공유할 수 있는 커뮤니티 성격의 도구
사운드로우	SOUNDRAW	AI 기반 음악 생성 플랫폼으로, 사용자가 원하는 분위기·길이·스타일을 선택하면 자동으로 음악을 만들어주는 창작 도구
아이바	AIVA	AI 작곡 툴 중 클래식·오케스트라 스타일에 특화된 도구로, 영상음악이나 게임음악 제작에 자주 활용되는 전문형 AI 작곡 엔진
가라지밴드		애플 기기에 기본 제공되는 앱으로, 직관적인 인터페이스와 다양한 가상악기를 활용해 초보자도 손쉽게 작곡·녹음·편집이 가능한 음악 제작 앱
후크티오리	Hooktheory	코드 진행과 멜로디 작곡을 체계적으로 학습하고, 실제 곡 제작까지 이어질 수 있도록 지원하는 음악 이론·작곡 학습용 플랫폼
수노AI	SUNO	텍스트 프롬프트 입력만으로 가사와 멜로디가 포함된 완성형 곡을 생성할 수 있는 AI 음악 생성 도구

▲ 창작 수업에 많이 활용되는 AI·디지털 도구 예시

하지만 창작 활동의 디지털화가 빠르게 진행되는 만큼, 교사는 이에 걸맞은 평가 방식을 마련해야 하며, 음악교육이 지향해야 할 본질적 가치에 대한 물음을 놓치지 않아야 한다. AI가 몇 초 만에 곡을 만들어내는 시대에 우리는 무엇을 '창작'이라 부를 수 있을까? 학생이 입력한 짧은 텍스트와 생성된 멋진 결과물의 간극에서, 교사는 어떤 과정을 평가해야 하는가? 기술은 창작의 본질을 묻고, 교육의 기준을 새롭게 세우도록 요구한다. 따라서 평가 역시 결과물의 완성도에만 머물지 않고, 창작 과정에서의 주도성과 협력(특히 AI와의 공동 주도성(Co-agency)), 그리고 표현의 진정성을 함께 반영하는 방향으로 모색될 필요가 있다.

3) 사회 정서 학습의 강조와 정의적 영역에 대한 관심 증대

정의적 영역은 학생의 흥미, 태도, 가치관, 정서적 반응처럼 감성적측면을 가리킨다. 최근 사회 정서 학습의 가치가 주목받으면서 정의적 영역은 점차 음악교육의 중요한 축으로 자리 잡아가고 있는 것으로 보인다. 실제로 연구 동향 분석에 따르면 음악교육에서 정의적 요소를 다룬 연구는 최근 5년(2020~2025) 간 뚜렷한 활기를 보였으며, 학생들의 음악에 대한 흥미, 태도, 정서적 반응 등을 중심으로 다양한 주제가 다뤄졌다(한송이, 2025).

사회 정서 학습 담론이 확산되면서 음악교육의 역할은 감성을 자극하는 차원을 넘어 정서적 공감 능력과 사회적 소통 역량을 기르는 데까지 확장되고 있다. 이는 자연스럽게 음악의 치유적 기능에 대한 관심으로도 이어지고 있다.

흥미로운 흐름은 미술과의 통합적 관점에서도 나타난다. 예컨대 음악 감상 후 감정을 그림으로 시각화하거나, 즉흥적인 소리 표현으로 내면의 상태를 탐색하는 활동은 학생의 자기 인식과 정서 표현을 동시에 촉진한다. 미술교육에서 FEATS[1], HTP[2], KFD[3] 같은 투사적 기법이 정서 탐색에 활용되듯, 음악 역시 이러한 방식과 결합될 때 심리·정서적 성장을 지원하는 교육적 힘을 발휘할 수 있다.

다만 음악의 교육적 역할을 바라보는 시각에는 고민해야 할 지점이 존재한다. 음악을 도구적 수단으로 다루는 것을 경계하며 음악 고유의 예술적 경험 그 자체를 중시해야 한다는 입장과, 반대로 음악의 외적 가치, 즉 정서·치유·사회적 기능을 강조하는 입장이 공존하고 있기 때문이다.

---

[1] FEATS (Formal Elements Art Therapy Scale): 미술치료에서 그림을 평가할 때 쓰는 대표 도구. 선, 색채, 구도 같은 형식적 요소를 분석해 정서 상태를 파악함.
[2] HTP 검사 (House-Tree-Person Test): 집-나무-사람을 그리게 하고, 그림을 통해 정서·성격을 탐색하는 투사적 미술 검사
[3] Kinetic Family Drawing: 움직이는 가족을 그리게 하는 검사. 관계와 정서를 투사적으로 드러냄.

리머(B. Reimer)는 '음악의 가치는 그것이 불러일으키는 독특한 감정 형태와 심미적 경험에 있다(The value of music lies in the unique forms of feelings it evokes and in the aesthetic experiences it provides.)'고 하며, 내재적 가치의 중요성을 강조했다. 그러나 고대부터 음악은 외재적 가치로도 이해되어 왔다. 아리스토텔레스는 음악이 인간의 정서를 카타르시스(정화, catharsis)하고 도덕적 성품을 형성하는 수단이 된다고 보았으며(Politics), 듀이(John Dewey) 역시 예술을 삶의 경험을 심화시키는 도구로 설명하였다(Art as Experience, 1934).

음악은 본래 그 자체로도 충분히 가치 있는 예술이며, 전통적으로 교육은 이러한 내재적 가치에 주목해왔다. 그러나 학교라는 공간에 들어오는 순간 음악은 학생들의 정서와 관계, 삶을 지탱하는 힘과 자연스럽게 맞닿는다. 사회 정서 학습이 강조되는 오늘날, 음악교사가 정서적 촉진자의 역할을 함께 감당하게 되는 것은 필연적인 과제라 할 수 있다.

4) 프로젝트 기반 학습의 확산

프로젝트 기반 학습(PBL)은 학생들이 실제 프로젝트 수행을 통해 지식과 역량을 습득하도록 하는 학습자 중심 교수법으로, 교육 전반에서 확산되는 흐름이며 음악교육 역시 예외가 아니다.

프로젝트 기반 음악 수업은 이미 미국과 유럽을 비롯한 여러 국가에서 다양하게 실천되고 있으며, 국내에서도 최근 활발히 도입되고 있다. 이러한 흐름은 교사 역할에도 변화를 요구한다. 프로젝트형 수업에서는 학생들이 주도적으로 주제를 정하고, 기획하고, 결과물을 산출하는 과정에 참여하게 되며, 교사는 필요한 음악적 지식과 기술을 시의적절하게 제공하는 촉진자의 역할을 수행한다. 이를 통해 학생들은 비판적 사고, 주도성, 문제 해결력을 강화할 수 있다.

국내에서도 음악 교과에서 PBL을 적용한 사례들이 점차 보고되고 있다. 필자 역시 현장에서 프로젝트 학습의 한 유형으로 볼 수 있는 문제 기반 학습(Problem-Based Learning)을 적용한 경험이 있다. 이 수업은 학생들이 실제로 마주하는 음악적 어려움이나 필요에서 출발하여, 이를 해결하기 위한 결과물을 직접 제작하고, 다시 생활 속에서 활용할 수 있도록 설계되었다. 예컨대 '변성기라 고음이 잘 나오지 않는다'는 문제의식은 다양한 조(Key)의 반주 음원을 새롭게 만드는 산출물로 이어졌고, 이는 실제 가창 수업과 수행평가에 활용되었다. 또 '절대 음감이 되고 싶어요'라는 고민은 학생들이 머신러닝을 활용해 AI 음감 훈련 프로그램을 개발하는 활동으로 확장하였다.

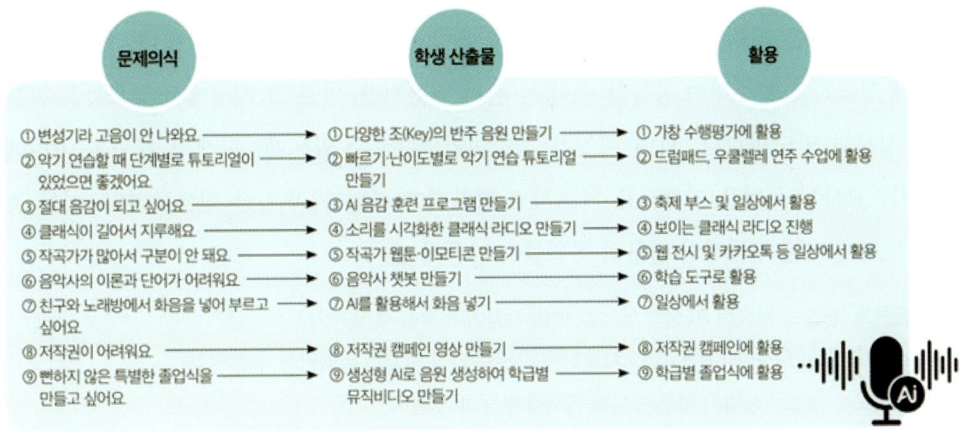

▲ 한국교육과정평가원 〈교육광장〉 2025년도 봄호에 소개된 수업 내용

이처럼 문제의식-산출물-활용으로 이어지는 학습 과정은 학생들에게 단순한 지식 습득을 넘어, 배움이 삶과 연결된다는 경험을 제공할 수 있다. 해당 수업은 제17회 교육정보화연구대회에서 전국 1등급 우수사례로 선정되며 교육적 의의를 인정받았다. 이는 프로젝트형 학습이 음악교육 맥락에서 학생들의 자기주도성과 협업 능력을 길러줄 수 있는 효과적인 접근임을 보여주는 사례라 할 수 있다.

지금까지 살펴본 동향 외에도 음악교육 연구와 현장은 점차 다채롭게 확장되고 있다. 학생들의 삶과 직결된 생활화 영역을 중시하며, 수업 제재로 청소년이 실제로 즐기는 대중음악의 비중이 점차 높아지고 있다. 또한 힙합·댄스·밴드음악 등 특정 장르를 심층적으로 탐구하는 수업이 미디어(「쇼미더머니」, 「스트리트 우먼 파이터」, 「슈퍼밴드」 등)와 접목되어 시도되기도 한다. 국악 역시 전통을 계승하는 동시에 현대화와 융합의 길을 모색하며 활발한 논의가 이어지고 있다.

교육과정 차원에서는 2022 개정 교육과정과 맞물려 개념기반 교육과정의 틀을 음악에 적용하려는 시도가 늘어나고 있으며, 이를 통해 음악적 개념과 과정의 구조를 탐구·재구성하려는 연구도 점차 증가하고 있다. 이는 음악교육이 한정된 방식으로 머물러 있는 것이 아니라, 시대와 문화 속에서 유연하게 진화하고 있음을 보여준다.

2. AI·디지털 도구는 음악교육의 균형을 흔드는가, 확장하는가

최근의 연구 동향을 살펴보면, AI·디지털 도구의 등장은 음악교육의 가장 특징적인 흐름으로 드러난다. 이는 단순히 새로운 매체가 수업 속에 추가된 차원을 넘어선다. 디지털 도구는 교사에게 새로운 지평을 열어주면서 동시에 음악교육의 본질을 되묻게 한다. 즉, 누구나 손쉽게 작곡하고 합주하며 공유할 수 있는 길이 열렸지만, 바로 그 지점에서 교사들은 근본적인 질문과 맞닥뜨린다. 과연 이것을 창작이라 부를 수 있는가? 학생의 개성은 어디에 남는가? 교사는 무엇을 기준으로 가르치고 평가해야 하는가?와 같은 질문들이다. 이를 좀 더 자세히 풀어본 구체적인 질문의 목록들은 다음과 같다.

- 프롬프트 몇 줄로 완성된 AI 생성 음악을 학생 작품이라 부를 수 있는가?
- 텍스트 기반 AI 도구(예: 수노AI)를 사용하는 것은 음악적 사고의 위임인가, 확장인가?
- 태블릿으로 하는 가상악기 합주는 실제 연주라 부를 수 있는가?
- GUI(Graphical User Interface) 기반(예: 송메이커) 작곡과 오선보 작곡은 질적으로 어떠한 차이가 있는가?
- AI가 창작의 많은 부분을 담당한 결과물에서 교사는 학생의 개성을 어떻게 발견하고 평가할 것인가?
- 그리고, 당신은 지금까지 이러한 질문에 대해 진지하게 성찰해본 적이 있는가?

이 질문들은 결국 'AI·디지털 도구는 학생의 표현 역량을 '확장'하는가, 아니면 표현의 본질을 '대체'하는가?'라는 근본적 물음으로 수렴된다. 만약 지금까지 이러한 성찰 없이 도구를 도입해왔다면, 그 방향성과 의미에 대해 다시 생각해볼 필요가 있다. 이러한 고민은 단순히 새로운 도구의 등장에서 비롯된 것이 아니라, 교사가 음악을 어떤 기준으로 가르치고 해석하는가라는 정체성과도 맞닿아 있다. 우리가 멈춰 생각해야 할 지점은 어디인가? 우리가 두려워하는 것은, 어쩌면 '음악'이라는 이름을 잃어버리는 순간이 아닌가?

가. '너무 쉽고, 너무 빠르다'는 우려

> 때로는 그저 신음하고 고통스러워하다가, 내 절망을 피아노에 쏟아낼 수 밖에 없다.
> -프레데리크 프랑수아 쇼팽 Frédéric François Chopin-

AI 작곡 도구나 MIDI 기반 작곡 툴을 사용할 때 가장 많이 제기되는 우려 중 하나는 바로 '음악이 너무 쉽게 만들어진다'는 점이다. 우리는 종종 음악을 '산고의 산물'로 여긴다. 쇼팽은 절망을 피아노에 쏟아냈고, 베토벤은 청력을 잃고도 작곡을 멈추지 않았다. 이들의 고통과

집요함을 창작의 미덕으로 배워온 우리는, 클릭 몇 번으로 완성되는 음악 앞에서 당혹감을 느낀다. 음악은 내면으로의 침잠과 성찰, 고통과 고민 속에서 탄생한다고 믿어왔던 음악교사들에게 이러한 생성 과정은 허무하게까지 느껴진다. 그 음악은 마치 인스턴트 음식처럼 빠르고, 정성보다 간편함을 추구하며, 교육적으로도 깊은 성찰이나 성장의 여지를 빼앗아버리는 듯하다.

나. '이건 진짜 음악이 아니다'는 거부감

악기로 직접 만들어내는 '실음'을 중심으로 배워온 음악교사에게 디지털 악기는 음악적으로 느껴지지 않을 수 있다. 조율한지 오래된 낡은 피아노가, 정교한 음정과 안정된 소리를 내는 태블릿 속 가상 키보드보다 더 '음악적'이라고 느껴지는 이유는 단순한 음질의 문제가 아니다.

교사들은 오랫동안 음표 하나하나에 집착하며, 소리의 시작과 끝, 미세한 떨림까지 정교하게 다듬는 훈련을 받아왔다. 그런 감각에 길들여진 이들에게 잘 정제된 미디 음원은 오히려 '너무 완벽해서 어색한' 낯선 소리로 들린다. 이러한 감정은 결코 기술에 대한 무지나 거부감에서 비롯된 것만은 아니다. 그것은 음악의 아름다움이라는 질문에 대한 오랜 신념과 철학에서 비롯된, 어쩌면 너무나 정당한 문제 제기일 수 있다.

다. 언어로 형용할 수 '없는' 음악을, 언어로 만들 수 '있는' 것에 대한 반감

AI 작곡 도구 중 음악교사가 가장 불편함을 느끼는 유형은 아마도 텍스트 기반 툴일 것이다. "언어가 끝나는 곳에서 음악이 시작된다"는 모차르트의 말처럼, 음악이 형언할 수 없는 감정과 표현의 영역이라는 믿음은 그동안 음악이라는 예술이 지닌 신비성과 깊이를 형성해왔다.

그래서일까. 언어로 작동하는 생성형 AI 음악 도구는 음악교사에게 단순한 기술 도입을 넘어 철학적 이질감을 안긴다. 소리를 '문자'로 지시한다는 방식 자체가 음악의 본질과 어긋난다고 느껴지는 것이다. 이러한 맥락에서, 수노AI[4]는 AI 음악 생성 분야에서 가장 주목받는 도구임에도 불구하고, 음악교육계에서는 여전히 논쟁적인 위치에 있다. 이는 단순히 기능이나 성능의 문제가 아니라, 많은 음악교사들이 수노AI를 '음악적인', 그리고 '교육적인' 도구로 쉽게 받아들이지 않기 때문이다. 그렇기에 교육 현장에서의 활용 또한 신중한 성찰과 해석을 요구하게 된다.

---

[4] 텍스트 프롬프트 입력만으로 완성형 곡을 생성할 수 있는 AI 음악 생성 도구로, 글자 몇 줄만으로 매우 간편하게 음악을 만들 수 있다.

그렇다면, 이러한 불편함과 우려에도 불구하고 우리가 디지털 도구를 수업에 활용하는 이유는 무엇인가? 그리고 이러한 도구를 교실로 들여올 때, 우리는 단순히 새로운 기술을 체험하게 하려는 것인가, 아니면 학생의 음악적 성장을 확장하기 위한 또 다른 길을 열려는 것인가? 결국 우리는 어떠한 수업을 지향해야 하며, 무엇을 '음악적 경험'이라 부를 수 있는가?

라. 격차와 제약이 공존하는 교실에서, 처방전으로서의 디지털 도구

음악은 개인차와 환경 요인의 영향을 크게 받는 교과다. 쉽게 말해 학생 개개인의 선행 경험(악기를 배운적이 있는지), 가정 환경(집에 악기가 있는지, 없는지), 학교 시설(악기가 얼마나 갖추어져 있는지) 등에 따라 학습 격차가 현저히 드러난다. 교사와 학생이 마주하는 실제 수업 상황을 떠올려보자.

- 학생 A: 피아노 학원에서 배운 덕분에 베토벤 소나타도 무리 없이 연주할 수 있다.
- 학생 B: 악보를 처음 접한 학생으로, '도레미'가 어디에 있는지도 모른다.

이들에게 '악보 읽기', '건반 연주', '한도막형식 작곡'을 같은 속도와 방법으로 가르칠 수 있을까? 수업을 꾸릴 때마다 교사는 이 물음 앞에 선다. 하지만 현실의 교실에는 A와 B만 있는 것이 아니라, 30명의 전혀 다른 배경을 가진 학생들이 함께 모여 있다.

어떠한 목표가 가장 공정한가?

어떠한 방법이 가장 효과적인가?

교사의 고민은 깊어진다. 이번엔 음악실 환경 이야기를 해보자.

- 첫번째 근무 학교: 음악실이 2곳 있었고, 각 교사가 전담 교실로 사용했다. 키보드 30대, 통기타 30대, 오르프 악기[6] 에서부터 그랜드피아노까지 고르게 갖추어져 있었다.
- 두번째 근무 학교: 음악실은 일반 교실보다 작았고, 악기 보관 공간조차 부족했다. 오래된 업라이트 피아노 한 대와 불용 직전의 저가형 소프라노 우쿨렐레만 30대 남아 있었다.

장인은 도구 탓을 하지 않는다고 하지만, 이 말이 과연 음악 수업에도 적용될 수 있을까? 음악교사는 학교를 옮길 때마다 가장 먼저 음악실을 살핀다. 음악실 환경이 음악 수업에 미치는 영향은 절대적이기 때문이다. 두 번째 근무 학교와 같은 열악한 환경에서, 아이들에게 첫 번째 근무 학교에서 누렸던 풍성한 음악적 경험을 '선사'하려면 어떤 비결이 필요한가?

나에게 AI와 디지털 도구는 단순한 편리한 기술이 아니었다. 오히려 음악 교실에서 겪는 물리적 제약과 환경적 격차를 넘어설 수 있는 유일한 선택지였다. AI와 디지털 도구의

---

[6] 작곡가 칼 오르프(Carl Orff)가 아동 음악교육을 위해 고안한 교육용 악기로, 리듬 타악기와 선율 타악기를 포함한다. 교육적 효과가 뛰어나나 예산 문제로 학교 현장에 충분히 구비되지 않은 경우가 많다.

화려한 교육적 효과를 하나하나 나열하지 않더라도, 2022 개정 교육과정의 '디지털 소양'이라는 묵직한 키워드를 굳이 들먹이지 않더라도, 음악을 가르치는 나에게 이들은 가장 가까운 조력자이자 가장 현실적인 해답이었다.

실제로 격차와 제약이 공존하는 음악 수업에서, AI와 디지털 도구는 교사의 수업 설계를 훨씬 더 유연하게 만들고, 현실적 제약을 뛰어넘게 해주는 효과적인 '처방'이 된다. 이제 악보를 읽지 못하는 학생도 블록을 조립하듯 그림 악보를 구성해 자신만의 곡을 만들 수 있다. 악기가 부족한 음악실에서도 태블릿 하나만 있으면 수백 가지의 가상 악기를 활용해 합주를 경험할 수 있기 때문이다.

▲ 태블릿을 활용한 개별 맞춤형 드럼패드 수업

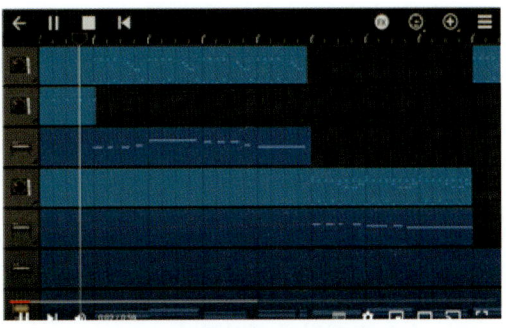
▲ 워크밴드를 활용한 작·편곡 수업

마. '나의 음악성'을 가르치는 것이 아니라, '학생의 음악적 경험'을 확장하는 방향으로

음악교사는 대개 엘리트 음악교육을 거쳐온 사람들이다. 그래서 때로는 자신도 모르게 높은 기대치를 품는다. 아이들이 우리가 걸어온 음악의 길을 비슷하게 따라올 때 음악적 희열을 느끼고, 그럴 때 가장 알찬 배움이 일어날 것이라고 믿는 것이다.

필자 역시 그랬다. '종이와 펜으로 작곡하는 방식'이야말로 가장 음악적이라고 생각했다. 악보 위에 직접 음을 써 내려가며 머릿속에 울리는 소리[6]를 곡으로 옮기는 것이야말로 음악교육의 본질에 가깝다고 여겼다.

그러던 어느 날, 종이와 펜을 이용한 작곡 수업에서 한 학생이 멍하니 앉아 있는 것을 발견했다.

"왜 그래?" 하고 물었더니 돌아온 대답은 짧았다.

"어려워서요."

---

[6] 이러한 능력은 내청(audiation)이라 부르며, 음악 학습에서 매우 중요한 핵심 역량이다.

나는 활동과 관련한 몇 가지 안내를 친절히, 아주 자세하게 해주고 지나쳤다. 잠시 뒤 그 학생은 열심히 무언가를 적고 있었고, 나는 안도했다. 그러나 수업이 끝난 뒤 그 학생의 결과물을 받아보고는 멈칫했다. 오선지 위의 음표는 덧줄이 필요 없는 음에도 덧줄이 붙어 있었고, 꼬리를 반대로 단 괴상한 음표들이 줄줄이 나열돼 있었다.

▲ 학생이 그린 악보

그 순간 알았다. 그 학생에게 '종이와 펜으로 작곡하기'란 음악 활동이 아니라 거의 '그림 그리기'에 가까웠다는 것을.

안타까움과 함께 호기심이 생겨 다음 수업에서 나는 작은 실험을 해보았다. 학생들에게 '졸업'이라는 같은 악상 주제를 제시하고 두 가지 작곡 방식을 모두 체험하게 한 것이다. 하나는 종이와 펜으로 하는 전통적인 아날로그 작곡 방식, 다른 하나는 AI 도구인 수노AI를 활용하였다. 체험 후에는 각 방식에서 느낀 몰입도를 비교하는 설문을 리커트 5점 척도로 진행했다.

나는 속으로 이렇게 예상했다.

'음악을 잘하는 학생들은 당연히 종이와 펜에 더 몰입하겠지. 수노AI는 텍스트 몇 줄을 입력해 곡을 완성하는 흥밋거리에 불과할 거야. 음악에 관심이 거의 없는 학생들은 어떤 도구를 써도 크게 몰입하기 어려울 테고.'

그러나 결과는 예상과 달랐다. 음악적 역량이 높은 학생들은 두 방식 모두에서 비슷한 수준의 높은 몰입을 보였다. 반면 음악적 역량이 낮은 학생들은 디지털 환경에서 오히려 훨씬 더 높은 몰입도와 창작 의욕을 드러냈다. 흥미로운 점은, 이들의 몰입도 수치가 음악적 역량이 높은 학생들의 최대 몰입도보다도 높았다는 것이다.

구분	학생 수	종이·펜 활용 작곡에 대한 평균 몰입도	AI 도구 활용 작곡에 대한 평균 몰입도
음악적 역량 상위권 (이전 학기 성취도 A)	84명	4.38	4.42
음악적 역량 중위권 (이전 학기 성취도 B)	55명	3.46	4.33
음악적 역량 하위권 (이전 학기 성취도 C)	36명	2.03	4.61
계	175명	3.29	4.45

이 수업에서 아날로그 방식은 결국 일부 학생에게만 열려 있는 문이었다. 반면 디지털은 음악을 잘하는 학생과 그렇지 않은 학생 모두에게 '음악의 세계로 들어가는 또 하나의 길'을 열어주고 있었다.

그때 깨달았다. '모든 학생에게 종이 악보 작곡이 최선은 아니다.'

내가 음악적이라고 믿었던 기준들은 사실 나의 엘리트 교육적인 사고와 경험에서 비롯된 편견일 수도 있다는 것을.

음악교육은 교사의 음악성을 고수하는 일이 아니라, 학생들이 각자의 방식으로 음악을 경험하고 그 경험을 넓혀갈 수 있도록 돕는 과정이어야 하지 않을까? 종이와 펜만이 아니라, AI와 디지털 도구 역시 학생들의 '음악적 경험'을 확장하는 중요한 통로가 될 수 있음을, 그제야 비로소 받아들일 수 있었다.

바. 새로운 도구를 받아들이는 자세

사실 디지털 도구를 사용한다는 것은 어쩌면 '타협'처럼 보일지도 모른다. 하지만 이 타협은 포기의 다른 말이 아니다. 교사는 더 많은 학생에게 음악의 문을 열어줄 수 있는 최선의 도구를 선택하고 설계하는 '교육 디자이너'이기 때문이다.

리코더를 떠올려 보자. 서양 전통악기로 시작했지만, 교육 목적에 맞게 운지와 음역을 단순화한 '개량형 악기'다. 교육은 늘 이런 개량의 역사 위에서 발전해 왔다. 디지털 도구 역시 마찬가지다. 전통을 해치지 않으면서도, 새로운 방식으로 학생에게 음악적 경험을 열어주는 '개량된 교육 악기'로 바라볼 수 있어야 한다. 그러나 이를 위해서는 교육의 본질을 지키면서 디지털 도구가 열어주는 가능성을 균형 있게 수용하려는 교사의 '깊은' 성찰이 반드시 필요하다.

결국 중요한 것은 어떤 도구를 쓰느냐가 아니라, 그 도구를 왜, 어떻게, 무엇을 위해 쓰느냐이다. 학생의 음악적 경험을 어떻게 넓히고 풍부하게 만드는 것, 학생이 음악을 통해 자기만의 가치와 세계를 발견하도록 돕는 것이 목표라면, 디지털도 아날로그도 모두 우리의 '교육용 악기'가 될 수 있다.

3. 음악교육의 나침반은 어디를 가리키는가

오늘날 음악교육은 기술, 교육과정, 정서적 가치가 겹겹이 교차하는 복잡한 전환점에 서 있다. AI와 디지털 기술은 학생들의 음악 경험과 수업 방식을 빠르게 바꾸어 놓았고, 2022 개정 교육과정은 '창작'을 주요 축으로 두며 음악수업의 무게중심을 새롭게 재편했다. 여기에 사회 정서 학습에 대한 요구는 음악이 가진 감성, 공감, 소통의 힘을 더욱 부각시키고 있다. 이렇게 다양한 변화의 흐름이 한 지점에서 만나는 지금, 음악교사는 무엇을 바라보아야 할까?

OECD 교수 나침반은 빠르게 변하는 교육 환경 속에서 교사가 자신의 '내면의 닻(inner anchor)'을 단단히 붙들어야 한다고 강조한다. 내면의 닻은 교사의 존재와 실천을 지탱하는 보이지 않는 축이다. 디지털 기술과 교육과정의 변화가 수업의 형태를 끊임없이 흔들더라도, 이 닻은 교사가 음악교사로서의 자신의 정체성과 본질적인 목적의식을 지켜낼 수 있도록 한다.

그러나 동시에, 변화의 파도 속에서 음악교사의 닻을 흔드는 요인들은 분명히 존재한다. 우리의 닻은 어떤 순간에 흔들리는가?

닻이 흔들리는 상황	내면의 닻 요소	맥락
도구가 목적이 될 때	Being (존재)	특정 디지털 도구를 사용하기 위해 수업을 기획하는 것은 음악교육의 본질을 훼손할 수 있는 최악의 접근이다. 흔히 범하는 실수는 '도구에 수업을 맞추는 것'이다. 먼저 가르칠 음악적 개념과 경험을 먼저 명확히 한 뒤, 그것을 가장 효과적으로 실현할 수 있는 도구를 선택해야 한다. 만약 디지털 도구보다 실제 악기를 사용할 수 있는 환경이라면, 실제 악기를 우선시하는 것이 음악교육의 본질에 더 부합한다.
성취기준과 관련없이 일회성 체험에 머무를 때	Becoming (성장)	학생들이 AI를 활용해 곡을 손쉽게 완성했더라도, 그 과정에서 음악적 개념과 심미적 가치를 탐구하지 못한다면 단순한 체험에 불과하다. 이는 흔히 문화센터 강좌나 원데이클래스와 다르지 않은 수업이 되는 것이다. 음악교육은 '체험' 자체가 목적이 아니라, 그 체험을 통해 음악적 사고와 개념을 확장하는 데 있다. 따라서 수업 설계 전 단계에서 교과 성취기준과 내용 체계를 면밀히 검토하고, 내가 계획한 수업에서 잘 구현될 수 있는지 교차 확인(cross-check)을 거쳐야 한다. 특히 창작 중심 수업에서는 평가 기준의 명확성이 더욱 중요하다. 평가가 불분명하면 교사와 학생 모두 목표를 잃고 방향성을 상실하기 쉽다.

교사 주도성과 학생 주도성이 왜곡될 때	Belonging (소속감)	수업은 교사 주도성과 학생 주도성이 균형을 이루어야 한다. 학생의 자율성과 주도성을 과도하게 강조해 교사의 역할을 배제하면, 수업은 무질서한 혼란과 배움이 없는 교실로 전락하기 쉽다. 반대로 교사의 일방적인 주도성이 학생의 경험과 자유로운 표현의 자유를 억누르게 되면, 수업은 성찰 없이 악보만 급급히 따라가는 기계적 연주와 다를 바 없다.
편견과 외부 압력에 휘둘릴 때	Being (존재)	'AI 음악이 대세'라는 외부 압력에 휘둘려 기술을 무비판적으로 도입하는 것도 문제이지만, 반대로 '전통적 방식만이 옳다'고 여기는 교사의 편견 또한 학생의 경험을 제한한다. 예컨대 앞서 필자의 수업 사례에서 다루었듯 '모든 학생에게 오선보 작곡이 최선'이라는 엘리트주의적 사고는 창작의 다양성을 억압한다. 음악교사는 급변하는 트렌드와 외부 요구 속에서도 자신의 교육 철학을 지키는 강력한 자아개념을 가져야 한다. 그러나 그 자아개념이 편협한 범위에 국한된다면, 오히려 학생의 창발성을 억누르는 결과를 낳을 수 있다. 따라서 교사의 판단은 끊임없이 성찰되고 점검되어야 한다.
과정보다 화려한 결과물에 치중할 때	Becoming (성장)	보여주기식 수업이나 외형적 성과만 강조하는 수업은 학생에게 깊이 있는 음악적 성장을 제공하지 못한다. AI로 완벽하게 찍어낸 음악보다, 서툴더라도 학생의 손길과 숨결이 느껴지는 밋밋한 작품이 더 값지다. 완벽한 합창 연주보다, 각 음을 맞추고 서로의 소리를 조율해 가는 과정에서 경험하는 감성과 깨달음이 더 중요한 법이다. 음악교육의 본질은 결과물이 아니라 과정 속에서 형성되는 감각과 이해에 있다. 결과만을 강조하는 수업은 절차적 지식을 강조하는 음악교육의 본질을 흐리는 대표적 사례가 된다.
데이터나 성과 지표에 지나치게 의존할 때	Being (존재), Becoming (성장)	교사의 직관은 때로 가장 중요한 나침반이다. 교육 데이터와 성과 지표는 수업을 보조하는 유용한 도구일 수 있으나, 그것에 과도하게 의존하면 교육의 본질은 쉽게 흔들린다. 특히 음악은 시험 점수나 수치로는 다 담아낼 수 없는 예술이다. 따라서 교사는 데이터와 성과 지표를 교육의 참고 자료로 삼되, 그것에 휘둘리지 않고 직관과 성찰을 바탕으로 수업의 방향을 정해야 한다.

글을 쓰던 중 문득, 단단한 내면의 닻을 가진 인물이 누구일까 생각해봤다. 그리고 가장 먼저 떠오른 이름은 최근 독보적인 퍼포먼스로 각광받는 가수 이찬혁이었다. 그는 국내외 최정상의 힙합 뮤지션들이 심사위원으로 앉아 있는 쇼미더머니 무대에서 "어느새 힙합은 안 멋져"라는 선전포고를 거침없이 던졌다. 연말 청룡영화제 시상식에서는 큰 절을 올리며 관 속으로 들어가 실려 나가며 무대를 마무리하는 기이한 '장례희망' 퍼포먼스를 선보였다. 새 앨범 [에로스] 무대에서는 키가 132cm인 왜소증 배우를 포함한 다양한 연령, 성별, 배경의 댄서들과 함께 파격적인 연출을 펼쳤다.

▲ 청룡영화제의 관짝 퍼포먼스
(출처: 스포츠조선, 정빛, 2024.12.02, 「[청룡영화상] '관짝 엔딩' 이찬혁→'청룡 경력직' 지코, 축하무대로 분위기 '라이징'한 '아티스트'들」)

▲ 이찬혁의 새 앨범 [에로스] 무대
(출처: 열린음악회, 2024.08.03 방송분 캡처)

그의 행보는 단순히 기이한 퍼포먼스나 일시적 유행으로 소비되지 않는다. 그가 내놓는 음악은 대중이 흥얼거릴 만큼 친근하면서도, 낯설게 다가오는 실험과 파격을 동시에 품고 있기 때문이다. 정교하게 직조된 형식과 흔치 않은 음색, 독창적인 무대 미학은 감상자에게 매번 새로운 해석을 요구하며, 대중가요를 하나의 예술 경험으로 끌어올린다. 그래서 대중은 그를 '진짜 예술가'라 부른다.

그러나 흥미로운 점은, 처음부터 그가 그렇게 불리지는 않았다는 것이다. 불과 몇 해 전까지만 해도 그는 '중2병', '찬혁아, 하고 싶은 거 다 하지 마'라는 우스갯소리와 함께 안티팬들의 조롱 대상이 되기도 했다. 그럼에도 그는 꿋꿋하게 자신이 하고자 하는 음악을 이어 갔고, 결국 몇 년 만에 주변의 시선을 완전히 뒤집어 놓았다.

그의 음악은 결코 친절하지 않다. 쉽게 이해되지 않고, 다시 들어야 하며, 곱씹어 해석해야만 가까스로 닿는다. 그런데도 대중이 그의 음악에서 발견하는 것은 단단한 신념이다. 다양한 음악적 변신을 시도하면서도 그것이 독단으로 느껴지지 않고 예술로 다가오는 이유는 그가 자신의 내면과 세계관을 바라보는 일관적인 신념을 굳건히 붙들고 있기 때문이다.

"나는 예술가다, 표현하고 싶은 것이 있다면 주저하지 않는다."
"만족하지 못할 작업은 시작도 하지 않는다."
"저는 불친절한 걸 너무 좋아한다. 사람들에게 직접적으로 쉽게 전달하는 걸 원하지 않는다. 그렇기 때문에 가치가 있고 더 깊게 계속 보면서 깨달아야 하는 말들인 것 같다. (하고 싶은 이야기를) 이미 노래로 다 얘기해 놨으니 그 답을 어렵게 찾아낸 사람들은 이 노래를 더 좋아할 거다. 그걸 바라는 것."

— 가수 이찬혁 —

음악교사에게도 이처럼 묵직한 닻이 필요하다. 교실을 흔드는 기술의 유행과 정책의 압력 속에서도, 무엇을 지켜야 하는지에 대한 자기 확신, 학생에게 어떤 음악적 질문을 던지고 싶은지에 대한 분명한 철학, 그리고 교직의 성장과 성찰, 희노애락을 함께 나누려는 진한 동료애. 이 모든 것이 흔들리는 시대 속에서도 교사를 지탱해 주는 내면의 닻이다.

떨림 속에서 찾는 본질, 음악교육의 나침반

한때 OECD의 학습 나침반과 교수 나침반을 바라보며 작은 의문을 가졌던 적이 있다. 왜 수많은 상징 중 하필 '나침반'일까? 망원경, 지도, 촛불도 있었을 텐데 말이다. 그러나 생각해 보면, 나침반 바늘의 끊임없는 '떨림'은 교육에서 겪는 수많은 시행착오와 흔들림을 상징한다. 중요한 것은 흔들리지 않는 것이 아니라, 떨림 속에서도 북극을 가리키는 내적 힘이다.

음악교사의 삶 역시 여윈 나침반 바늘처럼 늘 떨림 속에 있다. 새로운 기술, 변화하는 사회, 교육 정책의 압력까지 우리를 흔들 수 있는 요소는 끝없이 이어진다. 그러나 그 **떨림 속에서도 방향을 잃지 않으려는 긴장과 의지야말로 교사 존재(Being)를 증명한다. 떨림이 없다는 것은 도전도, 용기도, 시행착오도 없다는 뜻이다.**

디지털 기술과 교육과정의 변화는 음악교육의 경계를 넓히는 기회이지만 동시에 교사의 방향성을 흔들리게 만들기도 한다. 결국 중요한 것은 흔들림 자체가 아니라 그 속에서도 음악교육이 지켜야 할 본질과 가치를 잃지 않는 일이다. 이 나침반을 붙드는 한, 우리는 변화의 한가운데서도 음악교육의 의미를 놓치지 않을 수 있다.

> 떨리는 지남철[7]
>   - 신영복
>
> 북극을 가리키는 지남철은
> 무엇이 두려운지 항상 그 바늘 끝을 떨고 있다
> 여윈 바늘 끝이 떨고 있는 한 그 지남철은…
> 자기에게 지니워진 사명을 완수하려는
> 의사를 잊지 않고 있음이 분명하며 바늘이 가리키는 방향을 믿어도 좋다
> 만일 그 바늘 끝이 불안스러워 보이는
> 전율을 멈추고 어느 한쪽에 고정될 때
> 우리는 그것을 버려야 한다 이미 지남철이 아니기 때문이다.
>
>   - 신영복의 『담론』(돌베개, 2015) 중에서

[7] 지남철 : 자석, 이 시에서는 나침반의 바늘을 의미한다.

동행 노트

　AI 시대 음악교육을 둘러싼 본질적 질문과 교사의 시선이 차분하게 드러납니다. 기술을 단순한 수단으로 보는 것이 아니라, 그것이 학생들의 경험을 어떻게 확장하거나 제한하는지 구체적인 사례와 함께 분석하고 있다는 점이 인상 깊습니다. 특히 '교사의 음악성'에서 '학생의 음악 경험'으로 관점을 이동하는 전환은, 음악교육의 방향성을 묻는 핵심적인 통찰로 읽힙니다.
　또한 음악적 역량이 낮은 학생들이 AI 기반 작곡 활동에서 높은 몰입을 보였다는 대목은 교육적으로 큰 시사점을 줍니다. 이는 디지털 도구가 단순한 보조가 아니라, 학습의 문턱을 낮추고 학생 개개인에게 실제적인 성장을 열어주는 가능성을 보여줍니다. 글 속에 담긴 이러한 분석은 앞으로 음악교육이 어디로 나아가야 하는지 함께 고민하는 교사들에게 중요한 인사이트를 제공하게 될 것이라 생각합니다.

동행자 하나

　이 글은 AI와 디지털 기술의 물결 속에서 음악교육이 어디로 가야 하는지에 대해 본질적인 질문을 던져주었습니다. 단순히 새로운 도구의 활용을 넘어, 교사가 무엇을 지켜야 하는지, 학생들의 경험을 어떻게 넓혀줄 것인지 깊이 성찰하게 합니다. 특히 "중요한 것은 흔들림 자체가 아니라 그 속에서도 음악교육이 지켜야 할 본질과 가치를 잃지 않는 일이다."라는 문장은 지금 시대에 교사로서 우리가 붙잡아야 할 전문성과 마음가짐을 잘 보여줍니다.
　현장의 경험과 연구적 통찰을 동시에 담아낸 글이라 읽는 내내 공감과 깨달음을 얻었습니다. 뇌과학, 교육과정, 사회정서학습까지 폭넓은 연구를 끌어와 풍부한 맥락을 제시한 점에서 글의 깊이 또한 빛납니다. 무엇보다 오랜 경험에서 비롯된 깊은 고민과 노하우가 담겨 있어, 꼭 필요한 통찰을 나누어준 글이라 느껴집니다.

동행자 남궁정

　이 글은 흔들리는 지남철 같은 교사의 마음에 작은 등불을 밝혀주는 글이었습니다. AI와 디지털도구가 교실에 들어왔을 때, 그것을 단순한 도구의 문제가 아니라 '학생 모두에게 음악의 세계로 들어가는 또 하나의 길'을 열어주는 관점으로 풀어낸 점이 깊이 와 닿았습니다. 음악이라는 울타리를 넘어, 다른 교과의 수업을 준비하는 교사들에게도 깊은 울림을 전하는 글이라 생각합니다.

특히 "흔들림 속에서도 방향을 잃지 않으려는 의지야말로 교사 존재를 증명한다"는 메시지는 음악교사뿐만 아니라 모든 교사에게 필요한 성찰이었습니다. 교실에서 새로운 도구를 만날 때마다 주저하거나 망설였던 제 모습이 겹쳐지며, 결국 중요한 것은 기술이 아니라 학생들의 배움과 성장을 향한 교사의 마음이라는 점을 다시금 확인할 수 있었습니다.

그래서 저는 이 글을 음악교사만이 아니라 모든 교사에게 권하고 싶습니다. 변화가 두렵거나 혼란스러울 때, 우리가 무엇을 지켜야 하고 학생과 어떤 마음으로 함께해야 하는지 분명히 보여주기 때문입니다. 이 글은 교사의 나침반을 다시 점검하게 하고, 교육의 길을 함께 걸어가는 모든 이들에게 따뜻한 길잡이가 되어줄 것입니다.

동행자 김희수

초등교실에서 시작하는
AI 윤리교육

#AI 윤리 #인간 주체성 # 윤리 렌즈 #윤리적 성찰

서동욱

1. AI 시대 인간 주체성은 무엇으로 지켜지는가?

"GPT한테 시키면 금방 끝나요."

아이들이 던진 이 말은 내 마음에 오래 남았다. 또 다른 아이는 "유튜브가 내가 좋아하는 영상을 꼭 알아요."라며 즐겁게 말했다. 글쓰기를 대신하게 하고, 추천 영상을 무심코 소비하며, 생성형 AI가 만든 결과물을 당연히 자기 것처럼 여기는 모습도 흔히 볼 수 있었다.

그러나 그 편리함 뒤에 필요한 윤리적 시각은 놓치고 있었다. 겉보기에는 자연스러워 보이지만, 바로 이 지점에서 위험이 발생한다. AI의 발전 속도는 과거 기술과는 비교할 수 없을 만큼 빠르다. 그 결과, 제도적·사회적 안전장치가 제때 마련되지 못한 채 새로운 윤리 문제가 연이어 등장한다. 예컨대, 한때 많은 사람이 생성형 AI로 '지브리 풍 이미지'를 만들어 공유했지만, 이는 지브리의 고유한 그림체와 저작권을 침해할 수 있는 쟁점을 품고 있었다. 이처럼 사용자가 생성형 AI를 활용하는 과정에서 저작권 침해, 허위 정보 확산, 창작 윤리와 같은 윤리적 문제가 자리잡고 있다.

나는 그 장면을 보며 스스로에게 물었다. '아이들은 기술을 편리하게 쓰지만, 윤리적 성찰은 따라오고 있는가?' 그리고 또 다른 질문이 곧바로 따라왔다. '나는 과연 다를까? 어른인 나는 AI를 얼마나 윤리적으로 사용해 왔는가?' 편리하다는 이유로 AI에게 자료 정리와 글쓰기를 맡기면서도, 나는 정작 그 속에 숨어 있는 책임과 위험을 충분히 고민하지 않았다. 아이들을 보며 들었던 질문은 결국 나에게 되돌아왔다.

그 질문 앞에 서서 나는 더 근본적인 물음과 마주하게 되었다.

'다른 기술에도 이렇게 깊은 윤리적 성찰을 생각해 본 적이 있었나? 왜 AI는 다른 기술과 달리 윤리적으로 성찰해야 하지?'

AI는 인간의 주체성과 주도성을 흔드는 힘을 가졌다. AI는 망치나 컴퓨터처럼 인간의 지시에만 반응하는 단순한 도구가 아니다. 데이터를 학습하고 스스로 판단하며 결과를 산출한다는 점에서 기존 기술과 본질적으로 다르다. 문제는 그 과정을 우리가 쉽게 이해하거나 설명하기 어렵다는 데 있다. 결과는 나오지만, 그 근거와 과정을 명확히 확인하기가 힘들고, 그 영향은 개인의 편리함을 넘어 교육·경제·정치 등 사회 전반으로 급속히 확산된다. 무엇보다 AI는 인간의 선택권과 주도성에 직접 개입한다. 망치는 인간이 쥐어야만 쓰이고, 컴퓨터도 인간이 명령해야만 작동한다. 그러나 AI는 추천과 판단을 먼저 제시함으로써 인간의 선택 과정을 점차 대체한다. 아이들이 스스로 선택과 행동에 대해 고민하기 전에 AI가 결과를 내어 준다면, 성취감과 주체성은 흐려진다.

이러한 경향은 미래로 갈수록 더 뚜렷해질 것이다. 연구자들은 AI가 언젠가 AGI(Artificial General Intelligence), 즉 인간과 유사한 수준의 일반지능으로 확장될 가능성을 전망한다. 지금은 언어 처리나 이미지 생성 같은 개별 기능에 머물러 있지만, 앞으로는 사고와 판단, 창조와 운영까지 스스로 수행할 수 있는 단계로 나아간다는 것이다.

OpenAI의 AGI 5단계 로드맵에 따른 AGI 5단계 표

AI 발전 단계

단계	설명	예시
1단계 - 대화형 AI	언어 이해·생성 중심의 AI. 질문에 답하고 텍스트를 생성	ChatGPT, Gemini
2단계 - 추론 AI	방대한 데이터를 분석하고 심층 탐구·연구를 지원	Deep Research
3단계 - 자율 AI	스스로 계획·실행하며 다른 도구와 상호작용	AutoGPT, CrewAI
4단계 - 혁신 AI	세상에 없던 새로운 지식·가치·아이디어를 창출	신약 개발, 새로운 과학적 발견
5단계 - 조직 AI	기업이나 사회 조직 전체를 스스로 운영할 수 있는 수준	가상 기업 운영, 자율 의사결정 체계

교실 또한 이미 AI로 인해 변화하고 있다. 자동 채점, 맞춤형 피드백, 개별화 학습 경로를 제공하는 다양한 에듀테크 도구가 수업에 자리 잡으면서 교사의 수업 방식과 아이들의 학습 환경은 빠르게 달라지고 있다. 이제 AI는 단순한 보조 수단을 넘어 교실 운영의 중요한 한 축으로 작동하기 시작했다.

하지만 이 변화가 새로운 가능성만을 의미하는 것은 아니다. 딥페이크 성범죄, 허위 정보 확산, 알고리즘 편향에 따른 차별, 저작권 침해 등 AI의 발달은 새로운 윤리적 문제들을 동반한다. 특히 딥페이크의 경우 피해자와 가해자의 대다수가 10대와 20대라는 사실은, 이 문제가 우리 교실 속 학생들과도 직접적으로 연결되어 있음을 보여준다. 결국 AI 시대를 살아갈 학생들에게는 단순한 기술 습득만으로는 부족하다. 지식과 기능뿐 아니라 가치와 태도까지 함께 기르는 균형 잡힌 교육이 필수적이다.

이러한 맥락에서 봤을 때, 초등학교 시기에서 이루어지는 AI 윤리교육은 교육적 의미가 특히 크다. 피아제(Piaget)는 이 시기를 구체적 조작기에서 형식적 조작기로 넘어가는 단계로 설명하며, 아동이 규칙과 책임 같은 추상적 개념을 내면화하기 시작한다고 보았다. 에릭슨(Erikson) 또한 '근면성 대 열등감'의 단계로 규정하며, 성취 경험과 규범 내면화가 정체성 형성에 큰 영향을 미친다고 강조했다. 다시 말해, 아이들이 책임감과 규범을 내면화하는 바로 그 시기가 초등학교 고학년 시기다.

실제로 상담 시간에 한 아이가 "저는 잘하는 게 없는 것 같아요."라고 말했던 순간이 있다. 이는 단순히 능력 부족을 토로하는 것이 아니라, 자신의 존재 가치를 스스로의 노력과 성취를 통해 확인하지 못하는 데서 비롯된 근본적인 고민이었다. 이처럼 자아 존중감이 형성되는 중요한 시기에 AI가 대신해 주는 결과물에만 의존하게 된다면, 아이들은 자신의 노력으로 무언가를 이루는 성취의 기쁨을 경험하지 못하게 된다. 결국 이는 자기 효능감 저하로 이어져, 문제 해결의 주체로서 책임감을 갖는 대신 결과만을 바라는 습관을 들일 수 있다. 그렇기에 AI 시대에는 초등 교육 과정에서부터 AI를 윤리적으로 바라보는 관점을 심어 주어, 아이들이 기술의 주체로서 책임감을 갖도록 교육하는 것이 필수다.

'초등 교과에는 이미 도덕에서 윤리적인 내용을 가르치지 않나요?'

도덕 교과에서 배우는 정직과 배려는 여전히 소중하다. 그러나 그것만으로는 부족하다. 예를 들어 도덕 교과에서 배우는 '거짓말은 나쁘다.'라는 원칙만으로는 AI가 만든 가짜 영상을 퍼뜨리는 문제를 설명하기 어렵다. 도덕 수업에서의 거짓말은 보통 고의적 거짓을 전제로 한다. 하지만 AI가 만든 가짜 영상은 아이들이 그 진위를 가리지 못한 채 무심코 확산될 수 있다. 피해의 범위도 개인 대 개인이 아니라 사회 전체로 넓어진다. 무엇보다 내가 만든 거짓말이 아니라 기술이 만든 거짓을 내가 전달하는 상황에서 책임의 기준은 훨씬 복잡해진다. 그래서 나는 아이들에게 '왜 이건 단순한 거짓말과 다른가?', '이럴 때 어떤 책임을 져야 하는가?'를 함께 성찰하도록 해야 한다고 생각한다. 바로 이 지점에서 AI 윤리교육은 도덕 교과와 다른, 독립적인 의미를 지닌다.

일각에서는 AI 리터러시 교육에 이미 윤리 항목이 포함되어 있다고 말한다. 실제로 교육부에서 제공하는 AI 리터러시 자료에는 개인정보 보호, 알고리즘 편향성, 책임성 등의 내용이 담겨 있다. 그러나 이러한 항목들은 기술 학습의 보조적인 역할에 머무는 경우가 많다. 기능 습득 위주의 수업에서 '저작권 보호' 같은 용어는 아이들에게 중요하지 않은 단어로 여겨질 수 있다. 하지만 "내가 열심히 그린 그림을 허락 없이 AI가 베껴서 그린다면 어떤 기분이 들까?"라고 질문하는 순간, 아이들의 반응은 확연히 달라진다. 이러한 경험을 통해 나는 AI 윤리교육이 AI 리터러시의 보조 항목으로 존재해서는 충분하지 않다고 확신하게 되었다. AI 윤리교육은 기술 교육에 앞서 독립적으로, 그리고 선행적으로 이루어져야 한다. 그래야 아이들이 AI 기술을 즐겁게 활용하는 동시에, 그 안에 내재한 위험성과 책임의 무게까지 함께 인식할 수 있기 때문이다.

2. AI 윤리교육의 국제적 흐름과 국내 교육의 방향

국제적 흐름과 국내 교육의 방향 역시 AI 윤리교육의 필요성을 뒷받침한다. UNESCO의 'AI Competency Framework for Students(2021)'는 학생들이 AI를 본격적으로 경험하기 전에 윤리적 감수성을 길러야 한다고 강조하며, 이는 초등 교육 단계에서 기술보다 태도를 먼저 다루어야 하는 이유를 뒷받침한다. OECD의 'AI 원칙(2019)' 또한 인간 중심성, 공정성, 책임성, 투명성 등의 가치를 핵심 원칙으로 제시하며, 이러한 가치들이 AI 시대 교육의 방향을 제시하는 중요한 나침반 역할을 한다고 강조한다. 이러한 국제적 흐름에 발맞추어, 우리나라도 2020년 대통령 직속 4차산업혁명위원회가 「사람이 중심이 되는 인공지능(AI) 윤리기준」을 심의·의결하며 공식 기준을 마련했다. 이 기준은 인간 존중, 책임성, 공정성을 3대 기본원칙으로 삼고, 프라이버시 보호, 안전성, 설명 가능성 등 구체적인 실천 과제들을 포함하고 있다. 이를 바탕으로 초·중·고 교재가 개발되기도 했다.

▲ 3대 기본원칙과 10대 핵심 요건(「사람이 중심이 되는 인공지능(AI) 윤리기준」)

나는 이 흐름을 보며 내 교실에서의 고민이 결코 개인적인 불안이 아니라는 것을 다시 확인했다. 아이들이 AI 관련 기술을 배우는 것을 넘어, AI를 대할 때에도 사람을 존중하고 책임을 다하는 태도를 길러야 한다는 국제적·국내적 목소리가 나의 고민과 맞닿아 있기 때문이다. 결국 AI 윤리교육은 선택이 아니라 필수이며, 교사와 학생 모두가 함께 만들어 가야 할 시대적 과제임이 분명하다.

가. AI 윤리교육이 어려운 현실적인 걸림돌

앞에서 살펴본 것처럼 AI 윤리교육의 필요성은 분명하지만, 필요성을 인식하는 것과 실제 교실에서 구현하는 것은 완전히 다른 문제였다. 막상 수업을 준비하고 실행하려 할 때, 여러 가지 걸림돌이 눈앞에 나타났다.

수업 시수 확보의 어려움: 교과 진도를 따라가기에도 시간이 부족한 상황에서 AI 윤리교육을 위한 별도의 시간을 마련하기란 쉽지 않다. 이미 포화 상태인 범교과 학습 주제들 사이에 윤리교육을 추가하는 것은 교사들에게 큰 부담으로 다가온다.

교사의 전문성 부족: 빠르게 발전하는 AI 기술 흐름을 교사가 모두 따라잡기 어렵다는 부담감이 크다. 아이들에게 설명하는 과정에서 '혹시 내가 잘못된 정보를 전달하는 것은 아닐까?' 하는 불안감이 들기도 한다. 새로운 주제를 가르친다는 설렘보다, 제대로 해낼 수 있을지 모른다는 두려움이 더 크게 느껴지는 것이 현실이다.

학생들의 낮은 문제 인식: 아이들은 AI를 일상에서 사용하지만, 그것이 윤리적인 문제와 연결된다고는 생각하지 않는다. '재밌으니까 쓰는 건데, 뭐가 문제예요?'라는 반응이 대표적이다. 아이들에게 AI는 단순한 편리함과 재미일 뿐이지만, 교사 입장에서 그 안에 내재한 위험성을 간과할 수 없다.

체계적인 교육 자료의 부재: 수업을 준비하며 다양한 자료를 찾아보았지만, 디지털 리터러시·미디어 리터러시·AI 리터러시 속에 일부 항목으로 AI 윤리가 포함되는 수준에 그쳤다. 내용은 대체로 단편적이어서 특정 기능과 그에 따른 사용 지침을 제시하는 정도였고, 이는 지식과 기능 습득에는 도움이 될지 몰라도 내가 바라는 가치와 태도의 내면화와는 거리가 있었다. 결국 AI를 하나의 큰 틀에서 바라보며 가치와 태도를 통합적으로 길러 줄 수 있는 체계적 자료가 필요함을 절실히 느끼게 되었다.

나. 어려움을 넘어선 작은 시작

 이러한 어려움 속에서도 나는 작은 실마리를 찾고자 했다.

 우선, 수업 시수 문제는 독립된 시간을 확보하는 대신 창의적 체험활동, 도덕, 실과 등 기존 교과와 연계하여 운영함으로써 부담을 줄였다. 교사의 전문성 부족은 같은 학년 교사 학습공동체를 통해 보완했다. 함께 AI 윤리교육 내용을 준비하고 공유하며 서로의 불안감을 덜어낼 수 있었다.

 학생들의 낮은 문제 인식은 생활 밀착형 질문으로 접근했다. "내 사진이 동의 없이 이상하게 합성되어 퍼진다면 어떤 기분이 들까?"와 같은 질문은 아이들이 윤리적 개념을 추상적으로만 이해하는 것을 넘어, 실제 삶의 맥락 속에서 공감하도록 돕는 시도였다. 마지막으로 체계적인 자료의 부재는 다양한 출처의 자료를 직접 수정하고 보완하여 초등 고학년의 눈높이에 맞게 재가공함으로써 해결해 나갔다.

 이 과정이 아직 완벽한 성과라고 할 수는 없지만, 분명한 것은 이러한 걸림돌을 함께 넘어가는 과정 자체가 윤리교육의 시작점이라는 사실이다. 이러한 경험을 바탕으로, 나는 AI 윤리교육을 더욱 구체적으로 설계하기 시작했다.

3.「AI 윤리 렌즈 프로젝트」로 AI 윤리교육 실천 해보기

지금까지의 AI 윤리교육은 디지털·미디어·AI 리터러시 속에 단편적으로 포함되는 경우가 많았다. 개인정보 보호, 저작권, 알고리즘 편향성과 같은 주제가 다뤄지기는 했지만, 대체로 특정 기능에 대한 지식이나 사용 지침을 익히는 데 그쳤다. 그 결과 아이들은 지식 습득 중심의 윤리교육을 경험했을 뿐, 이를 가치와 태도의 내면화로 확장하기는 어려웠다. 또한 교사가 정해 준 답이나 해결 방법을 따르는 경우가 많아, 학생이 스스로 질문을 던지고 탐구하며 배워 나가는 주도성 역시 충분히 확보되지 못했다. 무엇보다도 학생들의 생활과 직접 맞닿은 맥락에서 성찰할 기회가 부족했기 때문에, 윤리 문제를 자신의 삶과 연결된 문제로 받아들이는 데 한계가 있었다.

이러한 현실을 마주하며 나는 AI 윤리교육의 방향과 구성 원리를 명확히 정리했다. 윤리교육은 단순한 지식과 기능의 전달에서 머물러서는 안 되며, 가치와 태도의 내면화로 이어져야 한다. 그 과정에서 교사가 답을 주는 대신, 학생들이 스스로 탐구하고 성찰하며 배움을 만들어 갈 수 있어야 한다. 특히 AI 윤리교육은 학생들의 삶의 맥락과 연결될 때 비로소 의미가 생긴다. 아이들은 추상적인 원칙보다 자신이 겪을 수 있는 경험과 상황 속에서 책임과 선택의 무게를 진정으로 이해하기 때문이다.

이러한 문제의식과 성찰을 반영하여 나는 「AI 윤리 렌즈 프로젝트」를 설계했다. 이 수업은 AI를 단순한 기술적 도구가 아니라, '윤리적 관점(렌즈)'를 통해 새롭게 바라보도록 하는 데 초점을 두었다. 교사의 일방적 설명보다 학생들의 탐구·토론·선택을 중심에 두어, 그들이 자신의 생활과 맞닿은 사례에서 출발해 성찰할 수 있도록 했다. 단편적인 기능 이해를 넘어서, 'AI를 어떻게 바라볼 것인가'라는 관점의 전환을 경험하게 하고자 했다. 이는 곧 지식에서 가치로, 타율적 학습에서 주도적 성찰로, 추상적 지침에서 삶과 연결된 배움으로 나아가는 교육적 전환을 의미한다.

「AI 윤리 렌즈 프로젝트」 차시별 흐름

차시	활동명	학습 목표/의도
1차시	내가 보는 AI - 생활 속 윤리의 성찰 대상으로 확장하기	- 학생들이 일상에서 접하는 다양한 AI 사례를 발굴한다. - "AI = 생성형 AI"라는 좁은 인식을 확장한다.
2차시	AI, 윤리 렌즈로 들여다보기 - AI로 발생하는 윤리적 문제 내면화하기	- 실제 사회에서 드러난 AI 윤리 문제를 확인한다. - 탐구할 문제(딥페이크, 저작권, 개인정보, 편향 등)를 선택하여 팀을 구성한다.
3~4차시	AI 현미경: 윤리 렌즈로 깊게 관찰하기 - AI 문제 윤리적으로 성찰하기	- 선택한 문제의 사례를 조사·분석한다. - "누가 피해자인가?", "책임은 누구에게 있는가?", "어떤 해결책이 가능한가?"와 같은 핵심 질문을 통해 탐구한다.
5~7차시	우리 반 AI 윤리 약속, 공유 렌즈 만들기 - 윤리 문제 해결 방안 공유·종합하기	- 문제 해결 방안을 정리하고 발표 자료를 제작한다. - 발표를 통해 서로의 관점을 공유한다. - 전체 결과를 종합해 '우리 반 AI 윤리 약속'과 'AI 활용 카드 뉴스'를 만든다.
8~10차시	AI 윤리 렌즈로 윤리적 사용자로 성장하기 - 윤리적 관점으로 AI 체험하기	- 실제 AI 기능을 체험해 본다. - 활동 과정에서 '우리 반 AI 윤리 약속'과 카드뉴스를 다시 확인한다. - AI를 단순히 체험하는 데 그치지 않고, 윤리적 관점(렌즈)으로 비판적으로 바라보는 습관을 기른다.

1차시: 내가 보는 AI - 생활 속 윤리의 성찰 대상으로 확장하기

〈수업 장면 들여다보기〉

교사: 얘들아, AI가 무엇이라고 생각해?

학생A: ChatGPT요.

학생B: 그림 만들어주는 거요.

교사: 맞아. 그런데 혹시 우리가 매일 쓰는 앱 중에도 AI가 숨어 있을까? 예를 들면, 유튜브 영상을 볼 때는 어때?

학생C: 제가 봤던 영상과 비슷한 영상이 계속 다음에 나와요.

교사: 맞아. 그게 바로 AI가 네가 좋아할 만한 걸 예측해서 추천해주는 거야. 그럼 내비게이션은?

학생D: 길 안내해 주는 것도 AI예요? 그냥 지도인 줄 알았는데요.

교사: 실시간 데이터를 분석해서 최적의 길을 찾아주는 것도 AI지.

학생E: 아… 생각보다 AI가 많네요. 원래 있던 건데 그냥 당연히 쓰고 있었어요.

학생들은 처음에는 AI를 ChatGPT나 이미지 생성 같은 '눈에 잘 보이는 도구'로만 떠올리지만, 교사의 질문을 통해 점차 생활 속에서 사용하는 유튜브 추천, 내비게이션, 자동 번역기 같은 서비스들까지 AI의 범주로 확장해 바라본다. 'AI = 생성형 AI'라는 좁은 인식에서 벗어나, 추천·분석·판단·인식 등 다양한 형태의 AI가 이미 일상 깊숙이 들어와 있음을 자각한다.

우리는 AI를 기능과 쓰임에 따라 간단히 분류한다. 문자·그림·음성·영상을 만들어내는 생성형 AI, 사용자의 데이터를 분석해 맞춤형 콘텐츠나 광고를 제공하는 추천형 AI, 정보를 종합해 판단하고 실제로 움직이는 자율주행 AI, 사용자의 얼굴·음성을 인식하고 저장하는 인식형 AI로 나눈다. 이 분류는 학문적 구분을 위한 것이 아니라, 학생들이 다양한 AI의 성격을 이해하고 그에 따른 윤리적 문제와 자연스럽게 연결하도록 돕기 위한 과정이다.

분류를 마친 뒤 내가 "이렇게 나눈 이유가 뭘까?"라고 묻자, 한 학생이 "AI마다 문제가 다를 수 있어서요."라고 답한다. 이 순간, 학생들은 단순히 기능을 나누는 것에서 한 발 더 나가, 각 AI가 불러올 수 있는 윤리적 쟁점을 스스로 연결하기 시작한다. 실제로 생성형 AI는 저작권 침해나 허위 정보 생성의 위험을, 추천형 AI는 사생활 침해와 정보 여과 현상의 문제를, 자율주행 AI는 판단 책임과 안전성의 쟁점을, 인식형 AI는 개인정보 유출과 감시의 문제를 안고 있다.

특히 "유튜브 추천이 무서울 수도 있다."라는 학생의 발화는, AI를 단순히 편리한 기술이 아니라 데이터 수집과 감시의 시선으로 새롭게 인식하는 순간이다. 이는 기술에 대한 호기심을 넘어서, 생활 속 맥락에서 윤리적 성찰로 전환되는 중요한 계기가 된다.

결국 이 활동의 의미는, 아이들이 AI를 신기한 기술로만 여기지 않고 '생활 속에 스며든 존재'이자 '윤리적 성찰의 대상'으로 확장해 이해한다는 데 있다. 이러한 깨달음은 이후 차시에서 다룰 본격적인 윤리 문제 탐구로 이어지는 작은 첫걸음이자, 「AI 윤리 렌즈 프로젝트」의 출발점이 된다.

2차시: AI, 윤리 렌즈로 들여다보기 - AI로 발생하는 윤리적 문제 내면화하기

<수업 장면 들여다보기>

('인공지능 윤리적 이슈 사례' 영상 시청 후)

학생A: AI가 잘못하면 누구 책임이에요?

학생B: 내 정보가 동의 없이 퍼지면 진짜 싫을 것 같아요.

학생C: 그냥 재밌자고 만든 건데도 문제가 돼요?

교사: 좋은 질문이네. 사실 AI 때문에 생기는 문제는 여러 가지가 있어. 내가 여섯 가지 예시를 보여줄게.

교사: 용어가 조금 어려울 수도 있어서 쉽게 풀어볼게. 예를 들어, '알고리즘 편향'은 추천이 자꾸 한쪽으로만 쏠려서 차별이 생기는 거야. '책임 불명확'은 AI가 잘못했을 때 누구 책임인지 애매한 거고.

학생D: 저는 AI가 그림을 무단으로 쓰는 게 제일 싫어요. 제가 그린 건데 뺏긴 것 같잖아요. 그래서 저작권 문제 하고 싶어요.

학생E: 저는 추천이 너무 한쪽으로만 몰리면 불공평한 것 같아요. 그래서 편향 문제를 해보고 싶어요.

학생F: 저는 제 사진이 동의 없이 쓰이면 무서울 것 같아요. 개인정보 문제요.

교사: 좋아. 각자 가장 관심 있는 문제를 골라보자. 같은 주제를 선택한 친구들끼리 팀을 만들어서 함께 탐구하는 거야.

두 번째 수업은 AI로 인해 발생하는 윤리적 문제를 확인하고, 학생들이 각자 탐구할 주제를 선택하는 활동으로 진행된다. 수업 전반부에 교사는 실제 사회에서 나타난 AI 윤리 문제를 다룬 짧은 뉴스 클립과 사례 영상을 제시한다. 딥페이크로 인한 피해, AI가 만든 그림의 저작권 분쟁, 알고리즘 차별 문제, 개인정보 유출 사건 등이 대표적이다.

아이들은 영상을 보며 단순히 지식 차원에서 문제를 이해하는 것이 아니라, 자신의 경험과 감정을 주제 선택에 연결한다. "내 그림을 뺏기면 속상하다.", "내 정보가 퍼지면 무섭다."와 같은 발화는, AI 윤리 문제를 추상적인 개념이 아니라 삶 속에서 마주할 수 있는 현실적 문제로 받아들이고 있음을 보여준다.

하지만 초등 수준에서 아이들이 모든 윤리 문제를 스스로 탐구하고 분류하기에는 어려움이 있다. 그래서 교사는 AI 사용자로서 경험할 수 있는 윤리적 문제를 기준으로 여섯 가지 범주를 미리 제시한다.

윤리 문제	설명
개인정보 수집 및 침해	AI가 데이터를 수집·분석·활용하는 과정에서 사용자의 개인정보가 노출될 위험
알고리즘 편향성과 차별 문제	학습 데이터가 불완전하거나 편향된 경우 특정 집단·개인을 차별할 가능성
책임 소재의 불명확성	AI가 내린 판단에 대한 책임 주체가 명확하지 않음
조작 및 허위 정보 생성	AI로 가짜 뉴스·딥페이크 등을 만들어 사회 혼란을 초래할 수 있음
저작권 침해 및 창작물 무단 이용 문제	생성형 AI가 기존 창작물을 바탕으로 결과물을 만들어 원작자 권리를 침해할 가능성
과의존 및 주체성 저하	AI를 맹신·의존함으로써 사용자의 주체성이 약화될 위험

▲ AI 기술발달에 따른 6가지 윤리 문제

이 범주는 학생들이 직접 경험할 수 있거나 이해할 수 있는 수준에서 재구성한 것이다. 일반적으로 'AI 윤리'라 하면 개발자 관점에서의 원칙(투명성, 안전성, 공정성 등)이 떠오르지만, 이번 수업에서는 학생들을 AI의 사용자로 전제한다. 따라서 학생들이 교실과 생활 속에서 스스로 성찰할 수 있는 문제에 집중한다. 문제 범주를 제시할 때 용어가 다소 어려울 수 있었기에, 핵심 용어는 유지하되 쉬운 부가 설명을 곁들인다.

이후 학생들은 여섯 가지 범주 중 하나를 선택하고, 같은 범주를 고른 학생끼리 팀을 구성한다. 특정 주제에 학생들이 몰리지 않도록 교사가 조정하며 균형을 맞춘다. 학생들은 각자 선택한 문제에 대해 '왜 이게 나와 관련 있다고 느꼈는지'를 내면적으로 정리하는 과정을 거친다. 이는 단순한 주제 배분을 넘어, 학습 동기를 강화하고 이후 탐구 과정에서 자신의 문제로 끌어안고 책임 있게 탐구하려는 태도로 이어진다. 나는 이 과정에서 아이들이 AI 윤리 문제를 더 이상 멀리 있는 사회적 사건으로 보지 않고, "나의 삶과 연결된 문제"로 성찰하기 시작한다는 것을 확인했다. 아이들이 선택의 과정을 통해 AI 윤리 문제를 자기화할 때, 학습은 추상적 지식에서 삶의 성찰로 전환되고, 이는 앞으로 이어질 탐구 활동을 학생 자신의 문제 해결 과정으로 만들어주는 중요한 기반이 된다.

3~4차시: AI 현미경: 윤리 렌즈로 깊게 관찰하기 - AI 문제 윤리적으로 성찰하기

> **〈수업 장면 들여다보기〉**
> 저작권 침해 및 창작물 무단 이용 문제 팀
> **학생A:** AI가 만든 그림이 다른 그림을 흉내를 낸 거면 좀 불공정한 것 같아.
> **학생B:** 그러니까! 최소한 출처는 확인하고 써야지.
> 조작 및 허위 정보 생성 팀
> **학생C:** 영상이 이상해 보이면 바로 퍼뜨리면 안 되겠는데.
> **학생D:** 맞아, 먼저 사실인지 찾아보고 나서 결정해야 해.
> 알고리즘 편향성과 차별 문제 팀
> **학생E:** 광고나 추천이 다 맞는 건 아니잖아.
> **학생F:** 응, 결국 사람이 판단해서 고를 수 있어야지.

팀이 구성된 이후, 각 팀은 자신들이 선택한 AI 윤리 문제를 본격적으로 탐구하는 단계에 들어간다. 교사는 사전에 팀별 온라인 협업 공간을 마련해 두고, 2차시에서 보여준 뉴스 영상 자료와 탐구 과정을 안내하는 학습지를 올려준다. 학생들은 이를 바탕으로 선택한 문제를 다시 확인하고, 유사한 사례를 조사·분석해 온라인 협업 공간에 공유하며 활동을 이어간다.

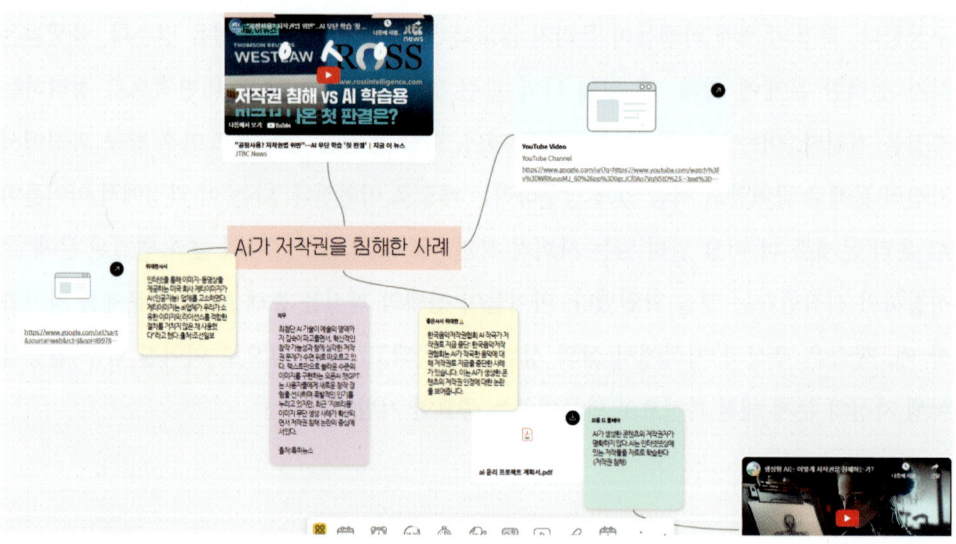

▲ 클래스보드를 활용한 온라인 협업

AI 기술의 작동 원리까지 깊이 이해하는 것은 초등학생 수준에서는 쉽지 않다. 그래서 이번 활동은 기술 분석이 아닌 사례 탐구에 초점을 맞춘다. 학생들은 스마트기기를 활용해 개별적으로 자료를 찾아보고, 팀 안에서 공유하며 토의한다.

처음에는 조사 과정에서 학생들의 어려움이 드러난다. 한 학생은 "검색했는데 잘 안 나와요. 너무 많아요."라고 호소한다. 검색어를 확인해 보니 'AI로 발생하는 윤리 문제'처럼 범위가 지나치게 넓거나 모호한 표현을 쓰는 경우가 많다. 검색어를 'AI 그림 저작권 사례', '딥페이크 피해 뉴스'처럼 구체적으로 바꾸도록 조언하니 학생들은 점차 더 알맞은 자료를 찾아내기 시작한다.

나는 이 과정을 보며, 탐구 활동에서 교사의 역할은 답을 주는 것이 아니라 도구와 전략을 안내하는 것임을 다시금 깨닫는다. 아이들이 스스로 찾아낸 자료를 공유하며 토의할 때, 탐구의 주체가 온전히 학생들에게 있다.

사례 탐구가 충분히 이루어진 후에는 해결 방법을 모색하는 단계로 나아간다. 이때 중요한 점은 해결책을 법이나 규제 중심으로만 제시하지 않도록 하는 것이다. 나는 "법과 제도는 당연히 필요하지만, 우리는 지금 AI 사용자로서 어떤 태도를 가져야 하는지에 집중해 보자."라고 안내한다.

한 학생이 최종적으로 이렇게 말한다.

"법으로 막는 것도 필요하지만, 우리가 사용할 때 조심하는 게 제일 중요해요."

AI 윤리 문제는 법과 제도의 영역이기도 하지만, 근본적으로는 사용자의 태도와 윤리적 시각에서 출발한다. 학생들이 스스로 이런 인식을 정리 해내는 순간, 단순한 지식 학습을 넘어 성찰적 학습이 이루어지고 있음을 확인한다.

5~7차시: 우리 반 AI 윤리 약속, 공유 렌즈 만들기 – 윤리 문제 해결 방안 공유·종합하기

〈수업 장면 들여다보기〉

알고리즘 편향성과 차별 문제 팀

학생A: 약속 문장에 그냥 'AI는 조심해서 쓴다'라고 하면 되는 거 아냐?

학생B: 안 돼. 너무 애매하잖아. 진짜 행동으로 할 수 있는 걸로 써야 해.

학생A: 그럼 'AI를 통해 추천되는 정보를 무조건 믿지 않는다' 이렇게 쓰면 어때?

학생B: 좋다! 그럼 카드뉴스에는 추천 알고리즘이 왜 위험한지도 같이 넣자.

조작 및 허위 정보 생성 팀

학생C: 'AI로 생성된 정보가 진짜인지 확인하겠다' 이게 우리 약속이지?

학생D: 응. 근데 카드 뉴스에는 '피해자가 받을 상처'도 꼭 보여주자. 그래야 진짜 심각하다는 게 전해질 것 같아.

이 차시는 학생들이 탐구한 AI 윤리 문제와 그에 대한 해결 방안을 정리해 발표 자료로 만드는 과정이다. 앞선 차시에서 각 팀은 여섯 가지 범주 가운데 하나를 선택해 집중적으로 탐구했지만, 선택하지 않은 주제에 대해서는 학습이 충분하지 않다. 따라서 각 팀이 탐구한 주제와 해결 방안을 발표 형태로 공유하도록 하여, 학급 전체가 다양한 윤리 문제를 균형 있게 학습할 수 있도록 지금을 구성한다.

발표 준비 과정은 단순히 정보를 전달하기 위한 활동이 아니라, 학생들이 탐구한 내용을 다시 구조화하고 개념을 명확히 정리하는 기회다. 실제로 한 학생은 "처음에는 막연히 알았는데, 발표 자료를 만들다 보니까 진짜로 무슨 문제인지 알겠어요."라고 말한다. 또 다른 학생은 "우리가 찾은 사례를 카드 뉴스에 넣으려면, 내용이 명확해야 해요."라고 의견을 보탠다. 나는 이 과정을 보며, 학생들이 단순한 이해 수준에서 타인에게 설명할 수 있는 수준으로 사고가 확장되고 있음을 느낀다.

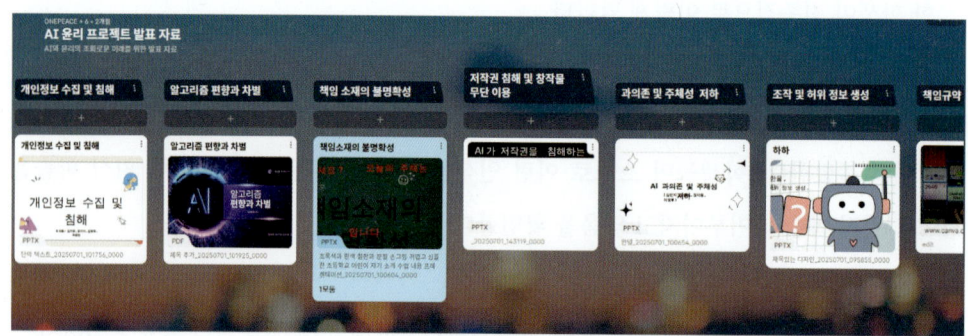

▲ 발표 자료 종합 및 공유

발표 자료에는 두 가지 요소가 포함된다. 첫째, 각 팀이 도출한 해결 방안을 반영한 '우리 반 AI 활용 약속' 문장 한 줄을 작성한다. 둘째, 해당 해결 방안을 구체화한 'AI 활용 카드 뉴스' 내용을 만든다. 이는 윤리교육이 지식 이해에서 그치지 않고, 실천적 태도의 함양으로 이어지도록 하는 장치다.

'우리 반 AI 활용 약속'은 포괄적이고 추상적인 문장이 아니라, 곧바로 실천 행동으로 이어질 수 있도록 구체적으로 작성하도록 지도한다. 예를 들어 "AI를 사용할 때 조심해야 한다."라는 문장은 지나치게 모호해 다른 주제와도 겹칠 수 있다. 대신 "AI가 만든 그림을 사용할 때는 반드시 출처를 확인한다.", "영상이 가짜인지 의심되면 확인 후 공유한다."와 같이, 탐구 주제에 적합하면서도 읽는 즉시 행동으로 연결되는 약속이 되도록 한다.

발표가 이어지자, 학생들은 자신이 탐구하지 않았던 주제에 대해서도 구체적인 이해를 넓힌다. 저작권 침해 및 창작물 무단 이용 문제 선택한 팀의 발표를 들은 학생은 "AI가 그림을 그려줘도, 그냥 내 거라고 하면 안 되겠네요."라고 성찰하고, 조작 및 허위 정보 생성 문제를 다룬 팀 발표 후에는 "가짜 영상을 믿으면 다른 사람에게 큰 피해를 줄 수 있네."라는 반응이 나온다. 학생들이 서로의 지식을 학급 전체의 자산으로 확장 시키고 있음을 확인한다. 한 팀의 탐구가 그 팀만의 학습에 머무르지 않고, 학급 전체의 윤리적 성찰로 연결되는 순간이다.

발표 후, 모든 팀별 약속과 카드 뉴스를 모아 하나의 '우리 반 AI 활용 약속'과 'AI 활용 카드 뉴스'로 통합한다. 이는 단순한 규칙 나열이 아니라, 아이들 스스로 탐구하고 논의해 도출한 합의문이다. 이 과정에서 학급의 합의는 단순한 문장에 머무르지 않는다. **발표와 토의를 통해 도출된 문장은 학생들이 AI를 접하는 구체적 장면에서 떠올릴 수 있는 실천적 기준이자, 학급 전체가 공유하는 윤리적 나침반으로 자리 잡는다.**

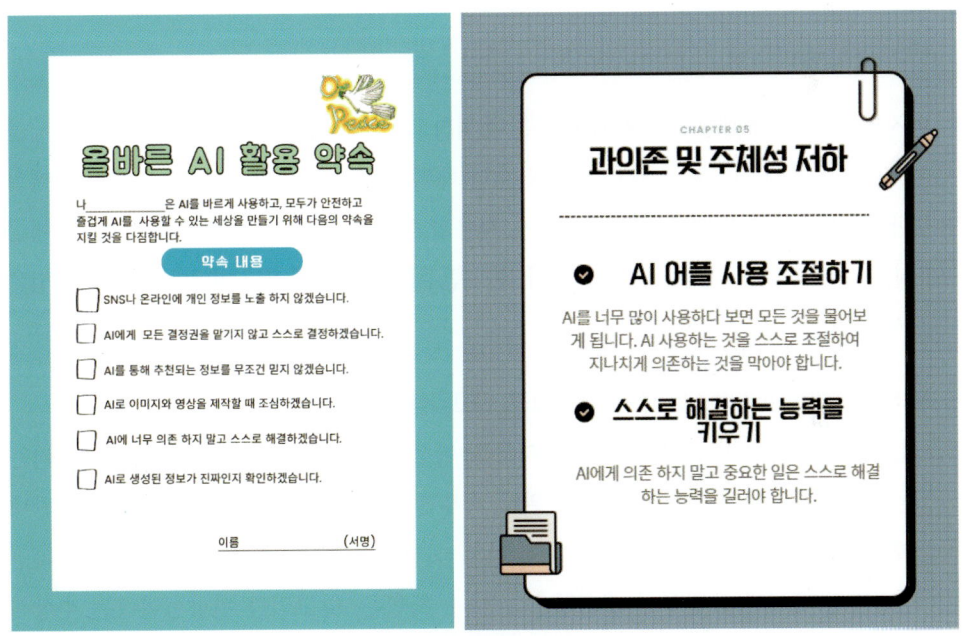

▲ AI 활용 약속과 카드 뉴스

8~10차시: AI 윤리 렌즈로 윤리적 사용자로 성장하기 – 윤리적 관점으로 AI 체험하기

> **〈수업 장면 들여다보기〉**
>
> ❶ 티처블 머신(편향 데이터 실험)
>
> **학생A:** 똑같이 고양이 사진 넣었는데, 이번에는 강아지라고 나오네?
>
> **학생B:** 데이터를 다르게 주니까 결과도 확 달라졌어. AI가 알아서 똑똑한 게 아니네.
>
> **학생C:** 우리가 뭘 넣느냐에 따라 달라지네.
>
> ❷ 딥페이크 체험(가짜 정보 탐색)
>
> **학생D:** 헐, 이건 진짜 사진 같아. 가짜인 줄 전혀 모르겠어.
>
> **학생E:** 앞으로 인터넷에서 본 영상은 그냥 믿으면 안 되겠다.
>
> **학생F:** 가짜 영상을 장난으로 만드는 건 괜찮을 수도 있는데… 다른 사람 속이면 진짜 위험하지.
>
> ❸ 모럴 머신 토의(자율주행 책임 문제)
>
> **학생G:** 여기서는 누구를 살려야 해? 어른이야, 아이야?
>
> **학생H:** AI가 대신 결정했으면… 그럼 누구 잘못이야?
>
> **학생I:** 아무리 그래도 결국 책임은 사람이 져야 하는 거 아니야?

마지막 차시는 학생들이 실제 AI 기능을 체험하고, 그 과정에서 드러나는 윤리적 문제를 '윤리 렌즈'를 통해 바라보는 활동이다. 단순한 체험 수업에서 그치지 않고, 앞선 차시에서 탐구한 윤리 문제와 연결해 'AI를 어떻게 사용할 것인가'를 스스로 성찰하는 것이 핵심 목표다. 시간적·환경적 제약으로 여섯 가지 윤리 범주를 모두 다루기는 어렵다. 따라서 수업은 다음 세 가지 주제를 중심으로 구성된다.

❶ 티처블 머신(Teachable Machine) 체험: 알고리즘 편향성 이해

학생들은 구글의 머신러닝 도구인 티처블 머신을 활용해 직접 이미지를 학습시키는 활동을 한다. 저작권 침해를 예방하기 위해 자유롭게 이용 가능한 이미지 사이트를 안내한다. 학생들은 AI의 알고리즘이 완벽하지 않고 허점이 있을 수 있다는 사실을 직접 확인한다. 편향된 데이터가 편향된 결과를 낳는다는 체험은, 알고리즘 편향성이라는 추상적 개념을 삶의 맥락 속에서 이해하도록 돕는 소중한 경험이 된다.

❷ 딥페이크 체험: 가짜 정보의 위험성 인식

다음 활동에서는 진짜 인물 사진과 AI가 생성한 가짜 사진을 구별하는 사이트를 활용한다. 학생들은 놀라울 정도로 정교한 가짜 이미지를 보며 "진짜랑 가짜를 구분하는 게 이렇게 힘든 줄 몰랐어요."라고 말한다. 이어 Tokking Heads를[1] 이용해 간단한 딥페이크 영상을 제작해 본 뒤, 해당 기술이 악용될 경우 발생할 윤리적 문제를 토의한다.

나는 AI 윤리 렌즈의 힘이 구체적으로 드러나는 순간을 실감한다. 윤리적 관점이 부재했다면 딥페이크 체험은 단순한 놀이에 그칠 것이다. 그러나 윤리 렌즈를 통해 학생들은 기술의 위험성을 성찰하고, 스스로 올바른 판단을 내린다. 이는 윤리교육이 지향해야 할 본질적 모습이다.

❸ 모럴 머신(Moral Machine) 토의: 자율주행과 책임 소재

마지막 활동은 모럴 머신을 통해 자율주행 상황에서의 윤리적 딜레마를 체험하는 것이다. 다양한 시나리오 속에서 학생들은 "이럴 때는 누구를 살려야 하지?", "AI가 결정했으면 누구 책임이지?"와 같은 질문을 주고받는다. 토의의 초점은 '정답'을 찾는 것이 아니라, 책임 소재가 불명확하다는 위험성을 인식하는 데 있다.

학생들은 이 활동을 통해 학생들이 기술 결정의 이면에 남아 있는 인간의 책임성을 자각하게 된다. 책임을 완전히 AI에 전가할 수 없다는 인식은, 앞으로 AI 사회를 살아갈 아이들에게 꼭 필요한 윤리적 토대다.

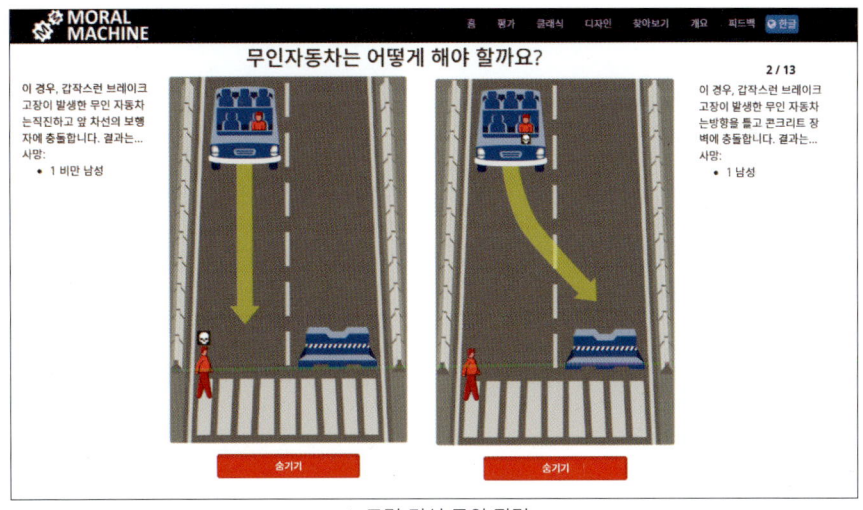

▲ 모럴 머신 토의 장면

---

[1] Tokking Heads는 AI가 이미지를 인식하여, 음성이나 텍스트 입력에 따라 얼굴이 움직이며 말하는 영상으로 변환해주는 AI 기반 딥페이크 생성 플랫폼이다.

8~10차시의 활동은 학생들이 단순히 AI의 편리함을 체험하는 데 그치지 않고, 그 이면의 윤리적 문제를 직접 체험하고 성찰할 수 있도록 한다. 알고리즘 편향, 딥페이크의 위험, 자율주행의 책임 문제는 모두 서로 다른 주제였지만, 학생들은 이를 하나의 공통된 질문으로 귀결시킨다.

"AI를 사용할 때 어떤 점을 주의해야 할까?"

이 말을 들으며 아이들이 '윤리 렌즈'를 스스로 착용하기 시작했음을 확인한다. 교사의 설명이 아닌 학생들의 경험과 질문이 곧 성찰이 되고, 이는 앞으로 AI를 접할 때 단순한 사용자가 아니라 **윤리적 사용자로 성장할 수 있는 기반이 된다.**

4. 프로젝트로 얻은 작은 변화, 미래의 가치 나침반

이번 「AI 윤리 렌즈 프로젝트」는 AI 윤리교육을 교사와 학생이 함께 만들어 간 균형의 수업이었다. 교사는 AI 윤리교육의 방향을 설계했고, 학생들은 탐구와 성찰의 주체로 참여했다. 그 결과 아이들은 AI를 단순한 편리한 도구로 보던 시각에서 벗어나, AI를 윤리적 관점으로 바라보고 책임 있게 활용해야 할 삶의 기술로 재인식하기 시작했다.

가장 큰 성과는 학생들의 인식 변화였다. "ChatGPT에게 숙제를 맡기겠다."라고 말하던 아이들이 이제는 "AI를 사용할 때는 출처를 확인하고, 가짜 정보는 검증해야 한다."라는 AI 활용 윤리 약속을 스스로 만들어냈다. 이는 단순한 기술 습득이 아니라, AI 윤리에 대한 가치와 태도의 전환을 경험한 순간이었다.

앞으로는 이 경험을 교실 안에만 머물게 하지 않고, 가정과 지역 사회로 확장하는 AI 윤리교육이 필요하다. '가족 AI 사용 규칙 만들기'나 지역 공동체와의 프로젝트로 이어진다면, 교실에서 싹튼 AI 윤리적 성찰이 생활 속 실천으로 더욱 깊이 뿌리내릴 수 있을 것이다.

결국 초등학교 시기의 AI 윤리교육은 단순히 지식을 늘려 주는 수업이 아니다. 그것은 아이들에게 AI를 어떻게 바라보고 어떤 태도로 사용할지 판단하게 해 주는 윤리 렌즈를 길러 주는 일이다. 교실 속 작은 실천에서 출발한 이 렌즈는 아이들의 삶 전반으로 퍼져, 책임 있는 선택을 이끌어 내는 가치의 나침반이 된다. 그리고 나는 이번 수업을 통해 확신하게 되었다. 아이들이 손에 쥔 작은 AI 윤리의 렌즈가, 언젠가는 세상을 바라보는 큰 창이 되어 줄 것이라고.

동행 노트

"가장 위험한 기술은 낡은 도구를 대체하는 기술이 아니라, 낡은 사고방식을 조용히 대체하는 기술이다." (Postman, N. 1993)

AI는 단순히 인간의 생산성을 높이는 기술이라기보다는, 우리가 상상할 수 없는 방향으로 삶의 전반을 바꾸어 놓을 혁명 그 자체가 될 것으로 예상합니다. AI 대전환의 시대에서 교육자로서 가장 중요하게 생각해야 할 것은, 학생들이 이 기술을 어떻게 하면 인간성을 해치지 않고 잘 활용하도록 할 수 있을까 하는 부분입니다.

이 글은 평생 학습자로서 학생들이 AI를 윤리적으로 활용할 수 있는 교육 방법을 다루고 있습니다. 너무나도 당연한 것이라고 생각할 수 있겠지만, 너무 당연하기 때문에 놓치는 부분이 바로 AI 윤리교육이라고 생각합니다. AI의 발전 동향에서부터 시작하여 AI 윤리교육의 당위성, 그리고 이것이 실제로 어떻게 교실 속에서 펼쳐지는지 상세히 다루는 이 글을 통해, 나의 교실 속에서도 AI 윤리교육의 한걸음을 내디딜 수 있는 용기를 얻을 수 있습니다.

동행자 **윤신영**

AI는 생산성을 높여주는 가치중립적 도구이기에 사용자의 윤리성과 책무성이 중요해졌습니다. 특히 AI는 기존 기술과 달리 스스로 판단하며 인간의 선택권과 주도성에 직접 개입하는데, 이 시기에 AI에 의존하게 되면 아이들의 노력과 성취 경험이 줄어들어 자기 효능감 저하로 이어지고 문제 해결 주체로서의 책임감을 갖기 어렵습니다. 따라서 AI 윤리교육은 단순히 기술 습득이나 기존 도덕/리터러시 교육의 보조 항목으로 충분치 않으며, 국제적 흐름(UNESCO, OECD)과 국내 윤리기준 역시 기술보다 가치와 태도를 선행적으로 다루어야 한다고 말합니다.

이러한 문제의식과 성찰을 바탕으로 개발된 것이 「AI 윤리 렌즈 프로젝트」입니다. 이 프로젝트는 윤리교육이 단순 지식 전달이 아닌 가치와 태도의 내면화로 이어지고, 학생들이 스스로 탐구하고 성찰하며 배움을 만들도록 하는 데 중점을 둡니다. 학생들은 AI를 ChatGPT뿐 아니라 유튜브 추천 같은 생활 속 윤리적 성찰의 대상으로 확장해 이해하고, 딥페이크, 저작권, 알고리즘 편향 등 여섯 가지 윤리 문제 중 가장 관심 있는 문제를 선택하여 '나의 삶과 연결된 문제'로 내면화합니다.

동행자 **이대형**

이 글은 AI 윤리교육의 필요성과 의미를 초등 교실의 실제 장면과 연결해 생생하게 보여준다는 점에서 큰 의미가 있다고 생각합니다. 아이들이 AI를 단순히 '편리한 도구'로 여기던 관점에서 '윤리적 성찰의 대상'으로 확장해 가는 과정이 구체적인 수업 사례와 함께 잘 드러납니다. 읽는 이로 하여금 AI 교육이 단순한 기술 습득에 머물러서는 안 되며, 가치와 태도의 내면화로 이어져야 한다는 점을 분명히 깨닫게 합니다.

특히 이 글은 AI 윤리교육을 국제적 흐름(UNESCO, OECD)과 국내 기준에 연결하여, 개별 교실의 고민을 사회적·세계적 과제와 접목한다는 점에서 독자에게 큰 시사점을 준다고 생각합니다. 교실 속 작은 발화 하나가 어떻게 윤리적 전환의 출발점이 될 수 있는지 보여주며, 결국 AI 윤리교육은 선택이 아니라 필수라는 메시지를 강하게 남깁니다. 저 역시 이 글을 통해 AI가 단순히 기술의 문제가 아니라 인간 주체성과 책임의 문제임을 깊이 성찰하였으며, 제 교실에서도 아이들에게 '윤리 렌즈'를 길러주기 위한 실천을 고민해 보게 되었습니다.

동행자 **서지나**

3

교실에서 꽃피울, 우리의 교육 르네상스

학교 교육의 본질에 대한 깊은 성찰과 미래 교육으로의 전환을 다룬다. 학교 교육이 학생들의 삶을 얼마나 준비시키고 있는지에 대한 근본적인 질문에서 출발하며, 기존 교육 방식의 한계를 비판적으로 분석한다. 특히 IB 교육과 OECD 교수 나침반의 철학을 통해 지식 전달을 넘어선 '존재의 과정'으로서 교육의 본질을 강조한다. '예술다움'이 결여된 현실을 비판하며 '예술적 상상력', '자기표현', '의미'라는 세 가지 관점에서 예술 교육의 본질 회복을 역설한다. 영어 교육에서는 '살아있는 언어'로서 학생의 '주도성'과 '개별성'을 극대화한 의사소통 역량 강화를 모색한다.

특히 디지털 기반 교육 혁신 과정에서 나타나는 '정책 패러독스'를 분석하며, 정책의 이상과 현장의 괴리를 지적하고, 교사 개인의 헌신이 아닌 '협력하는 주체적 전문가'로서 교사 정체성 확립과 '열린 교육 공동체'의 필요성을 역설한다. 또한 공개수업을 '보여주기'에서 벗어나 학생, 교사, 학부모가 함께 배우고 성장하는 '삶을 살아보는 공간'으로 재구성하는 구체적인 실천 사례를 제시한다.

교육의 본질에 대한 질문과 성찰을 통해 '협력적 전문성'과 '열린 교육 공동체'를 기반으로 **학생들이 삶의 주체로 성장**할 수 있는 '교육 르네상스'를 교실에서 구현하고자 하는 공통된 비전을 제시한다.

#교육본질 #IB교육 #예술교육 #영어교육 #정책패러독스
#협력적전문가 #학부모참여 #과정 중심 평가

학교는 어느 정도로 우리의 인생을 준비해 주고 있나?

#IB교육 #OECD교수 나침반 #질문수업 #개념기반탐구수업

하 나

1. 질문에서 시작하다

"학교는 어느 정도로 우리의 인생을 준비해 주고 있나?"

처음 이 문장을 읽었을 때, 나는 잠시 멈춰 서야 했다. 언뜻 단순한 물음 같았지만, 곱씹을수록 무게가 달랐다. 지금의 교육이, 지금의 교실이, 그리고 지금의 내가 아이들의 인생에 무엇을 준비해 주고 있는가? 그 물음 앞에서 나는 교사로서, 그리고 한 인간으로서 스스로를 돌아보지 않을 수 없었다.

이 질문은 하루 아침에 생긴 것이 아니다. 교실의 일상, 반복적인 수업, 정형화된 평가 방식 같은 익숙한 교육 구조 안에서 축적된 모순들이 결국 하나의 의문으로 수렴된 것이다. 나는 그동안 교과서 진도를 계획대로 나가고, 아이들의 반응도 나쁘지 않다는 이유로 수업이 잘 이뤄지고 있다고 판단해 왔다. 그러나 그것이 정말 학생들의 삶을 준비시키는 교육이었는지에 대해서는 자신할 수 없었다.

정책 자료나 연수에서 흔히 접하는 '자기 주도적 학습자', '창의적 문제 해결자', '미래형 인재' 같은 말들은 그럴듯하다. 방향성 자체는 타당하다. 이런 표현들은 나에게도 일정한 정당성과 안도감을 주었다. 내가 하는 교육이 시대 흐름에 맞고 사회적으로 의미 있다는 믿음을 준다. 그러나 이 언어는 대부분 선언에 그칠 뿐, 교실의 구체적 실천으로 이어지지 않는다.

교실의 조건은 생각보다 복잡하다. 겉으로 보기에 교사는 여전히 아이들과 대화하고, 교과서를 펼쳐 수업을 진행하며, 질문과 답을 주고받는다. 그러나 교육의 핵심인 '가르침'과 '배움'은 점점 자리를 잃고 있다. 수업의 대화와 탐구보다는 문서화와 절차가 더 눈에 띄고, 학생들의 질문은 정해진 일정에 가려 잘 드러나지 않는다. 교실은 배움이 살아 움직이는 공간이어야 하지만, 때로는 결과를 증명하는 곳이 되는 것 같다.

교사의 책무는 원래 넓고 깊다. 학습 부진을 돕고, 정서 문제를 살피며, 학교의 안전과 인성교육을 책임지는 일은 교사에게 당연히 주어진다. 그러나 지금의 현실은 교육자의 책무를 넘어 교사를 서비스 노동자로 전락시켰다. 겉으로는 "기대"라는 말을 사용하지만, 실제로는 협력이 아니라 요구다. 그 요구는 존중이 아니라 책임 추궁의 언어다. 교사에게 "왜 더 해주지 않느냐"는 시선이 쏟아지는 순간, 교사의 교육적 주체성은 무너진다. 무너진 주체성은 곧 무기력으로 이어진다.

무기력은 단순한 피로가 아니다. 교사가 교육자로서 존중받지 못할 때, 수업은 살아 있는 만남이 아니라 형식적 절차로 떨어진다. 학생과의 대화는 줄어들고, 새로운 시도는 멈춘다. 교사를 전문가로 인정하지 않는 사회는 결국 자기 아이들의 배움까지 가난하게 만든다.

이 점은 국제 비교에서도 선명히 드러난다. OECD의 교수-학습 국제조사(TALIS 2018) 보고서[1]에 따르면, 한국 교사의 77%가 수업 운영에 있어 자율성이 충분하지 않다고 응답했다. 반면 핀란드와 에스토니아는 교사를 단순한 기능인이 아니라 교육적 주체성을 가진 전문가로 존중한다. 핀란드 교사들은 수업과 평가를 설계할 권한을 온전히 보장받으며, 학부모와 사회 역시 교사를 신뢰하다. 그래서 교사의 전문성이 교실 안에서 쉽게 흔들리지 않는다.

에스토니아의 경우, 국가가 행정 절차를 줄이는 데 그치지 않고 교육과정 운영의 자율권을 교사에게 위임했다. 교사들이 직접 협의하고 설계하는 문화는 단순히 시간을 확보하는 수준을 넘어 교사의 주체성을 제도적으로 뒷받침하는 장치가 된다. 오스트리아는 교사의 미래 역할을 교육적 주체성을 가진 전문가로 상정하고, 교사들이 학교 운영과 교육과정 결정에 함께 참여하는 구조를 확대하고 있다. 협력적 의사결정은 단순한 행정 절차가 아니라 교사의 권위를 존중하는 문화적 장치다.

---

[1] OECD, 『TALIS 2018 결과 제2권: 교사와 학교 지도자를 가치 있는 전문가』(원제: TALIS 2018 Results (Volume II): Teachers and School Leaders as Valued Professionals), 파리: OECD 출판부(OECD Publishing), 2018.

이와 대조적으로 한국 교실은 여전히 본질적인 배움에 집중하기 어려운 조건 속에 놓여 있다. 교사가 아이들의 질문에 충분히 머물러 줄 수 없을 때, 교실은 성찰과 탐구의 흐름을 놓치게 된다. 그렇게 되면 학생들은 배움의 본질을 경험할 기회를 조금씩 잃어간다. 결국 학교가 아이들에게 '인생'을 준비시켜줄 수 있을까? 라는 근본적인 질문은 더욱 깊어질 수밖에 없다.

배움은 단순히 지식을 머릿속에 채워 넣는 작업이 아니다. 모르는 것을 궁금해하고, 알게 된 것을 바탕으로 더 깊이 탐구하고 싶어지는 내면의 동기를 부여하는 일이다. 궁극적으로는 아이들이 언젠가 자기 삶의 방향을 스스로 결정하고 나아갈 수 있도록 돕는 일이야말로 교육의 본질적 역할이다. 하지만 지금의 학교는 그러한 성찰과 탐구의 여유를 충분히 허용하지 못한다.

교사 역시 마찬가지다. 교육의 본질에 접근하기 어려운 현실 속에서, 교사는 '나는 왜 이 교실에 서 있는가'와 같은 존재 질문 앞에 서성인다. 아이들 역시 숨 가쁜 수업의 흐름을 따라가기 바빠, 자신의 방향을 묻거나 삶을 돌아볼 여유조차 갖기 어려운 것이 현실이다. 이렇게 학생과 교사 모두가 삶의 질문에서 멀어질 때, 학교가 과연 '삶을 준비하는 공간'이 될 수 있는지 근본적인 회의가 생긴다.

교육 개혁 담론은 넘쳐난다. 혁신학교, 고교학점제, 인공지능 기반 디지털 교육자료(AIDT), 국제 바칼로레아(IB), OECD 교수 나침반 등 이름은 끊임없이 바뀌고 등장한다. 그러나 교실 현장은 기대만큼 변하지 않는다. 화려한 구호와 모델은 넘쳐 났지만, 그것이 학생들의 삶에 의미 있는 변화로 이어지도록 뒷받침하는 구조적이고 실질적인 지원은 여전히 부족하다.

평가 역시 같은 한계를 드러낸다. '성장을 지원하는 평가, 학생 참여형 평가, 피드백 중심 평가, 과정 중심 평가' 하는 용어는 오래전부터 등장했지만, 실제로는 여전히 '기록을 위한 평가'에서 벗어나지 못한다. 학생의 실제 역량과 성장을 관찰하고 지원하기보다, 교사는 계획서 양식에 맞춰 교육과정을 짜 맞추고, 학생의 성장을 정형화된 문장으로 서술해야 한다. 평가의 기준도 배움의 깊이나 개별적 특성이 아니라, 주어진 서식을 얼마나 충실하게 채울 수 있는지에 따라 결정된다. 결국 수업은 교사가 교육적 철학을 바탕으로 기획한 장면이 아니라, 행정 절차를 거쳐 제출하는 증거 자료로 축소된다. 이런 구조 속에서 학생들은

'어떻게 배워야 하는가'보다 '무엇을 기록해야 하는가'에 더 집중하게 된다. 결국 수업은 철학보다 증거 자료로 축소되고, 학생은 배움보다 결과물에 집중한다. 그럴 때면 스스로 묻게 된다. "내가 하고 있는 이 수업이 정말 교육일까?"

이 물음을 더욱 선명하게 보여준 경험이 있었다. 독일 대학입학시험인 아비투어의 출제 문항을 접했을 때다. 그 문제는 단순한 정답을 요구하지 않았다. 학생에게 삶을 묻고, 스스로 답을 찾아가도록 요구했다.

> "교육부 장관을 인터뷰할 예정이다. '학교는 어느 정도로 우리의 인생을 준비해 주고 있나?'라는 주제로 인터뷰 노트를 작성하라. 직접 묻고 싶은 질문이나 제안을 포함할 수 있다."

이 문제는 단순히 교과 지식을 확인하는 데 머물지 않았다. 학생 스스로 삶의 본질적 질문을 다루도록 했고, 정해진 답을 찾는 대신 자기 생각을 조직하고 논리적으로 전개하는 능력을 요구했다. 다시 말해 시험이 단순히 '정답을 맞히는 것' 이상의 의미를 가질 수 있음을 보여준 것이다.

대한민국 교육 현실에서는 여전히 '정확한 답을 신속하게 도출하는 능력'이 공정한 평가의 이름으로 강조된다. 그러나 아비투어 문항은 다른 가능성을 보여주었다. 학생들은 경험과 통찰을 바탕으로 스스로 방향을 정하고, 논리를 구성하는 사고의 과정을 경험했다. 교육이란 결국 지식을 주입하는 것을 넘어, 학생 스스로 내면과 세계에 중요한 질문을 던지고, 자기만의 답을 찾아가는 여정을 시작하도록 돕는 일이 아닐까. 이 경험은 한 가지 가능성을 열어 주었다. 교과의 경계를 넘나들며, 아이들이 스스로 질문을 만들고 탐구하는 수업은 불가능한 일일까? 개념을 중심으로 배움이 연결되고, 관점을 드러내는 글쓰기로 이어지는 수업. 그것은 내가 접한 아비투어의 철학과 닮아 있었고, 나중에 만나게 될 IB교육의 철학과도 이어져 있었다.

2. IB, 무엇을 묻는가

IB 교육이라는 말을 처음 들었을 때, 솔직히 말해서 그다지 끌리진 않았다. 그럴듯하긴 했다. 철학도 있어 보이고, 구조도 체계적이었다. '탐구', '국제 시민', '자기 주도 학습', '개념 중심 수업' 같은 표현들이 매끈하게 이어졌다. 하지만 마음 한쪽에선 자꾸 딴생각이 들었다.

'이거, 좀 과한 거 아니야?'

이미 한국 교육과정도 그런 이야기들을 꽤 오래 해왔다. 자기 주도 학습은 연수의 단골 주제였고, 프로젝트 수업이나 협동 학습도 꾸준히 회자되고 있었다. 창의성, 비판적 사고, 협업 능력 같은 말들은 익숙할 만큼 익숙했다. 그러니까 그런 이야기 자체가 낯선 건 아니었다.

문제는 IB라는 이름이 붙는 순간 모든 게 '새롭고 대단한 것'처럼 포장된다는 느낌이었다. '외국에서 들여온 교육'이라는 점도 신경 쓰였다. 우리는 왜 이렇게 외국 교육에 끌리는 걸까? 우리 것도 나름 잘하고 있는데, 왜 늘 수입해와야 한다는 생각을 멈추지 못하는 걸까? 'IB'라는 이름만으로, 마치 지금 우리가 하고 있는 교육은 덜 근사하고, 덜 진보적인 것처럼 여겨지는 분위기. 그게 조금 억울하기도 했다.

더구나 그 구조라는 게, 막상 교실에 적용하려 하면 녹록지 않다. 교과 수업이 하나의 주제로 묶이고, 시험은 서술형으로 바뀌며, 교사는 '안내자'가 되고, 학생은 '탐구자'가 된다. 말은 좋다. 그런데 그게, 실제로 가능한가? 수업 시간은 늘 부족하고, 아이들은 평가에 쫓기고, 사회는 결과를 묻는다. 그런 교실에서 '탐구의 흐름'이 과연 여유롭게 흐를 수 있을까? IB는 어디까지나 이질적인 '외국 교육'이었다.

아무리 열린 마음으로 본다 해도, 그건 여전히 남의 옷 같았다. 멋지긴 한데, 막상 입어 보면 몸에 잘 안 맞는 옷. 그때까지만 해도 나는 IB를 조금 멀찍이서 바라보고 있었다. 좋은 이야기지만, 굳이 우리까지 따라가야 할 필요는 없다고 생각했다. 우리 교육과정도 충분히 훌륭하다고 믿고 있고, 바꿔야 한다면 안에서부터 바꾸는 게 더 맞는 순서라고 여겼다.

그런데 이상하게도, 어느 날 그 생각이 조금 흔들렸다. 계기는 거창하지 않았다. 그저 '초학문적 주제'라는 이름으로 던져진 문장 여섯 개 때문이었다. 아주 짧은 문장들이었다. 우리는 누구인가? 우리가 속한 시간과 공간은? 우리 자신을 표현하는 방법은? 세계가 돌아가는 방식은? 우리가 우리를 조직하는 방식은? 우리 모두의 지구는?

짧은 문장이었지만, 교과의 울타리를 넘어 삶 전체를 건드리는 물음이었다. 지금까지 교실에서 다루던 질문과는 결이 달랐다. 나는 그 단순함 속에서, 내가 놓치고 있던 교육의 다른 얼굴을 본 듯했다. 단순히 '사회'나 '과학' 시간에 다루는 주제가 아니라, 아이들이 살아가며 계속 품게 될 물음처럼 느껴졌다. 그 순간, 내가 막연히 거리 두고 있던 IB가 조금 다르게 보이기 시작했다. 왜 그토록 멀게만 느껴졌을까? 어쩌면 그동안 내가 보지 못했던 건 '구조'가 아니라 '질문'이었는지도 모른다. 익숙한 교육 용어가 아니라, 아주 근본적인 물음. IB 교육이 말하고자 했던 본질은, 어쩌면 바로 그 질문 속에 있었던 게 아닐까?

그때부터였다. 내가 'IB 교육'이라는 말을 다시 들여다보기 시작한 건.

IB라고 하면 흔히 정교한 평가 도구나 국제 인증 체계, 과제 설계 같은 시스템을 먼저 떠올린다. 그러나 그런 구조를 보기 전에, 그 안에 담긴 생각과 물음을 먼저 들여다봐야 한다. IB의 출발점은 철저히 '질문'이었다.

2차 세계대전은 인간이 인간에게 저지를 수 있는 폭력의 극단을 드러냈다. 수백만 명이 학살당했고, 수많은 도시가 파괴되었으며, 국가의 이름으로 교육받은 이들마저 잔혹함에 동조했다. 그 비극은 단지 한 나라의 실패가 아니라 인류 전체를 향한 질문이었다. "우리는 무엇을 가르쳐왔는가? 학교는 어떤 인간을 길러내고 있었는가?"

전후의 교육자들은 그 질문을 피하지 않았다. 지식과 기술만으로는 충분하지 않다는 사실을 인정했다. 독일에서는 파시즘의 경험을 반성하며 1976년 '보이텔스바흐 합의'를 세웠다. 주입을 금지하고, 사회적 논쟁을 수업에서 다루며, 학생이 스스로 성찰하고 선택할 수 있도록 돕는 원칙이었다. 교육은 지식을 전달하는 일이 아니라 민주적 성찰과 참여를 가능하게 하는 과정임을 확인한 것이다.

스위스 제네바의 국제학교(Ecolint)도 같은 고민을 안고 있었다. 전쟁 직후, 국적과 언어, 배경이 다른 학생들이 모인 교실에서 교사들은 다시 물었다. "어떻게 하면 다음 세대의 인간적 정신을 지켜낼 수 있을까?" 이 질문은 1962년 국제학교 교사들의 공동 교육과정 논의로 이어졌고, 1968년 국제 바칼로레아 기구(IBO)의 출범으로 제도화되었다.

IB의 시작은 거대한 체계가 아니었다. 전쟁이 남긴 상처 속에서 나온 단순하지만 근본적인 질문이었다. 우리는 누구인가? 어떻게 살아야 하는가? 서로에게 어떤 책임이 있는가? IB는 지식보다 인간을, 정답보다 관점을, 정보보다 질문을 먼저 두었다.

IB의 철학은 곧 구체적인 프로그램으로 발전했다. 대표적인 사례가 1997년 도입된 초등 교육과정 PYP(Primary Years Programme)다. PYP는 여섯 가지 초학문적 주제를 중심으로 교과를 엮는다.

우리는 누구인가?
(Who we are?)
우리가 속한 시간과 공간
(Where we are in place and time?)
우리 자신을 표현하는 방법
(How we express ourselves?)
세계가 돌아가는 방식
(How the world works?)
우리가 자신을 조직하는 방식
(How we organize ourselves?)
우리 모두의 지구
(Sharing the planet?)

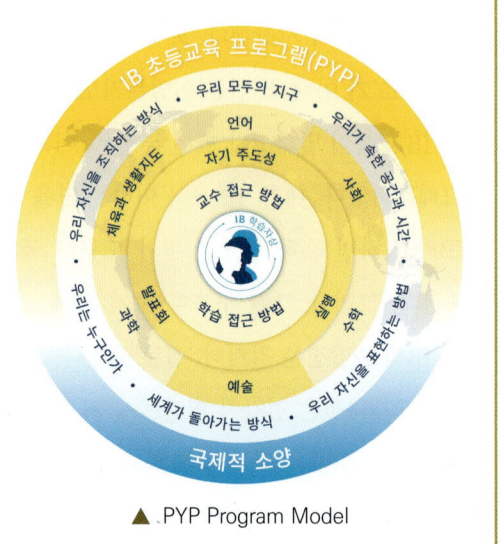

▲ PYP Program Model

이 주제들은 단순한 단원이 아니다. 인간과 세계, 사회와 자연, 나와 타인을 관통하는 큰 물음의 다리들이다. 예컨대 '기후 변화'라는 주제를 탐구할 때, 학생은 과학 교과서의 단원만 보는 것이 아니라, 그것이 인간의 행동과 어떤 관계가 있는지, 사회 시스템과 어떤 구조를 이루는지, 미래 세대에게 어떤 윤리적 책임이 있는지를 함께 묻는다. IB는 그 모든 질문을 '하나의 수업' 안에서 함께 하도록 설계한다.

전통적인 교육에서는 교과가 분리되어 운영된다. 국어는 국어 시간에, 수학은 수학 시간에, 사회는 사회 시간에. 각각의 지식은 깔끔하게 분리되어 있었고, 학생은 그 틀에 맞춰 배운 뒤 시험을 치르면 되었다. 하지만 삶은 그렇게 분리되지 않는다. 학교 밖에서 우리는 국어, 사회, 수학을 따로 쓰지 않는다. 문제를 읽고 이해하고, 관련 정보를 찾고, 수치와 원인을 분석한 뒤, 판단하고 결정한다. 배움이란 결국 통합된 상황 안에서 연결되는 힘이다. IB는 그 점을 정면으로 응시한다.

그래서 국어, 과학, 사회, 예술, 심지어 수학 수업까지도 공통 주제 안에서 하나로 엮인다. 그 중심에는 '개념'이 있다. 예를 들어, '관점'이라는 개념을 중심에 놓으면 국어 시간엔 다양한 시점을 가진 글을 읽고, 사회 시간엔 같은 사건을 보는 서로 다른 입장을 비교하고, 과학 시간엔 현상을 해석하는 방식의 차이를 탐구할 수 있다. '책임'이라는 개념을 중심에 두면, 환경 문제에서의 인간 책임, 소비와 선택에서의 시민 책임, 공동체 안에서의 나의 역할 등이 수업 전체를 잇는 줄기가 된다. 이제 더 이상 단원 중심이 아니라, 개념 중심으로 연결되고, 삶의 맥락 안에서 배움이 펼쳐진다. 이때 교사는 단순히 지식을 가르치는 사람이 아니다. 배움의 흐름을 설계하고, 연결의 의미를 함께 찾아가는 사람이다.

IB는 '질문'으로 수업을 시작한다. 학습 목표보다 먼저, 묻는다.

"우리는 왜 이걸 배우지? 이 현상을 어떤 개념으로 설명할 수 있을까? 이 주제를 어떤 관점에서 바라볼 수 있을까? 우리가 오늘 하는 활동이 세상과 어떻게 연결될까?"

이런 질문들은 학생들을 스스로 사고하고, 탐구하며, 친구들과 협력하고 토의하는 과정으로 이끈다. 그리고 배움은 더 이상 정답을 맞히는 것이 아니라, 관계를 발견하고 맥락을 구성하는 활동이 된다. 정답을 말해주는 교육이 아니라, 다시 묻는 교육이다. 그건 기술을 익히는 교육이 아니라, 세상을 바라보는 방식을 배우는 것이다. 교사의 존재 방식이 달라지는 것이다. 정보의 전달자가 아니라, 개념의 안내자. 가르치는 사람이 아니라, 함께 걷는 사람. '정답'을 알려주는 사람이 아니라, '다시 묻는' 사람이 된다.

3. 교실 속 작은 전환

나는 한동안 질문으로 수업을 시작할 수 있다는 생각을 해본 적이 없었다. 뭘 묻기보다, 뭘 가르칠지 정하는 데 더 익숙했다. 탐구라기보다는 정확한 기억을 요구했고, 사고보다는 숙달을 우선했다.

그렇다고 수업을 대충 한 건 아니다. 활동도 다양하게 구성했고, 아이들이 흥미를 느낄 수 있도록 애를 썼다. 나름 잘 해냈다고 생각했고, 실제로 아이들도 내 수업을 좋아했다. 그래서 더더욱 그 방식에 의문을 갖지 않았다. 하지만 돌이켜보면, 그건 경험에 머문 수업이었다. 생각으로 이어지지 못했고, 스스로 묻고 연결하는 힘도 길러주지 못했다.

그 시절의 내 수업 방식을 가장 잘 보여주는 장면은 아마 과학의 '탐구 단원'일 것이다. 나는 이 단원을 최대한 빠르고 효율적으로 마무리해야 하는 내용이라고 여겼다. 그래서 주어진 수업 시간 안에 아이들이 개념을 잘 이해하고, 외우고, 문제에 적용할 수 있게 만드는 것이 가장 중요하다고 생각했다.

그날 수업, 나는 판서를 시작하며 아이들에게 이렇게 말했다.

"탐구 순서, 다 같이 따라 읽어볼까요? 문제 인식 – 가설 설정 – 실험 계획 – 실험 – 결과 해석 – 결론 도출."

아이들은 입을 맞추어 복창했다.

"문제 인식, 가설 설정, 실험 계획, 실험, 결과 해석, 결론 도출…"

나는 순서마다 간단한 예시를 들며 설명하고, 활동지의 빈칸을 채우게 했다.

외우는 데도 진심이었다. 순서를 거꾸로 외우기, 하나씩 글자를 지우며 맞혀 보기, 탐구 순서를 리듬 타며 읊기까지, 아이들에게 암기 비법을 알려주는 나름의 '과학 암기 고수'가 되어 있었다. 형광펜으로 탐구 순서를 색칠하며 구분하고, 정리된 내용을 단원평가 문제로 확인하며 마무리했다. 겉으로 보기엔 수업이 매끄러웠고, 목표도 이룬 듯 보였다. 아이들은 조용히 활동지에 집중했고, 복습 퀴즈에도 빠르게 반응했다.

하지만 수업이 끝난 뒤, 아이들에게 물었다.

"오늘 수업에서 가장 기억에 남는 게 뭐였어?"

돌아온 대답은 막연했다. 누군가는 "탐구 순서 외우는 거요", 또 어떤 아이는 "형광펜 칠하는 거요"라고 말했다. 아이들이 과학의 과정보다 형식에 반응하고 있다는 허탈함을 느꼈다.

"나는 아이들에게 과학을 가르친 걸까, 아니면 과학 수업을 흉내 낸 걸까?"

수업의 방향을 바꾸기로 마음먹었다. 아이들의 질문에서부터 수업을 열어보자고 결심했다. 칠판에 적었다. '왜?'라는 단어를. 생활 속 탐구 질문을 적도록 간단히 설명을 덧붙였고, 포스트잇을 여러 장 모둠별로 배부하였다. 집중을 돕는 노래도 잔잔하게 깔아주었고, 10분 타이머도 켰다. 생각의 포문을 여는 데는 다소 시간이 걸렸지만, 최대한 이것저것 써보려고 고민하는 표정들이 눈에 들어왔다.

그리고 다음 질문을 이어 나갔다.

"이 중에 우리가 직접 실험으로 알아볼 수 있는 건 무엇일까요?"

아이들은 기대에 찬 얼굴로 서로의 질문을 읽어 내려갔다. 그 사이, 나도 모르게 머릿속으로 질문들을 골라내고 있는 나 자신을 발견했다.

'이건 너무 엉뚱해', '이건 설명이 어렵겠는데', '이건 그냥 장난이잖아.'

나는 그 기준이 어디서 오는지 곱씹었다. 결국 나는 정답을 향해 가는 질문에만 반응하고 있었던 것이다. 내 안에는 여전히 '정확한 설명'과 '적절한 수업 전개'를 중요하게 여기는 교사가 버티고 있었다. 그건 내가 익숙했던 방식이기도 했다. 질문을 받아들이는 연습은 아이들에게만 필요한 게 아니었다. 나에게도 필요했다. 특히, 정답을 놓아주는 연습이.

그리고 문득 생각했다. 어쩌면 나는 이런 당혹감과 긴장감을 피하고 싶어서, 그동안 질문을 수업의 중심에 두는 것을 스스로 꺼려하고 있었는지도 모른다. 아이들이 던지는 질문이 교실을 어디로 이끌지 알 수 없고, 내가 어디까지 지식의 방향을 순조롭게 안내할 수 있을지 자신이 없었으며, 언제 수용하고 어디서 멈춰야 할지를 판단하는 기준 또한 선명하지 않았다. 그 불확실함이 두려웠던 것이다.

결국 질문이 두려운 것이 아니라, 질문 이후의 수업을 감당할 수 있을지에 대한 교사로서의 자신감 부족이 문제였다는 걸 인정하게 되었다. 학생의 질문은 교사의 불안을 흔들었고, 그 흔들림은 내가 더 깊이 배우고 연구해야 한다는 조용한 신호이기도 했다. 배움은 통제가 아니라 공동의 탐색이라는 것을, 그리고 그 여정엔 교사의 용기와 성찰이 함께해야 한다는 것을, 나는 그날 교실에서 조금 더 분명히 깨달았다.

나는 이번만큼은 질문을 통제하려는 욕심을 내려놓기로 했다. 아이들의 탐색이 다소 비효율적이더라도, 엉뚱한 방향으로 흘러가더라도 그 흐름을 믿어보기로 했다. 정답으로 이끄는 대신, 질문이 계속 살아 있도록 흐름만 살짝 조율했다. 그 순간부터 교실의 공기가 달라졌다. 아이들의 눈빛이 수업을 따라오는 것이 아니라, 수업을 만들어가고 있었다.

아이들 사이에 토론이 이어졌고, 각자 역할을 나누고 발표를 준비하며 진지하게 몰입했다. 어떤 조는 실험 기준이 모호하다고 토로했고, 어떤 조는 측정 방법을 더 정밀하게 바꾸자며 다시 계획을 손봤다. 수업은 단순한 활동이 아니라, 아이들이 스스로 사고를 끌어낸 시간이 되었다. 그날 교실은 분명히 달라져 있었다.

물론 모든 반이 똑같이 움직인 것은 아니었다. 어떤 반에서는 질문이 흩어졌고, 논의가 수면 위를 맴돌았다. 주제를 붙잡지 못한 채 시간만 흐른 듯한 느낌도 있었다. 하지만 그 또한 새로운 수업의 가능성을 탐색하는 과정이었다. 아이들을 탓할 일도, 단정할 일도 아니었다. 배움이란, 아이들이 정답을 채우는 일이 아니라, 스스로 세상을 탐색할 질문을 갖게 되는 일이라는 것을, 분명히 다시금 체감했다.

사실 이런 수업을 전혀 해보지 않았던 건 아니다. 생각을 꺼내는 수업, 아이들이 스스로 질문을 던지고 토론하는 활동은 나도 좋아했고, 여러 번 시도했다. 아이들이 질문을 만들어내고 친구와 의견을 나누는 장면을 볼 때면, 나 역시 수업이 살아 있다는 기분을 느꼈다.

하지만 돌아보면, 그 모든 시도는 몇 차례의 인상적인 장면에 머물렀다. 생각의 불꽃은 잠시 타올랐으나 다음 수업으로 이어지지 않았다. 체계적으로 흐름을 설계하지 않았고, 구조화된 탐구로 연결하지 못했다. 질문은 살아 있었지만, 곧 사그라졌다. 사고는 번뜩였지만, 이어 붙일 줄은 몰랐다. 나는 아이들이 스스로 생각한다고 믿었지만, 실은 생각하는 흉내에 머무르게 한 것이다. 그때 느꼈다. 질문 수업이 아이들의 역량에만 기대어서는 안 된다는 것을. 그러면서도 스스로를 합리화했다.

"나는 질문을 중심에 두는 수업을 하고 있어."

하지만 그 질문을 어떻게 엮고, 어떻게 흐름을 구성하며, 어떻게 사고의 층위를 넓혀 갈지에 대한 고민은 충분하지 못했다. 질문을 던지는 일보다 더 어려운 것은, 그 질문이 수업안에서 살아 있게 두는 일이라는 걸 그제야 깨달았다. 그 지점에서 나는 IB 교육을 다시 떠올렸다. IB는 단순히 질문을 만드는 수업이 아니라, 질문으로 사고를 훈련하고, 구조화된 흐름으로 탐구하는 교육이다. 한두 번 번뜩이는 활동으로는 부족했다. 사고의 리듬을 배우고, 개념으로 연결하며, 질문과 질문을 실천으로 이어가는 훈련이 필요했다. 그리고 그것이 아이들의 세계를 여는 힘이 된다는 것을, 나는 조금씩 인정하게 되었다.

아직 나는 서툴고, 더 많이 배워야 할 사람이지만, 교사의 자신감은 정답을 많이 아는 데서 오는 것이 아니라, 정답이 없는 질문에 함께 걸어갈 준비가 되었는지에 달려 있다는 걸 다시금 되새기고 있다.

4. OECD 교수 나침반, 구조를 넘어 문화로

질문과 탐구의 흐름. 이 과정은 과연 교사만이 감당할 수 있는 일일까? 아이들의 질문을 살피고, 탐구의 방향을 조율하고, 생각의 결을 붙잡는 그 일마저도 언젠가는 기술이 대신할 수 있는 거라면? 나도 교사의 자리를 누군가가 대신할 수 있을 것이라 생각한 적이 있다. 더 정확한 진단, 더 풍부한 자료, 더 정교한 알고리즘이 등장하면 교육의 대부분은 자동화될 수 있을지도 모른다고 생각했다.

실제로 기술은 많은 것을 해내고 있다. 아이들의 수행을 수치로 분석하고, 개인별 학습 속도를 고려한 자료를 순식간에 만들어낸다. 때론 나보다 더 정교하게 질문을 생성하기도 한다. 이런 기술이 계속 발전한다면, 교사의 자리는 점점 작아질 것처럼 느껴졌다.

그런데 OECD는 다른 그림을 제시한다. 『OECD 교수 나침반』은 단순한 지식이나 기능의 습득만을 교육의 중심에 두지 않는다. 대신 "우리는 어떤 존재로 살아갈 것인가"라는 근본적인 질문을 중심에 둔다. 교육은 그 질문을 학생과 함께 고민하는 '존재의 과정'이라고 말한다. OECD는 교사를 기능 수행자로 보지 않는다. 감정이 있고, 신념이 있으며, 삶의 방향을 고민하는 존재로 정의한다. 강조하는 것은 단순한 정서적 위로나 동기 부여가 아니다. 교육의 언어를 다시 인간 중심의 질문으로 회복시키려는 것이다.

"지금처럼 살아도 괜찮은가?", "무엇을 위해 배우는가?", "너는 어떤 삶을 꿈꾸는가?" 이 질문 앞에서는 정답도, 정량화된 기준도 무력해진다. OECD가 강조하는 것도 이 점이다. 인간은 단순히 정보를 받아들이는 존재가 아니라, 그 정보가 삶과 어떻게 연결되는지를 끊임없이 성찰하는 존재라는 것이다. 그렇기에 교사는 지식을 가르치기 위해서가 아니라, 그 지식을 어떤 세계관 속에서 다루어야 하는지를 함께 묻는 존재로서 가치를 증명하게 된다.

OECD 교수 나침반을 살펴보자. '내면의 닻(Anchor)' 영역은 가치 판단의 기준이며 정서적 안정감을 강조한다. '교사 주도성(Teacher Agency)' 영역은 선택하는 힘을 강조한다. 또한 '소속감(Belonging)', 공동체와 연결되어 있다는 감정을 핵심적으로 강조하고 있다. 이는 IB가 말하는 '탐구하는 사람', '사고하는 사람', '소통하는 사람' '배려하는 사람', '균형잡힌 사람' 등 학습자상과 철학적으로도 맞닿아 있다. 표현은 다르지만 질문은 같다.

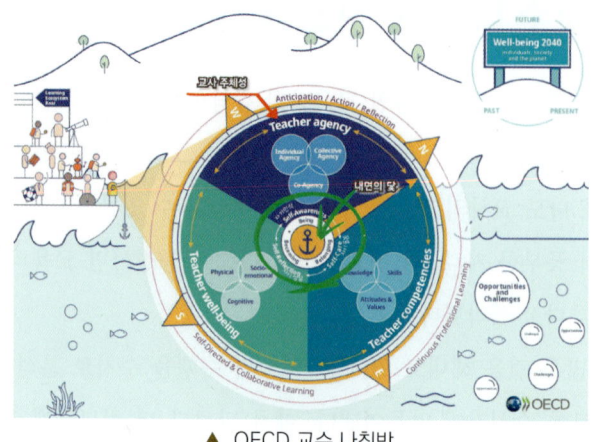

▲ OECD 교수 나침반

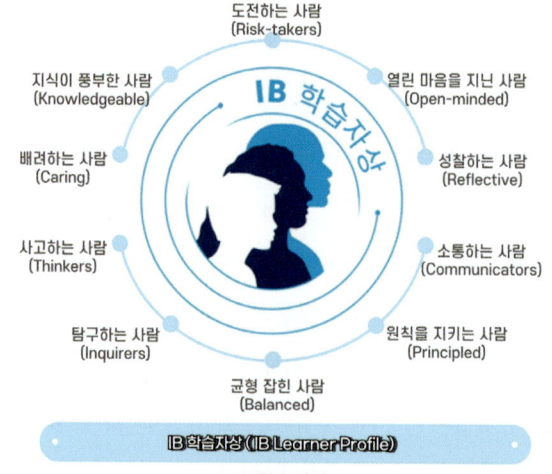

▲ IB학습자상

"학생은 어떤 삶을 살아갈 사람인가?", "교사는 어떤 존재로 아이 곁에 설 것인가?"

IB든 OECD든, 그들이 제안하는 방향은 교육과정의 재설계나 제도 개선에 머물지 않는다. 오히려 그들은 한결같이 말한다. 교육의 진짜 변화는 구조가 아니라 문화에서 출발한다고 강조한다. 교실에서 실패가 허용되는 분위기, 교사의 감각이 존중받는 문화, 문서보다 장면이 중시되는 수업. 이런 문화는 시스템이 아니라 관계에서 비롯된다. 동료 교사와의 협력, 함께 웃고 고민하며 수업을 나누는 시간, 실패를 털어놓을 수 있는 공동체. 그것이 바로 교육의 토양이다.

교육은 개인의 실천이 아니라 공동체의 분위기에서 살아난다. 공동 설계와 나눔은 교사들이 자기 수업을 되돌아볼 수 있게 하고, 동시에 감정적 회복력을 북돋운다. 수업에서 느낀 어려움이 개인의 무능함이 아니라 공동의 조건임을 이해하게 될 때, 교사는 다시 일어설 힘을 얻는다.

첫째, 성찰의 힘이다. 한 교사의 경험은 다른 교사의 눈을 열어주고, 실패의 이야기는 또 다른 교사의 용기를 불러낸다. 이렇게 서로의 수업을 나눌 때, 우리는 각자의 교실을 새롭게 구성할 수 있다. 하지만 성찰은 수업 차원에만 머물러서는 안 된다. 왜 우리가 이런 방식으로 가르치고 배우는지, 학교라는 제도가 어떤 구조적 한계를 갖고 있는지, 더 나아가 교사로서 내가 어떤 존재로 서 있는지를 함께 묻는 성찰이어야 한다. 그런 성찰이 모일 때 비로소 수업은 단순한 기술 개선을 넘어, 교육의 본질을 다시 묻는 과정이 될 것이다.

둘째, 문화의 힘이다. 학교에서 교사들이 체감하는 가장 큰 어려움은 성적이나 제도가 아니다. 그것은 교사의 존엄을 지탱하지 못하는 닫힌 문화다. 닫힌 문화란 단순히 교사들이 실패를 숨기고 서로에게 솔직하지 못한 분위기를 뜻하지 않는다. 그것은 교사가 전문가로서의 판단을 존중받지 못하고, 행정적 통제와 책임 전가 속에서 위축되는 상태를 말한다. 이러한 문화 안에서 교사는 배우고 성장하는 주체가 아니라, 지침을 따르는 기능인으로 축소된다. 존엄이 흔들린 자리에서 수업은 살아 움직일 힘을 잃는다.

닫힌 문화의 여러 방식으로 교사를 위축시킨다. 그중 하나는 관리 체계의 운영이다. 관리가 문서와 절차에 과도하게 의존하고, 기존 구조를 유지하는 데 주력할 경우, 학교는 점차 변화에 소극적이고 폐쇄적으로 작동한다. 이러한 방식은 교사의 자율적 판단과 시도를 위축시키고, 결과적으로 닫힌 문화를 강화한다. 그러나 교육은 닫힌 문화 안에서는 성장하지 못한다. 열린 문화가 필요하다. 열린 문화는 교사의 존엄을 지켜주는 데서 시작된다. 교사가 자기 판단을 존중받고, 실수를 배움의 일부로 나눌 수 있으며, 관리자가 책임을 함께 짊어질 때 학교는 열린 공간으로 변한다. 존엄이 보장될 때 교사는 방어 대신 도전을, 침묵 대신 대화를 선택한다. 그 순간 교실은 닫힌 지침의 공간이 아니라, 사람과 사람이 만나는 배움의 장이 된다.

문화는 눈에 잘 보이지 않는다. 그러나 그것이 학교를 움직이는 큰 힘 중 하나임은 틀림없는 사실이다. 어떤 지침이나 계획보다 강력한 것은 교사와 관리자가 함께 만들어 내는 공동의 공기다. 닫힌 문화가 학교를 방어의 요새로 만든다면, 열린 문화는 학교를 탐구의 장으로 바꾼다. 바로 이 차이가 교육을 준비된 형식에 묶어 두는가, 아니면 삶을 준비하는 배움으로 확장시키는가를 가른다.

셋째, 지속의 힘이다. 개인의 열정은 소모되지만, 공동체의 경험은 다음 세대 교사에게 이어진다. 그래서 교사 공동체는 일시적 실험이 아니라 학교 변화를 지탱하는 토대가 된다.

앞서 언급한 OECD가 말하는 공동 주도성도 같은 맥락이다. 교사는 교실 안에 고립된 개인이 아니라, 동료와 함께 학교와 사회를 움직이는 주체다. IB 또한 교사 협력과 성찰을 전제로 한다. 수업과 평가는 혼자가 아니라 함께 설계하는 일이다. 결국 교사 공동체는 교육의 철학을 실천으로 잇는 다리다. 학생이 삶을 준비할 수 있는 학교를 만들려면, 교사 공동체가 함께 질문하고, 함께 탐구하며, 함께 책임지는 집단으로 서야 한다.

5. 교육의 출발점으로 돌아가다

"학교는 어느 정도로 우리의 인생을 준비해 주고 있나?"

이 문장을 처음 만난 이후, 이 질문을 되뇌었다. 수업 중에, 평가지를 만들며, 동료 교사와 대화하다가, 아이들이 예기치 않은 질문을 던졌을 때마다 이 문장이 떠올랐다. 어쩌면 나는 아직도 이 질문에서 벗어나지 못하고 있는지도 모른다. 그도 그럴 것이, 이 질문은 내가 매일 하는 일이 어떤 의미를 갖는지를 끊임없이 되묻게 하기 때문이다. 우리는 오랫동안 학교를 '삶을 준비하는 공간'이라고 배워왔다. 그런데 정작 교실 안에서 이루어지는 수업은 삶과 멀어져 있었다. 학생의 질문은 시험 범위 안에서만 유효했고, 교사의 언어는 문서 양식에 맞춰 정돈되어야 했다.

IB와 OECD의 교육 철학은 이 전제를 흔든다. 학교는 단지 미래를 준비하는 곳이 아니라, 지금 이 순간 '삶을 살아보는 공간'이어야 한다고 말한다. 질문이 허용되고, 실패가 존중되며, 관계와 감각이 공유되는 교실. 그런 공간에서야 비로소 학생들은 자신의 삶을 구성하는 방식을 스스로 실험해볼 수 있다. 삶은 나중에 시작되는 것이 아니라, 수업이라는 일상의 반복 속에서 연습되는 것이다.

교육은 이제 '무엇을 아는가'보다 '어떻게 존재하는가'를 묻는다. 학생에게 무엇을 가르칠 것인가보다, 어떤 사람으로 살아가게 할 것인가를 먼저 질문해야 한다. IB 학습자상이 말하는 '성찰하는 사람', '배려하는 사람', '도전하는 사람'은 추상적인 이상이 아니다. 그것은 삶을 구성하는 방식에 대한 교육적 응답이다.

OECD도 교사의 감각과 감정 노동, 그리고 회복 탄력성을 강조한다. 그들이 말하는 '전문성'은 기능이나 정보의 양이 아니라, 삶을 감당하는 태도와 관계를 조율하는 능력이다.

교육은 이제, 존재의 언어로 말해야 한다. 그리고 이 질문도 함께 따라온다. 우리는 누구와 함께 가야 하는가. 수업은 혼자서도 구성할 수 있다. 하지만 교육은 혼자 설계할 수 없다.

내가 질문을 품을 수 있었던 건, 함께 묻는 동료 교사들이 있었기 때문이다. 서로의 수업을 나누고, 실패를 숨기지 않으며, 아이들의 반응에 대해 이야기 나누는 시간들. 그런 과정을 거치며 나는 교사로서 조금씩 다시 살아났다. 내 수업도 그만큼 살아났다.

좋은 교육은 좋은 교사로부터 나오고, 좋은 교사는 좋은 공동체 안에서 만들어진다. 학교는 이제 '삶을 준비시키는 곳'이 아니라, 삶을 살아보는 연습이 가능한 곳이어야 한다. 그리고 그 삶 속에는 질문이 있고, 실패가 있고, 서로의 언어를 듣고 의미를 나누는 시간이 있어야 한다. 그런 수업, 그런 교실, 그런 공동체가 하나씩 늘어난다면, 우리는 지금보다 훨씬 더 '살아 있는 학교'에 가까워질 수 있을 것이다.

IB 교육과 OECD 교수 나침반 이론이 아니다. 그것은 교사와 학생이 함께 묻고, 함께 실패하며, 함께 의미를 구성하는 삶의 방식이자 교육의 방향이다. 지금 우리가 더 절실히 필요로 하는 것은, 더 나은 제도나 정책이 아니라, 더 깊은 질문과 더 신뢰할 수 있는 공동체다. 그렇다면 오늘 교실에서 내가 던지는 한 문장의 질문, 동료에게 건네는 짧은 피드백, 학생이 쓴 글 앞에서 멈춰 선 그 10초의 침묵. 그 작고 사소한 장면들이 교육을 바꾸는 시작일 수도 있다. 의미는 거창한 구호보다, 반복되는 장면 속에 스며든다. 씨앗은 그런 곳에서 자란다. 우리 안에서, 그리고 교실 안에서.

동행 노트

"학교는 어느 정도로 우리의 인생을 준비해 주고 있나?" 선생님이 던진 이 묵직한 질문은 어쩌면 수많은 교사들이 마음속으로만 삼켜왔던 물음일 것입니다. 정해진 절차와 양식 속에서 교육이라는 행위를 증명해 내느라, 정작 '삶'을 위한 교육의 본질을 놓치고 있다는 통찰에 깊이 공감했습니다. 선생님의 글은 교육의 위기가 새로운 정책이나 방법론의 부재가 아니라, 질문과 성찰이 사라진 '문화'에 있음을 정확히 짚어냅니다.

특히 IB 교육과 OECD 교수 나침반을 단순히 도입해야 할 선진 제도로 보는 것을 넘어, 그것들이 던지는 근본적인 질문, 즉 '우리는 어떤 존재로 살아갈 것인가?'에 집중하는 관점이 인상 깊었습니다. 결국 교육의 변화는 화려한 구조가 아닌, 교사들이 서로의 실패를 나누고 함께 질문을 만들어가는 열린 공동체에서 시작된다는 마지막 문장에 큰 위로와 용기를 얻습니다.

동행자 **김진관**

"학교는 우리의 인생을 준비해 주고 있나?"라는 첫 문장부터 깊은 생각에 잠겼습니다. 정답 맞히기식 교육과 행정 절차 속에서 무력감을 느끼는 교사의 고백에 가슴이 아팠습니다. 하지만 IB 교육의 '질문'에서 희망을 찾고, 동료 교사들과의 공동체를 통해 닫힌 문화를 열어가는 과정은 감동과 용기를 주었습니다.

결국 교육의 변화는 거창한 제도가 아닌, 교사의 존엄을 지키고 함께 성찰하는 문화에서 시작된다는 것을 깨달았습니다. IB 교육에 대한 관심도 많지만, 쉽게 도전하지 못하거나 막연하게 느껴지는데, 선생님의 글을 통해 명확해지는 느낌이 들었습니다. 교육 철학에 기반하여 학생들이 고민할 수 있는 초학문적 주제들을 제시하는 부분이 인상적이었습니다.

삶의 진정한 배움의 길을 제시하는 선생님의 따뜻한 시선이 담겨 있는 글이라 좋았습니다. 다정하게 질문하시고, 호기심 가득한 선생님의 표정이 떠오릅니다. 학생들에게 탐구하라고 하기 전에 교사는 질문하고 탐구하는가라는 말을 되새기며. 한국의 IB 교육이 진정한 배움으로 자리 잡기를 응원합니다.

동행자 **박선정**

이 선생님이 IB 교육을 탐구하는 과정을 보며, 그것이 단순히 새로운 수업 방식을 익히는 일이 아니라는 점을 깨닫게 됩니다. IB 교육을 접하며 생긴 가장 큰 변화는 수업 기법이 아니라, "학교는 어느 정도로 우리의 인생을 준비해 주고 있는가?"라는 본질적인 물음을 던질 수 있게 된 점이었습니다. 다른 교육 방식을 바라보고 비교하는 과정 속에서 분석하고 종합하며 비판적으로 사고하는 힘이 자라났고, 그 힘이 결국 새로운 통찰로 이어진 것입니다.

그래서 IB 교육과 같은 새로운 방식을 공부한다는 것은 그 틀을 그대로 따르는 일이 아니라, 그것을 거울삼아 자기만의 교육의 중심을 세워가는 여정이어야 하지 않을까요. 저 역시 IB 교육을 접하면서 '맥락'의 중요성을 다시금 깊이 생각하게 되었듯, 이 선생님의 성찰 또한 우리 모두에게 새로운 질문을 건네줄 것이라 믿습니다.

동행자 **지미정**

예술교육, 예술답게

#예술다움 #예술적 상상력 #자기표현 #의미 #삶으로의 연결

남궁정

1. 들어가며: 예술교육, 잃어버린 본질을 묻다

"운명 교향곡을 알기 전까지는, 나는 운명 교향곡을 필요로 하지 않았다."

— 롤랑 바르트

예술은 종종 '없어도 되는 것'으로 여겨진다. 삶에 반드시 필요한지도 확신하기 어렵고, 학교 교육 안에 꼭 들어와야 할 이유를 논리적으로 설득하기도 쉽지 않다. 하지만 한 번 진정한 예술을 경험하고 나면, 우리는 그전으로 돌아갈 수 없게 된다. 예술은 삶의 감각을 일깨우고, 감정을 흔들며, 인간을 인간답게 만드는 내면의 언어이기 때문이다. 예술은 삶의 결을 바꾸고, 일상을 더 풍요롭고 의미 있는 방향으로 이끌어준다.

그러나 오늘날 학교 현장에서의 예술교육은 그 본질과 점점 멀어지고 있는 것처럼 보인다. 표현보다는 재현에, 감각보다는 형식에, 미적 체험보다는 결과에 집중하는 수업이 반복되고 있으며, 예술은 교실 수업 안에서 점점 더 가볍고 부차적인 것으로 밀려나고 있다. 예술수업은 존재하지만, 예술다움은 사라지고 있다.

무엇을 위해 예술을 가르치는가?

지금 우리 교실 속 예술수업은 진정한 예술의 가치를 담고 있는가?

나는 초등학교 교사로서, 함께 예술교과를 가르치는 입장에서, '예술다움'이 사라진 예술수업에 익숙해진 우리 교육의 현실을 돌아보게 된다. 그리고 예술을 사랑하는 한 인간으로서 예술교육의 본질적 가치가 축소되고 외면당하는 교육 현장의 모습에 안타까움을 느낀다. 학교 예술교육은 제 역할을 다하고 있는가? 제 역할을 다하지 못하고 있기에 점점 더 밀려나게 되는 것은 아닐까?

이 글에서는 예술답지 않은 예술수업, 그리고 예술교과를 주변으로 밀어내는 구조와 시선을 성찰하고자 한다. 무엇이 예술교육의 본질을 흐리게 만들고 있는지, 우리는 왜 그것을 당연하게 여기게 되었는지를 묻는 것으로부터 이야기를 시작해보려 한다. 나아가 예술교육이 본연의 힘을 회복하기 위해 무엇이 필요한지를 고찰하며, 이를 위해 실제 교육 현장에서 실천하고자 노력한 사례를 함께 소개하고자 한다. 교육계 전체가 AI와 디지털 전환으로 떠들썩한 지금, 이 논의는 다소 진부하거나 한 발 비껴난 주제로 보일지도 모른다. 하지만 예술은 인류의 역사 속에서 단 한 순간도 존재하지 않았던 적이 없다. 그만큼 예술은 생명력이 강하고, 그 쓰임 또한 깊고 넓다. 오히려 너무나 빠르게 변화하여 혼란스러움이 가중되고 있는 지금 같은 시대야말로, 진정한 예술교육이 가장 절실하게 필요한 순간일지도 모른다.

2. 예술다움이 결여된 예술수업들

이 장에서는 초등학교의 대표적인 예술교과인 미술과 음악, 그 익숙한 수업 장면들을 돌아본다. 그동안 우리는 무엇을 놓치고 있었을까?

가. 편안함을 추구하는 미술 수업

초등학교에서는 새 학년이 시작되기 전, 어떤 과목을 전담교과로 지정할지 논의하는 과정이 있는데, 이때 담임교사들이 쉽게 양보하지 않으려 하는 과목이 바로 '미술'이다. 미술은 교사에게 잠시 숨을 고를 수 있는 시간이 되기 때문이다.

어쩌다 미술은 쉬어갈 수 있는 시간이 되었을까? 이를 가능하게 만든 가장 큰 조력자는 바로 '도안 미술'이다. 정해진 도안을 인쇄해서 나눠주면 학생들이 색칠하고 오려 붙여 결과물을 만드는 수업 방식이다. 도안 미술의 장점은 명확하다. 첫째, 수업 준비가 간편하다. 인터넷에서 계절이나 주제별로 활용 가능한 수많은 도안 미술 수업을 쉽게 찾을 수 있다. 교과서의 활동이 지나치게 복잡하거나 급하게 자료가 필요할 때, 도안 미술은 손쉬운 대안이 되어 왔다. 둘째, 수업 진행이 쉽다. 만드는 방법부터 예시 작품까지 영상으로 친절하게 제공되니 교사와 학생 모두 부담이 적다. 셋째, 결과물이 제법 그럴듯하다. 이미 정해진 틀이 있어 학생별로 수준 차이가 크게 드러나지 않고, 예상을 벗어나지 않아 완성도가 높다. 결과물이 비슷비슷하다보니 게시판 꾸미기에도 안성맞춤이다.

▲ 도안 미술 예시

하지만 표현 주제, 형식, 과정이 모두 정해져 있는 이러한 수업 장면에서, 학생들이 깊이 있는 예술적 경험을 할 것이라고 기대할 수 있을까? 학생들에게는 색칠 도구와 색깔을 고르거나 붙이는 방향을 결정하는 정도의 매우 제한적인 자유와 창의성만이 허용될 뿐이다.

사실 도안 미술 수업만의 문제는 아니다. 간편함을 추구하는 경향은 미술 교육 전체에 퍼져 있다. 나의 어렸을 적 초등학생 시절을 떠올려보면, 정말 다양한 재료로 다양한 표현 활동을 했었던 기억이 난다. 신문지로 풀을 쑤어 탈을 만들기도 했고, 쌀알을 하나하나 붙여 모자이크를 하거나, 우유팩으로 로봇을 만들고 우드락으로 집을 짓기도 했었다. 지점토로 연필꽂이를 만들면 물감으로 색을 칠하고 니스까지 발라야 비로소 완성이었다. 작품을 만들고 싶은 모양을 고민하며 나의 생각과 의도를 담아내는 시간이었던 것이다.

지금은 어떠한가? 서예는 붓펜이나 물붓으로 대신하고, 만들기는 각종 키트로 대체된다. 물감을 활용하는 경우조차 매우 제한적이다. 오죽했으면 다양한 표현재료와 용구를 사용하기를 바라며 교과서 부록에 고체물감을 직접 넣어주기까지 할까?

현 시대는 점점 더 개성과 창의성을 요구하지만, 수업은 오히려 간편함을 추구하는 방향으로 흐르고 있다. 우리는 학생들이 쉽고 간편한 수업에 익숙해지는 것, 정해진 틀 속에서만 안전함을 느끼는 것을 특히 경계해야 한다. 자신의 생각을 굳이 드러내지 않아도 되고, 새롭게 창조하지 않아도 되며, 실패 없이 무난한 결과를 얻을 수 있는 것에 안주하는 순간, 예술의 본질은 희미해질 수밖에 없다.

미술 수업은 잔잔한 배경 음악이 흐르는 편안한 휴식의 시간이 아니라, 나의 무엇을 꺼내어 담을지 깊이 고민하고, 어떻게 표현할지 끊임없이 탐구하며, 작품에 몰입하는 치열한 도전의 시간이 되어야 한다.

나. 내용과 위계가 잊혀진 음악 수업

음악 시간은 종종 '즐겁게 노래 부르는 것으로 충분하다'고 여겨지는 것 같다. 실제로 많은 음악 수업이 교과서에 실린 제재곡을 충실히 부르고 익히는 활동으로 채워지곤 한다. 주간학습안내에도 '방울꽃(1/2)', '숲속을 걸어요(2/2)'와 같이 곡 제목이 적혀 있는 것을 볼 수 있는데, 그러다보니 우리는 자연스레 이 제재곡들이 음악수업에서 가르쳐야 하는 것이라고 받아들이는 것 같다. 그렇지만 '제재곡'이 과연 우리가 가르쳐야 할 핵심 내용일까? 우리는 음악 수업에서 무엇을 가르치고 있을까? 음악 수업의 본질과 목표에 대한 깊은 성찰이 필요하다.

음악은 단순히 즐거운 활동이 아니다. 음악은 소리를 통해 감정과 생각을 표현하고, 그 소리로 사람과 사람, 시대와 시대를 잇는 예술이다. 음악의 본질은 듣고, 연주하고, 만들고, 함께 나누는 경험 속에서 세상을 넓혀가는 데 있다. 그리고 이러한 경험을 위해서는 '음악의 언어'를 이해하는 과정이 반드시 필요하다.

그렇기 때문에 음악 교과에는 분명한 내용과 구조, 그리고 경험의 위계가 존재한다. 국어와 수학처럼 교육과정 안에 명확한 목표와 내용 체계가 존재하고, 리듬, 가락, 화성, 형식, 셈여림, 빠르기, 음색 같은 음악의 구성요소는 학년별 성취기준에 따라 점차 발달적으로 제시된다. 하지만 현실의 수업에서는 이러한 체계가 충분히 고려되지 못하고 있다. 교과서에 나오는 제재곡을 '차례대로' 따라가지만, 이 단원이 왜 여기에 있는지, 학생들이 음악 수업을 통해 무엇을 누적해서 배워야 하는지에 대한 인식은 흐릿하기 때문이다.

이렇다 보니 음악 수업은 늘 제자리걸음이다. 위계 없이 단편적으로 반복되는 수업 속에서 학생들의 음악적 문해력은 자라지 못한다. 음악적 개념과 표현 방법은 서로 연결되며 학년이 올라갈수록 심화되고, 더 복합적인 창작과 감상으로 확장되어야 하지만, 매년 배움이 쌓여가기 보다는 비슷한 '활동'에만 머무를 뿐이다.

문제의 핵심 원인은 '제재곡 중심의 수업 구조'에 있다. 초등 음악 교과서는 보통 2차시 분량의 제재곡이 연계성 없이 '나열'된 형태로 구성되어 있다. 제재곡들을 묶어 단원으로 구성하긴 했지만, 이는 형식적일 뿐 실제로는 같은 단원 내에서도 관련 없는 곡들이 맥락 없이 엮여 있다. 영역과 활동을 균형 있게 다루고자 하는 취지에는 공감하나 결과적으로는 단절된 활동의 나열로 음악 수업을 틀에 가두고, 깊이 있는 경험을 가로막고 있다.

그래서 '음악 수업에서 무엇을 가르치고, 어떤 음악적 경험의 기회를 줄 것인가?'를 우리 스스로 묻는 일이 더더욱 필요하다. 음악 수업은 단순히 곡을 익히는 활동을 넘어 장기적인 안목 속에서 이루어질 필요가 있다. 학생들이 음악의 언어와 맥락을 이해하고 표현하는 힘을 기르며, 스스로 음악을 향유하고 창조하는 주체로 성장할 수 있도록 수업의 방향을 새롭게 모색해야 한다.

다. 모두에게 공감 받지 못하는 국악 수업

음악 수업 중에서도 국악 수업은 특히 어려움이 더 많다. 우리 반 학생들은 대체로 음악 수업을 기대하는 편인데, 국악 수업을 한다고 하면 가끔 약간의 실망감을 내비치기도 한다. 신체표현하면서 민요도 재미있게 부르고, 장단도 신나게 치고, 새로운 악기도 경험하는데 왜 그럴까 의문이 들어 학생들에게 물어보았더니, "재미는 있는데 이상하고 좀 어려워요."라는 대답이 돌아왔다. 또 하루는 "오늘은 도라지타령을 불러보고 세마치장단을 장구로 연주해 볼 거예요." 했더니, 학생들이 "네?", "갑자기요?", "왜요?"라고 반문했던 일도 있었다. 학생들의 표정을 보니 일종의 반항이나 하기싫음의 표현이 아니었다. 진짜 갑작스럽고 뜬금없다고 생각해서 나오는 반응이었다.

이처럼 학생들은 국악 수업에 때로는 즐겁게, 때로는 어려워하면서 참여하지만, 대부분 공통적으로는 낯설어하는 반응을 보인다. 국악은 지금, 여기, 우리의 삶과 동떨어진 음악으로 인식되고 있기 때문이다. 오늘날 학생들의 생활 음악 환경은 서양식 조성과 리듬에 기반한 소리로 채워져 있다. 그러다보니 국악은 자연스럽게 접하는 소리가 아니라, 특별한 상황에서만 등장하는 '옛날 음악'처럼 여겨진다.

게다가 국악 수업은 종종 아무런 맥락 없이 시작되곤 한다. 국악을 왜 배워야 하는지, 그것이 자신의 삶과 어떻게 연결되고 어떤 의미가 있을지 생각해볼 기회도 없이, 느닷없이 궁중음악을 감상하거나 시김새를 살려 노래 부르기를 요구받는다. "우리나라의 전통음악이니까 당연히 배워야지."라는 말만으로는 설득력이 부족하다. K-pop을 듣고, 랜덤 플레이 댄스를 추며 릴스를 찍으면서 노는 세대의 학생들에게 나물을 캐며 부르던 나물 노래에 무작정 공감하기를 기대할 수 있을까?

교사에게도 국악 수업이 부담되는 것은 마찬가지다. 낯설고 어렵게 느껴진다. 그러다 보니 국악은 전문성이 필요한 영역이라며, 예술 강사가 수업을 대신 맡게 되는 경우가 많다. 예술 강사의 전문성은 학생들에게 새로운 자극을 줄 수 있겠지만, 그 경험이 학교 음악 교육의 맥락 안에서 지속적으로 연결되기는 어렵다. 또 '학교예술강사 지원사업' 예산은 최근 2년 동안 86% 삭감되며 규모가 크게 축소되었는데[1], 이를 보면 지속가능성이 불확실한 정책에만 온전히 기댈 수도 없다는 생각이 든다.

이렇게 학생과 교사 모두에게 낯설고 공감 받지 못하는 국악이지만, 요즘 즐겨듣는 음악이 아니라는 이유로 우리 고유의 음악이 사라져가도록 둘 순 없다. 학생들이 국악의 멋을 느끼고 자부심을 가지며 삶 속에서 향유할 기회를 빼앗아서도 안 된다.

국악 수업이 살아나려면 국악에 대한 인식의 전환이 필요하다. '전통'으로서 전승한다는 관점에서 벗어나, '창조적이고 살아있는 예술'로 바라보는 것이다. 동시대에 연주되고 있는 국악을 적극적으로 수업의 대상으로 삼고, 국악을 현재의 삶 속에서 새롭게 해석하려는 시도가 뒤 따라야 한다. 국악 수업은 우리 음악을 강요하는 시간이 아니라, 학생들 스스로 우리 음악에 질문을 던지며, 그 가치를 탐색하고 체험하는 시간이 되어야 한다.

---

[1] 2023년부터 2025년까지 문체부 예산은 약 574억원에서 80억원으로 2년에 걸쳐 총 86% 삭감되었다가(이동희, 2025), 이후 2025년 1차 추경을 통해 49억여원을 추가 확보하였다.

3. 예술교육, 예술답게 만들기

지금까지 여러 예술수업 장면들을 돌아보며, 예술 교과에서 '예술'로서의 본질이 어떻게 흐려지고 있는지, 그 속에서 학생들이 성장할 수 있는 기회가 얼마나 제한되고 있는지를 확인하였다. 이제는 이러한 성찰을 바탕으로 예술교육이 본래의 힘을 되찾기 위한 방향을 모색하고자 한다.

이후의 논의에서 정답을 제시한다거나 앞서 제기한 문제들에 일대일로 대응하는 해답을 제안하려는 것은 아니다. 그보다는 '예술이 진정 예술다우려면 무엇이 필요한가?', '예술교육을 예술답게 만드는 것은 무엇인가?'라는 근본적인 질문에서 시작하여, 그 '예술다움'의 의미를 '예술적 상상력', '자기표현', '의미'라는 세 가지 관점으로 풀어내고자 한다.

가. 예술적 상상력: 새롭게 바라보는 힘

학생들에게 상상력을 발휘해보라고 하면, 대개 세상에 없던 전혀 새로운 것을 떠올려야 한다고 생각한다. 그래서 판타지를 가미한 이야기를 지어내거나, 날아다니는 자동차, 우주 생명체와 같은 비현실적인 이미지를 만들어내곤 한다. 그러나 예술적 상상력은 단순히 기존에 없던 새로운 것을 창조하는 능력만이 아니다. **익숙한 것을 새롭게 바라보고, 당연하게 여겨온 것에 의문을 던지며, 그 속에서 다른 가능성을 발견하는 힘이다.**

사진작가 테리 보더(Terry Border)는 평범한 빵 조각, 땅콩, 과자와 같은 일상적인 사물을 새롭게 바라보며, 철사와 작은 소품을 더해 전혀 다른 존재로 재탄생시킨다. 거문고 연주자 박다울은 「거문장난감」에서 전통 악기인 거문고를 전통과는 다른 방식으로 탐색하며 완전히 새로운 음악을 만들어낸다. 이처럼 익숙한 것을 낯설게 바라볼 때, 사물이 본래 가지고 있는 순수한 미적 요소를 재발견할 수 있고, 예술가의 시선으로 새로운 의미와 이야기를 부여할 수도 있다.

▲ 테리 보더 「Bent objects」 (출처: 문화뉴스, 2019)   ▲ 박다울 「거문장난감」 (출처: 유튜브 JTBC Music, 2021)

모든 감각을 열어 대상을 깊이 들여다보고, 주변의 다른 존재에 공감하며, 자신만의 해석과 감정을 덧입히는 과정이 그 출발점이 된다. 우리는 예술교육을 통해 학생들이 이 과정을 충분히 경험하도록 해주어야 한다. 특별히 거창한 무언가를 해야 한다는 것은 아니다. 무심히 스쳐 지나던 소리에 귀를 기울이게 하고, 익숙한 풍경 속에서 다른 빛깔을 발견 하도록 돕는 것이면 충분하다. 즉, 일상에서 영감을 얻게 하고 익숙한 것으로부터 새로운 가치를 발견해내는 통찰을 기르게 하는 것이 우리의 역할이다.

그 속에서 학생들은 세상을 '있는 그대로'가 아니라, 의미와 관계가 살아 있는 세계로 바라 보게 되고, 자신만의 시선을 형성하게 될 것이다. 예술교육은 이러한 시선을 길러줌으로써 학생들이 일상 속에서 스스로 예술가가 될 수 있는 가능성을 열어주는 토대가 되어야 한다.

미술 수업 실천 사례 ❶ - 대상을 깊이 있게 탐색하기 「내가 경험한 바다」

올해 첫 번째 미술 수업으로 선택한 주제는 '바다 그리기'였다. 굉장히 평범하고 흔한 주제이기도 했고, 거창하거나 특별한 기술을 활용한 수업도 아니었다. 다만, 학생들이 '대상을 바라보는 시선'을 갖고, '다양한 감각과 생각'에 집중하고, 각자 '나름대로의 해석' 을 표현하게 하는 데 초점을 두었었다.

학생들이 처음 그린 바다는 대부분 비슷한 풍경에 파란색을 띠었다. 바다를 깊고 새롭게 바라보는 과정이 필요했다. 생각그물을 함께 그리면서, 바다에 대한 느낌을 다섯 가지 감각 으로 살피고 다양한 경험을 떠올리게 했다. 이후 바다를 표현한 예술 작품들을 감상하였다. 앙리마티스의 「폴리네시아 바다」에서부터, 국립무용단의 현대무용 「회오리」, 미디어아트 「디스트릭트 고래」, 바다를 표현한 음악과 동요 등을 감상하면서 예술가가 무엇을 표현하고자 했는지 토의하며 탐구해 보는 시간을 가졌다.

이 과정을 거친 후 다시 그려낸 학생들의 바다는 더 이상 파랗기만 하지 않았다. 바다를 통해 표현할 수 있는 것이 무궁무진하다는 것을 깨달았기 때문이다. 바다에서 신난 마음, 아름다운 바다의 색들, 고래와 환상적인 느낌, 노을로 물든 바다, 심해의 물고기, 밤의 해변 등 다양한 상상과 느낌을 담아냈다. 그중에서도 나는 '빙하 크리스탈'이라고 이름 붙인 마지막 작품이 무척 마음에 든다. 거칠고 투박하게 표현됐지만 칠흑같이 어두운 하늘 아래 놓인 거대한 빙하가 반짝이는 듯 아름답게 느껴지기 때문이다. 그림에 자신 없어하던 학생이라 더욱 감사하다.

▲ 오일파스텔로 표현한 바다 (학생 작품)

미술 수업 실천 사례 ❷ - 음악을 시각 예술로 표현하기 「밤하늘 예술」

4학년 2학기 과학에는 '밤하늘 관찰'이라는 단원이 있다. 이 단원을 학습하며 학생들은 달과 별자리 관찰하고 태양계의 행성을 조사하면서, 우주에 대한 인식을 확장해 나간다. 예로부터 '밤하늘'은 많은 예술가들에게 영감의 원천이 되어왔기에, 이 단원을 과학적 현상에만 머물러서 배우게 하는 것이 아쉬워 예술로 영역을 넓히고자 미술 통합 수업을 계획하게 되었다.

이 수업에서는 단순히 '밤하늘을 표현하는 것'을 목적으로 두지 않았다. 그보다는 과학 학습을 통해 형성된 인식과 여러 예술작품을 통한 심미적 경험을 통합하는 사고과정을 거치기를 기대하였다. 그래서 '음악'이라는 중간 매개를 넣어 그 감상으로부터 소리를 시각적으로 상상하는 과정을 포함시켰다. 인식, 느낌, 소리를 캔버스에 옮기며 학생들이 상상력을 발휘하도록 하였다.

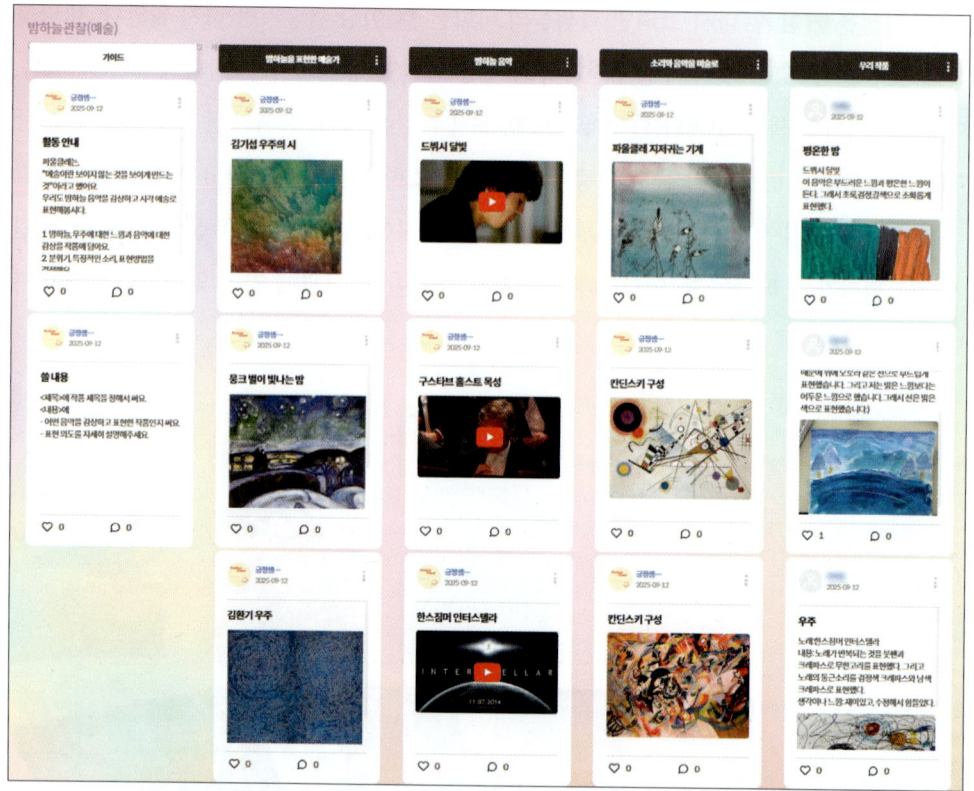

▲ 수업 설계 보드 (밤하늘을 표현한 예술작품 감상하기 → 밤하늘과 관련된 음악 감상하기 → 소리와 음악을 시각적으로 표현한 작품 확인하기 → 표현 계획 세우고 표현하기 → 의미 공유하기)

관련 음악으로는, 드뷔시의 「달빛」, 구스타브 홀스트의 「행성」 중 '목성', 한스 짐머의 「인터스텔라」, 모차르트의 「작은별 변주곡」의 네 곡을 들려주었다. 이 중 하나의 곡을 정해, 자신이 표현하고 싶은 밤하늘의 장면과 느낌, 음악에서 발견한 특징적인 소리, 음악을 들으며 떠오른 심상을 통합하여 시각적으로 표현하게 하였다.

학생들은 그냥 밤하늘을 그리는 것인 줄 알고 신나하다가, 음악을 표현해야 한다고 하니 약간 막막해 하기도 했다. 하지만 반복적으로 음악을 돌려 듣고 다양한 시도를 하면서 점차 자신만의 밤하늘을 만들어 나갔다. 나는 학생들이 처음 시도를 마음에 들어 하지 않는 것 같으면 주저하지 않고 다시 새로운 도화지를 건네준다. 학생들의 표현의 기회를 도화지 한 장으로 제한하지 않고, 마음껏 시도해보고 실패하는 과정은 당연하다며, 새롭게 다시 도전하도록 격려해준다.

▲ 종 안의 우주(학생 작품)
"한스 짐머의 인터스텔라를 듣고 음악의 울리는 느낌을 표현하기 위해 종을 그렸다. 또 음악의 느낌이 어두워서 전체적으로 어두운 색깔로 표현했다. 초록색 물감으로 붓을 움직여 가며 오로라를 표현했고, 흰색 물감을 붓에 묻혀 손으로 튀겨 반짝이는 별을 표현했다."

▲ 우주(학생 작품)
"한스 짐머의 인터스텔라에서 노래가 끊임없이 계속 반복되는 것을 붓펜과 크레파스로 무한고리를 그려 표현했다. 음악의 둥근 소리를 검정색 크레파스와 남색 크레파스로 표현했다."

▲ 오로라 달빛(학생 작품)
"드뷔시의 달빛은 부드러운 느낌이 들어 오로라 선으로 부드럽게 표현했다. 초록색과 보랏빛으로 빛나는 은하는 정말 아름답다. 우주와 음악의 신비한 분위기를 표현했다."

파울 클레(Paul Klee)는 '**보이지 않는 것을 보이게 만드는 일**'이 예술이라고 했다. 하얀 도화지는 무한한 상상을 펼칠 수 있는 공간이 될 수도, 막연하고 막막한 공간이 될 수도 있다. 학생들이 느끼고 경험한 세계를 하얀 도화지에 마음껏 담아낼 수 있도록 마중물이 되어주는 것이 나의 역할임을 다시금 깨닫는다.

나. 자기표현 : 나만의 언어를 발견하는 과정

예술적 상상력을 발휘해 다양한 감각으로 세상을 탐색하면, 자연스럽게 마음속에 표현하고 싶은 것들이 싹튼다. 자신이 경험하고 느낀 것을 세상과 나누고 싶은 욕구가 생겨나는 것이다. 보통 예술이라고 하면 '자신만의 방법으로 창의적이게 표현하는 것'을 떠올리는데, '창의성'은 바로 이 지점에서 시작한다. 하고 싶은 **이야기가 생기고, 그 이야기를 전하려는 노력 속에서 점차 정체성이 자리 잡게 되는 것이다. 예술수업이 길러야 하는 창의성은 '남과 다른 것'을 억지로 만들어내는 것이 아니라, '나다움'을 찾아 그것을 표현하는 힘**이다. 예술수업은 학생들이 자신만의 시선과 감정이 빚어낸 고유한 이야기를 밖으로 꺼낼 수 있도록 돕는 장이 되어야 한다.

이를 위해서는 다양한 표현 방식을 탐색하는 과정이 필요하다. 재료와 용구, 기법과 방법이 달라질 때 표현의 가능성도 달라지기 때문이다. 물감, 흙, 소리, 몸짓, 영상 등 다양한 매체와 도구의 특성을 탐구하며, 학생들이 자신의 생각과 감정을 가장 잘 담아낼 수 있는 방식을 찾도록 해야 한다. 이러한 탐색은 추상적인 생각이나 복잡한 감정을 구체화하는 데 도움을 주며, 학생들이 자신만의 언어를 발견하는 과정을 자연스럽게 이끈다. 익숙한 도구뿐만 아니라 낯선 재료와 방법에도 과감히 도전하게 하여, 표현의 스펙트럼을 넓히고 새로운 가능성을 발견하도록 하는 것이 중요하다.

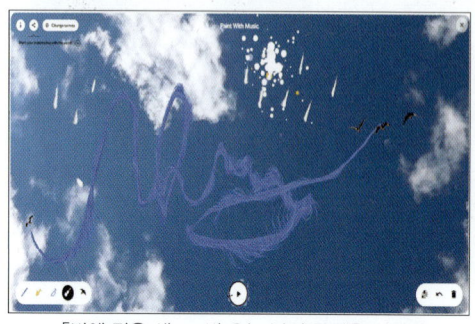
▲ 「비에 젖은 새」 – 비 오는 날의 풍경을 시각과 청각으로 표현 – paint with music(학생 작품)

▲ 다양한 악기의 음색을 탐색하고 비 오는 날의 풍경을 표현한 음악 만들기(학생 활동)

또한, 여러 예술가들의 고유한 표현 양식을 접하는 경험도 필요하다. 예술가들은 그들만의 스타일로 세계를 해석하고 풀어낸다. 각기 다른 화풍과 작곡 방식은 작품의 주인을 단번에 알아보게 만든다. 이러한 표현 양식에는 단순히 기법을 넘어, 그 시대의 맥락과, 예술가의 삶의 여정과 경험, 사상과 가치관까지 깊이 스며있다. 작품을 이해한다는 것은 표면적인 형식뿐만 아니라 그 안에 담긴 이야기를 읽어내는 것도 포함된다. **예술수업은 학생들이 여러 예술가와 만나게 함으로써 예술이 얼마나 다채로운 방식으로 구현될 수 있는지를 깨닫게 하고, 자신만의 표현 방식을 모색할 수 있는 영감을 제공해야 한다.**

나아가, 이러한 것들이 단순한 시도나 일회성에 그치지 않도록 표현 요소와 원리를 깊이 있게 탐구하고 심화할 수 있는 체계적인 학습 경험을 제공해야 한다. 예술은 곧 하나의 언어이다. 각 예술이 지닌 고유한 언어적 특성을 이해하고, 재료의 질감·색채·음색·리듬 등 세부 요소를 섬세하게 다루는 연습이 필요하다. 이를 위해 주제나 표현 방식을 장기간에 걸쳐 다각도로 실험하는 학습 구조를 마련하고, 학생들이 자신의 표현 과정을 점검하며 지속적으로 발전시킬 수 있도록 해야 한다. 이러한 과정에서 학생들은 단순한 기능 습득을 넘어, 자신이 표현하고자 하는 감정과 생각을 예술의 언어로 정교하게 전달하는 법을 배우게 될 것이다.

우리는 단지 예술가가 되기를 바라며 예술을 학습하는 것은 아니다. 우리는 예술을 통해 개성을 찾는다. 예술교육은 학생들이 다양한 시도와 도전을 통해 자신만의 표현 방식을 찾아가고, 예술을 자기 자신을 드러내는 통로로 경험하도록 해야 한다. **이러한 경험은**

예술적 자기 정체성을 형성하는 든든한 토대가 되며, 나아가 삶 속에서 예술을 지속적으로 향유할 수 있는 힘으로 이어질 것이다.

음악 수업 실천 사례 – 음악의 언어를 탐구하기 「동요 창작 발표회」

2022 음악과 교육과정에 창작 영역이 독립되며 음악적 문해력과 창조적 주체로서의 역량이 강조되었지만, 4학년 수준에서 음악을 창작한다는 것은 쉽지 않은 일이다. 실상은 가사 바꾸기나 소리 만들기 정도에 그치는 경우가 많은데, 특히나 학기 초의 우리 반 학생들은 가사를 일부만 바꾸는 것조차도 무척 자신 없어 했기에 더욱 차근차근 접근할 필요가 있었다.

그래서 음악의 구성요소를 하나씩 단계적으로 탐구하며 음악의 언어를 익혀나갈 수 있도록 창작 프로젝트를 계획하였다. 본 프로젝트에서는 '변화'를 음악적 개념을 탐구하기 위한 개념적 렌즈로 설정하고, **'음악에서 새로움은 어떻게 만들어질까?'** 라는 질문에 따라 탐구를 수행하며 창작 과정을 깊이 있게 경험하도록 설계하였다. 프로젝트의 흐름을 간략하게 소개하면 다음과 같다.

차시(단계)	영역	창작 과정	탐구 질문 및 교수·학습 내용	매체 및 자료
1 (탐색)	연주 창작	표현 주제 탐구	〈동요는 삶의 모습을 어떻게 표현할까?〉 • 다양한 동요 부르며 동요에서 우리 삶의 모습을 어떻게 표현했는지 탐구하기 • 음악 창작 표현 주제 정하기	다양한 동요
2 (탐색)	연주	기본곡 연습	• 두도막형식 기본 동요의 가락과 리듬 익히기 • 붐웨커로 함께 연주하기	붐웨커
3 (탐색)	감상	음악의 분위기 변화 탐구	〈음악에서 변화는 어떻게 만들어질까?(1)〉 • 악곡을 감상하며 음악의 분위기 변화 탐색하기 • 그림악보로 기초적인 음악요소 표현하며 듣기	감상곡 「작은별 변주곡」
4 (탐색)	창작	음악의 구성요소 탐구	〈음악에서 변화는 어떻게 만들어질까?(2)〉 • Song maker로 음악의 구성요소 탐구하기 • 작은별 주제가락을 변화시켜 새롭게 만들기	Songmaker
5 (창작)	연주 창작	리듬 창작	〈리듬의 변화는 어떤 새로움을 줄까?〉 • 리듬놀이로 다양한 4/4리듬꼴 익히기 • Musicfive보드 활용하여 기본곡 리듬 창작하기	4/4리듬카드, Musicfive보드
6 (창작)	연주 창작	가락 창작	〈표현 주제를 가락으로 어떻게 나타낼까?〉 • 실로폰으로 연주하며 다양한 가락선 형태에 따른 소리의 흐름 탐색하기 • Musicfive보드 활용하여 기본곡 가락 창작하기	실로폰, Musicfive보드
7 (창작)	창작	반주 창작	〈반주는 음악에서 어떤 역할을 할까?〉 • 창작한 악곡에 어울리는 간단한 화성 또는 리듬 반주 만들어 연습하기	실로폰, 에그쉐이커

8 (발전)	연주 창작	음색·빠르기 표현	〈음색과 빠르기의 변화는 음악의 분위기에 어떤 영향을 줄까?〉 • 다양한 악기의 음색 탐색하기 • 표현 주제에 어울리는 악기와 빠르기 결정하기	다양한 선율악기·리듬악기
9 (발전)	감상 연주 창작	셈여림 표현	〈셈여림은 음악 표현에서 어떤 역할을 할까?〉 • 셈여림의 변화에 따른 악곡의 분위기를 탐색하며 감상하기 • 노래와 연주로 셈여림 표현 연습하기 • 창작곡에서 셈여림 결정하기	감상곡 「놀람교향곡」, 「운명교향곡」, 핸드드럼, 멜로디언
10 (공유)	감상 연주	발표 및 감상	〈(종합)음악에서 새로움은 어떻게 만들어질까?〉 · 만든 음악 발표하고 감상하기 · 프로젝트 과정 돌아보기	

동요의 일부를 바꾸어 간단한 음악을 만드는 프로젝트이지만, 단순히 4마디를 완성해내는 것만이 목표는 아니었기에 그 과정에 담긴 음악적 경험과 의미는 다양했다. '창작 프로젝트'이지만 학생들은 가창, 기악, 감상을 고루 경험하였고, 다양한 음악을 만났다. 또 표현 주제부터 리듬, 가락, 음색, 빠르기, 셈여림까지 여러 매체를 통해 탐구하면서, 음악이 생각과 감정을 담아내는 고유한 방식을 이해할 수 있었으며, 조금씩 자신만의 음악을 더욱 음악답게 발전시켜 나갔다.

나는 이미 여러 차례의 수업실패를 겪으며, 연주 능력이 뒷받침되지 않는 학생들에게는 새로운 가락 한 마디를 곧바로 연주하는 일이 결코 쉽지 않다는 것을 알고 있었다. 그럼에도 불구하고 학생들이 리듬과 가락을 바꿔가며 다양한 탐색과 창작을 시도하게 하고 싶었다. 이 부분은 음표를 보드 판에 붙인 뒤 카메라로 스캔하면 음악을 재생해주는 에듀테크를 활용함으로써 어려움을 상당 부분 해소할 수 있었다.

음악을 창작해보라고 하면 장난스럽게 오징어게임 선율을 흉내 내거나, 어떻게 해야 할지 모르겠다며 한 음만 계속 연결하던 우리 반 학생들이 음악 창작의 과정을 진지하고 깊이 있게 경험해볼 수 있었던 소중한 시간이었다. 무엇보다 애써 만든 음악을 흘려보내지 않고, 마음속에 담길 때까지 충분히 연습하고 숙고할 수 있었다는 점에서 큰 의미가 있었다.

 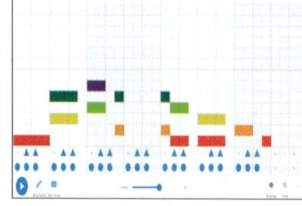 

▲ 붐웨커로 기본 동요 익히기　▲ Song Maker로 구성요소 탐색　▲ music five 보드 활용 창작

> **TIP**
> ❶ 붐웨커는 쉬워 보이지만, '내청' 즉, 마음속에 음악이 있을 때서야 자연스러운 연주가 가능하다. 따라서 연주에 들어가기 전, 계이름으로 노래를 부르는 활동이 충분히 선행되어야 한다. 붐웨커는 비교적 간단한 악곡의 가락과 리듬을 학생들이 완전히 익히길 바랄 때 활용하기 좋은 도구이다.
> ❷ Song Maker는 즉각적으로 음악을 재생해주기 때문에 박자, 리듬, 가락, 음색, 빠르기 등의 음악 요소에 변화를 주며 탐구하기에 무척 유용하다. 자신만의 느낌대로 자유롭게 표현해보는 것도 좋지만, 먼저 익숙한 동요 한 프레이즈를 제시하고 다양한 요소를 변형해보는 것이 개념적 이해에는 더욱 도움이 될 수 있다.
> ❸ Musicfive 보드는 별도의 app 설치가 필요하지만, 오선보에 음표를 쉽게 붙였다 뗄 수 있어 조작이 간편하다는 장점이 있다. 독보와 기보에 도움을 주는 유용한 도구이다.

다. 의미 : 소통, 그리고 삶으로의 연결

'예술을 감상하는 사람들은 예술가만큼이나 예술을 창조한다'는 말이 있다. 이는 감상자가 자기 내면에서 새로운 의미를 창출하지 않는 한 예술은 존재하지 않는다는 관점을 담고 있다. 작품의 가치는 보편적인 해석으로 고정될 수 없으며, 각자의 삶 속에서 어떻게 수용되고 어떤 방식으로 울림을 주는가에 따라 달라진다. 따라서 **예술은 그 자체로 완결되는 것이 아니라, '의미'를 생성하며 삶과 연결될 때 진정한 예술적 경험으로 깊어진다.**

이러한 맥락에서 예술교육은 '표현'만이 아니라 '소통'을 전제로 한다. 표현이 자기 안의 언어를 발견하는 과정이라면, **소통은 그것을 세상과 연결하여 의미를 확장해 가는 길이다.** '예술과 나' 사이의 소통을 통해 느낌과 인식을 형성하며 의미를 만들고, '타인'과 소통하며 새로운 해석과 맥락에서 의미를 확장하게 된다. 또 예술을 매개로 '삶'과 소통할 때, 시대와 사회를 성찰하고, 개인의 삶에 질문을 던지며, 삶을 재해석하고 변화시킬 힘을 지니게 된다. 즉, 예술을 통한 소통은 개인의 세계를 열어 타인의 세계와 만나는 창이 된다.

따라서 예술수업은 적극적인 대화의 장이 되어야 한다. 학생들은 예술 활동을 통해 갖게 된 의미와 해석을 함께 나눌 수 있어야 한다. 자신의 표현의도에 대해 설명하거나 서로의 작품에 대해 적극적으로 묻고 답하고, 또 감상한 내용이나 느낌을 충분히 공유할 수 있어야 한다.

물론 예술적 경험은 말이나 글로는 다 옮겨 담을 수 없는 특별함을 지니고 있다. 말로 설명하기 어려운 감각과 정서가 예술의 본질일 수도 있다. 그러나 그렇다고 해서 의미를 나누는 과정을 소홀히 해서는 안 된다. 서로 다른 감각과 해석을 공유하며 의미를 만들어가는 과정 자체가 예술교육의 중요한 가치이기 때문이다.

결국, 학교에서의 예술교육이 학생들에게 '의미 있는 경험'이 되기 위해서 교사가 해야 할 역할 중 하나는 연결 다리를 놓아주는 것이다. **학생과 예술을 잇고, 학생과 학생을 잇고,**

학생과 삶을 잇는 다양한 맥락을 제공함으로써, 예술적 경험이 학생들의 삶에서 구체적인 의미를 지닐 수 있게 도와주어야 한다. 삶의 맥락과 맞닿을 때, 예술은 비로소 학생들의 삶 속에서 살아 있는 힘을 발휘하게 될 것이다.

"이 작품의 이름은 '폴리스 키즈'이다. 아이들이 웃고 있지만 방탄조끼를 입고 있는 모습은 정말 충격적이었다. 외국에서는 아이들이 언제나 위험에 노출된다는 사실이 너무 슬펐다. 나는 총기가 없는 나라에서 태어난 것이 다행이라고 생각했다. 그런데 친구들과 얘기하면서 방탄조끼가 단순히 위험을 나타내는 게 아니라고 생각하게 되었다. **우리도 보이지 않는 방탄조끼를 입고 사는 건 아닐까? 공부, 규칙, 고정관념, 경쟁 같은 것들에 갇혀 자유롭지 못하다고 느낄 때가 있기 때문이다.**
뱅크시의 작품들은 대부분 사회에 대해 말을 걸고 있다. 우리도 학생으로서 **내가 느끼는 학교에 대해 용감하게 표현해봤으면 좋겠다.**"

▲ Banksy 작품 감상하고 생각 나누기 (학생 소감)

국악 수업 실천 사례 – 국악의 가치와 가능성 탐구하기

학생들이 국악을 자신의 삶 속에서 의미 있는 존재로 느끼게 하고자, 국악의 가치와 가능성을 스스로 탐구하는 수업을 계획하였다. '국악은 우리의 삶과 문화 속에서 함께 발전해 온 음악이다.'라는 빅 아이디어를 토대로, '우리의 삶과 문화는 어떻게 국악 속에 담겨 있을까?', '국악은 시대마다 어떤 모습으로 변화해 왔을까?', '지금 우리의 생활 속에서 국악은 어떤 방식으로 이어지고 있을까?' 라는 핵심 질문을 설정하였다.

이제 중요한 것은 '학생들의 질문과 호기심'에서부터 탐구를 시작하는 것이었다. 이를 위해서는 국악에 대한 경험과 인식이 부족한 학생들에게 자연스럽게 궁금증이 생겨나게 하는 맥락을 먼저 만들어야 했다. 이에 본격적인 수업 시작에 앞서 국악에 대한 인식을 재고하기 위한 문장을 며칠 동안 교실에 붙여두어 생각할 거리를 미리 던져주고자 했다.

▲ 국악에 대한 논쟁적 시각을 제시하여 수업의 맥락으로 초대하기

여기서 내가 기대했던 학생들의 반응은 '의아함'을 느끼는 것이었다. 내 의도대로 비판적인 인식을 내비치거나 흥미로운 질문을 던진 학생들도 있었지만, 놀랍게도 일부 학생들은 이 문장들을 '참'으로 받아들이고 있었다. '국악이 궁궐에서만 연주되어서 불공평하다', '특별한 날 언제 들을 수 있을까?', '국악이 더 이상 새로 만들어지지 않아 슬프다'라는 응답들을 보면서 국악이 생각보다 학생들의 삶과 더 멀게 있다는 것을 느낄 수 있었다.

'국악'은 궁궐에서만 연주되던 음악이다.	• 왜 궁궐에서만 연주했을까? • 궁궐에 못 사는 사람이 불쌍하다. • 궁궐에 살지 못한 사람들에게 불공평하다. • 옛날에 누가 연주했는지 궁금하다. • 아니다. 다른 사람들도 즐길 수 있었다. • 궁궐에서만 나오는 게 아니라 어디서든 나올 수 있었다.
'국악'은 특별한 날에만 들을 수 있는 대중적이지 않은 음악이다.	• 왜 특별한 날에만 들을 수 있을까? • 특별한 날이면 언제? • 국악은 대중적인 음악일 줄 알았는데 아니라 신기했다. • 언제부터 대중적이지 않은 음악이 되었을까? • 그렇지 않다. 전통 노래를 모르면 옛 정신을 알 수 없기 때문이다. • 아니다. 이날까지 연주를 하고 있기 때문이다. • 평소에도 종종 들리는 것 같은데 어떤 게 있을까?
'국악'은 더 이상 새로 만들어지지 않는다.	• 맞다. 조선시대 음악이니까 새로 만들 수 없다. • 그럼 누가 만들었을까? • 어떤 노래가 제일 먼저 만들어졌는지 어느 연도에 처음 만들어졌는지 궁금하다. • 왜 더 이상 만들 수 없을까? • 국악이 새로 만들어지지 않는다는 것이 조금 슬펐다. • 국악이 더 나오면 좋겠다. • 만들 수 있다. 우리가 만들면 되지 않나? • 새로 만들어진 국악에 뭐가 있을까?

▲ '국악'에 대한 학생들의 처음 반응

학생들은 서로의 생각과 질문을 나누며 나름대로 열띤 토론을 했다. 어느 정도 충분히 의견이 오갔다 싶었을 때, 학생들의 인식을 넓힐 수 있는 몇 가지 국악 곡을 들려주었다. 21c한국음악프로젝트 경연대회에서 연주하는 창작국악, 영화 서편제에서 길을 떠나며 아리랑을 부르는 장면, 마당에서 신명나게 연주하는 농악, 다른 나라에서 국악으로 버스킹을 하며 함께 즐기는 모습들을 보여주었다. 모두 앞서 제시한 문장에 반하는 장면들이었다. 이후 새로 감상한 국악에 대한 생각과 느낌을 다시 한 번 나눈 뒤에, 본격적으로 학생들과 함께 국악에 대해 탐구해보고 싶은 주제를 정하기 시작했다.

탐구 주제를 정할 때는 학생들의 관심사와 의견을 충분히 수용하면서, 앞서 설정한 핵심질문에 부합하도록 논의를 이끌고 구체화 시키는 것이 중요했다. '옛 사람들이 즐기던 국악', '새롭게 창작된 국악', '대중가요나 프로그램 속 국악', '우리 생활 속에서 국악이 쓰이는 순간들'이라는 네 가지 탐구 주제를 정해 모둠별로 조사를 수행하였고, 조사 내용을 정리하는 포스터를 만들어 발표하였다. 이때 학생들은 조사하면서 알게 된 국악들을 서로 들려주기도 하였다. 수업 마지막에는 핵심질문들을 다시 상기하며 소감문을 작성하는 것으로 마무리하였다.

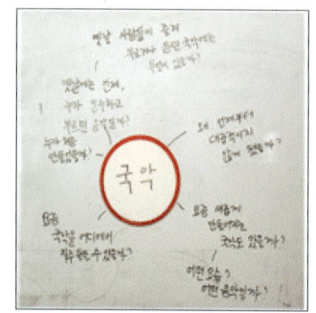
▲ 탐구 주제 정하기

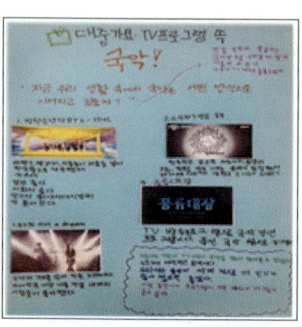
▲ 조사한 내용 포스터 만들기

▲ 탐구 결과 공유하기

돌아보면, 학생들이 국악에 대한 사전 경험이 많이 부족하다보니 교사로서 도움을 주어야 했던 부분이 꽤나 많았다. 그러나 학생들이 스스로 조사를 해나가는 과정에서 다양한 국악을 접하며 국악에 대한 스펙트럼을 넓힐 수 있었고, 각 사례가 탐구 주제에 적합한지를 고민하고 판단하면서 국악에 대해 더 깊이 있게 생각해볼 수 있었다. 무엇보다도, 학생들의 삶의 맥락에서 국악의 가치와 가능성을 발견하고자 시도했던 그 자체로 큰 의미가 있었다고 생각한다. 이는 학생들의 국악에 대한 인식과 태도에 긍정적인 변화를 주었기에, 이후의 학습에서도 지속적인 영향을 줄 것이라 기대된다.

"국악이 그냥 옛날 음악이라고만 생각했는데, 우리 생활에도 쓰이고 새롭게 만들어진 것도 있다는 걸 알게 되었다. 친구들이랑 같이 조사하면서 국악이 지금도 멋지고 재미있는 음악이라는 걸 느꼈다. 앞으로 국악을 더 들어보고 싶다." – 학생 소감 ❶

"오늘 수업에서 국악을 배우면서 국악이 옛날 것만 있는 게 아니라 지금도 우리 생활 속에 있다는 걸 알게 되었다. 대중가요랑 방송에도 국악이 쓰인다는 게 신기했고, 전세계 사람들이 좋아해줘서 자랑스러웠다. 옛날 사람들이 왜 국악을 좋아했는지도 알 것 같았다. 우리도 국악을 이어 가야 한다는 생각이 들었다." – 학생 소감 ❷

4. 나가며: 예술다운 예술교육을 향한 여정

'예술은 무엇인가'에 대한 정의를 한 마디로 내리기는 쉽지 않다. 이는 오래된 논쟁거리이기도 하다. 뒤샹이 변기를 「샘(Fountain, 1917)」으로 명명하며 전시장에 놓은 일화나, 존 케이지가 피아노 앞에 앉아 아무 것도 연주하지 않은 「4분 33초(1952)」는 너무나도 유명하다. 이들은 '예술은 무엇인가?'라는 근본적인 질문을 관객에게 돌려주며, 예술의 경계를 확장하고자 했다. 이처럼 예술의 본질은 고정된 것이 아니기에 '예술은 무엇이다'라고 명쾌한 답을 내리기가 어렵다.

그렇기에 '예술다움'이 무엇인지에 대해서도 정해진 정답이 있는 것은 아니다. 당연히 '예술교육, 예술답게'라고 외치며 써내려간 나의 글이 정답이 아닐 수도 있다. 다만 내가 확신할 수 있는 것은, 예술이 있는 삶과 그렇지 않은 삶은 질적으로 다르다는 것이다. 그래서 앞서 제시한 '예술적 상상력', '자기표현', '의미', 이 세 가지 방향은 학생들의 '삶'에 예술이 피어날 수 있게 하는 '의미 있는 경험으로서의 예술교육'을 위해 수업에 깃들어야 하는 것들을 고민한 결과이다.

세상을 새롭게 바라보는 시선을 기르는 것. 다양한 예술의 양식을 경험하고 표현하며 자신만의 정체성을 형성하는 것. 삶의 과정으로 예술적 경험이 의미 있게 통합되는 것. 이러한 것들은 학생들이 그들의 삶 속에서 예술을 향유하고 창조하는 주체로 성장하게 하는 출발점이 될 것이다. 그리고 이것이 바로 내가 생각하는 '예술다운 예술교육'이다.

언젠가 '예술을 왜 가르쳐야 할까?'에 대해 나 스스로도 뚜렷한 답을 내리지 못하고 있을 때, 누군가 나에게 해준 이야기가 있다.

"우리가 세상을 이해하고 표현하고 소통하기 위해 언어가 필요하잖아? 예술도 생각과 감정을 표현할 수 있는 하나의 언어라고 생각해. 그런데 우리가 예술교육을 소홀히 해서 학생들이 그 언어를 잃어버리게 된다면 너무 미안하고 슬프지 않아?"

그 말에 깊이 공감하며, 교사로서 예술교육에 대한 책임의 무게를 되새기게 된다. 나는 내가 만나는 학생들의 삶이 예술로 가득했으면 좋겠다. 삶에서 학생들이 마주하는 모든 것들을 조금 더 온전히 느낄 수 있는 사람으로, 자신의 삶을 더 의미 있게 가꾸기 위해 노력하는 사람으로 자랐으면 좋겠다. 예술을 통해 벅찬 감동을 느끼고 변화를 경험하는 순간을 선사해주고도 싶다. 그렇게 학생들의 세상을 넓혀주는 일에 기여하고 싶기에, 예술다운 예술교육을 향한 여정을 계속해 나가고자 한다.

동행 노트

'예술의 쓸모.' 이 글을 읽으며 떠오른 말입니다. 예술은 삶에 어떤 쓸모가 있을까요? 반드시 쓸모가 있어야만 가치가 있을까요? 아이들이 고사리 같은 손으로 재활용품을 덕지덕지 붙여 만든, 쓰임새는 없지만 정성이 담긴 작품과 문방구에서 산 멀끔하고 실용적인 공장제 물건. 우리는 과연 어느 쪽을 더 예술적이라고 부를 수 있을까요?

글쓴이 선생님은 예술이 시대 속에서 맡는 역할과 본질, 그리고 이를 교육적으로 다루어야 할 교사의 자세까지 사유를 확장합니다. 특히 오늘날 교실에서 무분별하게 이루어지는 '예술적이지 못한 예술교육'의 현실을 용기 있게 비판하고, 그 대안을 거침없이 제시하는 데 박수를 보냅니다.

무엇보다 이 글은 비판에 머무르지 않고, 예술교육이 '예술다워지기' 위한 지향점을 구체적으로 보여줍니다. 철학적 사유와 단단한 현실 감각이 어우러져, 음악교사인 저 역시 고개를 끄덕이며 읽었던 매력적인 글이었습니다.

동행자 **박미지**

이 글을 읽으며 여러 차례 고개를 끄덕였습니다. "맞아, 예술은 그래야지. 예술교육은 원래 그렇게 숨 쉬어야 했지." 같은 초등교사로서 저 역시 그동안 놓쳤던 부분들을 돌아보게 되었습니다. 도안 미술로 대표되는 편안함, 제재곡 중심으로 흐릿해진 음악의 내용과 위계, 맥락 없이 시작되는 국악 수업을 떠올리며, 공감과 함께 차분한 성찰이 이어졌습니다.

이 글은 비판을 넘어서 길을 보여줍니다. 예술교육을 다시 예술답게 세우기 위해 예술적 상상력·자기표현·삶과의 연결이라는 세 갈래를 제시하고, '바다 그리기'와 '밤하늘 예술', '동요 창작 발표회', '국악 가치 탐구' 같은 실천으로 길을 밝혀 줍니다. 학생들의 작품과 목소리를 따라가다 보면, 교사가 시선을 조금만 달리할 때 아이들의 세계가 얼마나 넓고 깊게 열리는지 선명하게 느껴집니다.

그래서 이 글은 예술교사만이 아니라, 모든 교사에게 배움의 방향을 묻습니다. 수업의 편리함 속에서 잊히기 쉬운 예술의 언어와 감각의 일깨움을 다시 붙잡게 하고, 교실을 예술답게 되돌아보도록 조용히 초대합니다. 흔들리는 교육의 한가운데서 방향을 잃지 않게 해 주는, 따뜻한 길잡이가 되어줍니다.

동행자 **김희수**

이 글은 예술이 '생각과 감정을 표현할 수 있는 하나의 언어'이며, 교사로서 학생들이 이 언어를 잃어버리지 않게 할 책임이 있다고 합니다. 학교급도 교과도 다른 중학교 국어 교사로서, 이 글은 깊은 놀라움과 공감의 연속이었습니다. 한 교과에 대한 전문가이지만 동시에 제 교과 밖 세상은 몰랐던 저로서는 아이들이 음악을 통해 바라보는 세상을 제대로 들여다볼 수 있는 기회였습니다.

선생님의 철학적 사유와 예술교육에 대한 믿음 하에 '예술교육, 예술답게'라는 제목을 글과 수업 사례로써 제대로 펼쳐낸 이 글은 국어 교사인 제게도 통찰을 제공해 주었습니다. 제 수업을 통해 학생들이 자아를 인식하고 타인과 의사소통하며 세계를 이해하고 공동체에 도움이 되는 존재가 될 수 있도록 해야겠다는 마음을 되새기게 한 글입니다.

동행자 김하연

미래 영어교육 방향 탐색 스토리
주도성과 개별성을 중심으로

#영어교육 #의사소통 역량 #에듀테크·AI 활용 #학생주도성 #개별 맞춤형 학습

임보라

1. 교실 속 영어를 '살아있는 언어'로 만들려면

영어는 글로벌 언어이다. 그렇기에 우리나라 학생들은 영어를 자신의 언어로 만들기 위해 많은 시간을 들여 학습하고 있다. 초등학교 3학년부터 고등학교 3학년까지 총 10년 동안 공교육에서 영어를 배움은 물론 일부 학생들은 사교육을 통해 영어의 숙련도를 높이기 위해 애쓰고 있다. 우리 사회가 영어교육에 투자하는 막대한 시간, 정성, 재정을 고려해 볼 때, 우리나라의 영어에 대한 교육 열정은 엄청나다고 볼 수 있다. 그렇다면 과연 학생들은 이토록 많은 시간과 노력을 들여 영어를 자신의 언어로 만드는 데 성공했을까? 이러한 의문은 곧 근본적인 질문으로 이어졌다.

"우리는 정말 '살아있는 영어'를 가르치고 있는가?"

교과서나 교재 속 문장에만 머무는 영어는 언어라고 보기 어렵다. 그렇기에 아이들이 지금 하는 활동이 실제 삶에서 누군가와 소통하는 데 쓰일 수 있는지, 그리고 의사소통 역량을 기르기 위해 교사와 학생은 어떻게 변화할 수 있는지에 대한 고민이 필요하다. 이는 단순히 교수법의 변화를 넘어, '교사로서 나의 정체성'을 다시 묻는 일이었다.

더욱이 AI가 실시간으로 통역하고 번역하는 시대, 미래 사회를 살아갈 우리 아이들에게 필요한 영어교육의 방향성에 대한 고민은 더욱 깊어졌다. 필자는 그 해답을 학습자의 주도

성과 개별성을 극대화한 의사소통 역량 강화에서 찾았다. 공교육의 교실에서 무엇이 가능하고, 무엇을 바꿀 수 있는지 직접 도전해보고 싶었다.

수년간의 관찰과 경험을 바탕으로 나는 영어 수업에서 다섯 가지 어려운 점을 찾았다. 먼저 **실제적인 의사소통 역량을 기르기가 어렵다.** 한 차시 40분~50분 수업 기준 주당 2시간에서 많게는 4시간 실시되는 영어 수업만으로는 유창하게 영어를 익히기에는 부족하기 때문이다.

둘째, **학교 현장에서 실제적인(Authentic) 상황과 맥락을 제공하기 어렵다.** 교실이라는 한정된 공간은 실제와 같은 생생한 언어 환경을 구현하기에 한계가 있다. 교과서 속 대화문은 지나치게 단순하며, 실제 삶의 복잡하고 예측 불가능한 상황을 담지 못한다. 학생들은 맥락 없이 단어와 문장을 외우는 학습에 익숙해질 수 있다.

셋째, **양방향 수업 구조를 만들기가 어렵다.** 교사가 주로 질문하고 학생은 짧게 답하거나 교사의 안내에 따라 활동에 임하는 경우가 많기 때문이다.

넷째, **단순한 훈련(Drilling) 기반 연습이 중점적으로 이루어지다 보니 언어에 '내 생각과 감정'을 담는 기회가 적다.** 언어가 사고의 도구임을 고려할 때, 반복적 훈련의 연습에서 자신의 사고를 표현할 수 있는 장으로 확장 마련되어야한다.

마지막으로, **학습자들을 적극적으로 수업에 참여하도록 만들기가 쉽지 않다.** 정답을 맞히는 데만 익숙한 아이들은 새로운 표현을 시도하거나 창의적으로 변형하는 것을 두려워한다. 스스로 질문하거나 탐구하는 경험이 부족해, 새로운 상황에 대응하는 힘이 약하다. 이는 수동적으로 지식을 습득하는 데 그치며, 스스로 영어를 활용할 기회를 갖기 어렵다는 점에서 문제가 있다.

이 문제들은 결국 '**교실 안의 영어**'가 현실 세계의 영어와 너무 멀리 떨어져 있다는 같은 뿌리를 갖고 있었다. 이 문제를 해결하기 위해서는 학생들이 주도성을 가지고 능동적으로 자신의 생각과 감정을 표현하는 수업, 그리고 맥락과 상황이 살아있는 수업이 필요하다. 즉, 학생과 교사의 주도성이 극대화되어 시간과 공간의 제약을 벗어나 학습이 삶과 연결되는 수업이 되어야 한다. 이러한 수업을 만드는 주체는 바로 교사인 나였다. 이에 "**진짜 살아 있는 영어를 학생들에게 경험할 기회를 주자**"를 목표로 삼았다. 이 결심 속에서 발견한 해법과 수업 사례, 그리고 그 경험을 통해 얻은 통찰을 공유하고자 한다.

2. 교사와 학생이 모두가 주도적으로 참여하는 영어 수업

가. 콘텐츠를 기반으로 살아있는 맥락을 교실 속으로 가져오다

언어는 맥락 속에서 사용된다. 이 맥락을 구현하는 것이 바로 콘텐츠다. 어떠한 콘텐츠를 어떻게 활용하는지에 따라 영어 수업의 성패가 달려있다. 콘텐츠는 신문, 영상, 책 등 무엇이든 될 수 있다. 어떠한 맥락을 선택하는지는 아이들에게 어떠한 경험을 줄 것인가 와도 직결된다.

먼저 교과서에서 영어를 사용하는 상황은 학생들이 공감하거나 접할 수 있는 맥락으로 설정되어 소개된다. 그러나 한 번 읽고 나면 줄거리 이해나 간단한 내용 확인 문제 풀이에 그쳐 학습의 깊이가 확장되지 못하는 아쉬움이 있다. 텍스트가 학습자에게 일회성으로 소비되고 끝나는 것이다. 나는 이러한 분절적인 학습을 막기 위해 교과서라는 콘텐츠를 바탕으로 확장할 수 있는 소재가 필요하다고 생각했다.

첫 번째 방법은 아이들의 삶과 밀접한 상황과 맥락을 과제로 재설정하는 것이다. 예를 들어, 서수를 배우는 단원에서는 '1학년부터 6학년까지의 경험 중 기억에 남는 추억 소개하기'로 과제를 설정했다. 이 과정에서 아이들은 자연스럽게 문장 속에 서수를 사용하고, 앞에 나와서 발표했다. 듣고, 말하고, 읽고, 쓰는 활동이 하나의 소주제 활동에서 자연스럽게 이루어지는 경험을 했다.

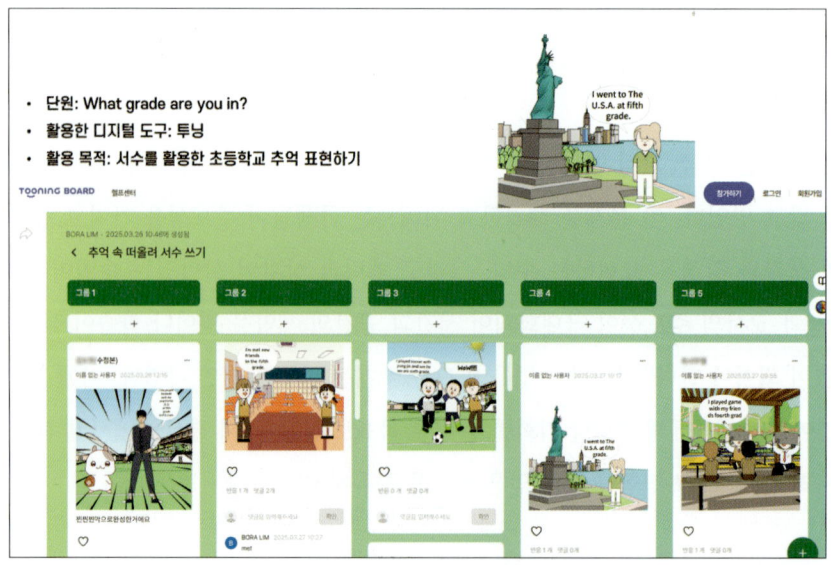

▲ 서수를 활용해 초등학교의 추억을 표현한 사례

영어교육에서 가장 큰 난관 중 하나는 학생들이 표현할 수 있는 어휘와 문장 구조가 제한적이라는 점이다. 같은 주제로 글쓰기나 말하기 활동을 하면 결과물이 비슷해져 서로의 표현을 참고하며 확장할 기회가 부족하다. 그런데 아이들에게 '자신의 이야기를 표현할 기회'를 주면, 아이들은 스스로 표현하고 싶은 어휘와 문장을 찾고 검색해서 표현할 수 있다.

두 번째 방법은 조금 더 긴 맥락이 담겨 있는 콘텐츠 활용하기이다. 그 콘텐츠 중 하나가 **바로 그림책이다.** 그림책은 언어와 이야기가 시각적 상상력과 결합해 학생의 의사소통 양상을 확장하는 힘을 가진다. 나는 그림책의 내용과 학생들의 경험을 연결할 수 있는 확장 활동을 설계했다. 다음은 제안하는 표현을 전이할 수 있도록 '만약 모든 사람이 이렇게 행동한다면?'이라는 그림책 일부를 읽고, 학생들이 상상하여 표현한 결과물이다.

▲ 그림책과 에듀테크를 활용해 아이들이 상상하고 표현한 사례

학생들은 '하면 안 되는데 해보고 싶었던 활동'이라는 소재에서 흥미를 느꼈다. 그렇게 된다면 어떻게 될지 상상하고 표현하며 제안하는 표현을 자연스럽게 사용하는 구조에 당위성을 느끼고 진지하게 표현 활동에 임하는 모습을 보였다.

교과서를 바탕으로 삶과 연계한 과제 그리고 자신만의 목소리로 이야기를 재구성해 보는 과제는 학생들에게 교과서 표현을 변형해 자신만의 문장을 만들 수 있다는 자신감과 성취감을 주고 수업에 몰입하도록 이끈다. 무엇보다 중요한 변화는, 학생들이 영어를 교과서 속에서만 존재하는 언어가 아니라, '내가 쓸 수 있는 언어'로 느꼈다는 점이다. 이는 단순한 읽기·쓰기 활동을 넘어, 의사소통 역량을 기르는 데 중요한 전환점이 된다.

나. 학생 참여형 및 개별 맞춤형 수업으로 교수·학습 방법을 전환하다

앞서 '콘텐츠'라는 소재로 영어교육의 새로운 확장 방향성을 찾았다면, 교수·학습 방법에서도 변화를 모색할 필요가 있다. 핵심은 학생들을 수업에 주도적이고 능동적으로 참여하게 하는 것, 그리고 개별 맞춤형으로 지원하는 것이다.

1) 학생 참여형 수업을 위한 교수·학습 방법

먼저, 나는 학생들을 주도적으로 참여하도록 **'에듀테크 도구를 활용해 표현 경험을 확장하는 활동'**을 설계했다. 표현형 에듀테크 도구로는 캐릭터 기반의 디지털 웹툰을 만들어 볼 수 있는 투닝, 템플릿을 활용하여 포스터와 프레젠테이션을 만들 수 있는 미리캔버스 등이 있다. 중요한 점은 학생들이 보다 다양한 표현을 시도하고, 자신만의 개성을 담아낼 수 있는 노력의 장치로 표현형 에듀테크 도구를 사용했던 점이다. 예를 들어, '음식을 주문하고 답하는 표현'을 배우는 단원에서는 학생들이 상상력을 발휘해 새로운 음식을 AI와 함께 디자인하고 발표하는 활동을 진행했다.

▲ 에듀테크 도구를 활용해 디자인한 새로운 음식 소개하기 활동 사례

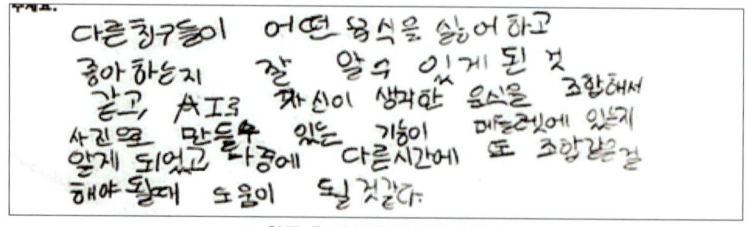

▲ 활동 후 아이가 작성한 소감문

이 세상에 없는 음식을 생각해 내는 것은 아이들에게 매우 고민이 되고 시간이 많이 걸리는 일이었다. 그런데 발명의 강제 결합 기법처럼 두 가지 재료를 결합하도록 비계적 장치를 마련한 것은 아이들을 표현하게 하는 데 효과적이었다. 아이들은 AI 기능을 활용해 여러 음식 사진을 만들고 이를 소개하는 PPT를 제작했다.

이렇듯 매 단원 아이들에게 다양한 도구로 표현할 기회를 제공하는 활동들은 **다양한 표현 경험을 축적하는 과정**이 되었다. 에듀테크 도구가 제공하는 시각 자료 제작 기능과 공유 기능은 학생들의 동기를 높이고, 표현을 다채롭게 확장하는 데 기여한다. 반복 학습에서 벗어나 언어를 '자신의 것'으로 소화하는 중요한 걸음이었다. 학생들이 **주인공의 이야기를 '자기 목소리'로 재구성**하는 맥락 속에서 언어를 사용해 봄으로써 의사소통 역량을 자연스럽게 강화하는 것이다.

나는 제한된 영어 교과 시간에서 학생들과 만나다 보니 시간 단축과 표현의 용이성을 위해 디지털 도구를 활용했지만, 사실 학생마다 선호하는 표현 방식이 달랐다. 디지털 도구보다 **아날로그를 선호하는 학생들도 있으므로 학생들에게 아날로그 및 디지털 도구 중 선택하여 활동에 참여할 수 있도록** 안내하기도 했다. 즉, **표현 방법의 선택을 존중하되, 각 표현 방법의 장단점은 경험할 수 있도록 해야 한다.** 다음은 비교급 표현을 배우는 단원에서 학생들이 모둠별로 아날로그 형태로 혹은 디지털 도구를 활용하여 창작한 "Crazy Town" 결과물이다.

▲ 아날로그와 디지털 도구 중 선택하여 모둠별로 표현한 사례

아날로그와 디지털 도구를 모두 허용했던 이유는 **표현 방법의 다양성** 때문이었다. 제일 중요한 것은 학생들이 영어 표현을 유의미하게 사용하는 맥락과 콘텐츠를 준비하는 것이었다. 비교급을 어떻게 하면 학생들이 흥미롭게 익히면서 창의성을 함양할 수 있을까 고민

했고, 그 결과 "말이 안 되는 비현실적인 도시 창작하여 소개하기"라는 과업을 설정하게 되었다. 단순히 문장을 길게 쓰는 것이 아니라 자기 생각과 감정을 담아낼 수 있도록 또 학생들이 서로의 표현을 공유하고 확장하는 협력적 경험을 통해 풍성한 언어 자원을 쌓을 수 있도록 활동을 설계한 것이다.

그리고 보다 긴 호흡에서 학생들의 주도성을 극대화하고자 '주제 중심 프로젝트'를 실천했다. 주제는 학생들의 삶과 연계되도록 교과서 혹은 그림책을 기반으로 선택했다. 다음은 아이들과 제안하는 표현과 연계해서 "업사이클링"이라는 주제로 학생들과 함께 여러 노력 사례를 탐색한 활동의 결과물이다. 단원의 소재가 지구를 지키기 위해 할 수 있는 일들이었는데, 이를 업사이클링이라는 주제와 연계하여 확장하였다.

▲ 아이들이 선택하여 조사한 프로젝트 수업 활동

업사이클링의 사례를 일부 제시한 뒤 나라 혹은 기업의 차원에서 지구를 위해 노력하고 있는 사례 등을 자유롭게 '선택'하여 조사할 수 있도록 하였다. 어떤 학생은 나라에서 펼치는 정책을 소개하였으며, 다른 학생들은 업사이클링 사례를 소개하기도 하였다. 학생들의 선택으로 채워진 결과물은 '다양성'을 보여줄 수 있었고, '선택'의 기회를 주는 것은 학생들의 참여를 높이는 또 하나의 장치였다. 다음은 학생이 프로젝트를 발표할 때 작성한 학습지이다.

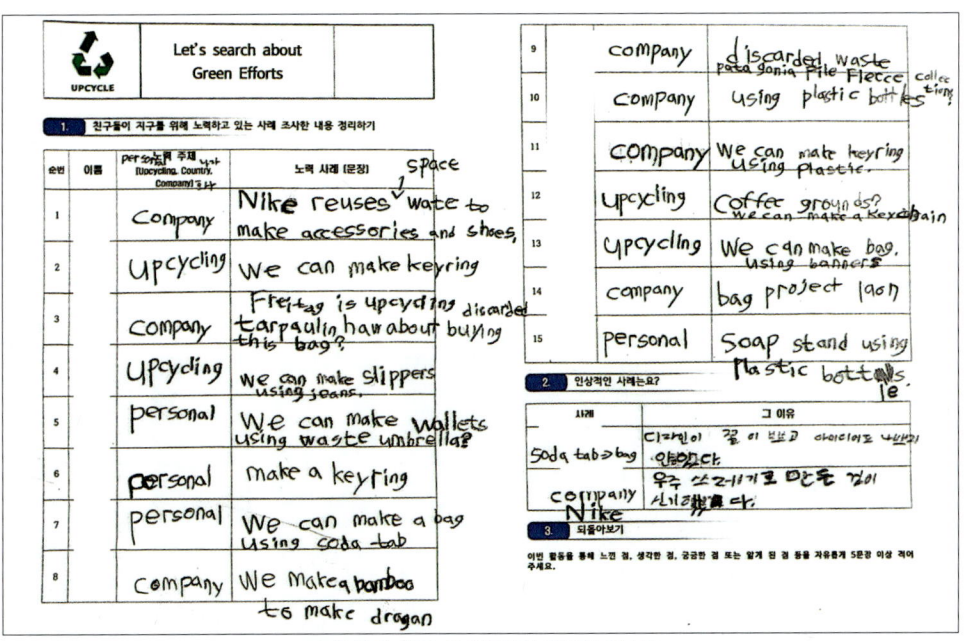
▲ 조사 후 발표 시 아이들이 작성한 학습지

학습지를 보면 학생들은 핵심 표현을 선별하여 내용을 요약하여 적는다. 발표하는 학생은 자신이 창작한 결과물을 공유하는 과정에서 핵심 표현을 활용하여 말한다면, 다른 친구들은 발표를 들으면서 자료에 제시된 문장을 읽고 썼다. 즉, 듣고 읽고 말하고 읽는 학습 과정이 자연스럽게 융합되는 것이다. 프로젝트의 경우, 보통 모둠으로 생각하지만, 프로젝트는 개별 단위 등 다양한 상호작용 양상으로 구현될 수 있다. 개별로 프로젝트를 수행하더라도 수행하는 과정에서 검토 및 피드백, 공유 및 성찰의 과정은 함께할 수 있다.

2) 개별 맞춤형 지원을 위한 교수·학습 방법

다음으로 내가 탐색한 교수·학습 방법은 '개별 맞춤형 지원'이었다. 핵심은 학생마다 맞춤 자료와 피드백을 제공하고, 모든 학생이 수업에 참여할 수 있는 구조를 만드는 것이다. 나는 개별 맞춤형 지원으로 AI를 활용했다. 새로운 기술을 활용한 수업은 종종 '이벤트성 체험'에 머무르는 경우가 많다. 나는 AI가 특정 활동에만 쓰이는 것이 아니라, 학습의 전 과정에 걸쳐 학생을 지원하는 도구로 어떻게 활용될 수 있을까 고민했다.

수업 전에는 AI를 활용해 학생별 수준에 맞는 자료를 자동 추천받았다. 예를 들어, 같은 주제를 다루더라도, 초급 학생에게는 그림 자료와 짧은 설명문, 상급 학생에게는 기사 요약문과 심화 질문을 제공할 수 있다. 학생들은 미리 제공된 자료를 읽거나 들으며 수업 전 배경지식을 쌓을 수 있다.

수업 중에는 발음을 분석해 주는 AI 기능을 활용해, 발표·역할극 활동에서 개별 발음·억양·속도를 점검했다. 나는 실시간으로 학생들의 발화 데이터를 확인했다. AI는 학생들이 말한 문장을 교정해 보여주며 피드백을 강화했다. 다음은 AI 디지털 교육자료와 AI 플랫폼에서 지원하는 발음 및 유창성/정확성 평가 활동 참여 사진 및 결과물이다.

▲ AI 디지털 교육자료에서 제공하는 개별 말하기 평가 예

영어 AI 디지털 교육자료에서 내가 손뼉을 쳤던 기능은 바로 아이마다 각자 핵심 표현을 듣고 녹음하면 AI가 그 결과를 분석해 주는 기능이었다. 그 결과에 따라 보충/심화 콘텐츠를 추천하므로 이는 학생들의 개별 성장을 위한 최적화된 학습이었다. AI 디지털 교육자료와 유사한 기능들이 있는 AI 플랫폼도 있다. 주요 핵심 표현을 교사가 미리 선택해 놓으면 학생들이 말하기와 읽기 과정에 참여하고 이를 AI가 분석한다.

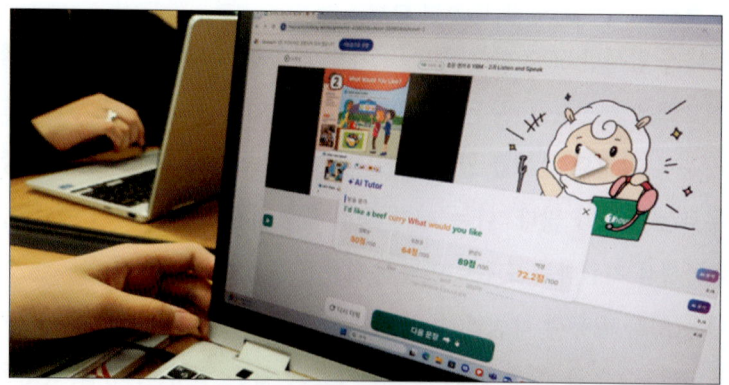

▲ AI 플랫폼에서 지원하는 말하기 평가 학생용 화면

▲ AI 플랫폼에서 지원하는 유창성 평가 교사용 대시보드

　AI 도구는 개별 학습 속도를 보완해 주고, 그 결과 모든 학생이 '참여할 수 있는 자리'를 갖게 된다. 스스로 여러 번 반복 연습한 학생들은 이전보다 자신감 있게 발표했으며, 학생들은 "AI가 내 발음을 고쳐줘서 도움이 된다."라며 긍정적인 반응을 보였다. 학생들은 AI 활용을 점차 '특별한 활동'이 아니라 자연스러운 학습 과정으로 인식했다.

　이 과정에서 나는 중요한 통찰을 얻었다. **참여형 수업은 '모든 학생이 참여할 수 있는 구조'를 설계하는 데서 시작된다**는 것이다. 그리고 AI가 그 구조를 가능하게 하는 든든한 조력자였다. 결국 교사의 역할은 '도구 제공자'가 아니라, 학생들이 서로의 언어와 사고를 **확장할 수 있는 장을 설계하는 사람**임을 확인할 수 있었다.

　수업 후에는 AI가 분석한 학생 학습 결과 데이터를 통해 다음 과제를 설계할 수 있었다. 또한 학생들은 AI가 추천한 평가 환류 맞춤형 콘텐츠를 마치고 다음 학습으로 이어갔다. 이전에는 교사의 지시가 이어졌다면, 이제는 AI 피드백과 추가 질문을 통해 학생 스스로 학습을 확장하는 모습을 볼 수 있었다.

　정리하면, **AI는 수업 전에는 학습 준비를, 수업 중에는 실시간 피드백을, 수업 후에는 확장 학습을 돕는 학습 파트너로 작동했다.** 그러나 무엇보다 중요한 사실은, 이 모든 과정을 가능하게 하는 것은 여전히 교사라는 점이다. 어떤 자료를 제공할지, 어떤 순간에 피드백을 줄지, 어떤 확장 과제를 던질지는 교사의 전문성에서 비롯된다.

　AI를 수업 현장에 적용하기에 주저하는 선생님들도 있다. 그 이유에는 여러 가지가 있다. 첫째, AI가 수업에서 어떤 역할을 할지에 대한 방향성이 명확하게 세워지지 않았거나 둘째, AI를 어떻게 사용할지 모르는 경우이다. 셋째, AI를 사용해도 되는지에 대한 두려움이다. 이러한 이유는 교사가 의지를 가지고 배움을 통해 AI를 언제 어떻게 사용해야 하는지에

대한 명확한 기준이 세워졌을 때 해결될 수 있다. 나의 경우에는 교사와 학생에게 모두 유용한 경우에 AI가 활용되어야 하며, 특히 우리가 잘하지 못하는 것을 AI가 도와줄 수 있을 때 활용해야 한다고 본다. 예를 들어 자동화된 채점과 개별화된 실시간 피드백이 그러하다. 특히, 영어교육의 경우 EFL 환경에서 AI를 활용한다면 정교한 발음 분석 및 피드백이 가능하다.

미래 영어교육은 AI와 교사가 협력하는 구조 속에서 지속 가능성을 확보해야 한다. AI가 학생들의 개별 학습을 지원한다면, 교사는 그 위에 배움의 의미와 방향성을 설계하는 사람이다. 결국 교사와 AI는 경쟁자가 아니라 협력자이며 AI는 교사의 설계 속에서 의미를 얻는다. 이 시도는 AI를 수업의 일회성 이벤트로 두지 않고, 지속 가능한 수업 모델로 자리 잡게 하는 전환점이 되었다.

3) 평가에도 학생들이 참여할 수 있도록 기회를 만들다

마지막으로 학습한 결과를 어떻게 확인할 수 있을까? 기존의 평가는 결과 중심이었으며 학습 과정에서 학생들의 노력과 성장 과정을 반영하지 못했다고 비판받았다. 이에 보다 아이들의 성장을 지원하는 측면에서 '과정 중심 평가'가 강조되었다. 중요한 것은 과정 중심 평가는 결과 평가도 포함한다는 것이다. 나는 평가의 과정에도 학생들의 참여가 중요하다고 생각된바, 학생들이 **자기 학습 과정을 돌아보고, 동료의 시선을 경험하며, 스스로 성장을 추적하는 과정 중심 평가**를 설계하고자 했다. 이는 동료 평가와 자기평가의 반복을 통한 성찰이라는 루틴으로 체계화되었다.

- **자기평가**

먼저 나는 학생들에게 평가 기준을 제시하고 이 기준에 맞춰 자신을 평가해 볼 수 있도록 장치를 마련했다. 평가 도구는 아날로그와 디지털 형태로 복합적으로 조합하여 활용했다. 다음은 아날로그 형태로 제작한 활동지 일부이다. 일반 교과 수업처럼 영어 교과에서도 동일한 기준으로 적용하였다. 이는 영어 수업이 '영어'라는 언어를 도구로 사용하지만, 일반 교과에서 배우는 흐름과도 맥을 같이함을 보여준다.

평가기준	별점
▶ 이번 프로젝트 활동을 하며 참여한 자기를 스스로 평가해 봅시다.	
문제점을 개선하기 위한 아이디어를 냈나요?	☆ ☆ ☆ ☆ ☆
협의한 내용을 바탕으로 협업하여 자료를 제작했나요?	☆ ☆ ☆ ☆ ☆
내가 맡은 부분을 친구들 앞에서 자신감 있게 소개했나요?	☆ ☆ ☆ ☆ ☆
- 알게 된 점, 느낀 점, 궁금한 점 등은 무엇인가요?	

▲ 자기평가 및 성찰이 포함된 활동지

위 이미지는 모둠 프로젝트 이후 작성하도록 한 활동지인데 스스로 자신을 평가한 뒤, 성찰하는 질문으로 구성되어 있다. 개별로 산출물을 제작하여 발표하였을 때는 학생들에게 동료 평가 후 우수한 동료 두 명을 선정하도록 하였는데 이는 학생들에게 '평가자'로서의 역할을 부여하는 장치였다. 학생들은 평가에 진지하게 임했고, 경청했다. 교사인 내가 평가 기준에 근거하여 평가한 결과와도 유사한 경향성을 보이기도 했다.

마지막으로 학생들에게 구체적으로 무엇을 할 수 있게 되었고 알게 되었는지 내용과 기능 그리고 정의적인 측면에서도 다섯 문장 이상 작성하도록 안내하였다. 처음 학생들은 다섯 문장을 적는다는 것에 어려움을 느끼기도 하였지만, 이러한 루틴이 반복되며 "생각이 정리돼요.", "의미 있어요."라고 말하는 학생들이 늘어났다. 이는 쓰기를 통한 사고의 힘을 보여준다. 때로는 활동지가 아닌 디지털 플랫폼에서 성찰하기도 하였다. 다음은 디지털 플랫폼 '와우아이디어스'에서 각자 제작한 결과물을 발표하고 동료 평가한 이후 온라인으로 작성한 성찰 결과물 일부이다.

- 단원: How about turning off the light?
- 활용한 디지털 도구 : 스토리보드댓
- 활용 목적 : Let's 활용해 지구를 위해 내가 할 일 표현하기

▲ 온라인 플랫폼에서 공유, 평가, 성찰을 일원화해서 활용한 사례

특히 고학년의 경우, 직접 손으로 쓰기보다 디지털로 작성하는 것을 선호한다. 디지털 플랫폼에서 성찰의 장점은 동료들이 작성한 기록을 읽고, 자신의 참여 과정에 사고해 보는 기회를 가질 수 있다는 것이다. 포트폴리오 형태로 자신의 참여 과정이 기록된다는 점도 매력적이다.

가끔은 아날로그와 디지털을 결합한 평가 방법으로 자기평가를 시도하기도 했다. 'Plickers'라는 앱은 학생들에게 개별 QR코드 종이를 배부하고, 교사가 준비한 퀴즈 슬라이드를 제시하면, 정답에 해당하는 보기가 정면의 위를 향하도록 QR코드를 들어야 한다. 교사가 핸드폰으로 앱에 접속하여 카메라로 스캔하면, 아이들의 퀴즈에 대한 정답 유무가 교사 핸드폰 화면에 보인다.

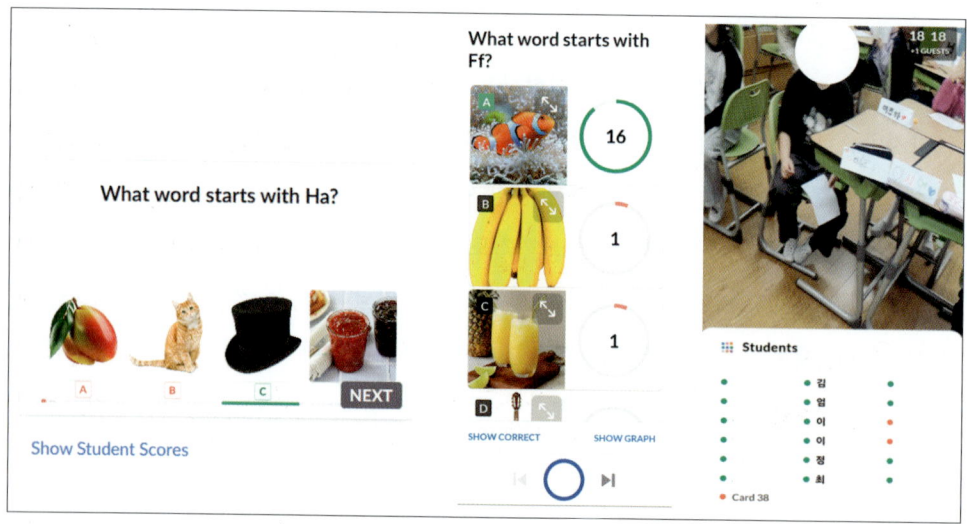

▲ 'Plicker'를 활용한 온오프라인 연계 실시간 평가 사례

직관적인 퀴즈 형태인 'Plickers'를 활용하면, 학생들은 자신의 정답 유무를 스스로 확인할 수 있다는 점에서 학습 목표 도달 정도를 확인하는 데 도움이 될 수 있다. 'Plikers' 이외에도 퀴즈형 평가도구로 '퀴즈앤', '카훗', '띵커벨' 등이 있다. 여러 퀴즈형 도구의 특징은 상호작용을 하면서 평가 상황에 참여할 수 있다는 것이며, 개인전/팀전 등으로 실시간 진행이 가능하고, 학생들의 평가 결과가 데이터로 축적되어 시각화된 리포트로 제시되는 것이다. 이를 통해 교사와 학생 모두 빠른 평가 분석과 피드백을 지원받을 수 있다는 점에서는 강점이 있다.

• 동료 평가

물론, 자기평가 이외에 주도적으로 학생들이 참여하여 제작한 결과물은 플랫폼에 탑재하여 공유한 뒤, 동료인 친구들에게 발표하고 평가하는 기회도 가졌다. 다음의 이미지에서 볼 수 있듯 팀별 평가 항목이 여러 가지일 때는 디지털 설문지를 활용하였고, 평가 결과를 시각적으로 자동화하여 학생들에게 공유하였다.

▲ 모둠별 동료평가 온라인 양식 예시

반복적인 온라인 평가의 경우, 평가 결과를 수치화하여 시각화해서 한 번에 보여주므로 유용하다. 한편, 개별 발표의 경우에는 아날로그 활동지를 활용하여 학생 명부를 제공하고, 평가 기준에 따라 평가하거나 아래 그림에서 보는 것처럼 플랫폼에 있는 루브릭 평가를 활용하였다. 각 게시물을 클릭하면, 루브릭이 뜨게 되고, 학생들은 친구들에게 평가 점수를 부여할 수 있다.

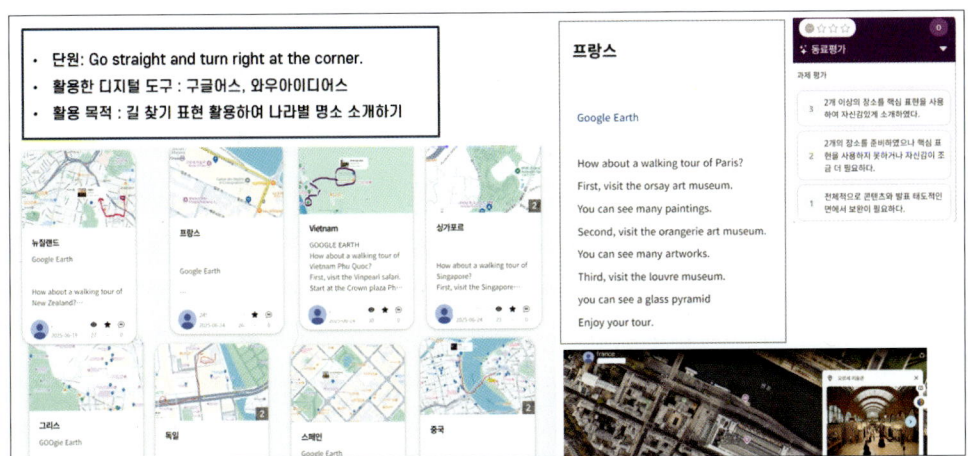

▲ 개별 동료평가 온라인 활용 예시

정량적 평가 이외에 정성적으로 동료에게 피드백을 남기는 것도 장려하였는데, 동료가 남긴 피드백을 읽는 과정은 학생들에게 또 다른 학습의 장이 되었다. 어떤 학생은 친구가 쓴 표현을 그대로 차용해, 자신의 피드백 문장을 확장하기도 했다. 결국 동료평가 과정 자체가 언어 연습의 장이 된 것이다. 학생들은 단순히 점수를 받는 것이 아니라, 학습 과정을 돌아보는 습관을 형성했다.

이렇듯 학습의 과정에 평가자로서 참여하는 경험은 학생들에게 평가를 바라보는 관점을 바꾸어 주었다. 평가가 점수로 끝나는 것이 아니라, 성장을 확인하고 다음 단계를 계획하는 과정임을 알게 되었다. 교사인 나 역시, **평가를 '선별 도구'가 아닌 '성장 도구'로 활용할 수 있다는 확신을 갖게 되었다. 결국 평가에 학생을 참여시킨다는 것은, 평가를 배움의 일부로 만드는 일이다. 학생이 자신을 평가하고, 친구에게 피드백을 주며, 교사의 전문적 안내 속에서 성장한다면, 그 자체가 영어로 소통하는 경험이 된다.

3. 교사의 전문성으로 변화되는 영어교육

'진짜 살아 있는 영어를 학생들에게 경험할 기회를 어떻게 하면 줄 수 있을지' 탐색하는 여정에서 나는 다음 두 가지 깨달음을 얻었다.

첫째, 전문성을 가진 교사만이 기술을 교육적 가치로 전환할 수 있다. 기술은 도구일 뿐, 수업의 방향과 의미를 결정하는 것은 교사이기 때문이다. AI는 자료를 생성하고 분석하지만, 학생의 마음을 열고 배움의 맥락을 설계하는 것은 교사만이 할 수 있다. 특히 영어교육에서 AI는 자료를 만들어주고, 발음·문법·어휘 피드백을 실시간으로 제공한다. 그러나 AI가 절대 대신할 수 없는 영역이 있다. 어떤 활동을 설계할지, 어떤 맥락과 질문으로 학생의 사고를 자극할지, 어떻게 실패를 안전하게 허용할지 등이다. 이 모든 것은 교사의 전문성에서 비롯된다. 에듀테크도 그러하다. 수많은 도구가 개발되는 현실에서 교사는 영어 교과에서 어떠한 도구가 효과적인지 알고 적재적소에 적용할 수 있어야 한다. 의사소통 역량은 기계가 아닌 사람 사이의 상호작용 속에서 길러지는 것이므로 에듀테크와 AI는 상호작용을 극대화하거나 지원하는 장치로 쓰여야만 한다.

둘째, 공교육의 강점을 살릴 수 있도록 노력해야 한다. 사교육에서는 개별 맞춤 지도·빠른 피드백 등이 특히 강하다. 공교육은 다양한 맥락 속에서 학생들이 더 협력적으로 학습하며 균형 잡힌 평가를 실천할 수 있는 점에 장점이 있다. 따라서 공교육 영어 교사라면, 미래 영어교육은 이 두 축을 통합하는 방향에서 해답을 찾아야 한다. 사교육의 효율성을 가져오되 공교육의 포용을 보여주는 것이다. 예를 들어 AI 말하기 및 읽기 서비스, AI 디지털 교육자료와 같은 AI 플랫폼을 학습자 맞춤형 학습을 지원하는 도구로 활용할 수 있다. 공교육은 학생들의 '성과'보다 학생들에게 깊이 있는 경험을 어떻게 제공할지 또 '성장'을 어떻게 지원할지에 대한 고민을 할 필요가 있다.

디지털 대전환 시대에 에듀테크와 AI는 영어 수업의 풍경을 바꾸었다. 교과서 한 권 안에 머물던 학습이 학생 맞춤형 자료, 실시간 발음 피드백, 글로벌 문화 콘텐츠 체험 등으로 확장된다. 그러나 진정한 변화는 도구에서 비롯되지 않았다. 더 근본적인 변화는 내 마음가짐과 학생을 바라보는 눈이다. 교사가 바뀌어야 수업이 바뀌고, 수업이 바뀌어야 학생이 바뀐다. 이를 위해 나는 매 단원 항상 아이들이 주도적으로 표현할 수 있는 새로운 활동을 구상하고 도전한다. 그 힘은 어떻게 하면 '살아있는 언어'로서 영어를 실제적인 맥락에서

'사용'하게 할 수 있을까에 대한 고민에서 시작했다. 콘텐츠로서 양질의 교과서 그리고 문학 작품의 소재를 활용했으며, 교수·학습 방법에서는 에듀테크를 활용하여 학생 참여를 극대화하거나 AI를 활용하여 개별 맞춤형 학습을 지원하는 형태로 방향을 잡았다. 그리고 학습의 결과를 확인하는 '평가'에서는 학생도 평가의 과정에 참여할 수 있도록 자기평가와 동료평가를 지속적으로 실천했다.

정리하면, 미래 영어교육의 핵심은 학생의 의사소통 역량 강화이다. 인간만이 가진 핵심 역량을 높일 수 있도록 인풋과 아웃풋을 어떻게 극대화할 것인지에 대한 고민으로 이어져야 한다. 현재의 영어 수업이 아이들이 미래를 살아가는 데 필요한 힘을 길러주는 데 도움이 되고 있는지 그리고 그렇게 도움이 되려면 어떻게 영어 수업을 기획할지에 대한 진지한 고민도 필요하다.

학생들의 의사소통 역량을 길러주는 수업, 즉, 영어를 실제감있게 사용할 수 있는 수업이야말로 '살아있는' 수업이며 미래 영어교육의 방향이다. 이 과정에서 에듀테크와 AI는 또 하나의 차원으로 교사와 학생을 도울 수 있는 장치가 될 수 있다. 미래 영어교육은 시험을 위한 영어가 아니라 세상과 연결되는 언어가 되어야 한다. 그리고 그 길을 열어가는 주체는 여전히 교사다. 학생이 교실 안에서 '진짜 영어'를 경험하는 순간, 우리는 이미 미래 영어교육의 한가운데 서 있을 것이다. 이 책에서 제시하는, 주도성과 개별성을 높이는 작은 시도들이 공교육 현장에서 진정한 영어교육을 고민하는 교사들에게 영감이 되기를 바란다.

" 동행 노트

　미래 영어교육에 대한 깊이 있는 통찰과 실천적 경험을 담아낸 글입니다. 교실 속 영어를 '살아있는 언어'로 만들고자 하는 교사에게 영어교육에 관한 새로운 관점을 제시합니다. 저자는 AI 시대에 필요한 영어교육의 본질을 '학습자의 주도성과 개별성'으로 정의하고, 이를 실현하기 위한 구체적인 교수법과 평가 방안을 풍부한 사례로 제시합니다. 특히 AI를 단순한 도구가 아닌 교사와 협력하는 '학습 파트너'로 활용하는 방안을 제안합니다. 이 책은 현장의 어려움에 대한 공감에서 시작해 실질적인 해결책을 찾는 여정으로, 진정한 영어교육의 길을 고민하는 모든 이들에게 도움이 될 것입니다.

동행자 윤여옥

　영어 수업을 어떻게 바꿀지 길을 또렷하게 짚은 글이었습니다. 핵심은 분명합니다. AI 시대 영어교육의 중심은 '학생의 주도성과 개별성'입니다. 이 원칙을 교실에서 바로 해볼 방법들로 채우신 점이 돋보입니다. 교과서를 넓혀 쓰고, 그림책으로 맥락을 살리고, 아날로그와 디지털을 나란히 두어 아이들이 자기 방식으로 표현하게 한 설계가 그렇습니다. AI를 학습 전·중·후를 잇는 동료로 세운 대목도 좋았습니다. 수업 전 자료 추천, 수업 중 실시간 피드백, 수업 후 확장 학습까지 이 흐름이 연결될 때 효과가 분명해집니다. 평가는 점수로 끝내지 않고, 자기·동료평가를 루틴으로 돌려 성장을 촉진하려는 시도도 현장감이 있습니다.
　결론은 기술이 수업을 바꾸는 게 아니라, 교사의 전문성이 기술을 교육으로 이끈다는 점이겠지요. '살아있는 영어'를 목표로 수업의 기회를 설계한 이 기록은, 내일 교실에서 바로 시도해 볼 방향을 보여줍니다.

동행자 하나

　학생의 주도성과 개별성을 존중하는 교육 철학 아래, 선생님이 실천하신 혁신적인 수업 방식들이 매우 인상 깊었습니다. 예를 들어, 서수를 가르치기 위해 '1학년부터 6학년까지의 추억'을 공유하게 하거나, AI와 함께 '세상에 없는 음식'을 디자인하고 소개하는 활동은 교과서 속 문법을 학생의 실제 삶과 연결하는 아이디어가 신선했습니다. '업사이클링'과 같은 주제 중심 프로젝트를 통해 학생들이 직접 자료를 선택하고 탐구하게 함으로써, 학습의 주도권을 온전히 학생에게 돌려주는 모습 또한 인상적이었습니다.
　AI를 활용한 개별 맞춤형 발음 교정이나 수준별 자료 제공을 통해 기술이 어떻게 교육적 가치로 전환될 수 있는지를 잘 보여주셨습니다. 점수를 위한 영어가 아닌, 세상과 연결되는 진정한 소통 능력을 길러주는 영어교육의 청사진을 제시해 주셨고, 이러한 언어 접근 방법을 많은 선생님께서 수업에 활용해 보시길 기대합니다.

동행자 박선정

교사 정체성, '헌신하는 개인'을 넘어 '협력하는 주체적 전문가'를 향해

#정책 패러독스 #동상이몽 #협력하는 주체적 전문가 #교육 공동체

김하연

1. 충전함 없는 디지털 기기와 함께 시작된 디지털 기반 교육 혁신

급격한 사회 변화 속에서 교육계는 '디지털 기반 교육 혁신'을 내세우며 학급마다 전자 칠판을 설치하였고 모든 학생에게 디지털 기기를 보급하였다. 그러나 급작스러운 기기 보급은 현장의 교사들에게는 어느 날 예상치 못하게 찾아온 손님처럼 느껴졌다. 디지털 활용 교육에 긍정적인 나에게 조차, 충전함 없이 지급된 기기는 수업 지원 도구가 아닌 관리를 필요로 하는 새로운 업무 부담에 불과했다. 다음은 디벗(디지털과 벗의 줄임말로, 서울시교육청에서 학생들의 학습을 돕기 위해 보급한 1인 1기기)을 활용하며 마치 밈처럼 유행한 말이다.

"선생님 디벗 안 켜져요" "선생님 비밀번호 까먹었어요(공지에 써 있음에도)"
"선생님 한글 입력 안 돼요"...

물론 기기 보급 초창기에도 정책의 이상이 현장에서 실현된 사례들은 존재했다. 정책의 이상(理想)이 현장에서 실현된, 기기가 학생의 자기 주도적 학습 및 개별 맞춤형 학습을 도운 유의미한 사례들이다. 그러나 나의 교실 속 현실은 정책의 이상과 거리가 멀었다. 디벗 충전함이 없었기 때문에 분실 우려로 인해 디벗을 집에 가져간 학생들이 학교에 다시 가져오지 않는 경우가 많았다. 그리고 디벗을 가지고 오더라도 배터리가 방전되어 수업에 사용할 수 없는 경우가 부지기수였다. 더 나아가, 학생들의 자유로운 표현 및 공유를 위해 익명 기능을 활용할 경우, 혹시 모를 사태를 대비해야 했다. 그래서 국어 수업 진도만으로도 빠듯한 시간을 디지털 윤리 지도에 할애 해야 했다. 이 외에도 학생들의 기기 사용법 질문에 답해줘야 하는 것은 기본이었다. 기기와 관련된 오류가 발생할 경우 국어 교과 교사인 내가 마치 기기 전문가처럼 오류를 해결해 줘야 했다. 평교사인 나의 상황이 이러했으니 학교 차원에서 디벗 업무를 담당하는 교사와 정보부장의 부담은 막중했을 것이다.

나의 경우 학급 경영에 '마음 체크인' 기능이 매우 유용하다고 생각해서 에듀테크를 활용해 보려는 과정에서 첫 어려움을 겪었다. 수업 그룹을 생성하는 단계에서 '내부 지침 및 개인정보 보호 문제'라는 예상치 못한 오류에 부딪친 것이다. 회사에서 제공한 매뉴얼을 따라 해결하기 위해 수차례 시도했지만 해결이 되지 않는 무한 굴레와 무기력에 빠져 들던 찰나였다. 외국 회사였기에 우리나라와 고객센터 체계도 달랐고, 고객센터에 연락처를 남겨두었으나 연결조차 어려웠다. 우연히 직무 연수에서 만나게 된 교육청 장학사님의 적극적인 도움을 받아 해당사 직원분과 보름이라는 시간동안 수차례 통화한 뒤에서야 오류를 해결할 수 있었다. 장학사님과 직원분의 도움이 없었다면 불가능했을 일이었다. 오랜 시간과 노력을 투자했기에 드디어 활용할 수 있다는 나의 감격과는 달리 중학교 3학년인 학급 학생들은 로그인조차 어려워했다. 쉬는 시간과 점심 시간 등 모든 시간을 투자한 끝에서야 학급 전체 구성원이 로그인에 성공했다. 그러나 다음 날이 되면 마주하는 것은 리셋된 아이들의 상태였고, 이를보며 허탈감이 올라왔다. 비밀번호를 까먹었다는 학생의 말에 수없이 초기화 해 줘야 하는 것도 에테크를 활용해본 선생님이라면 공감하실 것이다. 게다가 다섯 학급에서 동일한 일을 수없이 반복하다 보니 어느 순간 무기력함까지 느껴졌다. 상황이 이러하다보니 **'교육 정책의 실현은 개인 교사가 홀로 사투를 벌여야만 가능한 것인가'**에 대한 깊은 회의감이 느껴졌다. 정책성공 여부가 과도하게 교사 개개인의 노력에 의해 좌우되는 것은 아닌가 하는 생각이 들었다.

문제는 여기서 그치지 않았다. 중학교 3학년을 대상으로 국어 '세상을 향한 목소리' 단원의 주장하는 글쓰기 성취기준을 달성하기 위한 수업을 진행할 때였다. 학생들이 자신의 흥미, 수준에 맞게 선택적 독서를 한 뒤 소설 속 사회 현안에 대해서 토론한 내용을 바탕으로 '주장하는 글쓰기'를 하는 시간이었다. 학생들이 디벗으로 글을 쓰려는데 한 교실 안에서 다수의 블루투스 기기가 동시에 사용되다보니 디벗과 키보드 간의 연결이 원활하지 않았다. 그러다보니 내가 국어 수업에서 디지털 기기 활용하는 이유인 자유로운 '표현'의 실현이 어려웠다. 또한 제한된 네트워크 환경으로 인해 무선 인터넷은 끊김과 지연을 반복했고 다양한 이유로 디벗을 활용하는 수업을 유지하는 것이 어려웠다. 학생 개개인의 속도와 수준에 맞추기 위해서는 AI 피드백과 교사 피드백을 모두 제공해야 하며 기기 활용이 반드시 필요했기에 방안을 모색했다. 그러나 컴퓨터실은 한 교실 뿐이었다. 교과 특성상 필수적으로 컴퓨터실을 활용해야하는 정보 교과 그리고 디지털 기반 수업을 진행하고자 하는 타 교과와 시간을 조율하려니 이 또한 어려움이 컸다. 결국 현실의 다양한 제약으로 인해 내가 의도한 디지털 기반 글쓰기 수업이 제대로 구현된 학급은 다섯 학급 중 단 두 학급이었다.

또 다른 어려움은 학생들의 입장에서도 교육청의 기기 보급 정책은 급작스러운 변화라는 것이다. 기기가 배부되었지만 정작 기기를 활용할 학생을 대상으로 기기 활용 방안 교육 및 디지털 리터러시 교육이 충분히 시행되었는지에 대한 아쉬움이 존재한다. 디지털 세대이기에 기기 활용에 능숙할 것이라는 일반적 기대와는 달리 기기 활용 교육을 체계적으로 받지 못한 학생들은 기본적인 활용에서조차 어려움을 보였다. 게다가 잘 구동되지 않는 기기에 흥미가 사라진 학생들은 디벗을 수업 시간에 가져오라는 나의 말에 기기가 어디에 있는지 모르겠다며 난감해 했다. 심지어는 중학교 1학년 때 배부된 디벗 기기를 학교에 한 번도 가져오지 않아서 중학교 졸업 직전 디벗 회수 기간에서야 기기와 펜슬을 찾느라 고생한 학생들도 존재했다. 그리고 학생들이 겪는 불편함과 어려움의 해결은 오롯이 디벗을 수업에 활용하고자 하는 교사와 '기기'와 가장 관련성이 있는 교과라는 이유로 디벗 업무를 하는 정보 교사에게 맡겨졌다.

어려움 극복의 실마리를 풀기가 무섭게 다가온 정기 고사 이야기도 빠질 수 없다. 중학교 성적은 특목고, 영재고, 자사고 등의 고등학교 입시에 영향을 미치기 때문에 '정기고사 대비'라는 예민한 과제가 교사 앞에 남아 있었다. 기존의 강의식 수업과 수행평가 진행만으로도 차시 진도가 빠듯했던 경험이 있기 때문에 기기 활용에 할애하는 시간은 '진도 부족'이라는 결과로 직결될 수 있다는 압박감이 컸다. 특히나 기기를 활용하다가 정기고사 대비를 소홀히 해줬다는 학부모 민원이 들어올지도 모른다는 걱정은 심리적 부담감을 가중시켰다. 결국 새로운 정책 실현을 위한 교육적 시도가 기존의 행정 업무와 수업 연구 부담에 덧붙여졌고 이는 교사 개인의 소진을 초래했다.

충전함 없이 보급된 디지털 기기는 나에게 한국 교육이 겪는 정책과 교육 현장 간 거대한 모순의 축소판처럼 다가왔다. 그리고 그 원인은 정책과 현장 간의 '동상이몽'에 있다고 생각한다. 정책 입안자의 비전은 크고 원대하며 높은 이상을 지향한다. 그러나 그 이상이 현장의 교사에 전달되는 과정에서 수없이 많은 관계자를 거치며 왜곡되는 경우도 존재하고 아예 전달되지 않는 경우도 있다. 결국 교사는 해당 정책의 맥락을 알지 못한 채 정책 입안자와 다른 꿈을 꾸고 있는 경우가 대다수이다. 그렇지만 정책의 이상이 교실 현장에서 실현되지 않은 책임을 개별 교사에게 전가해서는 안된다. 왜냐하면 정책과 현장 간의 '동상이몽'은 교육계에서 오랜 시간 반복되어 온 역사이기 때문이다.

2. 정책 패러독스: 정책과 현실의 동상이몽

우리 교육계에서 반복되는 '동상이몽'은 단순히 소통의 부재나 우연의 결과가 아니다. 정책학의 관점에서 이는 **'정책 패러독스(Policy Paradox)'**라고 불리는 현상의 전형적인 모습이다(신현석, 선애경, 2021). 패러독스란 겉으로는 모순되어 보이지만 그 안에 중요한 진실이 숨어 있는 상황을 말한다. 데브라 스톤(Deborah A. Stone)의 정책 패러독스 이론은 정책 결정 과정이 단순히 합리성에 기반한 것이 아니며 정책은 단순히 논리적으로만 만들어지는 것이 아니며, 과학처럼 명확한 것이 아니다. 정책 목표와 문제 그리고 문제 해결 수단은 현장에서 정책이 구현되는 과정 중에 사회적으로 구성되기 때문에 **현장 구성원 각자의 관점에 따라 상충하는 해석이 존재할 수밖에 없다.**

데브라 스톤은 정책 패러독스 이론에서 정책목표, 정책문제, 정책문제 해결에 대해 말하고 있으며 특히나 정책문제를 정의하는 전략 중 하나로 상징(symbol)을 제시하였다(신현석, 김한솔, 안희진, 2020). 데브라 스톤에 따르면 정책이 사람들의 인식과 감정에 영향을 미칠 수 있는 '상징'이라는 옷을 입고 있기 때문에 이를 해석하는 과정에서 정책과 현장 간의 '동상이몽' 즉, '패러독스'가 생겨나는 것이다.

상징적 장치	내용 및 예시
변화의 이야기	**위기감을 통한 설득** 정책 당국이 '팬데믹', '불확실한 미래'와 같은 거대 담론으로 위기감을 조성하며 정책의 필요성을 설득하는 전략
위기 상황 인식	**정부가 해결할 수 있다는 약속** '2022 개정 교육과정, 고교 학점제, 기초 학력 보장 제도'같은 정책을 내세우며 정부가 미래 교육을 국가적 역량으로 대비하겠다는 뜻을 보여주는 전략 그러나 그 결과가 '충전함 없는 기기'처럼 현장에 책임을 전가하는 '희생자 비난'의 역설로 나타날수 있음
주요 감정	**특정 이미지 각인** '교실 붕괴'처럼 문제의 한 부분을 강조해서 전체의 위기감을 조성하거나 OECD의 '학습 나침반'[1] 처럼 직관적인 단어로 정책의 방향을 암시하는 전략 대중에게 정책의 의미를 강하게 각인시키지만 때로는 현실의 복잡한 면모를 단순화하거나 왜곡할 수 있다는 한계가 있음

▲ Stone(2012)의 '상징적 장치' 재구성

[1] "'나침반'은 직관적인 비유를 통해 장차 새로운 방향으로 교육이 나아가야 한다고 암시하면서 동시에 그 방향성을 구체적으로 제시하고 있다는 점에서, 은유법을 활용한 상징적 장치로 볼 수 있다. 즉 학습 나침반이라는 표현 안에는 미래사회에 필요 한 역량과 목표, 나아가야 할 방향성 등이 함축적으로 담겨 있으며, 이것이 바로 상징이 가진 역할과 기능이다." (신현석, 선애경(2021). 미래교육 정책의 패러독스 : Stone의 '상징' 패러독스를 중심으로. 한국교육행정학회 학술연구발표회논문집, 46p)

스톤의 '상징'은 스토리나 신화, 로고, 문양, 비유 등을 통해 사람들의 인식에 영향을 미치며 현상의 특정한 측면을 부각하는 힘을 가지고 있어서 정책 문제를 정의하는 데 매우 유용하다. 상징은 정책이 국민에게 전달하고자 하는 이미지와 호소의 맥락에서 이해될 수 있으며, 현상의 특정 측면을 부각하며 정책 문제의 프레임을 형성한다. 신현석 외(2021)에 따르면, 특히 '미래교육'과 같이 아직 다가오지 않은 시점에 대한 정책은 본질적으로 추상성을 내포하기에 '변화의 이야기', '권력의 이야기', '비유적 표현'과 같은 상징적 장치에 크게 의존한다. '사실'은 이러한 상징적 틀 안에서 정책의 정당성을 뒷받침하는 근거로 제시된다.

상징은 모두 그 안에 모호성을 품고 있다. 이 모호성은 두 가지 양상으로 나타나게 되는데 **때로는 정책과 현장의 '동상이몽'을 심화하기도 한다.** 반면 그 모호성 덕분에 현장의 교사들이 각자의 맥락에 맞게 **정책을 자율적으로 해석하여 주체적인 노력을 기울이기도 한다.** 우리는 교육 현장에서 정책 입안자로부터 하향식으로 전달되는 정책의 모호성으로 인해 수많은 '동상이몽'을 경험해 왔다. 그리고 교육부는 정책을 입안할 때 합리적 정보를 제공하여 교사들이 정책에 자발적으로 동의하고 실행해 주기를 기대한다. 그러나 선의의 정책이라도 현장에서는 철저한 준비가 동반되지 않거나 교사들이 주관적인 의미를 찾기 어렵다면, 이를 현실을 무시한 채 생각을 주입하려는 시도로 받아들이게 된다. 즉, 현장을 설득하고자 정책이 내세운 거시적 사실과 현장의 교사가 매일 마주하는 미시적 사실이 서로 충돌할 때, 교사들은 정책의 의도를 합리적인 것이 아닌 현실을 무시한 일방적인 것으로 받아들이게 된다. 바로 이 지점에서 정책이 제시하는 거대한 상징은 힘을 잃고 '교사 개인의 희생'이라는 부담으로 전락하게 된다.

데브라 스톤의 정책 패러독스 이론은 정책의 실패를 말하고자 함이 아니다. 한정된 자원과 정치적 타협의 과정 속 상충하는 이해관계, 그리고 미래에 대한 불확실성 속에서 정책을 결정해야 하는 정책 입안자들의 고충과 딜레마를 이해할 수 있도록 한다. 이를 통해 정책과 **현장 간의 간극을 완화하는 실마리를 제공한다.** 미래에 대한 대비를 위해 정책 입안자들이 내놓은 교육 정책의 선한 의도가 교실이라는 땅에 뿌리내리는 것은 또 다른 차원의 문제이다. 그리고 이를 어떻게 뿌리내리게 할 것인가에 대해서도 깊은 고민과 숙의가 필요하다.

우리 교육의 익숙한 풍경 - 정책과 현장 사이 동상이몽

새로운 교육 패러다임이 등장할 때마다 교사들이 피로감을 느끼는 이유는 명확하다. 교사들은 정책의 모호성으로부터 야기된 다양한 부정적인 경험을 통해 무기력을 학습했기 때문이다. 정책이 현장으로 내려오는 과정에서 변질되는 경험, 현장의 충분한 준비 및 대비 기간 없이 즉각적 실행을 요구받는 경험, 정책이 마치 유행처럼 지나가는 경험이 교사에게 무기력함을 남긴 것이다.

사례1) 학생 1인 1기기 보급

서두에서 이야기를 꺼낸 교육청의 '디벗 보급'도 살펴보자면 '디지털 기반 교육 혁신' 정책 또한 상징으로 해석할 수 있다. 정책 당국은 '유례없는 전염병'과 '기술 발전의 가속화', '일자리의 변화'를 근거로 대처할 수 없는 미래를 대비하기 위해서는 교육이 변화해야만 한다는 위기감을 조성하는 '변화의 이야기'를 펼쳤다. 이 서사 속에서 디벗은 단순한 도구를 넘어 '미래 교육으로의 도약'이라는 혁신의 상징으로 제시되었다. 동시에 이는 교육청 및 교육부가 미래 교육을 책임지겠다는 '권력의 이야기'로도 해석할 수 있다. 그리고 이 상징적 틀 안에서 정책의 정당성을 뒷받침하기 위해 '미래 인재 역량', '교실 속 맞춤형 교육 실현'과 같은 합리적 이유들이 교사들에게 제시되며 디지털 정책의 당위성을 교사들에게 설득하고자 했다. 그러나 현장의 교사들이 마주한 것은 '충전함 없이 지급된 기기'와 '불안정한 네트워크'라는 현실이었다. 결국 디지털 기반 교육 혁신이라는 거대한 상징은 교사 개인의 헌신과 책임을 요구하는 부담으로 전락하며 깊은 동상이몽(정책 패러독스)을 낳은 것으로 해석할 수 있다.

사례2) 교실 혁명 선도 교사

니이가 '미래 교육'과 같은 거대한 상징은 교사에게 끊임없이 변화하고 혁신해야 한다는 이상적인 기대를 부여한다. 2024년 시행되었던 '교실혁명 선도교사'(현 교육혁신 선도교사)는 전국 교사의 자발적 참여를 기반으로 42차시의 연수를 진행하였다. 이 연수의 경우에도 '디지털 대전환'이라는 거대한 위기와 시급성이라는 '변화의 이야기'로 시작했다. "수업·평가의 변화 없이는 학교가 변화할 수 없다"는 주장은 만약 수업·평가가 변하지 않는다면 학교 역시 달라질 수 없을 것이며, 이는 교육 전체가 도태되는 결과로 이어질 것이라는 위기감을 조성하여 정책의 필요성을 설득하였다. '교실 혁명'이라는 정책 이름 자체가 강력한 비유였으며, 이는 기존의 낡은 산업화 시대 교실을 뒤엎고 새로운 디지털 시대의 교실을 창조하는 영웅적인 이미지를 부여했다. '선도교사'라는 명칭 또한 변화를 이끄는 '선구자'이자 '개척자'라는 상징을 부여했다. 특히나 '교사가 이끄는 교실혁명'이라는 비전은 교사에게 혁신의 주도권을 넘겨주는 것과 같았다. 하지만 교육부가 '함께학교 플랫폼'을 통해 관리하며 '인센티브'를 제공하는 구조는 국가의 관리와 통제 속에서 이루어지는 혁명임을 상징한다.

이러한 거대한 상징적 틀 안에서, 교육부는 교사들을 합리적으로 설득하고자 했다. 교실 혁명 선도 교사 정책 자료는 '전문가로서의 성장 기회'와 '사회적 인정과 영향력', '협력적 공동체 경험'을 제시하였다. '올해의 수업 혁신 교사 100인 신설', '상금 2천만원', '해외 선진 연수'와 같은 구체적인 숫자와 보상 체계도 제시했다. '함께학교 플랫폼' 구축, 체계적인 연수 과정, 투명한 심사 절차 등도 정책의 실현 가능성과 공정성을 뒷받침하는 합리적인 '사실'이다. 이러한 '사실'들은 교사들에게 교사 개인의 혁신적 노력은 확실하고 합당한 보상을 받을 것이라는 합리적 설득, 즉 '계몽'의 메시지를 전달했고 그 결과 전국 1만여명의 참여를 이끌어냈다.

선한 의도의 정책이 그대로 전달되어 교사들의 사기를 진작하였으며 많은 교사들의 디지털 기반 교육 혁신에 대한 의식을 전환하기도 했다. 그러나 안타깝게도 정책의 이상이 제대로 실현되지 않은 경우도 있었다. 예를 들어, 우수 수업 혁신교사 100명이라는 소수에게 집중된 보상의 숫자는 만 명의 교사들에게는 본인과의 별개의 이야기로 받아들여져 박탈감이라는 결과를 초래하기도 하였다. '교실혁명 선도교사' 정책은 '교사가 주도하는 혁명'이라는 강력한 상징을 내세웠다. 그리고 이를 뒷받침하기 위하여 구체적인 지원과 보상을 제공하고자 하였다. 하지만 연수 내용은 '교육부'에서 표준 교안의 형태로 일괄 제공된 내용이었기에 연수 강사가 현장의 교사로 이루어졌음에도 수강생들에게는 하향식(top-down)으로 느껴지는 경우도 있었다. 또한 교육부가 제시한 보상이 100명이라는 소수에게 집중되었으며, 교사들에게 크게 와닿은 것은 '전문가로서의 성장 기회'와 같은 내적 보상보다는 '해외 선진 연수'와 같은 외적 보상이었기에 오히려 소외감과 경쟁의 피로감을 가져오는 경우들도 존재했다. 이 지점에서 정책의 선한 의도와 현장의 냉소적 반응이 엇갈리는 '동상이몽', 즉 정책 패러독스가 발생했던 것이다.

사례3) 한국형 사회 정서 학습

최근 교육계의 주요 화두로 떠오른 **한국형 사회 정서 학습(K-SEL)**의 경우도 마찬가지다. 한국형 사회 정서 학습의 이상에 설득되었고 공감하는 교사로서 이 정책이 또다른 '동상이몽'이 될까봐 깊이 우려된다. 내가 한국형 사회 정서 학습의 이상에 설득되었던 이유는 현재 청소년들의 문제가 학생들이 자신을 이해하는 과정에서 해결될 수 있다고 믿기 때문이다. 특히 자기 이해의 출발점은 '감정 인식'에 있으며 이를 통해 학생들은 자신을 객관적으로 바라보고 타인과의 관계도 성숙하게 형성할 수 있다고 생각한다. 그러나 작년 말 교육부의 직무 연수를 시작으로 각 교육청의 학교 당 최소 한 명의 의무 연수를 통해서는 사회 정서 학습의 이상이 제대로 전달 되지 않거나 충분히 설득되지 않는 현장도 존재할 수 있다. 이러한 현장에서 기존의 '인성 교육'이 이름만 바뀐 것이라는 냉소적 시선에 부딪치고 있으며 이러한 사태가 지속된다면 사회 정서 학습은 또 다른 '교육 유행'으로 치부될 수 있다.

이렇듯 한국 교육은 새로운 정책적 이상이 제시될 때마다 반복되는 정책적 패러독스, 즉 정책과 현장 간의 '동상이몽'의 현실을 드러내고 있다. 교육 정책의 비전이 교실의 실천과 성찰로 이어지기 위해서는 단순한 제도적 제안 및 일방적 집행이나 유행성 담론을 넘어서야 한다. **현장의 교사들이 진정성 있게 공감하고 실행할 수 있는 토대가 마련되어야** 한다. 그렇지 않다면 우리의 교실은 또다시 누적된 피로로 인한 냉소 속에서 새로운 정책을 소비하는 장면을 되풀이 하게 될 것이다. 그렇게 되면 또다시 '정책 입안자' 그리고 '현장 교사'가 각자의 자리에서 자신을 헌신하는 것의 반복이 될 것이다. 그렇기에 정책 입안자는 거대 담론을 제시하기 전에 더 많은 현장 교사들과 충분한 소통을 통해 현장이 공감할 수 있는 '상징'과 '언어'를 만들어야 할 필요가 있다.

3. 숨죽인 우주의 발견: 정책의 이상이 교실 현장 속으로

어느덧 나는 8년이라는 시간 동안 이상과 현실의 괴리 속에서 수없이 시도하고 실망하다가 결국 멈춰 선 교사가 되어 있었다. 그럼에도 내가 에듀테크 활용을 처음 시도한 계기는 우연히 참여한 자율 연수에서 만나게 된 국어과 선배 선생님 덕분이었다. 선생님은 정책의 이상을 교실에서 실현하고 계셨고, 그렇게 만들기 위해 노력하고 계셨다. 그 모습을 보며 '아, 교육 정책을 실현할 수 있는 선생님이 이렇게 가까이에 있었구나.'라는 깨달음과 함께 나에게 배우는 학생들에 대한 책임감도 실감했다. 그리고 내가 노력을 지속할 수 있는 이유도 선생님의 꾸준한 피드백 덕분에 깨달은 에듀테크가 지닌 '잠재력'이라는 매력(정책 이상 실현) 덕분이다.

> 고요히 제각각 자라나고 있다. 빅뱅 이전의 숨죽인 우주다.
> – 이삼남, 교실

나는 이 구절을 빌려 '숨죽인 우주의 발견, 에듀테크'라는 표현을 자주 사용한다. 한 학급에 일주일 최소 3차시, 많게는 4차시의 국어 수업. 30명씩 5학급, 총 150명의 학생들과 강의식 수업으로 마주할 때는 교실 속 수많은 숨죽인 우주들을 발견하지 못했다. 나의 강의식 수업에서는 적극적이거나 학업적으로 우수한 학생들의 목소리가 중심이 되었다. 그러나 에듀테크를 활용하고 난 이후부터는 교실의 판도가 달라졌다. 목소리가 작은 학생도 학습 속도가 느린 학생도 자신만의 글을 쓰며 깊은 사유를 드러냈다. 무기력하던 학생들이 깨어나는 순간, 나는 교실 속 수많은 '숨죽인 우주'를 발견하는 즐거움을 깨달았다.

'주장하는 글쓰기' 수업 초기에는 ChatGPT가 써 준 글을 그대로 복사하여 제출한 뒤 본인이 글을 썼다고 믿던 아이들이 반마다 존재했다. 또는, ChatGPT에 주장하는 글쓰기 혹은 수업 주제와 관련 없는 내용을 프롬프트에 입력하고 있었다. 그러나 디지털 윤리와 AI 활용법을 제대로 가르친 뒤 AI, 교사, 그리고 동료 피드백이 모두 건설적으로 제공되는 환경이 마련되자 학생들의 태도가 달라졌다. 학생들은 깊이 있게 사고하고 진지하게 친구와 대화를 나눴다. AI 피드백을 비판적으로 수용하여 본인의 글을 수정한 뒤 교사인 나와 건설적이고 세심한 피드백을 주고받았다. 디지털 기기로 글을 완성하는 데 성공하자 학생들은 달라지기 시작했다. 이후 오프라인 글쓰기 수업에서도 글쓰기를 두려워하지 않고 자신만의 글을 써 내려갔다. 눈을 반짝이며 나를 바라보는 순간, '학생 맞춤형 교육'이라는 정책의 이상이 교실 현장에서 실현되는 장면을 목격했다. 이건 정책을 현장에서 실현하고자 하는 노력이 없었더라면 목격하지 못했을 값진 눈빛이었다.

더 나아가, 몇몇 학생들은 나와의 '작가의 발견' 동아리 활동을 통해 자신을 탐구하고 성찰하며 친구 및 교사인 나와 대화한 뒤에 글을 썼다. 그리고 이 글들을 묶어 디지털 출판과 실물 책 출판을 한 뒤에 작가 출간회를 열었다. 이 과정에서 학생들은 자신에 대해서 알게 되었다는 이야기는 물론이고 본인을 '작가'로 칭하는 경험을 하며 성장하였다.

한 사례로 모든 수업 시간에 무기력하게 누워 화장을 하거나 잠을 잤던 학생이 있었다. 이 학생은 디벗 활용 동아리 활동 및 나와의 대화를 통해 자신의 취미와 역량을 발견했고, 자신의 진로를 스스로 설계하여 고등학교에 진학하게 되었다. 내가 이 학생의 가능성을 발견할 수 있었던 건 이 학생이 수업 시간에 온라인 플랫폼에 쓴 짧은 글 덕분이었다.

이처럼 자신을 탐구한 경험이 앞으로 이 아이들의 삶에서 중요한 선택의 순간마다 결정적인 역할을 할 것을 믿는다. 이런 동아리 활동이 가능했던 것은 내가 학생 개개인에게 세심한 대화와 피드백을 제공할 수 있었기 때문이다. 그리고 내가 피드백을 제공할 물리적 시간을 낼 수 있었던 것은 AI 피드백이 있었기 때문이다. 만약 모든 학생에게 디벗이 보급되는 정책이 시행되지 않았더라면 이런 활동은 시도조차 하지 못했을 것이다.

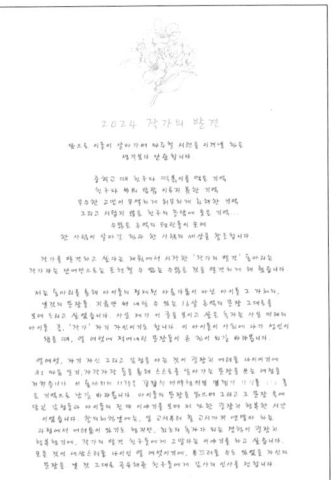

▲ '작가의 발견' 동아리 학생 후기 사례   ▲ '작가의 발견' 동아리 교사 후기

4. 또 다시 만난 동상이몽: 2022 개정 교육과정

정책의 의도를 실현하고자 노력해보고, 정책의 이상이 학급에 실현되었을 때의 모습을 깨닫고 나니 정책 실현의 중요성을 재차 느낄 수 있었다. 동시에 고민도 커졌다. 에듀테크를 활발히 활용하다보니 본질은 '에듀'에 있어야 하는데, 어느 순간 수업 속에서 '테크'에 방점이 찍히는 것을 느꼈기 때문이다. 학생들의 사고 과정을 시각화하고 개별 피드백을 제공하며 학습을 세분화하려 했지만 나의 전문성과 한정된 시간으로 인해 한계가 있었다. 그리고 과연 내 수업에서 학습자 주도성이 충분히 발현되는지, 나의 수업이 학습자들이 미래 사회를 준비할 수 있는 역량을 함양해 주는지가 늘 의문으로 남아있었다. ChatGPT를 처음 써본다는 아이들에게 AI로 인한 시대 변화와 AI 활용 방안 그리고 윤리에 대해서는 알려줬지만 그 이상의 역량을 키워주었는가에 대해서는 의문이었다.

오늘날 아이들은 방대한 지식 속에 둘러싸여 있다. 교실에서 배우는 지식이 내일은 더 이상 유효하지 않을 수 있다. 단순 암기식 학습은 한계가 분명하며, 탐구와 사고, 실생활 문제 해결 역량이 무엇보다 필요하다. 이러한 시대의 변화와 시대가 요구하는 역량이 변화함에 따라 나의 교육이 어떻게 변화해야 할 지 모르겠다는 의문이 해소되지 않던 중 연구회의 뛰어난 선생님들께서 '개념 기반 탐구 학습' 공부를 권유해 주셨다. 그리고 공부를 시작 하고 나서야 2015 개정 교육과정의 문제점이었던 '무엇'을 탐구하는가에 대한 문제 의식을 바탕으로 2022 개정 교육과정이 개정되었다는 것을 알게 되었다. 공부하던 시절만 하더라도 꿈 많은 임고생이었고, 2015 개정 교육과정의 개정 맥락과 이상을 공부하며 교육과정의 실현 방안에 대해 고민했었다. 그러나 막상 학교 현장에 부임하고 나서는 내신 대비 수업을 하기에 급급해 교육과정이 지향하는 이상을 외면하게 되었다는 아쉬움이 컸다.

그러다보니, 디지털 기반 수업에서 느꼈던 것처럼 정책의 이상을 교실 현장에서 실현해보고 싶다는 생각이 들었다. 그래서 도움을 받고자 소속 교육청에서 제공해 주는 22개정 교육과정 연수 및 30차시의 개념 기반 탐구 학습 연수를 들었다. 이 연수들은 내게 과거 연수들에서 단편적으로 접했던 GRASPS 설계, 깊이 있는 학습, 백워드 설계 등이 하나로 이어지는 경험을 선사해줬다.

우리는 지금 정보 습득 체계가 근본적으로 변화한 시대에 살고 있다. 인공지능 추천 시스템을 통해 개인 맞춤 정보를 받아들이는 '하이퍼리드(Hyperlead)'의 시대(손화철,

2020)다. 벅민스터 플러는 지식 총량이 기하급수적으로 증가한다고 분석했으며, IBM은 2030년에는 지식이 3일마다 두 배로 늘어난다고 전망했다. 객관적 진리에 대한 확신이 흔들리고 '진실'을 분별하기조차 어려운 시대, 브리태니커의 종말, 즉 쓰여진 지식의 종말이 다가오고 있다.

이런 맥락에서 내가 있는 교육 현장에서 아이들이 가장 중요하게 여기는 단순 암기식 학습만으로는 미래 사회를 준비하기에 부족하다. 교육의 목표는 암기를 넘어서 새로운 상황에서 사고하고 문제를 해결하는 역량을 기르는 데 있다. 2022 개정 교육과정에서는 수업 설계 시 주요 원칙으로 네 가지 교수·학습 운영 방향을 제시하고 있다.

교수·학습 운영 방향	내용
깊이 있는 학습	- 단편적 지식 습득을 넘어서 교과의 핵심 개념과 원리를 깊이 이해하고 연결 - 개념을 중심으로 사고의 틀을 세우며, 단순 암기가 아닌 탐구와 이해를 통한 학습 지향
학생의 능동적 수업 참여	- 학습자가 목표 설정, 탐구, 해석 과정에 주도적으로 참여 - 탐구 질문을 학습자 스스로 만들고 해결하는 과정에서 '개념'을 자기 언어로 재구성
학생 맞춤형 수업 설계	- 학생의 수준, 흥미, 맥락에 맞춘 다양하고 유연한 학습 경험 제공 - 개념 이해의 수준에 따라 개별화, 맞춤형 탐구 과제 설계
효율적 학습을 위한 교수·학습 환경 조성	- 협력적 학습, 디지털 도구 활용 등 학습 효과를 극대화할 수 있는 환경 마련 - 다양한 자료 및 도구를 통해 개념을 실제 맥락과 연결하고 탐구 과정 지원

▲ 2022 개정 교육과정 교수·학습 운영 방향 (교육부, 2022)

2022 개정 교육과정은 어떻게, 깊이 있는 학습을 구현할 것인가?에 대한 성찰이 담겨 있다. 깊이 있는 학습이란 학습자가 학습한 내용을 탐구와 사고를 통해 본인의 언어로 해석하여 자신의 것으로 만들고 핵심 내용을 새로운 상황에 전이할 수 있도록 배우는 것이다. 깊이 있는 학습을 가능하게 하는 효과적인 교수·학습 방법 중 하나로는 개념 기반 탐구 학습이 있다.

30차시의 연수를 들으며 개념 기반 탐구 학습에 대해 단편적으로나마 이해한 바는 다음과 같다. 첫째, 각 교과의 역량을 기반으로 깊이 있는 학습을 가능하게 한다. 둘째, 탐구 질문으로 설계하는 수업이며 학습사 주노성을 기반으로 한다. 셋째, 학습자 삶의 맥락과 맞닿아 있으며 '전이' 가능한 학습이다. 개념 기반 탐구 학습을 처음 접했을 때 나는 '국어과에서 개념으로 다룰 것이 과연 있을까?'라는 의구심을 가졌다. 이는 내가 '개념'을 단지 '비유의 개념'과 같이 생각했기 때문이었다. 그러나 개념 기반 탐구 학습의 '개념'은 특정 교과에만 국한된 것이 아니라 다양한 교과에 적용 가능한 더 큰 범주의 개념을 의미한다. 예를 들어 국어과에서는 '장르', '갈등'과 같은 개념을 중심으로 탐구가 이루어질 수 있다.

이 수업의 핵심은 비판적으로 사고하고 창의적으로 문제를 풀며 스스로 학습을 이끌어 나가는 능력에 있다. 앞으로 우리 아이들에게는 AI가 찾아주는 정보를 수동적으로 받아 들이는 것이 아니라 정보들을 엮고 **질문을 던지며 탐구하는 역량**이 필요하다. 그리고 이것이 삶에서 만나는 새로운 복잡한 문제를 풀어낼 수 있는 **학습의 전이**를 가능하게 한다. 미래 사회에서 더이상 유용하지 않을 수 있는 개별적 사실을 암기하는 것이 아닌 **핵심 개념을 중심 축에 두고 배움을 구성**하는 것이 이 수업의 핵심이다. 특히나 본질적 질문을 하고 깊은 **사고를 하는 인간 고유의 역량**을 키우는 것에 중점이 있다.

이를 위해 교사는 자칫 교실 속 '지식 전달자'에 그치곤 했던 역할에서 벗어나 **'학습의 촉진자'**로서 학습자가 주체적으로 **탐구하도록 수업을 설계**해야 한다. 그리고 다양한 실제 맥락 속에서 학생들이 학습한 내용을 적용해볼 수 있도록 기회를 제공해야 한다. 이는 앞으로 내가 지향해야 할 교육 방향에 대한 깊은 의문을 해소해 주었다. 공부를 한 뒤로부터 2022 개정 교육과정을 현장에서 실현하는 방법 중 하나로서의 개념 기반 탐구 학습의 필요성을 느끼고 있다. 그리고 정책 입안자들도 개념 기반 탐구 학습이 중요하다고 여기기 때문에 장장 5주차, 총 30차시의 거대한 연수를 기획하셨을거라 생각한다. 그러나 막상 적용을 상상했을 때 현실의 벽은 높았다. 특히나 연수를 들으며 실습 모둠 선생님들과 수업 지도안을 구상할 때마다 '정기 고사'라는 제도적 틀 아래에서 가능한 수업인가? 하는 의문의 벽에 부딪혔다. 탐구 수업을 위한 시간을 마련하는 현실적인 문제에서부터 교사가 '탐구 질문'과 '일반화 문장'을 생성하는 것의 어려움도 존재했다. 그리고 정기 고사 문제를 함께 출제하는 동교과 동학년 교사들과의 합의가 없다면 혁신적 수업은 결국 표준화된 수업과 충돌할 수밖에 없다. 그렇게 되면 나에게 배운 학생들은 '수업과 평가가 동떨어진' 경험을 하게 될 것이라는 우려가 뒤따랐다.

무엇보다 개념 기반 탐구 학습 자체가 나에게 너무나도 어렵게 다가왔다. 그럼에도 공부를 멈추지 못한 이유는 학생들에게 미래 사회를 살아갈 역량을 길러주지 못한다면 나라는 교사와 학습한 학생들이 미래 사회에서 도태될 수 있다는 두려움과 큰 책임감을 느꼈기 때문이다. 특히나 연구회를 통해 만난 선배 선생님들의 '시너지 학습'에 대한 실증적 경험은 내가 교육과정 공부를 지속하게 하는 원동력이 되었다. 그런데 공부를 지속하면서 곧 다른 의문이 떠올랐다.

만약 내가 지금처럼 나의 주말과 평일 밤을 헌신하며 공부하지 않는다면, 나는 현장에서 2022 개정 교육과정을 제대로 실현할 수 있을까? 분명 2022 개정 교육과정에 신설된 '핵심 아이디어'를 나의 직감으로만 파악한 뒤 2015 개정 교육과정과 마찬가지로 교육과정의 의도를 살리지 못한 채 이전과 같은 수업을 답습했을 것이다.

이 의문 속에는 두 가지 생각이 담겨 있다.

첫째, 교육과정을 학습하고 실현하기 위해 노력함에도 여전히 어렵게 느껴진다면, 그것을 단순히 교사의 책임으로만 돌릴 수 있는가? 과연 정책이 올바른 방향으로 제시된 것인가?

둘째, 교육과정이 바뀐 취지에 공감한다. 그러나 이를 교사가 학습하고 시행착오를 거치지 않는다면 교육과정 개정 취지가 현장에서 살아나지 못한다. 그 결과로 학생들은 이전과 같은 교육을 받을 수밖에 없다. 그렇다면 정책은 어떤 방향으로 실현되어야 할 것인가?

교육과정 개정은 급변하는 미래 사회에 대비해야 한다는 시대적 요구와 수많은 연구자의 고뇌가 담긴 의미 있는 시도임은 분명하다. 그러나 당장 개념 기반 탐구 학습만 하더라도 현장의 혼란과 '개념'에 대한 다양한 해석 등의 문제는 여전히 해소되지 않고 있다. 개념 기반 탐구 학습에 대한 연수를 듣고, 공부를 하며 마음 깊이 떠오르는 **의문을 들여다볼수록 드러난 것은 또다시 '동상이몽'이었다. 우리 교사들과 정책 입안자들은 급변하는 미래 사회를 아직 살아보지 못했고 예측조차 하기 어렵다. 그렇기에 미래를 대비하는 교육 정책은 아직 다가오지 않은 시점에 대한 대비라는 점에서 본질적으로 모호하고 추상성을 내포할 수밖에 없다. 그래서인지 2022 개정 교육과정 총론을 작성한 총 책임자부터 각 교과의 교육과정 집필진, 교과서 집필진, 교과서 검토진, 개념 기반 탐구 학습 직무 연수 강사진, 그리고 현장 교사에 이르기까지 모두가 다른 이상을 품고 있다고 느껴졌다.**

연수를 들으러 가면, 2022 개정 교육과정에 대한 해석이 강사님마다 다를 때도 있었다. '개념 기반 교육과정'이 2022 개정 교육과정의 주요 기반이 되었는지 여부와 교육과정의 목표 실현을 위한 교수·학습 방법으로써 개념 기반 탐구 학습이 중요한지 여부에 대한 의견이 모두 달랐다. 또한, 개념 기반 탐구 학습을 중요하게 생각하는 경우에도 '개념' 자체에 대한 해석이 다른 경우도 많았다. 교과서를 집필하시는 선생님들과 교과서 검토진의 피드백과 관련된 이야기를 들어봐도 마찬가지였다. **2022 개정 교육과정이 추구하는 이상에 대한 공감과**

이해가 충분히 공유되지 않은 것처럼 느껴졌다. 그리고 개인 교사인 나는 서로 다른 이상 속에서 무엇이 중요한지 파악하지 못한 채 각기 다른 목소리를 들으며 혼란을 느꼈다.

현장의 경우 2025년 현재 중학교 1학년에 2022 개정 교육과정이 적용되었고 새로운 교과서가 배부되었다. 그러나 2022 개정 교육과정이 '역량 중심 교육과정'인지, '개념 기반 교육과정'인지에 대해 이해한 현장은 많지 않다. 그리고 교육과정을 실현할 수 있도록 돕는 교수·학습 방법 중 하나인 개념 기반 탐구 학습을 제대로 이해한 교사 혹은 교육과정이 제시하고 있는 핵심 아이디어를 제대로 이해한 교사는 많지 않다. 나 또한 연구회에서 공부하기 전에는 2022개정 교육과정에 어떤 의도가 담겨 있는지는 물론이고 개념 기반 탐구 학습을 인지하지 못했다. 학습 한 이후에도 '핵심 아이디어'에 대한 이해는 여전히 명확하지 않으며 수업 지도안을 구체적으로 어떻게 설계해야 할 지에 대한 의문이 강하게 남아 있다. 이렇게 현장의교사들은 어려움을 겪고 있지만 아이러니하게도 2022 개정 교육과정은 "현장 교사의 목소리를 적극 반영했다"는 것을 강조한다.

2022 개정 교육과정은 미래 사회를 대비하는 교육을 위해 의미 있는 시도임이 분명하다. 그러나 현장의 혼란과 '개념'에 대한 연수 강사 및 교사들의 다양한 해석, 그리고 교사의 학습 부담, 업무로 인해 교육과정을 제대로 공부하고 실현하는 것을 위한 시간 부족 등의 문제는 여전히 해소되지 않고 있다. 따라서 교육의 '동상이몽'을 줄이기 위해서는 정책의 의도와 교실 속 실현 사이의 간극을 좁히는 체계적 지원이 우선되어야 할 것으로 보인다. 그렇지 않다면 이번 개정 역시 또 하나의 '정책 유행'으로 머무르게 될 것이라 우려된다.

그렇다면 정책의 선한 의도는 왜 현장에서 길을 잃는 것일까? 구조적인 문제로는 정책 패러독스뿐 아니라 정책 입안자의 거대 담론과 교실 현장의 미시적 현실 사이를 잇는 '중간 과정'이 부재한 데에도 있다. 이에 따라 '정책의 언어'와 '현장의 언어' 사이의 번역이 이루어지지 않는 문제가 있다. 정책은 '핵심 역량', '학습자 주도성'과 같은 추상적이고 거시적인 언어로 구성되지만, 교실은 '이번 시간 진도', '수행평가 채점'과 같은 굉장히 미시적이고 구체적인 언어로 작동한다. 현재 교육부 및 교육청에서 양성하고 있는 다양한 '선도 교사' 정책이 정책과 현장 두 세계를 연결할 중간 관리자로서의 역할을 수행하기 위함으로 보인다.

그러나 현장의 목소리가 다시 정책으로 환원되는 '피드백 시스템'이 부재하다. 정책은 구조 상 하향식으로 전달될 뿐, 현장에서 겪는 어려움과 예상치 못한 문제들이 다시 상향식으로 정책 입안자에게 전달되는 공식적인 통로가 거의 부재하다. 결국 '충전함 없는 디벗'과 같은 초기문제가 해결되지 않은 채 다음 정책에서도 유사하게 반복되는 악순환이 발생한다. 이런 문제들이 정책의 선한 의도를 공허한 구호로 만들고 구조적 공백을 교사 개인의 헌신으로 채우게 되는 핵심 원인이다.

교사 개개인의 헌신으로 실현되고 있는 교육적 이상

정책과 현장의 '동상이몽'은 디지털 기반 교육 혁신과 같은 '상징'과 교사들이 실제로 겪는 현실적 어려움과의 결합으로 인해 나타난다. 그리고 이로 인해 교육부 및 각 시도 교육청의 수많은 노력에도 불구하고 현장의 교사들은 정책의 이상을 실현해야 하는 책임이 오롯이 교사 개인의 몫으로 전가되고 있다고 느낀다.

현재 우리 교육은 교사에게 상반된 요구를 동시에 제시하고 있다. 교사가 '미래를 설계하는 혁신가'가 되기를 바라며, 새로운 교수·학습 방법을 연구하고 실천할 것을 요구한다. 그러나 다른 한편으로는 여전히 '과거의 지식을 전달하는 기술자'로 남아 있어야만 하는 평가 구조를 유지하고 있다. 이러한 모순은 교사들에게 이중의 부담으로 다가온다. 수업 혁신을 요구받으면서도, 여전히 정기 고사 대비의 책무에서 자유롭지 못한 것이다.

내가 현장에서 목격한 현실은, 정책과 현장의 괴리를 해결하는 방식이 결국 '교사 개인의 각개전투'로 귀결된다는 점이었다. 교사들은 학교가 끝난 뒤 자신의 개인적 일상을 내려놓고 직무 연수를 들으며 연구한다. 때로는 책임감으로 자신이 실천 및 성찰한 결과를 다른 선생님들에게 공유하고자 연수를 주도한다. 공식적 직무 연수와 연구회뿐 아니라 자발적 모임에 참여해 밤새도록 토론하고 연구한다. 교육에 대한 열정과 책임감이 교사들을 움직이지만, 그 이면에는 구조적 지원의 부족으로 인한 개인적 부담이 존재한다.

정책 입안자 및 연구자들도 교사의 전문성을 지원하기 위해 다양한 노력을 기울이고 있다. 그 결과 2022 개정 교육과정의 현장 안착을 위해 각종 연수와 연수 체계가 마련되었으며 서울시 교육청의 경우에도 '연수 체계 지도'를 만들어 현장의 목소리를 담은 체계적이고 실효성 있는 연수들을 진행하고 있다. 그러나 현실적 문제로 인해 한정된 연수 인원과 한정된 시간, 연수 장소에 대한 접근성 문제는 여전한 어려움으로 남아 있다. 연수 참여를 위해 교사 개인의 휴일을 반납해야 하는 경우도 많다. 결국 교육적 이상을 실현하기 위한 책임은 교사의 개인적 시간과 열정 위에 의존하는 양상으로 나타난다. 다시 말해, 오늘날의 교사 전문성은 '교사 개인의 헌신과 소진'을 기반으로 구축되는 구조적 한계를 지니고 있는 것이다.

이 과정은 교사들을 두 갈래의 길로 몰아넣는다. 하나는 '희생하는 영웅'이 되어 자신을 소진하는 길이고, 다른 하나는 '현실적 생존자'로 남아 학습된 무기력에 머무는 길이다. 나는 주변에서 두 모습을 모두 목격했다. 극단적인 헌신으로 스스로를 불태우다 결국 소진된 동료 교사, 그리고 반복되는 정책 변화로 인해 의욕이 없어져서 '버티는 것'에 만족하는 교사. 나 자신 역시 공부와 실천이 주는 성취감과 즐거움을 느끼면서도, 동시에 숨이 막히는 듯한 피로감을 경험하기도 했다. '개념 기반 탐구 학습' 직무 연수를 수강하기 위해 한여름의 뙤약볕 아래에서 세 시간 왕복하는 과정에서 가방 속 노트북의 무게감과 평일에 누적된 피로감으로 인해 다음 주에는 포기할까라는 생각을 수도 없이 했다.

그럼에도 불구하고 2022 개정 교육과정의 이상을 실현하기 위해 연수를 들으며 가장 기억에 남는 장면은 연수 서명부에 사인을 하고 연수 장소에 들어서던 순간이다. 다양한 교과의 선생님들이 대학 강의실을 정말 빼곡히 메우고 계셨다. 가장 바쁜 학기 말, 주말 중 하루를 통으로 반납해야 하기에 누가 들을까 싶었던 연수였음에도 연수 지원 경쟁률이 매우 높았다는 장학사님의 말씀도 놀라웠다. 동료 교사들과 함께 공부하고 토론하며 연수를 참여하게 된 원동력을 살펴보니 교사들이 이 자리를 찾아온 이유는 명확했다. 그것은 바로 '전문성에 대한 갈증'이었다. 더 나은 수업을 하고자 하는 욕구와 학생들에게 새로운 배움의 기회를 제공하고자 하는 열망을 품고 있었다. 그렇기에 피로감과 소진에 대한 두려움에도 불구하고 희망을 품은 채 연수를 찾아온 것이다.

그러나 교육적 이상을 오롯이 교사 개인의 헌신만을 통해 실현하는 방식은 한계에 다다르고 있다. 교사 개인이 스스로의 열정으로 정책을 실현하는 방식은 지속가능하지 않으며, 결국 교사의 피로와 소진을 불러올 뿐이다. 이상과 현장의 간극 해소는 교사의 헌신으로만 가능한가에 대한 깊고 풀리지 않는 의문을 해결한 계기가 있었다. 미래 교육으로의 변화를 위해 오랜 시간 연구하고 실천해온 선배 선생님과의 130분간의 통화였다. 이를 통해 **'전문성을 기반으로 한 교사 정체성 확립'**이야말로 이상과 현실의 간극을 메우는 길이라는 사실을 깨달았다. 즉, 내가 개인적으로 얻은 결론은 '교사의 전문성은 개인의 헌신을 통해서가 아닌 교사의 정체성 확립과 공동체 지원 속에서 지속가능하게 발전해야 한다.'는 것이다. 반복되는 동상이몽 속에서 이전에는 움직이지 않는 교사였던 내가, 지금은 어떻게든 해결해보려는 교사가 된 원동력이 무엇인지 스스로도 궁금했는데 선생님과의 통화에서 깨달은 것이다. 동상이몽의 해결 방안은 선생님마다 다양할 것이지만, 나의 경우에는 교사의 전문성을 기반으로 한 주체성과 전문적 학습 공동체(협력)이라는 해결 방안을 찾을 수 있었다.

교사들이 각자 개인의 삶을 헌신하지 않아도 전문성을 기를 수 있도록 마련된 구조적 지원과 문화적 토대 속에서 교사는 자신의 교육적 철학과 목표를 명확히 세워야 한다. 그것이야말로 '교사 개인의 헌신'이 아니라 '교사 집단의 전문성'으로 교육적 이상을 실현하는 길일것이다. 예를 들어 그동안 나는 개념 기반 탐구 학습의 수많은 용어와 절차, 그리고 동상이몽 속에서 본질을 잊고 있었다. GRASPS, 백워드 설계, 핵심 아이디어 등은 물론 중요한 개념이지만, 이 개념들에 대한 강사님들의 다양한 해석에 집중하느라 오히려 개념 기반 탐구 학습의 목적을 놓친 것이다. 내가 처음 개념 기반 탐구 학습을 공부했던 이유는 나의 수업을 통해 학생들이 교실 속 배움을 실제 삶에 전이할 수 있도록 돕고자 함이었다. 이를 통해 학생들이 미래 사회를 살아갈 역량을 기르며 세상을 바라보는 관점이 변화하는 경험을 제공하고자 했다. 이 목표를 중심축으로 세우니, 개념 기반 탐구 학습은 더 이상 벅찬 과제가 아니라 새로운 가능성으로 다가왔다.

앞에서 언급한 디벗 보급의 경우에는 정책의 이상과 교실 현장의 실행 사이의 간극을 좁히기 위해서는 교사 개인의 '디지털 활용'에 대한 전문성 및 확신과 종합적 지원이 필요하다. 나의 경우에는 그 확신이 '숨죽인 우주의 발견'이었고, 활용의 전문성을 키우기 위해 다양한 연구회에 속해 선생님들과 공부하며 도움을 받고 있다.

정책 지원 측면에서는 무엇보다 안정적인 디지털 인프라 구축이 선행되어야 한다. 더불어 교사의 교과 특성과 역량 수준에 맞춘 세분화되고 체계적인 직무 연수가 지원 되어야 한다. 이런 교사 역량 강화 연수는 단편적으로 끝나서는 안 된다. 교사가 자신의 성장 수준에 대해 피드백을 받을 수 있는 구조가 마련되어야 하며, 연수 이후에도 현장의 어려움이나 질문을 지속적으로 해결할 수 있는 지원 체제가 뒷받침되어야 한다. 또한 교육의 주체인 학부모와 학생을 위한 디지털 역량 강화 교육도 병행되어야 한다. 이러한 기반이 갖추어질 때 비로소 '디지털 기반 교육 혁신'이라는 이름이 실질적인 의미를 가질 수 있다. 그렇지 않다면, 교육의 동상이몽은 반복될 수밖에 없다.

5. 새로운 교사 정체성, '개인적 헌신'을 넘어 '협력하는 주체적 전문가'로

정처 없는 발걸음과 헤맴 끝에 내가 발견한 정책과 나의 교실 사이의 간극을 좁히는 방법은 '교사 전문성의 지속 가능한 발전'이었다. 그리고 이를 이루기 위한 방안은 크게 두 가지 축인 '주체적 전문가'로서의 교사 정체성 확립과 '협력을 통한 공동체 지원'에 있다.

'전문가'라는 해답은 또다시 교사 개인에게 책임을 전가하는 것으로 오해 될 수 있으나 분명 다르다. 이는 시스템의 모순을 맨몸으로 버텨내는 '헌신'이 아니라, 그 안에서 자신의 전문성을 바탕으로 능동적으로 행동하는 '주체적 실천가'가 되는 것이다.

시대 변화의 혼란과 정책과 현실의 모순 속에서도 스스로를 '전문가'로 정체화하고, 끊임없이 배우고 성찰하며, 외부의 압력에 흔들리지 않고 자신의 교육적 신념을 지켜나갈 용기를 갖는 것이라 할 수 있다. 즉, 시스템의 모순을 맨몸으로 버텨내는 '희생하는 영웅'이 아니라, 모순을 직시하며 정책을 비판적으로 분석하여 자신의 교육적 신념에 따라 전략적으로 선택(비판적 수용)하고 실천하며 필요한 지원을 당당히 요구하는 '주체적인 실천가'가 되는 것이다.

특히 나의 경우에는 무엇보다 **'협력'의 중요성**을 깨닫게 되었다. 사실 내가 동경하면서도 때로 외면했던 것은 '전문적 학습 공동체'였다. 그러나 더운 여름, 왕복 세 시간의 연수에 가지 말까 고민하던 전날 밤과 달리, 결국 연수를 완주할 수 있었던 것은 동료들 덕분이었다. 피곤한 얼굴로도 빛나는 눈을 하며 함께 수업을 고민하고, 아이들의 배움에 대해 이야기 나누던 순간은 아무리 어려워도 함께 걸어갈 동료가 있다는 사실만으로 이루 말할 수 없이 뭉클했다. 또한 정해진 요일 늦은 밤 온라인 화상 회의에 참여하여 자율적으로 공부할 때마다, 나는 공동체의 협력이 교사의 성장을 지속가능하게 해 준다는 것을 몸소 느낄 수 있었다. 2022 개정 교육과정이 지향하는 이상을 현장에서 실현하는 것도 마찬가지다. 깊이 있는 학습을 교실에서 실현하기로 뜻을 모은 교사들과 정기적으로 공부하고 있으며, 나의 어려움을 들은 선배 교사들은 당신들의 학습 공동체에 흔쾌히 나를 초대해 주셨다. 이렇듯 2015 개정 교육과정 때와 달리 다양한 형태의 전문적 학습 공동체와 **함께 나아가고 있기에 앞으로 내가 교실 현장에서 마주하게 될 학생들의 성장이 더욱 기대된다.** 더 나아가 교육에 대한 고민이나 삶의 문제를 나눌 때마다, 언제든 손을 내밀어주는 연구회 선배 교사들의 존재는 큰 힘이 되었으며 앞으로도 그럴 것이라 확신한다.

이러한 경험을 통해 느낀 것은 교사들이 개인의 삶을 헌신하지 않고도 전문성을 기를 수 있도록, 공식적인 직무 연수 외에도 자발적 연구와 토론을 장려하는 문화적 토대가 마련되어야 한다는 것이다. 2022 개정 교육과정 총론 해설서 또한 '학교 교육과정 지원' 장에서 교육청 수준의 교육과정 컨설팅 지원단 운영, 연구회 활동 지원 등을 명시하고 있다. 내가 현재 참여하고 있는 교육부의 전국 단위 수업 평가 교사 연구회, 학교 간 공동체 등과 같은 제도가 더욱 활성화되는 시도들이 언젠가 교육에 큰 변화를 가져올 것이라 생각한다.

나의 개인적 경험뿐 아니라 정책 패러독스로 미래 교육에 대해 분석한 신현석 외(2021)에 따르면 정책의 모호성은 현장에 큰 혼란을 준다. 그러나 이는 역설적으로 현장의 교사들에게 현실 맥락에 따라 정책을 해석하고 자율적인 변화와 노력을 이끌어낼 기회를 제공한다. 또한, 모호성으로 인한 패러독스에 대응하는 방안으로 복잡계 이론[2]에서 말하는 '자기조직화'와 '공진화'를 제언한다. 전문적 학습 공동체(PLC) 참여와 동료들과의 협력을 통해 지속가능한 성장을 이뤄가는 과정은 복잡한 교육 시스템 속에서 교사들이 스스로 질서를 만들어가는 '자기조직화'의 예이다. 현장의 자발적 움직임이 결국 상위 교육 행정 체계에 영향을 미쳐 '정책추진 방식의 변혁'을 이끌어내는 '공진화'로 이어진다면, 비로소 지속가능한 교육 생태계가 구축될 것이다. 즉, 현장의 목소리가 정책을 바꾸고 바뀐 정책이 다시 현장을 지원하는 선순환이 이루어질 때, 교사 개인의 헌신이 아닌 살아있는 주도성으로 교육의 '동상이몽'을 극복할 수 있다.

내가 지금 실천하려고 노력하고 있는 '개념 기반 탐구 수업'과 '사회 정서 교육'은 수많은 시행착오 속에 있고, 어느 순간 공허하게 느껴지거나 유행처럼 사라질지도 모른다. 그러나 단지 유행으로 스쳐 지나가는 교육처럼 보일지라도, 그것은 분명 이 시대의 어떤 문제를 해결하기 위한 시도이자 응답이라는 점에서 의미가 있다. 정책 패러독스를 해결하고자 하는 과정 속에서 탐구하고 부딪히며 얻는 경험은 결코 헛되지 않다. 나 또한 이 과정 속에서 분명 "어제와는 다른 김하연이 될 것"이라는 확신을 얻게 되었고, 그 믿음을 전해 주신 선배 선생님의 목소리를 지금도 잊을 수 없다.

---

[2] 복잡계 이론은 오늘날 다양하고 복잡한 현실에서 기존의 선형적이고 환원주의적인 사고방식으로는 해결할 수 없는 모순과 한계가 여러 영역에서 드러남에 따라, 복잡하고 역동적인 현상을 있는 그대로 이해하려는 학문적 시도에서 출현한 이론이다(신현석, 홍지오, 윤혜원, 2019). 자기조직화란 정책이 모호하고 현장과 맞지 않는 '혼란스러운 상황' 속에서 스스로 대안을 찾아 질서를 만들어가는 움직임 즉, 아래로부터의 자발적인 변화의 시작을 의미한다. 그리고 공진화란 현장에서 시작된 교사들의 자발적인 움직임(자기조직화)이 점차 확산되어, 결국 교육부나 교육청 같은 상위 기관의 정책 방향에까지 긍정적인 영향을 미치는 것이다. 이를 통해 정책과 현장이 서로를 발전시키며 함께 성장하는 '상향식 정책 변화'와 '상호 발전'을 의미한다(신현석 외, 2019; 신현석 외, 2021).

우리가 추구해야 할 본질은, 자신의 전문성을 믿고 교육 철학을 교실에서 실천하며 더 나은 교육 구조를 위해 끊임없이 성찰하는 '살아 있는 주도성' 그 자체라고 생각한다. 정책의 모호성은 앞에서 살펴봤듯 현장의 교사들에게 '동상이몽'의 괴리감을 심화하고 개인의 헌신을 강요하는 구조적 문제점을 야기할 수 있다. 그러나 역설적이게도 교사들이 전문성에 대한 갈증을 바탕으로 협력하며 시스템의 모순을 직시하고 변화를 요구하는 주도성을 발휘할 수 있는 기회를 제공하는 중요한 촉매제가 될 수 있다.

자신의 자리에서 철학에 따라 최선을 다하고 있는 선생님들의 고군분투 과정이야말로 이 시대 교사의 진정한 전문성이 아닐까. 우리가 계속해서 교실이라는 최전선에 서 있는 한, 새로운 교육 패러다임과 사회적 요구를 수없이 마주할 것이다. '학교'라는 공간을 가장 느리게 변하는 곳으로 바라보는 사회의 냉소적 시선도 끊임없이 받으며 스스로를 검열할 것이다. 그러나 내가 매번 현장에서 깨닫는 것은 대한민국의 교사들과 교육 정책자들은 그 누구보다 치열하게 더 좋은 교육을 위해 고민하고, 공부하며, 끝없이 성찰하고 발전한다는 사실이다.

사회와 정책이 변해도 변하지 않는 것은 우리 교육 공동체의 '더 좋은 교육'을 향한 실천과 성찰, 그리고 자신의 전문성에 대한 간절함을 바탕으로 한 노력이다. 경험과 시행착오는 반드시 흔적을 남기며, 그 흔적은 교사 개인과 교사의 교육 그리고 학생들과 학부모, 사회와 같은 교육 공동체에 스며들 것이다. 물론 흔적을 남길 것이라는 희망에 대한 믿음만으로는 때때로 지치고 불편할 때도 많을 것이다. 그러나 이상과 현실의 괴리에 대한 고민을 놓지 않을 것이라 확신하는 것은 이 길을 함께하는 동료 선생님들과 앞서 걸어간 선배 선생님들의 발자취 덕분이다. 그래서 언제나 이 시대를 함께 하고 있는 동료와 선배 교사들에게 감사하다.

"헤맨 만큼 내 땅이다."라는 말이 있다.

나의 이 정처 없는 발걸음 또한 언젠가는 누군가에게 하나의 길이 될 수 있기를 바란다.

" 동행 노트

　수없이 헤매는 후배 교사의 모습을 보며, 전국 곳곳에서 비슷하게 길을 찾고 있을 저경력 교사들의 얼굴이 떠올랐습니다. 요즘은 무언가를 시도한다는 일 자체가 큰 용기가 필요한 것임을 압니다.
　"헤맨 만큼 내 땅이다."라는 말을 내뱉기까지 이어진 흔들림의 시간. 그 시간을 지켜보며 마음 한켠은 안쓰러웠지만, 동시에 나의 젊은 시절을 떠올리며 부럽기도 했습니다. 나는 그때 어떤 눈빛으로 아이들을 바라보고, 어떤 마음으로 교육하고 있었을까. 후배들의 흔들리는 과정을 바라보며, 선배 교사들이 지나온 길과는 또 다른 항해를 하고 있는 이들의 여정을 깊이 느낄 수 있었습니다. 그들의 흔들림 속에서 우리 교육이 또 다른 길을 찾아가고 있음을, 저는 새삼 확신하게 되었습니다.

동행자 지미정

　'충전함 없는 디지털 기기'로 현재의 교육 현장을 명확하게 표현해 주신 것 같습니다. 교사들에게 요구하는 것과 학생들이 해내야 할 것은 늘어나는데, 실질적인 운영 지원은 따라오지 않는 현실 속에서 뼈와 살을 갈아 넣는 심정으로 해결해 가는 모습이 와닿았습니다. 그리고 막연하게 힘든 현실을 투덜거린 것이 아니라 정책의 이상과 현장의 괴리, 즉 '동상이몽'의 구조적 원인을 '정책 패러독스'로 분석한 점이 인상 깊었습니다. 이로 인해 교사 개인이 모든 책임을 떠안고 헌신하는 현실이 명확해졌습니다. 하지만 절망에 머물지 않고, 동료와의 협력 속에서 '헌신하는 개인'을 넘어 '주체적 전문가'로 거듭나야 한다는 결론을 이끌어내 주신 것에서 희망을 찾아봅니다. 힘들어도 포기하지 않고, 기어코 다시 배우고 서로 묻는 우리들을 통해 누군가는 용기를 내서 도전할 수 있기를, 그리고 학교 현장과 교육정책이 한 곳으로 나아갈 수 있기를 바랍니다.

동행자 박선정

　교사 정체성에 대한 깊은 고민과 성찰을 담은 글을 읽고 저자가 전하는 진심에 깊은 감명을 받았습니다. 디지털 기기 보급, 교실 혁명 선도 교사 등 다양한 정책 사례를 통해 정책과 현장 간의 '동상이몽'이 공감되었습니다. 특히, '숨죽인 우주'와 같은 학생 개개인의 잠재력을 발견하고 교사의 본질적 역할에 대해 탐구하는 과정은 많은 교육자들에게 영감을 줄 것 같습니다. 단순히 정책의 문제점을 지적하는 데 그치지 않고, 교사 개인의 희생을 넘어 '협력하는 전문가'로 나아가야 한다는 방향을 제시합니다. 교육 현장의 복잡한 현실 속에서 길을 잃지 않고자 하는 모든 교육자에게 이 글은 반드시 필요한 나침반이 될 것입니다.

동행자 윤여옥

공개수업, 다시 쓰는 이야기
학부모를 배움의 주체로 초대하다

#공동주도성 #공개수업 #역량 개발 사이클 #변혁적 역량

지미정

공개수업은 늘 무대 같았다. 교사는 조명이었고, 학부모는 관객이었으며, 학생은 무대에 잠시 서서 박수를 기대하는 출연자였다. 그 장면은 익숙했지만, 어느 순간부터 그 익숙함이 불편하게 다가오기 시작했다. 잘 짜인 대본, 정해진 순서, 예측 가능한 반응 속에서 교실은 살아있는 배움의 공간이 아니라, '잘 보이기 위한 장면'으로 정리되는 듯했다. 그때부터 나는 이 구조를 그대로 두어도 괜찮은 것인가에 대해 의문을 품기 시작했다. 그리고 그 물음은 점차 구조 자체의 근본적인 변화가 필요하다는 확신으로 변했다.

'OECD 학습 나침반 2030'을 교실 현장에서 실제로 구현하기 위해 애쓰던 2년차 무렵이었다.

나침반이 가리키는 방향을 따라가다 보니, 기존의 공개수업 장면이 배움과는 어딘가 동떨어져 있다는 사실이 더 선명하게 보였다. 그래서 나는 그 장면의 구도를 통째로 바꾸어 보기로 결심했다.

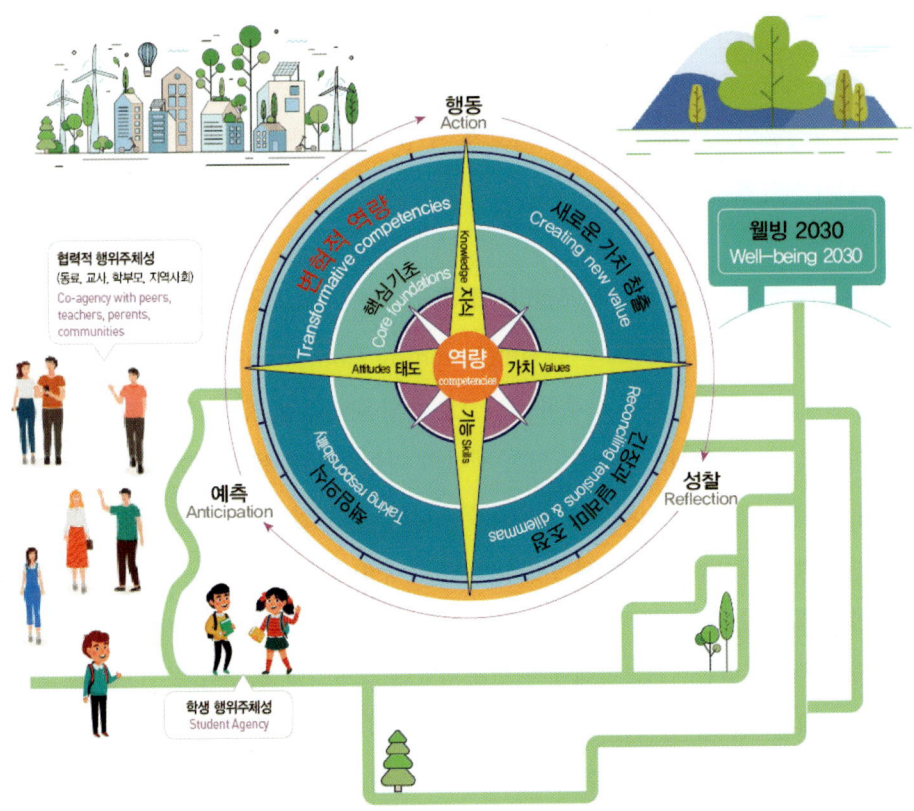

▲ OECD 학습 나침반 2030 _ 미래교육 나침반, 앤써북(지미정, 2023)

1. 관점의 변화가 기회를 만든다

많은 교사들에게 매해 반복되는 공개수업 시간은 부담으로 다가올 것이다. 필자 역시 다르지 않았다. 학부모가 교실을 방문하는 이 일정은 마치 연례행사처럼 예고되어 있었고, 그 날만큼은 무언가 '특별한 장면'을 준비해야 할 것 같은 압박이 뒤따랐다. 하지만 어느 해, 문득 유년 시절 자주 떠올리던 문장 하나가 마음에 다시 스며들었다.

"피할 수 없으면 즐겨라."
어차피 마주할 시간이라면, 그 시간을 어떻게 의미 있게 바꿔볼 수 있을까? 그렇게 관점을 조금만 달리하자, 공개수업은 단지 감내해야 하는 과제가 아니라 오히려 학교 안으로 세상의 시선과 관심이 들어오는 특별한 순간이라는 사실이 새롭게 인식되기 시작했다.

학부모와 학생, 교사가 한 교실 안에서 만나는 이 드문 접점은, 서로의 위치와 관계를 재구성할 수 있는 교육적 기회였다. 공개수업을 단순히 '보여주는 수업'이 아닌, 공동체적 만남과 상호작용의 장으로 새롭게 바라보자, 수업의 기획과 설계는 전혀 다른 방향에서 다시 열리기 시작했다.

공개수업은 연례행사가 아니라, 교실이 바깥과 만나는 '기회-도전의 접점'이다.

'기회'와 '도전'은 OECD 교수 나침반(Teaching Compass)에서도 핵심적으로 다뤄진다. 이 관점은 교육 현장에서 마주하는 새로운 상황을 단순한 위협으로 보기보다, 교사의 전문성과 교실 문화를 재구성할 수 있는 성장의 가능성으로 전환해 보기를 권한다. 특히 '기회'를 어떻게 식별하고, 그것을 수업의 공동 설계와 공동 실천의 출발점으로 이어갈 것인가는 교수자에게 중요한 과제로 제시된다. 그런 점에서, 학부모의 방문이라는 외형적 사건 역시 교실을 확장된 학습 공동체로 열어 보는 실천적 가능성으로 전환해 바라볼 수 있다.

오랫동안 '공개'라는 이름 아래에서 반복되었던 장면들을 곱씹다 보니, 그 무대에는 배움의 본질과 어긋나는 장치들이 너무 많이 걸려 있었다. 박수를 전제로 한 무대는 필연적으로 '보여주기'의 수업을 강화한다. 교사는 '평소처럼'이라고 말하지만, 무의식중에는 '잘 보이는 것'을 중심으로 수업을 편집하게 되고, 학생들 또한 의미를 찾는 언어보다 판정받기 좋은 언어를 고르게 된다.

스포트라이트가 밝아질수록, 그 뒤편의 그림자는 더욱 짙어진다. 준비된 몇 줄의 대본과 미리 연습된 정답이 무대 중앙을 차지하고, 질문이 느리거나 말이 더딘 아이, 여전히 망설이며 단어를 고르는 아이는 자연스럽게 무대 밖 어둠 속으로 밀려난다.

이런 일반적인 공개수업, 반복되는 무대가 만들어내는 몇 가지 구조적 왜곡을 더 이상 외면할 수 없었다.

첫째, 관람 구조의 고정이다. 관객의 시선이 전제된 수업에서는 학부모가 교과의 동료나 교육 파트너가 아니라, '서비스의 평가자'로 규정된다. 그 순간, 수업은 관계의 장이 아니라 만족도의 장으로 수축된다.

둘째, 대본 의존성이다. 공개수업은 변수와 실수를 최소화하기 위해 발문과 응답의 흐름을 정교하게 설계하는 경우가 많다. 그 결과, 수업 중에 일어나는 '예상 밖의 이해'나 '뜻밖의 질문'은 배움의 기회가 아니라 위험 요인으로 취급된다. 수업은 살아 있는 대화가 아니라, 잘 짜인 각본에 따라 움직이는 시연이 된다.

셋째, 불평등의 재연이다. 말하기에 익숙한 아이, 교사의 언어에 민첩하게 반응하는 아이는 자연스럽게 전면에 서게 된다. 반면, 언어를 다듬는 시간이 더 필요한 아이, 망설이는 아이는 점점 뒤로 밀려난다. 무대의 규칙은 표면적으로는 평등해 보이지만, 실제로는 특정한 속도와 성향을 지닌 학생에게만 우호적인 생태를 만든다.

넷째, '숨은 교육과정'의 자연스러운 내면화이다. 표면적으로 말하지 않아도 '좋은 수업은 이런 모습이어야 한다'는 기준이 교사와 학생 모두에게 작동한다. 그 결과 배움의 본질인 실패와 시도, 재설계의 과정이 무시되거나 불편한 요소로 취급되기 쉽다.

무엇보다 마음에 걸렸던 것은, 그 무대가 'OECD 학습 나침반 2030'에서 강조하는 학생의 주도성을 오히려 연기하게 만든다는 사실이다. 아이는 '스스로 배웠다'고 말하지만, 실제로는 정답으로 인정받을 수 있는 선택만을 반복한다. 교사는 '학생 중심'을 말하지만, 시간과 오류를 통제하기 위해 결국 교사 중심의 독백으로 수업을 이끈다. 학부모는 '참여'라는 선택지를 갖지 못한 채, 고정된 자리에서 수업을 바라보는 관찰자로만 머물게 된다.

이렇게 세 주체 - *학생, 교사, 학부모* - 가 각자의 역할을 '충실히' 수행하면 할수록, 역설적으로 공동의 배움은 점점 멀어지는 상황이 벌어진다. 공개수업이 끝난 뒤 남는 것은 "오늘 참 보기 좋았습니다."라는 의례적인 인사말이거나, "우리 아이는 왜 발표하지 않았나요?"라는 개인 중심의 질문 뿐이다. 분명히 같은 공간에서 같은 수업을 경험했지만, 정작 그들이 서로 연결되었다는 감각은 남지 않는다. 교사는 설명했고, 학생은 대답했으며, 학부모는 지켜보았을 뿐, '함께 배운다'는 경험은 그 어디에서도 생겨나지 않았다.

공연처럼 구성된 기존의 공개수업은 배움의 본질과 어긋나는 지점이 많다는 생각이 들었고, 그것은 나에게 지속적인 문제의식을 불러일으켰다.

"한 공간에 있었지만, 우리는 정말 같은 방향을 보고 있던가?"

같은 교실에 모여 있었다는 사실만으로 우리가 학생의 성장을 공동의 목적으로 삼은 공동체였다고 말할 수 있을까? 교사는 시간과 절차를 관리하고, 학부모는 관찰과 확인을, 학생은 실수 없는 발표를 목표로 삼았다면, 우리는 단지 같은 공간을 공유했을 뿐, 같은 방향을 공유했다고 말할 수 없다.

위 물음과 함께 OECD 교수 나침반을 떠올려 본다. 교수 나침반은 교사와 학생, 학부모가 같은 방향을 합의하고 그 방향으로 함께 항해하도록 돕는 비유적 기구다. 그러나 전형적인 공개수업의 장면은 종종 같은 해역(교실)에 있으면서도 서로 다른 배를 타고 서로 다른 방향을 향해 가는 듯 움직인다. 교사는 수업의 완결을 향해, 학부모는 내 아이의 안심을 향해, 학생은 무대에서의 무사 귀환을 향해, 항적은 나란하지만 목적지는 다르다. 그 결과, 우리는 한자리에 있었지만 한 배를 탄 공동체라는 감각은 쉽게 만들어지지 않는다.

교수 나침반이 말하는 내면의 닻(anchor), 주도성(agency), 소속감(belonging), 공동주도성(co-agency)은 지극히 커다란 이상처럼 느껴진다. 하지만 수업의 현장에 들어오면 이 또한 하나의 장면일 뿐이다. 이러한 공동체 감각은 실제 수업 장면의 규칙과 대화의 습관을 통해 형성된다.

"같은 방에 있었던 우리는, 오늘 같은 방향을 가리켰는가?" 그리고 그 대답이 "그렇다"에 가까워질수록, 교실은 무대가 아니라 작업대이자 갑판이 된다. 여기서 우리는 서로의 손으로 돛을 올리고, 같은 바람을 읽으며, 한 배로 앞으로 나아간다. 공동체의 시간이 되는 것이다.

'OECD 학습 나침반 2030'은 학습자 개인의 주도성을 넘어, 동료 학습자·교사·학부모·지역사회가 함께 학습의 방향을 탐색하고 이끌어가는 공동주도성을 핵심 개념으로 제시한다. 이는 학습을 둘러싼 다양한 주체들이 단순한 지원자나 관찰자가 아니라, 능동적으로 상호작용하며 배움의 과정에 참여하는 존재임을 뜻한다. 하지만 우리 학교 현장에서는 아직도 학부모가 교육의 수동적 주변인으로 머무는 경우가 많다. 참여는 대개 의무적 학부모회나 행사 중심에 제한되고, 수업과 배움의 맥락에 실질적 협력자로 개입할 기회는 드물다.

그래서 그동안 수업 설계와 실행 과정에서 '학습의 공동체'로 충분히 인식하지 못했던 학부모의 위치를 다시 생각하기 시작했다. 그리고 공개수업이라는 구조 안에서, 학부모를 공동주도성을 가진 협력적 행위 주체로 새롭게 재정의하고, 그에 따른 역할과 참여 방식을 진지하게 모색해 보기로 했다. 학부모를 더 이상 소비자나 심사위원의 자리에 두지 않고, 학습의 동반자이자 협력적 주체로 초대하려면, 무엇보다 관람 중심의 수업 구조를 상호작용 중심의 장으로 재구성해야 했다. 그 과정은 마치 정제된 무대 연극이 서서히 마당극으로 전환되는 일처럼 느껴졌다. 관객이 더 이상 자리에 고정된 이방인이 아니라, 함께 웃고 이야기하고 움직이는 참여자가 되어야 했기 때문이다.

2. 부모님을 위한 코딩 체험 교실

이러한 관점을 교실에 실제로 구현하려 한 첫 공개수업이 '부모님을 위한 코딩 체험 교실'이었다. 단순히 결과물을 '보여주는' 자리가 아니라, 학습의 주체들이 함께 경험하고 상호작용하는 과정을 중심에 두었다. 대상에 맞는 주제를 기획하고, 그에 맞춘 엔트리(Entry) 코딩 프로그램을 직접 제작해 가는 과정은 학생들에게도 교사에게도 매력적인 경험이었다.

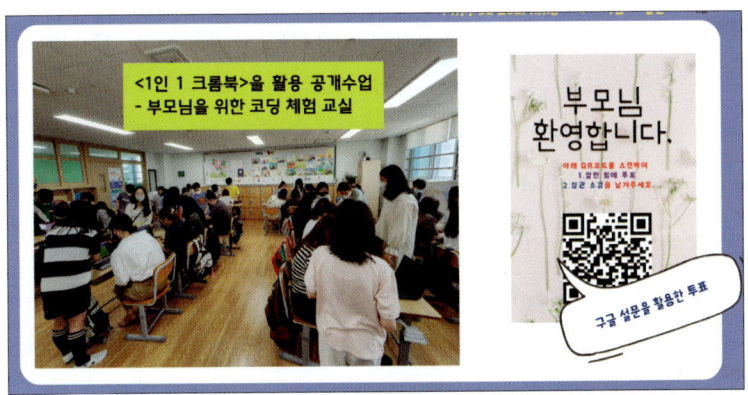

▲ 공개수업 모습과 설문 및 투표를 위해 안내한 QR코드 포스터

이 공개수업은 비교적 간단한 방식으로 운영된다. 교사는 전체 체험 시간과 진행 순서를 안내하고, 각 활동이 정해진 시간 안에 원활하게 이루어질 수 있도록 흐름을 조율한다. 학부모가 체험을 마친 뒤에는 자연스럽게 다음 모둠으로 이동할 수 있도록 돕고, 활동 후에는 간단한 설문지를 통해 의견을 수집한다. 학생은 자신이 만든 코딩 작품을 소개하며, 어떤 의도와 과정을 거쳐 기획했는지를 설명한다. 그리고 학부모가 직접 프로그램을 실행해 볼 수 있도록 옆에서 안내하며 상호작용을 이끈다. 학부모는 학생의 설명을 듣고 작품을 체험한 뒤, 느낀 점이나 인상 깊었던 부분, 보완하면 좋을 점 등을 전달한다. 이 과정은 학생에게 단순한 평가가 아니라, 중요한 피드백이자 격려의 시간으로 기능한다.

이처럼 교사는 수업의 흐름을 조율하고, 학생은 자신의 생각을 표현하며, 학부모는 적극적으로 반응하고 의견을 나누는 구조 속에서, 공개수업은 더 이상 '보여주는 장면'에 머물지 않는다. 오히려 함께 배우고, 함께 만들어가는 참여형 수업으로 전환된다.

이 수업에서 가장 중요했던 점은 바로 서로가 **연결되어 있다는 감각**이었다. 공개수업이 단지 결과를 보여주는 자리가 아니라, 학생·교사·학부모가 함께 참여하고 의미를 만들어 가는 시간으로 바뀌었기 때문이다. 학생이 '왜 그렇게 선택했는지' 스스로 말해보고, '다음에는 어떻게 바꿔볼지' 계획해보는 기회는 스스로 배우는 힘을 키우는 과정이 된다. 여기에 서로 질문하고 아이디어를 주고받으며 함께 성장해 나가는 분위기까지 더해지면, 교실은 진정으로 함께 배우는 공동체로 거듭난다. 그리고 학부모와 교사, 학생이 서로 연결되어 있다는 감각이 생겨날 때, 우리는 비로소 같은 공간에서 같은 방향을 바라보고 있었다고 말할 수 있을 것이다.

학부모들은 공개수업에서 아이들을 뒤에서 바라보는 게 아니라, 마주한다. 서로 눈을 맞추고 소통을 하는 것이다. 이것은 큰 의미를 갖는다. 어떤 학부모는 공개수업이 끝나고, 아이들 전체가 눈에 들어오기 시작했다고 말한다. 전체를 보는 것은 어쩌면 뒤에서 바라볼 때 더 잘 보일 것이라 여기기 쉽다. 하지만 서로가 마주한 순간 같은 공간에 속한 우리가 되고, 그렇게 한 공간 안의 우리가 된다.

그 지점에서 학생은 더 이상 평가의 대상이 아니라 자신의 항로를 설계하는 주체가 되고, 교사는 지식의 전달자를 넘어 수업의 리듬과 균형을 조율하는 항해사가 되며, 학부모는 외부 관찰자에 머무르지 않고 질문과 격려로 다음 선택을 열어주는 동반자가 된다. 그렇게 공개수업은 한 해의 형식적인 행사가 아니라, 우리가 함께 돛을 올리고 항로를 조정하며 써 내려간 학습 공동체의 항해 일지가 된다.

3. 에듀테크 박람회

2년 차 5학년 공개수업으로 기획한 〈에듀테크 박람회〉는 '1인 1디바이스'가 도입되며 수업 방식이 디지털 중심으로 빠르게 전환되는 시대적 흐름 속에서, 과연 학부모들은 이 변화를 얼마나 이해하고 있는가에 대한 질문에서 출발하였다. 디지털 격차는 단지 기술적 이해의 차이에서 끝나지 않고, 세대 간 문화의 간극으로 이어질 수 있다는 우려가 컸다. 학생이 익히고 경험하는 에듀테크 기반 수업을 학부모가 낯설게만 느낀다면, 이는 오해로 이어지고 결국 '건널 수 없는 강'처럼 인식될지도 모른다.

- 에듀테크와 AI 도입으로 인한 교육의 변화를 학부모는 알고 있을까?

- 학부모가 알아야 학생에게도 도움을 줄 수 있겠지?
- 학부모 평생교육, 공개수업이 그 역할을 할 수 있을까?
- 학생이 익힌 에듀테크를 부모님께 알려 드리는 재능 기부의 기회를 주는 것도 좋겠다.

이번 공개수업은 단순한 학습 공개의 장을 넘어, '학부모를 위한 평생교육의 기회'로 기획되었다. 이 수업에서 특히 주목할 점은, 학생과 학부모가 서로에게 '코치'가 되는 수평적 관계 속에서 상호 학습이 이루어진다는 점이다.

학생들은 디지털 전환 시대에 필요한 에듀테크 지식과 기능을 학부모에게 소개하고 안내한다. 반대로 학부모는 학생들의 설명 방식이나 이해도를 기준으로 피드백을 제공하면서, 서로의 역할을 존중하며 배우고 돕는 관계가 형성된다. 이는 전통적인 수직적 교실 구조를 넘어서는 의미 있는 전환이며, 공개수업이 단순한 '보여주기'가 아닌, 진정한 학습 공동체로 나아가는 과정임을 보여준다.

당시 5학년 학생들은 크롬북을 처음 접하고, 캔바, 투닝, 일부 인공지능 도구에 대한 기본 학습을 마친 상태였다. 학생들은 어떤 도구를 학부모에게 소개할지 모둠별 회의를 통해 주제를 선정하였고, 각 모둠은 발표 주제에 따라 5분 이내의 발표 구조를 기획하고 역할을 분담하였다.

흥미로운 점은, 공개수업 준비에 많은 시간을 들이지 않아도 된다는 점이다. 각자의 역할을 명확히 정하고, 그 역할에 따라 개별적으로 준비해 온 자료를 공유하고, 발표 전 간단한 피드백과 조정만 거치면 충분했다. 이 과정은 학생의 주도성과 책임감을 북돋는 동시에, 공동주도성을 자연스럽게 길러주는 기회가 된다.

(캔바 MASTEr) 모둠원 이름 강00,김00,정00,허00 〈캔바〉

〈5분에 대한 시간 계획〉
1. 캔바로 무엇을 할수 있는지, 무슨 앱인지 설명하기(30초)
2. 디자인 설명(1분)
3. 업로드(30초)
4. 텍스트(30초)
5. 요소&공유 (1분)
6. 학부모님 체험 (1분)

〈역할 분담 계획〉
텍스트 1명 정00
디자인 1명 김00
요소&공유 1명 강00
업로드 1명 허00

▲ 시간과 역할에 대한 모둠별 계획 슬라이드

공개수업을 위한 준비는 복잡하지 않다. 수업 2~3일 전, 모둠별로 역할에 따라 준비한 내용을 공유하고 상호 피드백을 통해 조정하는 시간만 확보하면 된다. 이 수업은 미리 완성된 공연이나 쇼가 아니라, 학생 주도성과 변혁적 역량을 실천적으로 발휘하는 학습 과정이기 때문이다.

사전 준비 시간 단계
1. 설문 문항 선정 회의 (5분)
 - 학부모가 참여할 온라인 투표 문항을 학생들과 함께 회의하여 결정한다.
2. 모둠별 준비사항 점검 및 계획 조정 (20분)
 - 역할 분담 상태와 자료 준비 정도를 점검하고 필요한 보완을 진행한다.
3. 개인별 발표 리허설 및 상호 피드백 (15분)
 - 실제 발표를 리허설해 보고, 발표 내용을 동료와 함께 점검한다.

이 설문 문항은 학생과 회의를 통해 선정되며, 학부모가 각 모둠의 발표 후 바로 응답할 수 있도록 온라인 설문 형태로 제작한다. 이후 QR코드로 생성하여 발표가 끝날 때마다 화면에 띄우면, 학부모는 자신의 스마트폰으로 손쉽게 접속하여 피드백을 남길 수 있다.

학부모 평가 문항 예시
- 해당 팀이 에듀테크 도구에 대해 명확하고 자세하게 설명했나요?
- 발표의 전달력과 설득력이 높았다고 평가하시겠습니까?
- 발표자가 학부모와의 상호작용을 잘 이끌어냈다고 느꼈나요?
- 각 팀원의 역할 분담이 적절했다고 생각하나요?

이 수업의 핵심은 교사가 아닌 학생들이 중심이 되어 주제를 선정하고, 설문 문항을 기획하며, 발표 구조 전반을 스스로 설계하는 데 있다.

공개수업 당일, 교사의 역할은 매우 단순하다. 수업의 방향성과 운영 방법을 간단히 안내하고, 발표 시간 조율과 온라인 설문 진행을 관리하는 정도다. 나머지 수업은 학생과 학부모 간의 자율적인 상호작용과 피드백을 통해 자연스럽게 흐르며, 이 과정 자체가 살아있는 배움의 장이 된다.

> **공개수업 당일 진행 순서**
> 1. 공개수업 설계 의도와 목표 공유 (1분)
> - 학부모에게 수업의 취지와 방향성 설명
> 2. 진행 방식 안내 (2분)
> - 6개 모둠의 발표가 5분 간격으로 진행되며, 발표 후 설문(QR)을 통해 피드백함을 안내
> 3. 모둠 발표 및 학부모 실시간 투표 (35분)
> - 6개 모둠이 각각 5분간 발표 후, 학부모가 설문 응답(30초 내외)
> 4. 최종 학부모 피드백 설문 (2분)
> - 수업 전반에 대한 종합적인 피드백 온라인 설문 진행

공개수업을 마친 후, 학부모들은 다음과 같은 소감을 전해주었다.

- 한 명도 빠짐없이 수업에 참여하는 점이 일반적인 공개수업과는 달라서 인상적이었습니다. 내 아이뿐만 아니라 다른 친구들의 수업 참여 모습을 볼 수 있어서 좋았습니다.
- 스스로 수업을 진행해 나가는 모습이 대견하고 더 새롭게 성장해 나간거 같아 기분 좋았습니다.
- 설명해주고 서로 소통하여 문제를 해결하는 것에 놀라웠습니다.
- 자기주도적인 생각과 단어들을 곁들인 설명이 인상적이었고 배우고가는 공개수업이었습니다.
- 학생 본인이 설명자의 주체가 되는 모습과 본인 역할에 대한 설명이 인상적입니다.
- 수업을 위해 열심히 준비했을 아이들이 기특하게 느껴집니다. 저도 몰랐던 새로운 것들을 알게 되는 뜻깊은 시간이었습니다.
- AI의 종류가 이리 다양한지 놀랐고 아이들이 직접 다루고 만들고 설명하는 모습들이 기특하고 재밌었습니다.

그중에서도 "설명해주고 서로 소통하여 문제를 해결하는 모습에 놀랐다"는 소감은, 이 수업이 단순한 보여주기식 수업이 아니라 진짜 배움의 장으로 확장되었다는 중요한 단서를 제공해준다.

짧지만 강력한 '30초': 변혁적 역량의 기회

수업 초반, 발표를 마친 교실은 잠시 숨을 죽였다. 학부모들의 온라인 투표가 진행되는 30초, 학생들은 조용히 화면만 바라보고 있었다. 그 모습을 지켜보던 나는 문득, 이 시간이 그저 '기다림'으로만 흘러가는 것이 아쉽게 느껴졌다. 이 지점에서 OECD 학습 나침반 2030을 떠올렸고, '무엇을 놓치고 있는 걸까?' 하는 의문이 생겼다.

그때 깨달았다.

바로 이 짧은 순간이야말로, 학생들의 성장을 이끄는 변곡점이 될 수 있다는 사실을.

그래서 이후에는 발표와 발표 사이의 이 짧은 간극을, 즉석 성찰과 전략 회의의 시간으로 전환했다. 학생들은 모둠별로 방금 발표했던 내용을 되짚으며, 무엇이 잘 되었는지, 무엇을 개선해야 할지를 나누고, 다음 발표에 바로 적용할 전략을 수립하는 시간을 가졌다.

이 30초는 단지 '틈'이 아니라, 역량 개발 사이클을 회전시키는 결정적 시간이었다.

'실행 → 성찰 → 계획 → 재실행……'

이 짧은 회전이 거듭될수록 학생들의 발표는 매끄러워졌고, 협력은 진해졌으며, 자신감은 눈에 띄게 성장했다. 공개수업을 마친 후, 몇몇 학생들의 후기에서도 이를 확인할 수 있었다.

> "처음엔 학부모님들과의 상호작용이 부족한 것 같았지만, 계속 회의를 하며 조금씩 내용을 채워나가는 부분이 나는 정말 좋았다."
>
> "친구들과 협력해 부족한 문제점을 채웠지만, 부모님과의 상호작용이 잘 이루어 지지 않은 것 같다. 그래도 친구들과 열심히 서로들의 문제점을 발견해 고쳐주었다. 친구들과의 사이도 더 돈독해 진 것 같다. 다음은 교육과정 발표회를 하는데 그때는 다른 팀과 하겠지만 지금보다 교육과정 발표회 때는 더 열심히 할 것이다. 지금부터 자신의 문제점을 발견해 나중에는 더 더 열심히 할 것이다."

학생들은 학부모의 방문이라는 다소 긴장된 상황 속에서 오히려 더 높은 집중력을 발휘하게 된다. 발표를 준비하고 실행하면서 서로에게 피드백을 주고받는 과정에서, 아이들은 단순한 발표자가 아니라 서로를 북돋아 주는 코치가 된다. 학습 공동체 안에서 자신뿐 아니라 팀 전체의 완성도를 높이기 위한 협력이 자연스럽게 일어나는 것이다.

교사는 이러한 흐름을 설계하며, 발표 순서를 조정하는 세심한 배려도 담아낸다. 가장 마지막에 바로 해당 학생의 부모님 앞에서 자신의 성장을 보여줄 수 있도록 구성하는 것이다. 그 과정은 연습된 공연이 아니다. 처음에는 어설플 수도 있지만, 학생들은 시행착오를 겪으며 '실행 → 성찰 → 조정 → 재실행'이라는 역량 개발 사이클을 여러 차례 반복해 나간다.

그 결과, 학생들은 5~6번의 반복적인 실천과 성찰 과정 속에서 자기 주도적인 성장을 경험한다. 친구들과 함께 부족한 부분을 찾아내고 개선 방안을 나누며 서로를 성장시키는 진정한 협력 학습이 실현된다. 그런 성장의 여정을 고스란히 보여줄 수 있는 현장이 바로 공개수업인 것이다.

4. 작가와의 만남

에듀테크를 활용한 수업이 어려운 시기, 특히 학기 초의 중학년 학생들에게는 디지털 도구에 충분히 익숙해질 시간이 부족하다. 그런 상황에서 '학생과 학부모가 무엇으로 연결될 수 있을까?'를 고민하게 되었다. 그러던 중, 한 가지 아이디어가 떠올랐다.

'학생들이 작가가 되고, 학부모는 독자가 되어 마주한다면 어떨까?'

그렇게 시작된 것이 바로 공개수업 '작가와의 만남'이다.

학생들은 자신만의 생각과 감정을 담아 시 한 편을 완성한다. 그 시에는 아이들의 일상, 상상, 고민, 기쁨과 같은 진심이 녹아 있다. 공개수업 당일, 학부모는 독자가 되어 시를 읽고 작가가 된 학생들에게 질문하거나 감상을 나눈다. 이 장면은 단순한 수업을 넘어, 가장 개인적인 글을 매개로 이루어지는 진정한 만남이 된다.

무엇보다 이 공개수업은 모든 교과와도 연결이 가능하다. 자신만의 생각을 글로 표현하고 공유하는 과정은 모든 교과 수업에서 충분히 녹여낼 수 있다. 즉, 교과 경계를 넘나드는 통합적 수업으로 확장될 수 있다는 점에서 교육적 가치가 크다.

아이들은 작가로서, 부모는 독자로서 서로를 마주 본다. 그 안에는 '내 이야기를 누군가가 진심으로 읽고 들어준다'는 경험, 그리고 '아이들의 내면을 글로 통해 만날 수 있다'는 감동이 함께 녹아 있다.

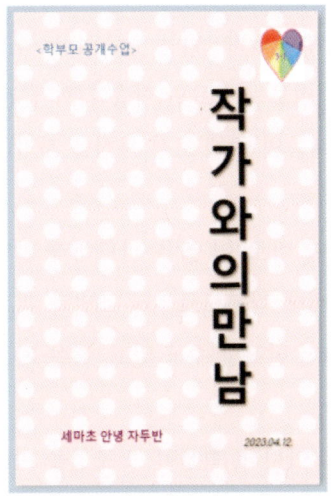

▲ 북크리에이터로 만든 작품 모음집과 작가와의 만남 공개수업 모습

'작가와의 만남'은 앞선 공개수업들과는 다른 운영 구조를 갖는다. 모둠별이 아닌 개별 학생 단위로 진행되기에, 모든 학부모가 모든 학생을 만나보기는 어렵다. 하지만 중요한 것은 학생 개개인의 성장에 학부모가 참여하고 연결되는 방식을 설계하는 것이다.

이러한 구조를 효율적으로 운영하기 위해, 공개수업 참여 학부모 인원을 사전에 온라인으로 조사하고, 학부모가 처음 만나는 위치를 조정해 원활한 순환 구조를 만든다. 이 과정에서 교사는 '어떻게 더 많은 만남과 대화를 가능하게 할 것인가'를 중심으로 흐름을 설계한다.

이 수업은 학생의 자기 성찰과 실행, 그리고 피드백을 통한 재구성이라는 역량 개발 사이클을 중심에 둔다. 이전 공개수업에서처럼 친구들과의 피드백 교환은 어렵지만, 그 역할을 학부모가 대신 맡는 구조로 새롭게 설계된다. 학생은 자신이 쓴 시를 낭송하고, 어떤 의도와 배경으로 글을 썼는지를 직접 설명한다. 이후 학부모와의 질의응답이 이루어지고, 학부모는 작품의 감상과 함께 건설적인 조언을 전달한다. 이러한 상호작용은 학생에게 단순한 칭찬이 아닌, 실제적인 피드백의 경험을 제공하며, 교실은 수평적인 배움의 장으로 전환된다.

구체적인 활동 흐름은 다음과 같다. 먼저 학생은 자신이 쓴 시를 낭송하고, 어떤 의도와 주제를 담았는지를 설명한 뒤, 학부모와 짧은 질의응답을 주고받는다(약 3분). 이후 1분간의 짧은 시간을 활용해 받은 피드백을 반영하여 자신의 글을 수정하거나 표현을 보완하는 활동을 진행한다.

이와 같은 '3분 발표, 1분 성장'의 시간 설계는 비록 짧지만 매우 집중도 높은 구조로 설계되어 있다. 학생은 제한된 시간 안에 자신의 생각을 조리 있게 전달하고, 학부모로부터 받은 피드백을 실시간으로 성찰하며 적용하는 과정을 경험한다. 이는 단순한 낭독이나 퍼포먼스를 넘어, 학습자가 자신의 표현을 점검하고 다듬어보는 중요한 학습 기회가 된다. 그렇게 짧은 시간 동안 학생은 단순한 발표자가 아닌, '배움의 주체'로서 자신을 자각하는 자리에 서게 되는 것이다.

공개수업에서 교사로서 가장 의미 있게 여기는 시간이 바로 이 짧은 피드백과 반영의 순간이다. 이 시간에 학생은 앞서 발표한 자신의 시에 대해 학부모로부터 조언과 피드백을 받은 뒤, 다음 학부모를 대상으로 그 내용을 수정해 다시 발표할 수도 있고, 혹은 기존의 시를 그대로 유지하기로 선택할 수도 있다.

여기서 중요한 것은 단순한 '수용'이나 '수정' 그 자체가 아니라, 학생이 그 조언을 비판적으로 사고하고 자신의 판단을 바탕으로 선택할 수 있도록 안내하는 것이다. 무조건적으로 어른의 말을 따르기보다는, 자신이 들은 피드백을 곱씹고, 어떤 부분은 수용하고 어떤 부분은 유지할지 주체적으로 결정하는 과정이야말로 진정한 학습의 힘을 기르는 순간이다. 바로 이 지점에서 학생은 단순한 수행자가 아닌, 자기 성장을 주도하는 학습자로 한 걸음 더 나아가게 된다.

그런데 기존의 모둠별 공개수업에서처럼, 이번 개인별 수업에서도 학부모 온라인 투표를 운영하던 중 문득 의문이 들었다. '개별 발표에서 각 학부모의 점수가 과연 어떤 의미를 가질까?'라는 생각이었다. 학생마다 발표 대상이 다르고, 만나는 학부모도 다르기에 점수 자체는 개인에게 직접적인 비교나 큰 의미를 주지 못할 수도 있다.

하지만 곰곰이 생각해보니, 이 투표 결과는 개인보다는 공동체가 함께 성장하기 위해 무엇에 더 집중해야 할지를 보여주는 지표가 될 수 있음을 깨닫게 되었다. 그래서 3~4명의 학생 발표와 학부모 투표가 끝난 시점에서 교사는 중간 결과를 학생들과 학부모에게 공유하였다.

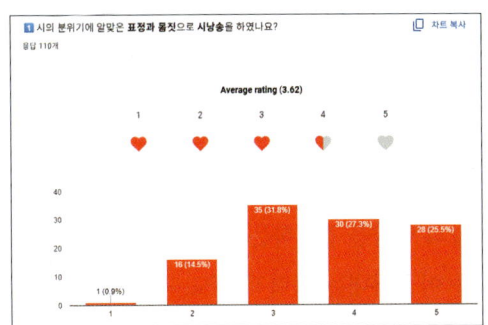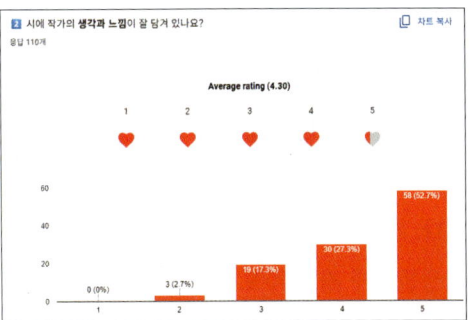

▲ 성취기준 달성 확인 및 수업 방향 점검을 위한 중간 설문 결과 공유

이때 전체적으로 잘하고 있는 점과 다소 부족한 점을 함께 분석하여 알려주고, 학생들에게는 그 부족한 요소를 의식하여 다음 발표에서 좀 더 보완할 수 있도록 안내한다.

학부모에게도 다음과 같이 요청한다. "현재 발표를 보면 전반적으로 이 부분이 다소 약한 것 같습니다. 이후 발표에서는 이 지점을 중심으로 조금 더 세심하게 피드백을 부탁드립니다." 이처럼 교사가 중간에 방향을 공유하고 함께 나아갈 길을 안내해 주면, 교실은 단순히 각자의 발표를 하는 자리를 넘어 공동체 전체가 함께 항해하는 학습의 여정으로 전환된다.

그 중간 지점을 함께 돌아보고, 모두가 같은 방향을 향해 나아가고 있다는 감각이 생길 때, 공개수업은 그저 '보여주는 수업'이 아닌, 연결과 성장을 함께 만들어가는 배움의 장으로 의미를 확장시킨다.

시간이 흐른 뒤 그날의 공개수업을 떠올려 보면, 당일의 수업 장면도 분명 의미 있었지만, 정작 더 본질적인 가치는 그 수업을 준비해 가는 전 과정에 담겨 있었음을 깨닫게 된다. 'OECD 학습 나침반 2030'의 철학을 교실 안에서 실천해 보려는 시도는 단지 공개수업의 형식만을 바꾸는 데 머무르지 않았다. 오히려 그것은 교실의 많은 장면을 조금씩 다르게 움직이게 만들었고, '공개수업'이라는 일회성 행사를 '배움 중심의 공동 실천 과정'으로 전환시키는 결정적인 계기가 되었다.

이러한 변화는 단지 수업 운영 방식에만 국한되지 않는다. 무엇을 주제로 삼을 것인지, 어떤 방식으로 수업을 구성할 것인지를 학생들과 처음부터 함께 논의하며 결정해 나간 과정 자체가, 이전의 방식과는 근본적으로 달랐다. 수업의 기획 단계부터 학생의 의견이 존중되고 반영되는 경험은, 단순한 참여를 넘어 교사와 학생 사이의 관계를 재구성했고, 결과적으로 수업에 대한 몰입과 책임감의 깊이를 분명히 달라지게 만들었다.

먼저, 공개수업의 주제를 정하기 위해 나는 사전에 학생들과 함께 '이번 공개수업에서 우리는 무엇을 할 것인가?'를 주제로 자유롭게 의견을 나누는 시간을 마련했다. 학생들은 약 5~6가지의 다양한 아이디어를 제시했고, 그중 가장 많은 표를 받은 2개 항목을 대상으로 2차 투표를 진행하여 최종 주제를 선정했다.

이 과정은 단순한 절차를 넘어, 학생들이 수업 설계의 주체로 참여하는 경험 그 자체였다. 자신의 의견이 실제로 반영되고, 그것이 학습의 방향을 결정하는 데 기여한다는 감각은, 학생들에게 자기 주도성뿐 아니라 공동의 결정을 이끌어내는 협력적 태도, 곧 OECD 학습 나침반 2030이 강조하는 공동주도성의 초기 감각을 심어주는 중요한 경험이 되었다.

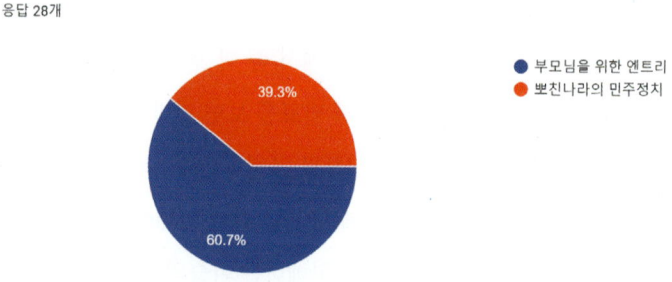

▲ 공개수업 주제 선정 투표 결과

공개수업 주제를 학생들과 함께 투표로 정한 과정은 겉으로 보기엔 단순한 절차처럼 보일 수 있다. 하지만 교사가 수업의 흐름을 직접 선택하지 않고, 가장 '보여주기 좋은' 수업을 포기하기로 한 결정은 결코 가볍지 않았다. 그 선택은 안정적인 무대 대신, 열린 작업대 위로 올라선다는 의미였고, 익숙한 교사 중심의 수업 구조를 내려놓는 데에는 용기와 의식적인 전환의 결단이 필요했다.

나는 이것이 단지 새로운 수업 운영 방식의 도입이 아니라, OECD 학습 나침반 2030의 철학을 교실 안에서 실천하기 위한 '도전'의 시작이었다고 느꼈다. 실제로 이 항해를 시작하고 나서, 나는 익숙한 수업 설계가 학습자 주도성에 기반한 변화와 계속해서 어긋나는 것을 경험했다. 여전히 나의 수업 설계는 '무엇을 어떻게 가르칠 것인가'라는 질문에서 출발하고 있었기 때문이었다. 학생의 역량 발현, 의미 있는 참여, 공동체와의 연결을 위한 출발점이 되기엔 분명한 한계를 가지고 있는 이 질문은, 수업을 교사의 전달 방식 중심으로 구조화하며, 학생이 자기 주도성을 기반으로 의미를 만들어가는 여정을 충분히 담아내지 못한다.

이 간극을 인식한 뒤, 나는 질문의 방향을 바꾸기로 했다. 오랜 시간의 고민 끝에 수업을 기획할 때 나에게 가장 먼저 던지는 질문은 이것이었다.

"학생들에게 어떤 기회를 줄 것인가?"

"학생들이 미래 사회에 필요한 역량을 기를 수 있도록, 나는 어떤 배움의 기회를 설계할 수 있을까?"

이 질문은 지식을 어떻게 '가르칠 것인가'보다, 학생이 무엇을 '경험하고 선택할 수 있는가'에 초점을 둔다. 학습자 중심의 수업이란 결국, 학습자에게 의미 있는 경험과 도전을 건네는 기회를 설계하는 일이라는 사실을 다시 새기게 된다.

"학생들에게 어떤 기회를 줄 것인가?"라는 질문은 단지 수업의 방향을 정하는 데 그치지 않았다. 이 물음은 오히려 코딩을 잘 알지 못했던 한 교사에게 '코딩 수업'이라는 낯선 영역에 도전하도록 이끈 출발점이 되었다. 초등학교 6학년 학생들에게 졸업 전에 꼭 한 번은 코딩 학습의 기회를 주고 싶다는 바람은, 결국 '가르치는 사람'으로서가 아니라 '기회를 설계하는 사람'으로서 수업을 다시 바라보게 만들었다.

요즘처럼 다양한 매체와 플랫폼을 통해 학습이 가능한 시대에, 꼭 교사가 모든 지식을 직접 가르쳐야만 할까? '코딩'이라는 낯선 영역 앞에서, 교사는 자신이 먼저 완벽하게 숙달된 전문가가 되어야 한다는 부담을 내려놓고, 오히려 학생 스스로 탐색하고 익힐 수 있는 구조를 설계하는 역할에 집중하기로 했다.

그래서 준비한 것이 바로, 코딩 기초 학습을 위한 동영상 자료 모음이었다. 교사는 구글 시트를 활용해, 학생 수준에 맞는 온라인 코딩 영상을 선별하고, 각 자료를 단계별로 정리한 목록으로 구성했다. 학생들은 이 구조화된 자료를 따라가며 자신에게 맞는 속도로 영상 학습을 진행할 수 있었고, 교사는 그 흐름을 조율하고 피드백하며 학습 설계자이자 촉진자의 역할을 수행할 수 있었다.

▲ 구글 시트, 영상 링크를 넣어 만든 거꾸로 학습 코딩 자료❶

물론 교사 역시 학생들과 같은 영상 자료를 따라가며 함께 학습해 나갔다. 학생이 질문을 던지면, 그때마다 자료를 찾아보고 직접 시도해 보며 답을 찾아가는 과정이 반복되었다. 때로는 특정 개념을 더 잘 이해하고 있는 학생에게 도움을 청하거나, 아이들과 토론하며 함께 방법을 모색하기도 했다. 이 과정은 단순히 지식의 이전이 아니라, 학습자 간 상호작용 속에서 배움이 형성되는 공동주도성의 실천 장면이었다.

OECD 학습 나침반 2030은 학습자 개인의 주도성을 넘어, 교사, 또래, 가족, 지역사회가 함께 학습 과정에 능동적으로 참여하는 공동주도성을 중요한 가치로 제시한다. 여기서 교사는 더 이상 '모든 답을 알고 있는 존재'가 아니라, 학습 공동체의 일원으로서 지속적으로 배움에 참여하는 성찰적 실천가로 자리매김한다. 특히 변화가 빠른 현대 사회에서 교사는 단순히 고정된 지식을 전달하는 존재가 아니다.

OECD 교수 나침반에서도 강조하듯, 교사는 전문가이자 지속적인 학습자로서, 학생과 함께 배우고 탐색하며 성장해 가는 존재이다. 도널드 쇤(Donald Schön)의 말처럼, 교사는 '반성적 실천가'로서 끊임없이 자신의 수업을 되돌아보고, 변화하는 사회와 학습자의 요구에 맞춰 교수·학습 역량을 유연하게 갱신해 가야 하는 존재이다.

특히 변화의 속도가 빠른 현대 사회에서 교사는 단순히 고정된 지식을 전달하는 사람을 넘어, 학생과 함께 탐색하고 배우며 성장하는 학습 파트너가 되어야 한다. 이는 교사와 학생이 수직적 관계가 아닌 수평적 학습 공동체로 만나게 되는 경험이자, 교실이라는 공간이 지식 전달의 장소에서 배움과 성장이 함께 일어나는 탐색의 장으로 전환되는 출발점이 된다.

❶ 지미정·장성진·유병선(2025), 교사를 위한 스프레드시트 활용 가이드: 구글 시트로 스마트한 학교 만들기의 pp. 339-343에 해당 구글 시트의 템플릿과 활용 방법이 수록되어 있으니 함께 참고하시기 바랍니다.
또한, 수업의 전체 맥락과 세부 내용은 지미정(2023), "OECD 교육 2030" & "2022 개정 교육과정" 미래 교육 나침반의 「잘 모르는 걸 가르칠 수 있을까」(pp. 90-98)를 참조하시면 도움이 됩니다.

물론 이런 변화와 도전은 결코 쉽지 않다. 익숙한 수업 방식에서 벗어나 새로운 시도 앞에 설 때, 교사 역시 불안과 두려움을 느낀다. '과연 내가 잘 해낼 수 있을까?', '학생들에게 도움이 될까?', '부모님들은 이 수업을 어떻게 받아들일까?' 같은 질문이 머릿속을 맴돈다.

하지만 우리는 알고 있다. 교사의 작은 도전이 교실을 바꾸고, 교실의 작은 변화가 학생의 삶 전체에 영향을 미친다는 사실을. 때로는 모든 것이 계획대로 흘러가지 않더라도, 실패가 곧 도전의 또 다른 이름임을 기억하는 학생과 교사로 함께 성장해 갈 때, 배움의 장은 점점 더 유연하고 살아 있는 공간이 되어갈 것이다.

이러한 시도와 변화에는 언제나 시행착오가 따르기 마련이다. 익숙하지 않은 시도를 감행할 때, 당장의 결과보다는 과정에서 배우는 것이 더 중요하다는 인식이 교사들 사이에 자리 잡을 필요가 있다. 그러나 여전히 우리의 학교 문화 안에는 '잘 짜인 수업', '매끄러운 공개수업'이 이상적인 장면으로 소비되는 경향이 남아 있다. 수업이란 완성된 결과물이 아니라, 끊임없이 학습자와 사회의 맥락 속에서 조정되고 변화해 나가는 살아 있는 과정이라는 점을 잊지 말아야 한다.

이제는 '얼마나 잘했는가'보다 '왜 이런 수업을 했는가', '무엇을 새롭게 시도했는가'를 중심으로 이야기하는 문화가 필요하다. '망한 수업 자랑 대회', '나 이런 수업은 처음이야!' 같은 장학 문화가 활성화된다면, 교사들은 서로의 시행착오를 부끄러워하지 않고, 오히려 그 실패에서 함께 배우며 더 나은 수업을 공동 설계할 수 있을 것이다.

중요한 것은, 무엇을 어떻게 가르쳤느냐보다, 왜 이 수업이 필요했고, 그것이 어떤 기회를 학생에게 열어주었는지를 함께 성찰하는 문화가 정착되는 일이다. 교사 개개인의 도전이 존중받고, 결과가 아닌 과정 중심의 생각을 나누는 문화가 학교 안에서 정착될 때, 우리는 진정한 '전문가이자 학습자'로서 함께 항해할 수 있을 것이다.

그리고 그렇게 학교 문화가 바뀌기 시작할 때, 우리는 과거의 결과를 평가하는 대화가 아니라, 미래를 함께 상상하고 설계하는 대화를 시작하게 될 것이다. 수업이 더 이상 단편적인 성과의 장이 아니라, 우리 모두가 방향을 함께 정하고, 길을 만들어 가는 살아 있는 공동체의 여정이 되었으면 좋겠다.

동행 노트

　이 글에서 선생님은 대다수가 불편해하지만 익숙해져버린 공개수업에 주목합니다. 선생님께서 제공하신 '무대' 같은 꾸며짐이 만들어내는 구조적 왜곡에 대한 통찰과, "한 공간에 있었지만 우리는 정말 같은 방향을 보고 있었을까?"라는 비판적 질문은 제 공개수업의 방향성을 되돌아보게 했습니다. 선생님은 문제에 대한 대안으로서 공개수업을 '특별한 기회'로 관점을 전환하며 '공동주도성'이라는 핵심 가치를 제안합니다. 나아가 열린 작업대 위로 올라서기로 한 선배 선생님의 용기는 후배 교사인 제게도 '배움의 본질'로 다가가기 위한 용기를 줍니다.

　선생님은 글을 통해 '당연하게 여겨지던 것'을 '당연하지 않게' 바라보는 시각을 제시해 주십니다. 그리고 그 시각과 날카로운 질문에 대한 해답을 우리 교육 공동체에 대한 따스한 마음과 끊임없는 실천을 통해 풀어갑니다. 선생님의 먼저 간 발걸음을 보며 우리 후배 교사들은 미래 교육이 나아가야 할 방향을 찾고 있습니다.

동행자 **김하연**

　공개수업은 오랫동안 '무대'처럼 운영되어 왔습니다. 교사는 조명, 학부모는 관객, 아이들은 잠깐 불려 나오는 출연자에 가까웠던 듯합니다. 이 글에서는 익숙한 장면을 멈춰 세우고 새로운 질문을 던집니다. "무엇을 가르칠까"가 아니라 "아이들에게 어떤 기회를 줄까" 방향을 바꾸니 역할도 자연스레 달라졌고, 교사는 설계자, 학부모는 동반자, 학생은 배움의 주체에 가까워진 것으로 보입니다.

　수업 사례도 인상적입니다. '부모님을 위한 코딩 체험', '에듀테크 박람회', '작가와의 만남'은 관람형 행사를 상호작용 수업으로 전환한 흐름을 잘 보여줍니다. 그 결과 아이들은 설명자에 머물지 않고 활동의 주체가 되었고, 어른들은 심사위원이 아닌 조력자로 기능했을 가능성이 엿보입니다.

　결국 공개수업은 발표회가 아니라 함께 배우는 공간과 시간으로 변모한 것입니다. 학습 주제를 아이들과 정하고, 절차를 투명하게 나누며 피드백을 빠르게 순환시키는 실천만으로도 교실은 무대라기보다 작업대에 가까워질 수 있겠습니다.

　이 글은 "왜 교실 문을 여는가"에 대해, 더 잘 보이기 위해서가 아니라 함께 더 잘 배우기 위해서라는 인상적인 제안을 던지고 있으며, 이 제안은 학교 공동체에 필요한 중요한 목소리라고 확신합니다.

동행자 **하나**

'보여주기'식 공개수업이라는 문제점에 주목하고, 학부모를 관객이 아닌 '배움의 동반자'로 초대하는 사고의 전환이 좋았습니다. 날카로운 지성과 '과연 그럴까요?'라는 질문으로 저희의 고정관념을 깨닫게 해주신 카리스마가 글에서도 느껴집니다. "한 공간에 있었지만, 우리는 정말 같은 방향을 보고 있던가?"라는 아이디어에서 진정한 배움의 공유를 위해 방법을 전환하셨습니다.

학생이 직접 부모님께 코딩이나 에듀테크를 가르치는 '에듀테크 박람회', 학생이 작가가 되어 부모님과 소통하는 '작가와의 만남'의 구체적인 수업 사례를 통해 어떻게 공개수업이 변화할 수 있는지를 구체적으로 보여주셔서 좋았습니다.

교사의 역할에 대한 근본적인 관점의 전환을 이끌어내는 '무엇을 가르칠 것인가'에서 '학생들에게 어떤 기회를 줄 것인가'라는 질문에서 저의 수업을 되돌아볼 수 있었습니다. 배움의 기회를 설계하는 전문가이자, 교육 문화를 만들어가는 구성원들을 이어주는 역할을 잘 제시해주셨습니다. 교실이 모두가 함께 할 수 있는 배울 수 있는 '연결과 성장'의 공간이 되기를 함께 기원합니다.

동행자 **박선정**

선생님의 글을 읽으며 공개수업이라는 익숙한 무대가 얼마나 위태로운 약속 위에 서 있었는지를 새삼 깨닫습니다. 잘 보여주는 것이 학생과 학부모를 위한 최선이라 믿었지만, 그 화려한 조명 뒤편에서 아이들의 더딘 질문과 학부모의 진정한 궁금증은 소외되고 있었음을 선생님의 글을 통해 비로소 마주하게 됩니다.

가장 깊은 울림을 준 것은 '무엇을 가르칠 것인가?'에서 '학생들에게 어떤 기회를 줄 것인가?'로 질문을 바꾸는 그 용기 있는 전환이었습니다. 이 질문 하나가 교사를 지식의 전달자에서 학습 경험의 설계자로, 학부모를 평가자에서 성장의 동반자로, 학생을 수동적 참여자에서 배움의 주체로 다시 세우는 놀라운 변화를 이끌어냈습니다. 공개수업을 일회성 행사가 아닌, 모든 주체가 함께 항해하는 과정으로 재구성한 선생님의 실천은 '왜 우리가 교실의 문을 열어야 하는지?'에 대한 본질적인 대답을 들려줍니다.

동행자 **김진관**

맺는 글

 뜨거웠던 우리들의 '바나나 우유 공장'이 문을 닫을 시간이다. 처음은 막막했고 때로는 길을 잃기도 했다. 마치 출구를 알 수 없는 뜨거운 목욕탕처럼, 결코 쉽지 않은 시간이었다.

 하지만 그 막막함 속에서 뜻밖의 행운처럼 'OECD 교수 나침반'이 세상 밖으로 나와 우리를 반겨주었다. 그 우연한 발견이 우리 흔들림에 방향을 제시해주었다.

 '이게 맞나?' 수없이 되물으며 상처와 마주했고, '튀는 사람으로 보일까' 주저하면서도 우리만의 작은 실천을 시작했다. 정답 없는 고민에 밤을 새우고 서로의 글에 머리를 맞댔다. 거창한 연대라기보다, 지치지 않기 위해 서로에게 기댈 어깨가 되어주는 시간이었다.

 이 책은 화려한 성공담이나 대단한 교육 이론이 아닌, 어설프고 때론 실패했던 우리들의 분투기다. 누군가의 글에는 꺼내 보인 상처의 용기가, 또 다른 글에는 낡은 관행에 대한 작은 저항이 담겨있다. 빛깔은 달라도 멈추지 않는 질문과 실천, 성찰을 통해 나아가려는 희망만은 한결같다.

 이제 열기의 목욕탕을 나와, 우리가 만든 시원한 '바나나 우유'를 전국의 동료 선생님들께 건네고자 한다. 정답을 주는 지도는 아닐지라도, 교실과 업무 사이에서 줄다리기하며 외로이 고민하는 선생님들께 실천의 나침반이 되길 바란다. 무엇보다 '당신의 흔들림이 결코 혼자만의 것이 아니며, 그것이야말로 가장 살아있는 경력'이라는 따뜻한 위로가 닿기를 간절히 소망한다.

 '대한민국 교육의 르네상스'라는 말이 거창하게 들릴지 모른다. 그러나 진정한 변화는 우리가 인식하지 못한 때, 학생들과 맞닿은 교실에서 조용히 시작될 것이다. 나침반을 쥐고 걷는 여정 속, 작은 희망들이 각자의 교실에서 꽃피울 때 말이다.

 당신의 흔들림은 틀리지 않았다. 그 흔들림에 의미 부여가 필요했을 뿐이다.

 이제, 바나나 우유를 빨대로 시원하게 들이켜보자. 저마다의 나침반을 쥔 대한민국 동료 교사들의 '웰빙'과 '삶'을 진심 다해 응원한다.

바나나 공장원, 우연한 나침반 발견자 김진관

1장 참고 문헌

- 경기도교육연수원. (2019). OECD 학습 나침반 2030: 변혁적 역량과 민주시민교육의 접점(이슈페이퍼 2019-15). 수원: 경기도교육연수원.
- 고미령 외. (2021). 학교 안 교사학습공동체에서 교사들은 무엇에 주목하는가? 학교와 수업 연구, 6(2), 75-98. https://doi.org/10.23041/jsst.2021.6.2.003
- 곽영순, 김종윤. (2016). 한국형 교사 학습공동체의 특성과 과제. 교육과정평가연구, 19(1), 179-198.
- 교육부. (2023). 학교폭력 실태조사 결과 보고서. 세종: 교육부.
- 교육부. (2024). 교원의 자기 주도적 성장을 지원하는 교원역량개발지원 제도 도입 방안. 세종: 교육부.
- 교육부, 한국교육환경보호원. (2024a). 한국형 사회정서교육 프로그램: 교사용 지도서(초등 고학년용). 세종: 교육부·한국교육환경보호원.
- 교육부, 한국교육환경보호원. (2024b). 한국형 사회정서교육 프로그램: 교사용 지도서(초등 저학년용). 세종: 교육부·한국교육환경보호원.
- 교육부, 한국교육환경보호원. (2024c). 한국형 사회정서교육 프로그램: 학생용 워크북(초등 고학년용). 세종: 교육부·한국교육환경보호원.
- 교육부, 한국교육환경보호원. (2024d). 한국형 사회정서교육 프로그램: 학생용 워크북(초등 저학년용). 세종: 교육부·한국교육환경보호원.
- 김진관. (2024a). AI티처스쿨, 디지털 기반 교육 혁신 교사 커뮤니티로 성장하기. 디지털교육지원센터 DXE 브리프, 2024년 1월호. 한국교육개발원.
- 김진관. (2024b). 대전의 특색있는 생성형 인공지능 교육 만들기. 교육동향: 생성형 인공지능 교육 사례와 지속가능한 발전 방향, (34호). 대전교육정책연구소·대전교육과학연구원.
- 대한민국 보건복지부, 한국보건사회연구원. (2025). 2023년 아동종합실태조사 심층분석 연구. 세종: 보건복지부.
- 댄 맥애덤스 (Dan P. McAdams). (2015). 이야기 심리학: 개인적 신화의 탐색과 재구성. 서울: 학지사.
- 빅터 프랭클 (Viktor Frankl). (2005). 죽음의 수용소에서. 서울: 청아출판사.
- 에리히 프롬 (Erich Fromm). (2020). 소유냐 존재냐. 서울: 까치.
- 여성가족부, 한국청소년정책연구원. (2024). 고립·은둔 청소년 실태조사. 세종: 여성가족부.
- 이찬승. (2025). 중앙 정부 주도의 교육 개혁은 왜 실패하는가. 교육을 바꾸는 사람들. https://21erick.org/column/15462/
- 이형빈 외. (2025). 좋은 교육과정 프레임 워크. 좋은 교육과정 연구소.
- 파커 J. 파머 (Parker J. Palmer). (2008). 가르칠 수 있는 용기. 한문화.
- 한국방정환재단. (2021). 제12차 한국 어린이·청소년 행복지수 국제비교연구: 조사결과 보고서. 서울: 한국방정환재단.
- Chester, M. et al. (2022). 마스크 착용과 영유아의 정서 인식: 마스크가 행복·슬픔·공포 인식 저하와 연관(개인·환경에 따라 차이). Developmental Science. https://onlinelibrary.wiley.com/doi/10.1111/desc.13342

- Elmore, R. (2012). I do not believe in the institutional structure of public schooling anymore. School Leader. https://schoolleader.typepad.com/school-leader/2012/10/richard-elmore-i-do-not-believe-in-the-institutional-structure-of-public-schooling-anymore.html
- Freedman, S. (2024). Failed state: Why nothing works and how we fix it. Macmillan. https://www.panmacmillan.com/authors/sam-freedman/failed-state/9781035026609
- Fullan, M. (2016). The new meaning of educational change (5th ed.). Teachers College Press. https://michaelfullan.ca/books/new-meaning-educational-change/
- Han, S. (2022). 교육혁신과 인적자본 형성에 관한 연구 [Education Innovation and Human Capital Development]. SSRN. https://papers.ssrn.com/sol3/papers.cfm?abstract_id=4235418
- Korea Disease Control and Prevention Agency. (2021-2023). Korean Youth Risk Behavior Survey (KYRBS) Statistics. Cheongju: KDCA.
- Mette Miriam Boell, & Senge, P. (2024, August 7). Mette Miriam: Compassionate systems [Audio podcast episode]. The Learning Future Podcast. https://www.thelearningfuture.com/the-learning-future-podcast/season8-3
- Ministry of Education & Human Rights in Education Institute (Korea). (2024). Korean Social and Emotional Learning Program: Teacher's Guide (Elementary—Lower/Upper). Sejong: MOE/HREEI.
- OECD. (2018). The OECD Education 2030 Position Paper. Paris: OECD.
- OECD. (2019). OECD Learning Compass 2030: A Series of Concept Notes (including Transformative Competencies & Co-agency). Paris: OECD.
- OECD. (2023a). Country Notes: Korea (in PISA 2022 Results Volume I & II). Paris: OECD Publishing. https://www.oecd.org/pisa/publications/PISA-2022-results-volume-I-and-II.htm
- OECD. (2023b). PISA 2022 Results (Volume I): The State of Learning and Equity in Education. Paris: OECD Publishing. https://doi.org/10.1787/839b52fd-en
- OECD. (2025). OECD Teaching Compass: Reimagining teachers as agents of curriculum changes. OECD Education Policy Perspectives, No. 123. Paris: OECD Publishing. https://doi.org/10.1787/8297a24a-en
- Steinberg, P. (2019). Taking Responsibility (OECD Education 2030 Concept Note). Paris: OECD.
- T.R.I.P.O.D 수업 혁신 연구회. (2024). 디지털·AI 기반 교수·학습과 증거 기반 평가 실천을 통한 2022 개정 교육과정의 수업·평가 혁신 방안 연구 결과보고서. 교육부·EBS.
- World Health Organization. (n.d.). School-based mental health promotion and support: Frameworks and programmes. Geneva: WHO. https://www.who.int/publications/i/item/9789240062889

2장 참고 문헌

- 경제협력개발기구(OECD). (2019). OECD 인공지능 원칙. 파리: OECD. https://oecd.ai/en/ai-principles
- 김재중, 김지원, 모우리. (2024). 국내 AI 음악교육 연구 동향 분석: 2018~2024년 학술논문을 중심으로. 음악교육연구, 53(4), 45-66.
- 김지수. (2024). 잠재프로파일 분석을 활용한 고등학생의 디지털 글쓰기 역량 특성 분석 및 교수·학습 방안 연구. 한국교원대학교 박사학위논문.
- 대통령직속 4차산업혁명위원회, 과학기술정보통신부, 정보통신정책연구원. (2020). 사람이 중심이 되는 인공지능(AI) 윤리기준. https://ai.kisdi.re.kr/aieth/main/contents.do?menuNo=400029
- 박미지. (2025). 교실 속 어려움을 에듀테크로 해결하는 PBL 음악 수업 교수법. 교육광장(봄호). 한국교육과정평가원.
- 박주용. (2021). 생각 중심 교육. 서울: 교육과학사.
- 서미옥. (2023). 교육심리학(제2판). 서울: 양서원.
- 신영복. (2015). 담론. 파주: 돌베개.
- 신혜경. (2024). 음악 창작교육 연구 동향. 예술교육연구, 22(4), 745-746.
- 여성가족부. (2025). 디지털성범죄 피해자 지원 보고서[보도자료]. https://www.mogef.go.kr/nw/rpd/nw_rpd_s001d.do?bbtSn=710466&mid=news405
- 유네스코. (2024). 학생을 위한 AI 역량 프레임워크. 파리: 유네스코. https://unesdoc.unesco.org/ark:/48223/pf0000391105
- 윤경훈, 김혜연. (2022). 중학생의 동료 피드백과 글쓰기 수행의 관계 – 내용 생성하기 단계를 중심으로. 리터러시 연구, 13(4), 77-116.
- 이창호 외. (2024). 청소년의 생성형 AI 이용실태 및 리터러시 증진방안 연구. 한국청소년정책연구원 연구보고서, 1-318.
- 정빛. (2024.12.2.). [청룡영화상] '관짝 엔딩' 이찬혁→ '청룡 경력직' 지코, 축하무대로 분위기 '라이징' 한 '아티스트'들. 스포츠조선. https://www.sportschosun.com/entertainment/2024-12-02/202411300100205790033175
- 정제영. (2017). 학생 중심의 맞춤형 교육이 이뤄지는 미래교육 이야기. 행복한 교육(1월호). https://blog.naver.com/moeblog/220901938082
- 정희주. (2025.1.13.). 음악의 뇌과학적 효과. 정신의학신문. https://www.psychiatricnews.net/news/articleView.html?idxno=35747
- 한송이. (2024). 프로젝트 기반 음악교육 연구 동향 분석. 예술교육연구, 22(1), 377-391.
- 한송이. (2025). 정의적 영역의 음악교육 연구 동향 고찰. 예술교육연구, 23(1), 169-182.
- 홍혜민. (2025.8.19.). 이찬혁, '중2병' 시선 벗어나 '아티스트' 되기까지. 한국일보. https://www.hankookilbo.com/News/Read/A2025081917190001125?did=NA
- AKMU. (2025.7.21.). 이찬혁(LEE CHANHYUK) - BEHIND THE [EROS]. YouTube. https://www.youtube.com/watch?v=h5OyDPw2V0U

- Aristotle. (1932). Politics (H. Rackham, Trans.). Harvard University Press. (Original work published ca. 350 BCE)
- Atkinson, R. C., & Shiffrin, R. M. (1968). Human memory: A proposed system and its control processes. In K. W. Spence & J. T. Spence (Eds.), The psychology of learning and motivation (Vol. 2, pp. 89–195). Academic Press.
- CAST. (2024). Universal Design for Learning Guidelines version 3.0. Retrieved from https://udlguidelines.cast.org
- Dewey, J. (1902). The child and the curriculum. The University of Chicago Press.
- Goodwin, B., Gibson, T., & Rouleau, K. (2024). 수업에 바로 쓸 수 있는 학습과학 6단계 학습모형: 학습과학 이론과 실천을 연결하다! (이찬승, 역). 교육을바꾸는사람들.
- KBS 레전드 Kpop. (2025.7.22.). [스페셜 최초 선공개] 멸종위기사랑 - 이찬혁(LEE CHANHYUK) x 열린 음악회. YouTube. https://www.youtube.com/watch?v=pcf9aH7WhN0
- Kosmyna, N., Hauptmann, E., Yuan, Y. T., Situ, J., Liao, X. H., Beresnitzky, A. V., ... & Maes, P. (2025). Your brain on ChatGPT: Accumulation of cognitive debt when using an AI assistant for essay writing task. arXiv preprint arXiv:2506.08872.
- Morrison, R. (2024.7.12.). OpenAI outlines plan for AGI — 5 steps to reach superintelligence. Tom's Guide.https://www.tomsguide.com/ai/chatgpt/openai-has-5-steps-to-agi-and-were-only-a-third-of-the-way-there
- OECD. (2018). The Future of Education and Skills: Education 2030 – The Future We Want. OECD Publishing.
- OECD. (2019a). OECD Future of Education and Skills 2030: OECD Learning Compass 2030. OECD Publishing.
- OECD. (2019b). TALIS 2018 results (Volume I): Teachers and school leaders as lifelong learners. OECD Publishing. https://doi.org/10.1787/1d0bc92a-en
- OECD. (2024). Education at a Glance 2024: OECD Indicators. OECD Publishing. https://doi.org/10.1787/c00cad36-en
- OECD. (2025). OECD Teaching Compass: Reimagining teachers as agents of curriculum changes (OECD Education Policy Perspectives No. 123). OECD Publishing. https://doi.org/10.1787/8297a24a-en
- Reimer, B. (1989). A philosophy of music education (2nd ed.). Prentice Hall.
- Schlaffke, L., Golisch, A., Haag, L. M., Lenz, M., Heba, S., Lissek, S., & Schmidt-Wilcke, T. (2015). The brain's dress code: How The Dress allows to decode the neuronal correlates of subjective color perception. Cortex, 73, 271–275.
- Vygotsky, L. S. (1978). Mind in society: The development of higher psychological processes. Harvard University Press.
- Yun, T. K., Lee, I. S., Lin, Y. J., Teng, S., Lin, K. H., Lin, M. H., & Kim, J. H. (2022). Long-term musical training induces white matter plasticity in emotion and language networks. Human Brain Mapping, 43(11), 3638–3652. https://doi.org/10.1002/hbm.26054

3장 참고 문헌

- 강은구. (2018). '국악', '창작국악'에 관한 小考: 국립국악관현악단 〈모던 국악 기행〉에서 찾은 바를 중심으로. 국악교육, 46, 7-28.
- 교육부. (2020). 포스트 코로나 교육 대전환 1차 대화. 교육부 06-18(목) 조간보도자료.
- 교육부. (2022). 2022 개정 교육과정 총론. 세종: 교육부.
- 김인규. (2019.8.26.). [당진 가볼만한곳] 테리 보더의 유쾌한 상상. 문화뉴스. https://www.mhns.co.kr/news/articleView.html?idxno=277450
- 오종우. (2019). 예술적 상상력. 서울: 어크로스.
- 이동희. (2025). 한국문화예술교육에서 국악교육의 의미와 향후 방향성. 국악교육연구, 43-66.
- 이하림. (2023). 인류 보편 언어로서의 미술에 대한 고찰. 조형교육, (88), 255-276.
- 지미정. (2023). "OECD 교육 2030" & "2022 개정 교육과정" 미래 교육 나침반. 파주: 앤써북.
- 손화철. (2020). 호모 파베르의 미래 (기술의 시대, 인간의 자리는 어디인가). 파주: 아카넷.
- 신현석, 홍지오, 윤혜원. (2019). 복잡계 이론과 교육행정학 : 함의 고찰과 적용가능성 탐색. 교육행정학연구, 37(4), 201-238.
- 신현석, 김한솔, 안희진. (2020). 코로나19 대응정책의 패러독스 현상 분석. 교육행정학연구, 38(5), 1-28.
- 신현석, 선애경. (2021). 미래교육정책의 패러독스: Stone의 '상징' 패러독스를 중심으로. 한국교육행정학회 학술연구발표회논문집, 46-83.
- International Baccalaureate Organization. (2020). 더 나은 세상을 위한 교육(Education for a Better World)(한국어판). IB Asia-Pacific. https://ibo.org
- International Baccalaureate Organization. (2022). IB 학습자상(IB Learner Profile). IB Publishing. https://www.ibo.org/globalassets/new-structure/icons-and-logos/images/learner-profile-2022-kr.png
- International Baccalaureate Organization. (n.d.). International Baccalaureate® PYP Programme Model (Korean) [Diagram]. https://www.ibo.org/globalassets/new-structure/icons-and-logos/images/pyp-model-kr.png
- JTBC Music. (2021). 참신한 퍼포먼스 '국악계 이단아' 박다울의 〈거문장난감〉 (슈퍼밴드2 1회) JTBC 210628방송. YouTube. https://www.youtube.com/watch?v=ApmuCxggTFc
- Maxine Green. (2019). 상상의 나래 펴기 (문승호, 옮김). 서울: 피와이메이트.
- OECD. (2018). The Future of Education and Skills 2030: Conceptual learning framework. OECD Publishing.
- OECD. (2025). OECD Teaching Compass: Reimagining teachers as agents of curriculum changes. OECD Publishing. https://doi.org/10.1787/8297a24a-en
- Reimer, B. (2017). 리머의 경험중심 음악교육철학 (최은식, 역). 서울: 교육과학사.
- Stone, D. (2012). Policy paradox: The art of political decision making (3rd ed.). New York: W.W. Norton & Co.

요즘 교사를 위한 추천 도서

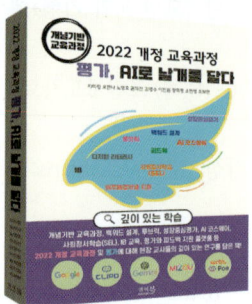

2022 개정 교육과정
평가, AI로 날개를 달다
353쪽 | 21,000원 | 지미정 외 공저 | 풀컬러

교사를 위한 스프레드시트 활용 가이드
구글 시트로 스마트한 학교 만들기
400쪽 | 24,400원 | 지미정 외 공저 | 풀컬러

"OECD 교육 2030" & "2022 개정 교육과정"
미래 교육 나침반
353쪽 | 17,700원 | 지미정 저 | 풀컬러

교실에서 바로 쓰는
퀴즈 평가 플랫폼
312쪽 | 18,800원 | 박정수, 전병호 공저 | 풀컬러

요즘 유치원 교사를 위한
에듀테크 활용법
212쪽 | 16,800원 | 전서아 외 공저 | 풀컬러

그리와 로미의
구글탐험대
학생들을 위한 Google • AI • 디지털 • 스마트교육 학습서
332쪽 | 22,000원 | 김학민 외 공저 | 풀컬러

요즘 교사를 위한 추천 도서

교사를 위한 실무 한글
학교 업무 효율성 높이는 66제
257쪽 | 17,700원 | 한동규 저 | 풀컬러

교실에서 바로 쓰는
캔바/캔바AI로 수업디자인하기
253쪽 | 16,800원 | 안익재 저 | 풀컬러

선생님을 위한
캔바 수업 활용
340쪽 | 18,800원 | 김민주 저 | 풀컬러

교사를 위한
패들렛
197쪽 | 16,800원 | 안익재 저 | 풀컬러

요즘 선생님을 위한
챗GPT 업무 활용법
344쪽 | 18,800원 | 유수근 외 공저 | 풀컬러

선생님을 위한
노션
실전기초/수업활용/학생관리/업무관리/업무자동화/노션AI
318쪽 | 21,800원 | 임세범 저 | 풀컬러

요즘 교사를 위한 추천 도서

입상 교사만 아는 아무도 말해주지 않은
수업혁신사례연구대회 1등급의 비밀
352쪽 | 24,000원 | 임은빈 외 공저 | 풀컬러

초등 개념기반 탐구수업 서술형평가 설계와 실천
356쪽 | 21,000원 | 진경오 저 | 풀컬러

선생님을 위한
교육용 AI 챗봇 활용법
352쪽 | 22,500원 | 임세범 외 공저 | 풀컬러

교실에서 바로 쓰는
챗GPT 교사 활용법
304쪽 | 19,800원 | 유수근 저 | 풀컬러

교실에서 바로 통하는 배움중심수업
에듀테크와 AI로 확! 잡자
196쪽 | 15,500원 | 유수근 저 | 풀컬러

누구도 소외되지 않는 모두를 위한 기초학습
에듀테크로 확! 잡는 기초학력
김현숙, 함명규, 최소윤, 유수근 공저
풀컬러 | 264쪽 | 18,000원